全汉昇 著

全漢昇全集

上海市"十四五"重点出版物出版规划项目

中国经济史论丛

下册

上海财经大学出版社
上海学术·经济学出版中心

图书在版编目(CIP)数据

中国经济史论丛. 下册 / 全汉昇著. -- 上海：上海财经大学出版社，2025.1
（全汉昇全集）
ISBN 978-7-5642-3977-0/F·3977

Ⅰ.①中… Ⅱ.①全… Ⅲ.①中国经济史-文集 Ⅳ.①F129-53

中国版本图书馆CIP数据核字(2022)第100858号

本书由上海市促进文化创意产业发展财政扶持资金资助出版

□ 责任编辑　徐贝贝
□ 封面设计　桃　夭

中国经济史论丛（下册）
全汉昇　著

上海财经大学出版社出版发行
（上海市中山北一路369号　邮编200083）
网　　址:http://www.sufep.com
电子邮箱:webmaster@sufep.com
全国新华书店经销
苏州市越洋印刷有限公司印刷装订
2025年1月第1版　2025年1月第1次印刷

710mm×1000mm　1/16　23.75印张（插页：2）　353千字
定价：98.00元

编 委 会

主 编
杨永汉　张伟保

编辑委员会
杨永汉　张伟保　郑润培
陈俊仁　赵善轩　罗志强

学术顾问
赵　潜　王业键　黎志刚
许倬云　陈慈玉　何汉威
朱荫贵　李金强　郑永常

总 序

全汉昇先生献身于中国经济史研究逾60年,他的学术贡献深受同道重视。他毕生孜孜不息,从20世纪30年代开始,筚路蓝缕,穷研史料,挖掘新问题,开拓新领域;并且毕生不断地吸取西方经济史研究的新观念与新成果。同时尽心提携后进,可说他大力带动了中国经济史研究的新风气,开拓了新视野,提升了研究水准。

固然在长达60多年的学术生涯中,他所钻研的议题随时间的流转与工作地点的改变而异,但治学态度始终如一,并且有其连贯性。如果以他所研究的时代来划分:1949年以前,他的研究范围上溯汉末,下及元代,而以唐宋经济史为主;此年以后专注于明清近代经济的探讨。如以他工作的地点来观察,则1949~1965年主要是在中国台湾地区任教,1965~1995年在中国香港地区任教。他所研究的议题包括货币经济、物价、财政、城市、经济组织、交通运输、国内商业、国际贸易以及近代工业化等,成果丰硕。全先生登上历史研究的舞台时,适值中国社会经济史研究的兴起并走向黄金时代,当时学界展开了20世纪20年代末期到30年代的中国社会史论战。他以踏实严谨的态度研究唐宋经济史,指出汉末以后到唐代中叶以前的中古时期很明显地可自成一个阶段,与此时期以前及以后是不同阶段的社会,此点有力地反驳了社会停滞论者。而在全球化议题被广泛关注的今日,我们重新检视他对近代中国经济史的贡献,发现他的国际贸易与工业化研究是下意识地反省此现象,就此意义而言,其研究可以说具有前瞻性。

他在1935年毕业于北京大学历史学系,因陈受颐主任的推荐,得以进入"中央研究院"历史语言研究所。大学时期,他已经开始其研究生涯的第一阶段,他当时深受政治系陶希圣教授及"中央研究院"历史语言研究所所长、史学系傅斯年教授的影响。陶希圣教授讲授中国社会经济史,全先生跨系修读,对其极具兴趣,感到这门学问亟待开发的新领域甚多,遂决定以此为终生志业。傅斯年教授治学求博求深,教导学生认真搜罗史料,不尚空言,这种务实求真的治学态度,日后遂成为全先生的治学方针。他的中古经济史研究可以说是陶希圣与傅斯年两位师长学风的结合。

全先生的学术生涯在1944年面临转折。该年他蒙傅斯年和"中央研究院"社会科学研究所陶孟和两位所长的提拔,获派到美国哈佛大学、哥伦比亚大学和芝加哥大学3所著名学府进修,向 Abbott P. Usher、Shepherd B. Clough、John U. Nef 等经济史大师学习,汲取西洋经济史学界的新观念、新方法与新成果,并且与西方经济史学家建立了联系渠道,奠定了日后中西学术交流的基础。其中,John U. Nef 的 *The Rise of the British Coal Industry* 一书,详细地分析了英国煤矿业的兴起与当地交通运输、资本、技术等因素的关系,亦论及煤矿业及其相关的钢铁业在英国资本主义发展过程中所扮演的举足轻重的角色。他当时深受此书的启发,又觉得日本于明治维新以后,短短70年的经济发展,即能脱胎换骨,威胁美、英两国,究其原因,工业化乃是日本踏上侵略亚洲之途的动力。并且他远离当时贫困的家园,亲身体验美国富庶的物质文明,不免感慨万分,所以开始推敲近代中国工业化迟缓的问题,并以《唐宋政府岁入与货币经济的关系》(1948年)一文,为其中古史研究划下终止符。

来台湾以后,他一方面从汉阳铁厂着手,钻研近代中国工业化的问题;另一方面在《社会科学论丛》《财政经济月刊》等期刊撰文,论述西方先进国家的工业化、日本与"二战"前后远东的经济,以及台湾的工业化问题。同时,全先生与 Dr. Arthur F. Raper、台湾大学社会系陈绍馨教授等人,率领一群台大经济系学生,针对台湾的城市与工厂,做了详尽的调查工作。这可以说是一向埋首于故纸、古书中的全先生,生平唯一的一次田野调查工作。1954年,根据当时田野工作而以中、英两种文字出版了《台湾之城市与工业》,这本书应有助于学界对第二次世界大战后初期台湾地区经济的了解。

1961年9月,全先生第三度到美国,两年的时间里先后在芝加哥大学、华盛顿大学和哈佛大学访问。当时他看到了1903～1909年间在美国克利夫兰（Cleveland）出版的《1493～1898年的菲律宾群岛》这一重要史料，开启了他从中国、菲律宾、西班牙的三角贸易关系来论析美洲白银与中国丝绸贸易的研究之门。1965年11月，全先生到香港后，身处国际贸易明珠，更深深地感受到了16世纪以来东西方经济交流在中国经济史上的重要性。此后在香港30载，他将中西贸易与明清时期的金属货币制度（银两和铜钱兼充市场交易的媒介和支付的工具）相联结，从银铜等币材的供给面思考，希企完成他自30岁以来对中国货币史的体系化研究。他因此厘清了同时期中国与西班牙、葡萄牙、荷兰、日本等国的贸易关系，扩大了中国经济史的视野。他有关明清时期中国国际贸易与金银比价方面的论文多达25篇，可谓研究生涯晚期最珍贵的结晶，也为后进开拓了新课题。

全先生于1967年和1971年先后在香港的《新亚学报》和台北的《"中央研究院"历史语言研究所集刊》，分别发表《宋明间白银购买力的变动及其原因》和《自宋至明政府岁出入中钱银比例的变动》两篇学术论文，他经由论述白银成为货币的过程，联结了早期的唐宋经济史研究和晚期的明清经济史研究。而1987年于台北出版的《明清经济史研究》一书中，则指出自明清以来输入大量白银，却不进口机器等物，是中国工业发展落后的一个因素。亦即他所关注的明清白银流入问题，不仅和他的货币经济与物价史研究有关，也关系到他的中国工业化研究。易言之，在长达60多年的学术生涯中，全先生最关注的议题，虽然因时因地而有所改变，但依然可见其延续性。

全先生的研究课题所跨越的时间，自汉代而迄抗战前夕，可谓源远流长，据初步统计其出版品，共有专著9种、论文116篇、书评10篇，以及杂著9篇，其内容有专精者，亦不乏博通之类。已故哈佛大学杨联陞教授曾经题诗称誉全先生："妙年唐宋追中古，壮岁明清迈等伦；经济史坛推祭酒，雄才硕学两超群。"可以说具体系统地勾勒了他在学术上的重要贡献。

全先生自北京大学毕业以后，终身服务于"中央研究院"历史语言研究所。他刚进史语所时，只知遵照傅斯年先生"闭门读书"的指示，却因此养成习惯，"上穷碧落下黄泉，动手动脚找东西"，找资料和写论文乃成为他一生中的工作与兴趣。或许因为不善于言辞表达，除非必要，他很少开口；然而全先生先后在台湾大学、香港中文大学和新亚研究所等讲授了50载的中国经济史,也曾在台湾大学经济系教授西洋经济史,培育了不少人才。他上课时常用一些有趣的名言,例如以"月明桥上看神仙",描写江南的繁华,让人留下深刻的印象。1980年他更应日本基金会之邀,前往东洋文库、东京大学和京都大学讲学半年。第二次世界大战后70多年来,中国的研究条件大大地改善,现今中国经济史研究的面貌,与全先生拓荒时已不能同日而语,但毫无疑问,他在这一领域所灌注的心血,是我们晚辈所永远铭记的。

全先生的著作曾经在香港地区、台湾地区和北京分别出版,一些早期期刊上的论文往往很难入手,不易阅读。此次承蒙杨永汉、张伟保、郑润培、陈俊仁、赵善轩和罗志强等诸位学长组成编辑委员会,费尽心血收集所有论著及其相关书评、杂文等,交由上海财经大学出版社编排印刷简体字版,编委会并尽心尽力校对全集,力求完美,实属可贵。家属谨致由衷的谢忱,衷心期盼全集的问世能让生活在全球化时代的现今学子重新审视历史上国际贸易、货币金融与工业化等议题的重要性与关联性。

陈慈玉
2022年4月23日

许倬云先生《全汉昇全集》序

奉读来函，应邀为全汉昇先生大作的全集作序。一时之间，感慨甚深。全先生是我的前辈，在史语所中属于第二代。他那一代，劳师贞一、严师归田以及全先生三人被称为史语所历史组的"三杰"。他们三人各有成就，也可以说在自己的领域里，都是领军人物。现在他们三人都走了，而居然要我第三代的人撰序，原本是不敢当的。可是，仔细一想，我这第三代的人竟已是92岁了。哪里再去找一个他们的同辈人，为我的长辈撰序呢？

言归正传，全先生一生的撰述，是从他还没有从北京大学毕业时，就加入了《食货》杂志的阵营。当时有全先生、杨联陞先生和武仙卿先生，他们从中国历史发展的实际形态，以矫正当时流行的"为主义而治学"的浮夸之风。这一务实治学的习惯，终其一生不变。从北大毕业后，他由北大的陈受颐教授推荐，进入"中央研究院"史语所工作。史语所的所长傅孟真先生很清楚全先生的治学经历，欣然接受："你的治学方法和史语所非常吻合。在这里，你会如同在自己家里一样，希望我们终身合作。"

全先生的著作，正如他的学生和儿媳陈慈玉所说，可以分成三个阶段。

第一个阶段是在史语所，他不单继续了《食货》杂志时期研究经济制度的线索，而且在这个范围之内，从秦汉研究到唐宋，累积了许多研究成果，包括交通、市场、货币、生产、税收及国际关系等不同的现象。他终于肯定地指出，在汉代几乎走向"货币经济"的时代，中间有个转折，出现了东汉以后以至于南北朝甚至于唐代初期的，以实物交换品为基础的"自然经济"。然后他肯定唐代中期以后延伸到宋代的这段时期，是中国"货币经济"完全确立的阶段。

第二个阶段，到了台湾，他继续在大陆时已经开始思索的问题：中国在近代化的过程中,如何开始踏上工业化的途径?他的研究,从汉冶萍公司开始。因为这个厂是中国第一个现代大规模生产重要资源的工厂。他考察到制度中官督商办的利弊,也指出如果官家办厂,好处是可以投入大量的资金,不需要从民间筹款,这对于工业化起步是比较方便的一个步骤。在这一个阶段,他讨论的课题,实际上扩大到工业开展的不同形式;而且指出,即使以设立钢铁厂而论,也必须考虑到许多投入的资源——水、燃料、制造机件的原料等。而在产出方面,也要想到运销的问题,找到市场在何处,如何与人竞争等。其中两端之间,还必须考虑到组织管理的制度,工厂技术人员的招聘和训练,以及一般劳工的聘雇和照顾。因此,他在这个阶段的工作,实际上是着重于之后中国走向现代化的经济时,这些全面的思考必须早日着手。

在20世纪50年代末期,全先生应李济之先生之邀,在李先生代理"中央研究院"院长的任期,担任总干事。两年之后,胡适之先生回台,担任院长。胡先生挽留他继续以总干事的职位辅助院务。可是,不久之后,他应芝加哥大学之聘赴美研究,也就终于离开了行政职务回到研究工作。

第三个阶段,他在美国不仅在芝加哥大学做研究,同时还访问好几所其他大学的经济系,与当时各处的经济学专家切磋学问。1965年,他应聘在香港担任中文大学新亚书院教授,其后更获聘为新亚书院校长。在香港时期,他有非常安定的研究环境,也能用到香港各处保留的国际贸易资料,于是他的研究主题就进入"中国历史上的国际贸易"这一课题。

他研究过中国明代的贸易,牵扯到当时"倭寇"和海盗等各种贸易性质,然后逐渐进入三角贸易的研究,讨论西班牙银元,中国的丝绸、瓷器,美国的市场以及中国和日本之间各种不同产品的交换,而且涉及日本和中国如何在这个过程中进行银铜的交换。这许多复杂的关系,使他理解了:任何区间贸易,都会走到接近于全球化的大市场。在这个过程中,他也研究过明代国内市场各地区之间的交换和贸易。当时他就指出,很难有小地区之间直接双向交换的市场,任何这一类的交换都会被卷入更大地区的复杂商业流通。他指出的现象,确实是西方经济史研究中一个很重要的项目。但是那些研究通常是从西洋国家全球性的殖民行为后,逐渐扩散而造成的全球市场化。以至于在20世纪后半期,国际经济行为中肯定了全球化的必然性。而那个时候,才出现了WTO(世界贸易组织)。

全先生终身研究致力于这三个现象,而这三个现象实际上又是互相关联的。他的研究工作,涵盖面之广阔,深入面之透彻,使全先生的著作成为中国经济史研究的典范。他的一生都在训练学生,成为专家后,分别在各处工作。他的影响,还会继续由这些弟子们提升。

言念及此,想到全先生谈话的音容,一口广东国语,使他言辞不能完全顺畅,但是句句触动人心,结合成一串的逻辑思考。我今天能够得此荣幸为长者的全集撰写序文,不仅是荣幸而已,也是由此寄托第三代弟子对两代师长的思念和感激。

许倬云谨序

2022年3月31日,于匹兹堡

序

　　作者从事中国经济史的研究，曾经先后写成论文、书评数十篇，分别登载于各学术期刊上，不免过于分散，而其中有许多篇早已绝版，更不容易看到。因此，有不少朋友希望把它们印成论文集，以便参考之用。

　　本书所收的论文及书评，主要根据原来的单行本影印而成，故原封不动，并没有加以增订。谬误之处在所难免，敬请读者指正。作者都非常感谢！

全汉昇

1972 年 7 月 21 日

目 录

美洲白银与十八世纪中国物价革命的关系	1
清中叶以前江浙米价的变动趋势	39
清雍正年间(1723—1735年)的米价	47
乾隆十三年的米贵问题	92
清朝中叶苏州的米粮贸易	112
清代的人口变动	128
鸦片战争前江苏的棉纺织业	173
甲午战争以前的中国工业化运动	196
清季西法输入中国前的煤矿水患问题	218
清季的江南制造局	226
上海在近代中国工业化中的地位	241
清季的货币问题及其对于工业化的影响	283
山西煤矿资源与近代中国工业化的关系	293
近代四川合江县物价与工资的变动趋势	316
从徐润的房地产经营看光绪九年的经济恐慌	326
评杨联陞:《从经济方面看中国在统一帝国时代的公共工程》	345
评崔维泽(D.C. Twitchett)教授对于唐代财政史的研究	350
评普利白兰克(Edwin G. Pulleyblank):《安禄山叛乱之背景》	358
评费慰恺(Albert Feuerwerker):《中国早期工业化:盛宣怀与官督商办企业》	361

美洲白银与十八世纪中国物价革命的关系

一

现代世界各国的白银,以西半球的美洲为主要的产地。[①] 在美洲的各重要银矿中,于1492年哥伦布发现新大陆后,最先被大规模开采来利用的,为中美洲的墨西哥(Mexico)和南美洲的秘鲁(Peru)与玻利维亚(Bolivia)的银矿。尤其重要的是西班牙人于1545年在上秘鲁(Upper Peru,今玻利维亚)的波多西(Potosi)发现非常丰富的银矿,同时银的采炼技术也大为改进。结果,银的生产激增,1572年世界银产量约为1496年的6倍。[②] 由于这些银矿的大量开发,今日全世界银的供给,约有3/4来自墨西哥和秘鲁。

因为哥伦布发现新大陆是由西班牙政府派遣去的,故在那里开采得来的白银,每年都一船一船大量运回西班牙。对于这个问题,美国芝加哥大学经济史教授哈密尔登(Earl J. Hamilton)曾于1934年发表他的大作《1501至1650年美洲金银与西班牙物价革命的关系》[③]来加以研究。根据西班牙官方的统计数字,由1503—1660年自美洲运回西班牙的白银共约16 886 815 303公斤、黄金共约181 333 180公斤。[④] 这不过是官方记载的数字,私人走私的数目还不包括在内。因为当年流通的货币主要用银来铸造,故由于美洲白

[①] 例如在1933年全世界的银产量中,墨西哥占69 100 000盎司,美国占21 400 000盎司,加拿大占15 400 000盎司,南美洲(以秘鲁及玻利维亚为主)占13 500 000盎司,其他国家占43 6000 000盎司。见 Herbert M. Bratter, "Silver," in Edwin R. A. Seligman, ed., *Encyclopaedia of the Social Sciences*, New York, 1934.
[②] G.N. Clark, *The Wealth of England from 1496 to 1760*, London, 1946, p.58.
[③] Earl J. Hamtlton, *American Treasure and the Price Revolution in Spain, 1501—1650*, Cambridge, Mass., 1934.
[④] 同书,p.42.

银的大量输入,西班牙的物价便激剧上涨,在17世纪的头十年内约为100年以前的3.4倍,此后西班牙的物价便长期停留在远较过去为高的水准之上。这些自美洲流入的白银对于物价的影响,并不以西班牙为限,因为运银的船只,在横渡大西洋的时候,有不少是被其他欧洲国家以海盗的方式掠夺去的。就是能够平安运抵西班牙的白银,也不能全部长期停留在西班牙国境内。其中属于国王所有的,要用来偿还过去向德意志及意大利债主举借的巨额借款和利息,以及支付在国外(例如在荷兰及比利时一带)作战的军事费用。至于为私人所有的银子,因为西班牙的物价水准远较其他欧洲国家为高,从而银在西班牙的购买力远较在他国为小,故多半由于对外贸易的长期大量入超而流入其他国家。根据最保守的估计,由于美洲金银(以银为主)的输入,欧洲金、银的数量自16世纪初至16世纪末约增加10倍。[1] 随着这些白银的大量流入,其他欧洲国家的物价自然也要急剧上涨。例如法国在16世纪最后25年内的物价,约为最初25年的2.2倍。荷兰在1580年的物价,约为1520年的3倍,以后在1620年仍然继续上涨。英国的食物价格,在1500—1540年间上涨64%,以后在十年内又再加倍,其1600年的一般物价约为1500年的2.6倍。在16世纪,阿尔萨斯(Alsace)的物价增加了一倍,意大利也将近加倍,瑞典到了1620年则增加一倍有多。总之,就西欧及中欧各国来说,1600年的物价约为1500年的2~3倍。[2] 如果以1800年的物价为基数,欧洲的物价指数在1500年为35、1600年为75、1700年为90、1800年为100。[3]

哈密尔登教授关于美洲白银与物价波动的关系之研究,以欧洲(尤其是西班牙)为限。事实上,在哥伦布发现新大陆后的长时期内,美洲白银对于物价的影响是具有世界性的。换句话说,美洲白银的大量输出,不但在大西洋对岸的欧洲要引起物价革命,就是在老远的中国,其物价也要因感受到影响而发生激剧的变动。不过,因为在地理位置上,中国和美洲的距

---

[1] Edward Eyre., ed., *European Civilization: Its Origin and Development*, New York, 1937, p.406.
[2] Earl J. Hamilton,前引书,pp.139—306;又参考 Herbert Heaton, *Economic History of Europe*, New York, pp.247—251.
[3] Frederick L. Nussbaum, *A History of the Economic Institutions of Modern Europe*, New York, 1937, pp.98—99.

离较远,从而物价因受到影响而引起的波动,也不像欧洲各国那样发生于 16、17 世纪,而迟至 18 世纪始特别明显表现出来。现在为行文方便计,先叙述 18 世纪中国物价的变动情况,然后进而讨论美洲白银和当日中国物价变动的关系。

二

中国在 18 世纪,包括康熙(1662—1722 年)末叶、雍正(1723—1735 年)、乾隆(1736—1795 年)及嘉庆(1796—1820 年)初叶,大体上相当于清朝的全盛时代。因为货币与物价有密切的关系,在讨论当日物价变动之前,我们先要明了清代货币制度的大概情况。清代货币制度的主要特点是银两和制钱并用,两者都具有无限法偿的资格。可是,因为两者本身价值大小的不同,在市场上流通时,"银与钱相为表里,以钱辅银,亦以银权钱,二者不容畸重。凡一切行使,大抵数少则用钱,数多则用银。其用银之处,官司所发,例以纹银。至商民行使,自十成至九成八成七成不等,遇有交易,皆按照十成足纹递相核算。盖银色之不同,其来已久"①。因为当日流通的白银,成色各有不同,故在使用时以十成纹银或足银为标准,而由官方规定银一两等于制钱一千文。可是,事实上,这种银、钱的法定比价,人民在市场上交易时,并不完全遵守;因为除银以外,主要以铜铸造的制钱,其成色、重量以及流通量也因时而异,故银、钱的市场比价也就跟着发生变化。现在根据各种记载,把清中叶以前的银、钱市场比价列表如下:

第一表　清中叶以前银、钱市场比价

年　　代	每两银换钱数(文)	根据材料
康熙年间(1662—1722 年)	700	彭蕴章《归朴龛丛稿》卷四《钱币策》
康熙二十三年(1684 年)	800～900	宋澄之等《皇朝掌故汇编》内编一九

---

① 《清朝文献通考》卷一六。

续表

年　代	每两银换钱数（文）	根　据　材　料
康熙六十年（1721年）以前	880	《大清会典事例》卷二二〇
康熙六十年（1721年）	780	同上
雍正七年（1729年）	1 000	同上
约乾隆初年（1736年）	700(＋)～900	贺长龄辑《皇朝经世文编》卷五三郭起元《广铸钱》及陈廷敬《杜制钱销毁之弊疏》
乾隆二年（1737年）	800	《皇朝掌故汇编》内编一九
乾隆十八年（1753年）	830～870	《十朝圣训》卷一〇五乾隆十八年三月乙酉上谕
乾隆二十六年（1761年）以前	780～790	汪辉祖《病榻梦痕录》卷下
乾隆五十一年（1786年）	1 000(－)	同上
乾隆五十七年（1792年）	1 300	同上
乾隆五十九年（1794年）	1 440～1 450	同上
乾隆六十年（1795年）	900	《归朴龛丛稿》卷四《钱币策》
嘉庆二年（1797年）	1 020～1 030	汪辉祖《梦痕录余》
嘉庆四年（1799年）	1 080	同上

由第一表看来，我们可知中国在18世纪末叶（乾隆末年至嘉庆初年）以前，银、钱的市场比价多半在法定比价之下，即每两银在市场上换不到钱1 000文，发生所谓"钱贵"的现象。反之，约自18世纪末叶，或乾隆末年开始，每两银在市场上却换到1 000文以上。清代的制钱主要以铜来铸造，在乾隆大部分时间及乾隆以前，成色及重量都相当的高，如果销毁制钱，把铜取出来制造铜器出售，可赚取巨额的利润。因此，政府的造币厂尽管铸钱，人民却普遍秘密把钱销毁，以致钱的流通量减小，造成"钱贵"的现象。① 随着钱的

---

① 《十朝圣训》卷一〇四乾隆十年正月辛巳上谕；《史料旬刊》（北平故宫博物院文献馆出版）第十四期《范时绥折》（乾隆十七年九月二十八日）。又参考张德昌《近代中国的货币》，《人文科学学报》（昆明，民国三十一年）第一卷第一期。

价值的增贵,人民发现私铸成色及重量较低的钱,可获厚利,故到了乾隆"季年,弘铸益多,四川、云、贵为渊薮,流布及江、浙"①。乾隆末叶私钱流通增加的结果,钱的价值自然激剧下跌,故在当日白银供给增加②的情形下,每两银在市场上仍然可换钱1 000文以上。

明了了清中叶以前银、钱的市场比价以后,我们对于当日某些以钱表示的物价便可按照上表来把它换算为以银表示的物价,以便互相比较来观察它的变动情况。

三

中国的物价水准,到了18世纪,尤其是乾隆时代(1736—1795年),与从前比较起来,有长期上升的趋势。关于这种物价长期变动的趋势,当日人们已经深深感觉到。例如乾隆十三年(1748年),湖南巡抚杨锡绂上《陈明米贵之由疏》③说:"臣生长乡村,世勤耕作,见康熙年间(1662—1722年)稻谷登场之时,每石不过二三钱。雍正年间(1723—1735年)则需四五钱,无复二三钱之价。今则必需五六钱,无复三四钱之价。"又乾隆三十七年(1772年)十月,乾隆帝的上谕说:"米粮价值……日增……且不必以远论,自乾隆三年(1738年)至今,亦已三十余年,当时之所谓贵价,即系迩来之所谓贱价。黄童白叟,当亦无不共知。……况天下无不食米之人,米价既长,凡物价、夫工之类,莫不准此递加。"④又乾隆五十八年(1793年),洪亮吉说:"闻五十年以前,吾祖若父之时,米之以升计者钱不过六七,布之以丈计者钱不过三四十。……今则不然。……昔之以升计者,钱又须三四十矣;昔之以丈计者,钱又须一二百矣。"⑤由此可见,自17世纪后半叶至

---

① 《清史稿·食货志》五。又汪辉祖《病榻梦痕录》卷下也说浙江萧山一带,在乾隆五十七年(1792年),"私钱充斥,法禁不能止"。在嘉庆元年(1796年),"民间小钱愈炽"。
② 详见下。
③ 载贺长龄辑《皇朝经世文编》卷三九。按杨锡绂,江西清江人,文中说他生长的故乡,当即指此而言。参考《清史稿》列传九五《杨锡绂传》。
④ 《乾隆东华续录》卷七六"乾隆三十七年十月癸未"条。
⑤ 洪亮吉《卷施阁文甲集》卷一《生计篇》。按洪氏此文撰于乾隆五十八年,见吕培等编《洪北江先生年谱》。

18世纪,即自康熙经雍正以至乾隆年间,中国的米粮及其他物品的价格,有越来越上涨的趋势。

关于18世纪中国物价上涨的趋势,我们可先拿米价来作一说明。自唐、宋时代以来,中国最重要的米产地为长江三角洲,过去有"苏常(一作湖)熟,天下足"之称。位于长江三角洲的苏州,是清中叶以前重要米市的所在地。在那里集中的米,除产于长江三角洲外,又有不少自湖广(湖南、湖北)及江西沿长江东下运来的。这些米集中在苏州以后,除由当地人口消费外,有一部分由政府往北沿运河运往首都北京,另外一部分则由商人运销于浙江南部及福建等地。① 因为苏州是全国米粮的重要集散地,在那里米市成交的价格,对全国许多地方的米价,当然具有影响的力量,故我们可以从这个地方米价涨落的趋势来观察当日全国米价变动的大概情形。关于18世纪的苏州米价,很幸运的,我们根据藏于故宫懋勤殿的李煦奏折,可以找到不少有价值的资料。李煦在康熙朝的后半期,即17、18世纪之交的三十年内,任苏州织造员外郎,因为他是皇帝的亲信,故每年都经常直接上奏折给皇帝,报告江南地方政治、社会及经济各方面的动态。这些奏折共数百件,在抗战以前由北平故宫博物院文献馆加以整理,以《苏州织造李煦奏折》作总标题,先后分别刊印于该馆编辑的《文献丛编》各辑中。奏折的时间始于康熙三十二年(1693年),终于康熙末年(1722年),其中有不少部分为报告苏州一带(有时连扬州也包括在内)米价的文件。以这些材料为基础,再加上其他有关此时期以前及以后的苏州米价的记载,我们可以把自康熙四年(1665年)至乾隆五十一年(1786年)的苏州米价列表如下:

---

① 例如《乾隆东华续录》卷二七载乾隆十三年五月乙酉上谕说:"浙南一带地方所产之米,不足供本地食米之半,全借江西、湖广客贩米船,由苏州一路接济。"又《皇朝经世文编》卷四四载蔡世远《与浙江黄抚军请开米禁书》云:"福建之米,原不足以供福建之食,虽丰年多取资于江、浙。亦犹江、浙之米,原不足以供江、浙之食,虽丰年必仰给于湖广。数十年来,大都湖广之米辏集于苏郡之枫桥,而枫桥之米,间由上海、乍浦以往福建。故岁虽频祲,而米价不腾。"又同书卷四七载江宁布政使晏斯盛《上制府论布商易米价》说:"查江(西)、(湖)广米船,开江东下,其口岸有三:棕阳、芜湖、苏州是也。"又《文献丛编》第三〇辑载李煦《奏报苏州米价腾贵折》(康熙四十五年三月)说:"苏州地方……米价忽然腾贵……臣煦留心打听,盖因各行家有揽福建人买米,每石价银一两八钱,包送到乍浦出海,以致本地米价顿贵。"又同书第三一辑载李煦《奏报太仓伙贼供有一念和尚给札惑众折》(康熙四十六年十二月)说:"至于苏、松米价腾贵……因湖广客米到少……"

第二表　清中叶以前苏州每石米价（两）

年　　代	上米价格	次米价格	根　据　材　料
康熙四年(1665年)	0.80~0.90	0.60~0.70	曹允源等修《吴县志》(民国廿二年)卷四四载康熙四年韩世琦疏
康熙三十二年(1693年)七月	0.90~1.00	0.70	《文献丛编》第二九辑李煦《奏报苏州已得甘霖其价亦平折》(康熙三十二年七月)
同年十月	1.00		同上李煦《奏报秋收米价折》(康熙三十二年十月)
康熙三十七年(1698年)十一月	1.00(＋)	0.80~0.90	同上李煦《请安并报秋收米价折》(康熙三十七年十一月)
康熙四十五年(1706年)三月	1.35~1.43		同书第三〇辑李煦《奏报苏州米价腾贵折》(康熙四十五年三月)
康熙四十六年(1707年)八月	1.20~1.47		同上李煦《奏报苏州得雨人心业已安宁折》(康熙四十六年八月)
同年十月	1.10~1.20		同书第三二辑李煦《奏报苏属民田收成分数折》(康熙四十六年十月)
同年(1708年)十二月	1.60~1.70		同书第三一辑李煦《奏报太仓伙贼供有一念和尚给札惑众折》(康熙四十六年十二月)
康熙四十八年(1709年)三月	1.30~1.40		同书第九辑江宁织造通政使司通政使曹寅《奏报米价及熊赐履行动并进诗稿折》(康熙四十八年三月)
康熙五十一年(1712年)八至十二月	0.80	0.70	同书第三四辑李煦《奏报米价折》(康熙五十一年八月初八日)、《奏报米价折》(同年十月初四日),及《奏天气晴和并报米价折》(同年十二月十一日)
康熙五十二年(1713年)正月	0.80	0.70	同书第三五辑李煦《奏冬雪已降并报米价折》(康熙五十二年正月十三日)
同年闰五月	1.00	0.90	同上李煦《奏报督催各灶户赶紧煎盐以供捆运并报米丝价目折》(同年闰五月二十三日)

续表

年　代	上米价格	次米价格	根　据　材　料
同年六月	1.10	1.0	同上李煦《奏报督催煎盐并报米价折》（同年六月初九日）
同年七月	1.00	0.90	同上李煦《奏引盐陆续出场将次运到仪真并报米麦价目折》（同年七月初五日）
同年八月	1.00～1.06	0.90～0.96	同上李煦《奏报已赴仪真秤掣商盐并报米麦价目折》（同年八月初六日），及《奏报早稻已割晚稻现正刈获并报米麦价目折》（同年同月二十一日）
同年十至十二月	1.00	0.90	同上李煦《奏报米奏价目折》（同年十月初六日），《奏报冬雪已降及米麦价折》（同年十一月十二日），及《奏报米价折》（同年十二月初九日）
康熙五十三年（1714年）正月至四月	1.00	0.90	同书第三六辑李煦《奏报米价折》（康熙五十三年正月初十），《奏春雨时降并报米价折》（同年三月十一日），及《奏四省重运粮船过扬北上并报米价折》（同年四月十一日）
同年六月	1.10	1.00	同上李煦《奏雨泽缺少并报米丝价目折》（同年六月初九日）
同年七月	1.14～1.15	1.05～1.06	同上李煦《奏甘霖连降今秋仍望丰收并报米价折》（同年七月十三日）
同年八月	1.04～1.06	0.90（＋）	同上李煦《奏产盐地望雨心切并报米价折》（同年八月二十一日）
同年九月	1.10	1.00	同上李煦《奏刈稻将完并报米价折》（同年九月二十日）
同年十月	1.04～1.05	0.92～0.93	同上李煦《奏报米价折》（同年十月初六日）
康熙五十四年（1715年）三月	1.10	1.00	《文献丛编》二十六年第一辑李煦《奏报雨水调匀及米价折》（康熙五十四年三月初十日）
同年五月	1.16～1.18	1.05～1.07	同上李煦《奏报米价并御种稻子已浸秧插莳折》（同年五月十六日）

续表

年　　代	上米价格	次米价格	根　据　材　料
同年六月	1.15～1.17	1.06～1.08	同上李煦《奏插秧分数并报米丝价目折》(同年六月初六日)
同年七至九月	1.20	1.10	同上李煦《奏雨水米价并报张鹏翮审抚臣已完折》(同年七月初七日)、《奏春夏雨多并报米价折》(同年八月二十日),及《奏报米价并今秋输值解送龙衣进京折》(同年九月初十日)
康熙五十五年(1716年)二月	1.00	0.90	同书二十六年第二辑李煦《奏报米价并进晴雨录折》(康熙五十五年二月十八日)
同年三月至六月上半	1.10	1.00	同上李煦《奏报天时米价并进晴雨录折》(同年三月初四日)、《奏报御种稻子插秧情形及米价并进晴雨录折》(同年闰三月十二日)、《奏报麦子收成情形及米价并进晴雨录折》(同年四月初九日)、《奏报米价丝价并进晴雨录折》(同年五月十二日),及《奏报天时米价并进晴雨录折》(同年六月十五日)
同年六月下半至七月	1.10	0.90	同上李煦《奏报御种稻子收割情形及米价折》(同年六月二十五日),及《奏报米价并进晴雨录折》(同年七月初四日)
同年八月	1.10	1.00	同上李煦《奏报天时米价并进晴雨录折》(同年八月初三日)
同年九月	1.10	0.95	同上李煦《奏报米价及御种稻子现已收割并进晴雨录折》(同年九月十六日)
同年十月	1.15	1.00	同上李煦《奏报米价并进晴雨录折》(同年十月初二日)
同年十二月	1.14～1.15	1.04～1.05	同上李煦《奏报江都仪真二县设立粥厂情形及苏扬二州天时米价并进晴雨录折》(同年十二月初八日)
康熙五十六年(1717年)正月	1.10	1.00	同书二十六年第三辑李煦《奏报米价折》(康熙五十六年正月二十二日)

续表

年　　代	上米价格	次米价格	根　据　材　料
同年三月	1.16～1.17	1.07～1.08	同上李煦《奏御种稻子已分发并报米价雨水折》(同年三月十一日)
同年四月	1.15～1.16	1.04～1.05	同上李煦《奏报雨水米价折》(同年四月初十日)
同年五至六月	1.10	1.00	同上李煦《奏报雨水米价折》(同年五月初六日),及《奏报雨水米价丝价折》(同年六月初三日)
同年八月	1.10	0.95	同书二十六年第四辑李煦《奏报雨水米价折》(同年八月初九日)
同年九月	1.00	0.90	同上李煦《代僧广明进呈奏折并报雨水米价折》(同年九月初九日)
同年十月	0.90	0.80	同上李煦《奏报御稻已收讫折》(同年十月十一日)
同年十一至十二月	0.95	0.80	同上李煦《进晴雨录折》(同年十一月初七日),及《进呈晴雨录折》(同年十二月初七日)
康熙五十七年(1718年)四月	1.00	0.90	同书二十六年第五辑李煦《奏报米价并进晴雨录折》(康熙五十七年四月二十五日)
同年五月	1.05	0.95	同上李煦《奏报米价并进晴雨录折》(同年五月十七日)
同年六至八月	1.00	0.90	同上李煦《奏报米价丝价并进晴雨录折》(同年六月十六日),《奏报米价并进晴雨录折》(同年七月初五日),及同书二十六年第六辑李煦《奏报米价并进晴雨录折》(同年八月初八日)
同年闰八月	0.90～0.95	0.70～0.85	同上李煦《奏报米价并进晴雨录折》(同年闰八月初九日)两件,及《奏报雨水米价折》(同年闰八月二十二日)

续表

年　　代	上米价格	次米价格	根　据　材　料
同年十至十一月	0.85	0.65	同上李煦《奏报雨水米价并进晴雨录折》（同年十月初五日），及《奏报米价并进晴雨录折》（同年十一月十六日）
康熙五十八年（1719年）四至六月	0.95	0.75	同书二十六年第七辑李煦《奏报雨水米价并所种御稻情形折》（康熙五十八年四月二十六日），《奏报雨水米价并进晴雨录折》（同年五月初六日），及同上折（同年六月初十日）
同年六至九月	0.87	0.73	同上李煦《奏报丝价米价折》（同年六月二十四日），《奏报雨水米价并进晴雨录折》（同年七月初八日），同上折（同年八月初七日），及《奏报收割早稻及米价并进晴雨录折》（同年九月初十日）
同年十至十二月	0.80	0.70	同上李煦《奏报米价并进晴雨录折》（同年十月初八日），同上折（同年十一月十三日），及同上折（同年十二月初十日）
乾隆十三年（1748年）	2.00①		《吴县志》卷七九引《吴门补乘》
乾隆三十五年（1770年）	4.46②		同书卷五二上引《采访稿》
乾隆五十一年（1786年）	4.30(+)③		《病榻梦痕录》卷上

　　为着便于观察当日苏州米价的变动，我们可以根据第二表，把苏州上米的每年平均价格及指数计算出来，作成第三表。

① 原文说米每升卖钱十七文，即每石一千七百文。据第一表，当日每两银约换钱八百三十至八百七十文。由此计算，乾隆十三年苏州米价，加以银表示，为每石二两。
② 原文说米每斗值三百五十文，即每石三千五百文。据第一表，当日银一两约换钱七百八十至七百九十文。由此计算，可知当日以银表示的米价为每石四两四钱六分左右。
③ 原文说，"无锡……市米价，一石四千三百钱"。无锡和苏州距离不远，米价当甚接近，故拿这一数目来代表当日苏州米价。又据第一表，当时银一两换钱一千文少点。由此计算，知当日以银表示的米价为每石四两三钱以上。

第三表　清中叶以前苏州上米价格指数(基期：
康熙五十二年,即 1713 年)

年　代	每石上米价格(两)	指数	年　代	每石上米价格(两)	指数
康熙四年(1665 年)	0.85	86	康熙五十三年(1714 年)	1.05	106
康熙三十二年(1693 年)	0.98	99	康熙五十四年(1715 年)	1.17	118
康熙三十七年(1698 年)	1.00	101	康熙五十五年(1716 年)	1.10	111
康熙四十五年(1706 年)	1.39	140	康熙五十六年(1717 年)	1.05	106
康熙四十六年(1707 年)	1.25	126	康熙五十七年(1718 年)	0.96	97
康熙四十七年(1708 年)	1.65	167	康熙五十八年(1719 年)	0.86	87
康熙四十八年(1709 年)	1.35	136	乾隆十三年(1748 年)	2.00	202
康熙五十一年(1712 年)	0.80	81	乾隆三十五年(1770 年)	4.46	451
康熙五十二年(1713 年)	0.99	100	乾隆五十一年(1786 年)	4.30(＋)	434

资料来源：见第二表。

由第三表观察,我们可知在 17、18 世纪之交的数十年内,苏州米价虽然也有涨落,但涨落的幅度不大,大体上还算平稳;可是到了 18 世纪后半叶,米价水准却远较 17、18 世纪间为高,而且长期停留在较高水准之上。为着便于表示这种物价长期变动的趋势,我们还可以根据第三表绘成清中叶以前苏州上米价格指数图(见第一图)。

除苏州以外,位于长江和运河交叉点的扬州,交通便利、商业发达,在那里成交的米价也对国内其他地方的米价具有影响的力量。这里的米价也和苏州一样,在 18 世纪下半叶要比过去高涨得多。关于扬州的米价,除如上述利用《文献丛编》各辑刊印出的苏州织造员外郎李煦的奏折以外,我们又可利用江宁织造郎中曹寅的奏折及其他记载来制作成第四和第五两个表以及清中叶以前扬州上米价格指数图(见第二图)。

如果把上述康熙和乾隆两朝苏州和扬州的米价细加分析,我们可以发现,这两个同样位于长江下游的重要商业中心,其米价变动的趋势大体上完全一致。换句话说,在 17、18 世纪之交的康熙年间,苏州和扬州的米价虽然也有起伏,但大体上还算平稳;可是到了 18 世纪下半叶的乾隆时代,两地的

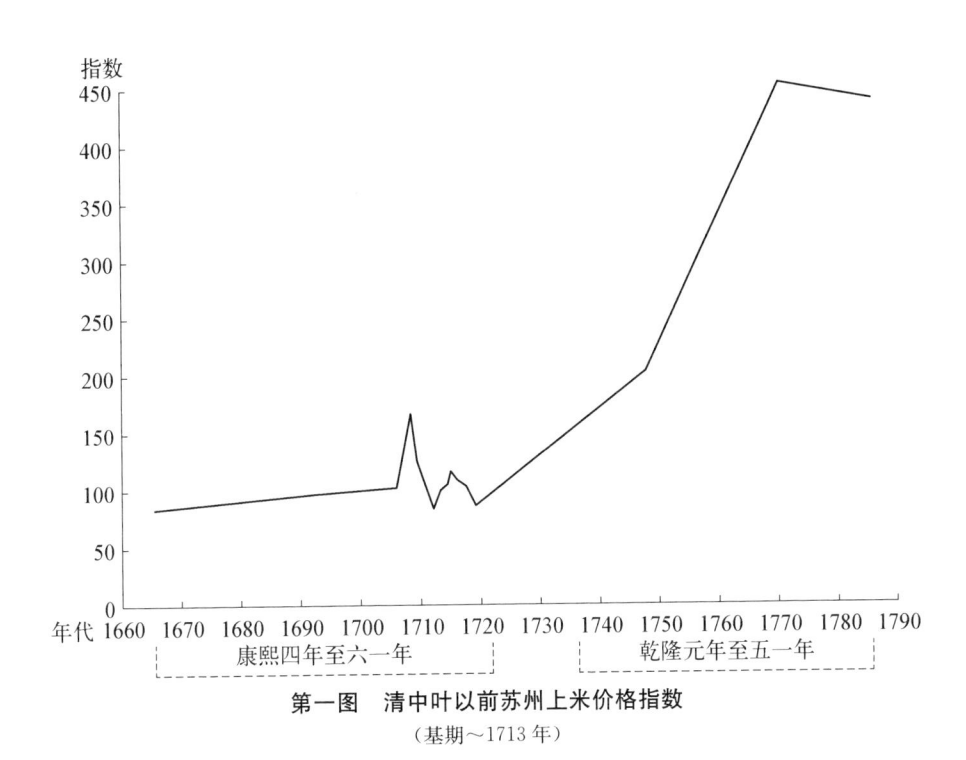

美洲白银与十八世纪中国物价革命的关系

第一图　清中叶以前苏州上米价格指数
（基期～1713年）

第四表　清中叶以前扬州每石米价（两）

年　　代	上米价格	次米价格	根　据　材　料
康熙三十六年 （1697年）十月	0.80(＋)	0.70(＋)	《文献丛编》第十辑江宁织造郎中曹寅《奏押运赈米到淮情形折》（康熙三十六年十月二十二日）
康熙四十八年 （1709年）二月	1.20～1.30		同上江宁织造通政使司通政使曹寅《奏为婿移居并报米价折》（康熙四十八年二月初八日）
康熙五十一年 （1712年）八至十二月	0.80	0.70	同书第三四辑李煦《奏报米价折》（康熙五十一年八月初八日），同上折（同年十月初四日），及《奏大气晴和并报米价折》（同年十二月十一日）
康熙五十二年 （1713年）正月	0.80	0.70	同书第三五辑李煦《奏冬雪已降并报米价折》（康熙五十二年正月十三日）

续表

年　代	上米价格	次米价格	根据材料
同年闰五月	1.00	0.90	同上李煦《奏报督催各灶户赶紧煎盐以供捆运并报米丝价目折》(同年闰五月二十三日)
同年六月	1.10	1.00	同上李煦《奏报督催煎盐并报米价折》(同年六月初九日)
同年七月	1.00	0.90	同上李煦《奏引盐陆续出场将次运到仪真并报米麦价目折》(同年七月初五日)
同年八月	1.00～1.06	0.90～0.96	同上李煦《奏报已赴仪真秤掣商盐并报米麦价目折》(同年八月初六日),及《奏报早稻已割晚稻现正刈获并报米麦价目折》(同年八月二十一日)
同年十至十二月	1.00	0.90	同上李煦《奏报米麦价目折》(同年十月初六日)、《奏报冬雪已降及米麦价目折》(同年十一月十二日),及《奏报米价折》(同年十二月初九日)
康熙五十三年(1714年)正月至四月	1.00	0.90	同书第三六辑李煦《奏报米价折》(康熙五十三年正月初十)、《奏春雨时降并报米价折》(同年三月十一日),及《奏四省重运粮船过淮北上并报米价折》(同年四月十一日)
同年六月	1.10	1.00	同上李煦《奏雨泽缺少并报米丝价目折》(同年六月初九日)
同年七月	1.14～1.15	1.05～1.06	同上李煦《奏甘霖连降今秋仍望丰收并报米价折》(同年七月十三日)
同年八月	1.04～1.05	0.90(+)	同上李煦《奏产盐地望雨心切并报米价折》(同年八月二十一日)
同年九月	1.10	1.00	同上李煦《奏刈稻将完并报米价折》(同年九月二十日)
同年十月	1.04～1.05	0.92～0.93	同上李煦《奏报米价折》(同年十月初六日)

续表

年　代	上米价格	次米价格	根　据　材　料
康熙五十五年（1716年）十二月	1.10	1.00	《文献丛编》二十六年第二辑李煦《奏报江都仪真二县设立粥厂情形及苏扬二州天时米价并进晴雨录折》（康熙五十五年十二月初八日）
康熙五十六年（1717年）正月	1.10	1.00	同书二十六年第三辑李煦《奏报米价折》（康熙五十六年正月二十二日）
同年三月	1.16～1.17	1.07～1.08	同上李煦《奏御种稻子已分发并报米价雨水折》（同年三月十一日）
同年四月	1.15～1.16	1.04～1.05	同上李煦《奏报雨水米价折》（同年四月初十日）
同年五至六月	1.10	1.00	同上李煦《奏报雨水米价折》（同年五月初六日），及《奏报雨水米价丝价折》（同年六月初三日）
同年八月	1.10	0.95	同书二十六年第四辑李煦《奏报雨水米价折》（同年八月初九日）
同年九月	1.00	0.90	同上李煦《代僧广明进呈奏折并报雨水米价折》（同年九月初九日）
同年十月	0.90	0.80	同上李煦《奏报御稻已收讫折》（同年十月十一日）
同年十一至十二月	0.95	0.80	同上李煦《进晴雨录折》（同年十一月初七日），及《进呈晴雨录折》（同年十二月初七日）
康熙五十七年（1718年）五月	1.05	0.95	同书二十六年第五辑李煦《奏报米价并进晴雨录折》（康熙五十七年五月十七日）
同年六至八月	1.00	0.90	同上李煦《奏报米价丝价并进晴雨录折》（同年六月十六日），《奏报米价并进晴雨录折》（同年七月初五日），及同书二十六年第六辑《奏报米价并进晴雨录折》（同年八月初八日）
同年闰八月	0.90	0.70～0.75	同上李煦《奏报米价并进晴雨录折》（同年闰八月初九日），及《奏报雨水米价折》（同年闰八月二十二日）

续表

年　代	上米价格	次米价格	根　据　材　料
同年十至十一月	0.85	0.65	同上李煦《奏报雨水米价并进晴雨录折》(同年十月初五日），及《奏报米价并进晴雨录折》(同年十一月十六日)
乾隆五十一年（1786年）	4.80(+)①		《病榻梦痕录》卷上

第五表　清中叶以前扬州上米价格指数(基期：康熙五十二年，即1713年)

年　代	每石上米价格(两)	指数	年　代	每石上米价格(两)	指数
康熙三十六年(1697年)	0.80(+)	81	康熙五十五年(1716年)	1.10	111
康熙四十八年(1709年)	1.25	126	康熙五十六年(1717年)	1.05	106
康熙五十一年(1712年)	0.80	81	康熙五十七年(1718年)	0.95	96
康熙五十二年(1713年)	0.99	100	乾隆五十一年(1786年)	4.80(+)	485
康熙五十三年(1714年)	1.05	106			

资料来源：见第四表。

米价却都激剧上涨，远较17、18世纪间为高。以苏州和扬州为中心的长江三角洲，正是全国重要谷仓的所在地，那里米价的变动当然要影响到全国其他许多地方。因此，由于苏、扬两州的米价在18世纪一致上涨的趋势，我们可以推知当日国内其他许多地方的米价也一定会发生相似的波动，虽然由于各地的特殊情况，波动的程度并不完全一样。关于此点，我们可以举出浙江和江西米价的变动来作证明。

现在让我们先看看浙江的米价。说到浙江米价的变动，我们可以举出萧山(属绍兴府)的米价来做代表。在萧山生长的汪辉祖，于乾隆、嘉庆间撰有《病榻梦痕录》上下两卷及《梦痕录余》一卷，书中常常提及他的故乡的米价，故我们可以

---

① 原文说，"丹阳米价更昂，每石四千八百"。丹阳位于扬州以南，和扬州的距离很近，两地的米价当然不会相差太远，故我们可以拿乾隆五十一年丹阳的米价来代表当日扬州的米价。又据第一表，当日的银、钱市场比价为每两银换钱一千文少点。依照这个比价来把每石四千八百文的米价换算为以银表示，我们可知当日米价约为每石四两八钱以上。

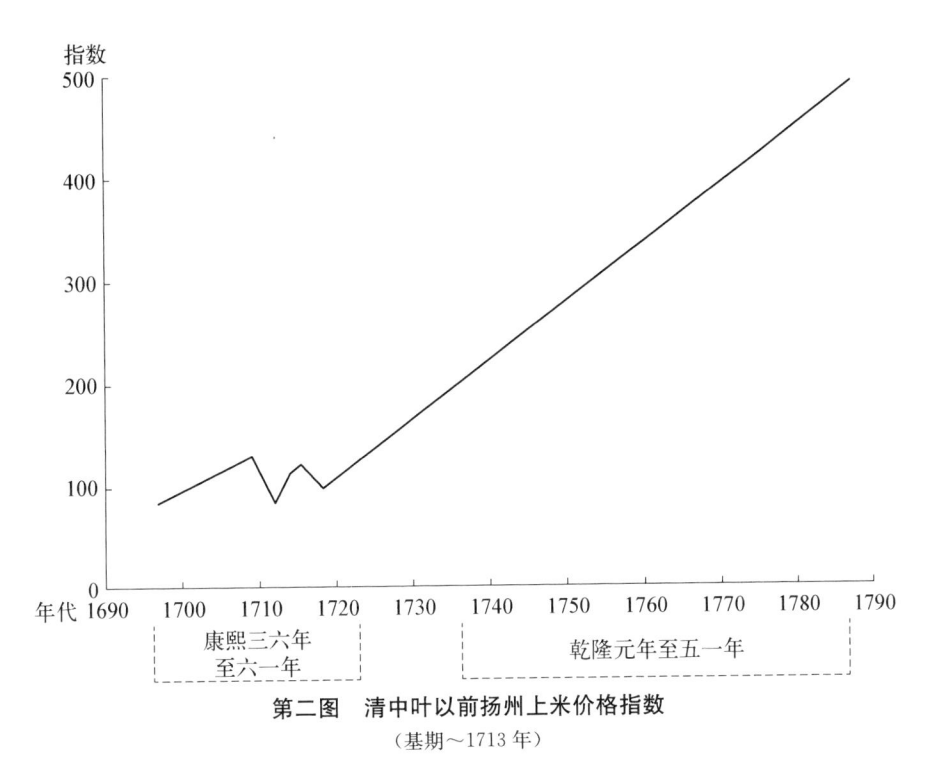

美洲白银与十八世纪中国物价革命的关系

第二图 清中叶以前扬州上米价格指数
(基期～1713 年)

根据他的著作,再加上其他有关的记载,来研究 18 世纪萧山米价变动的情况。现在我们先把这些资料,依照原文所用以表示米价的货币单位,列表如下。

第六表 清中叶以前萧山每石米价

年　代	价　格	根　据　材　料
康熙三十五年(1696 年)	银 0.50 两	彭延庆等修《萧山县志稿》(民国廿四年),卷五引乾隆旧志
康熙五十二年(1713 年)	银 1.30～1.40 两	《文献丛编》第三五辑李煦《奏报浙江衢州府等处旱灾折》(康熙五十二年九月初二日)
约乾隆六年(1741 年)至十二年(1747 年)	钱 900～1 000 文	《病榻梦痕录》卷下(汪辉祖十余岁时)
乾隆十三年(1748 年)	钱 1 600 文	同上
乾隆二十一年(1756 年)	钱 3 000 文	同书卷上

续表

年　代	价　格	根　据　材　料
乾隆五十七年(1792年)	钱2 800～3 100(＋)文	同书卷下
乾隆五十九年(1794年)	钱3 300～3 400文	同上
嘉庆元年(1796年)	钱3 300～3 400文	《梦痕录余》

为着便于比较,我们现在根据第一表,把第六表中以钱表示的米价改算为以银表示,并计算出米价指数,制作成第七表,及绘成清中叶以前萧山米价指数图(见第三图)。

第七表　清中叶以前萧山米价指数(基期：康熙五十二年,即1713年)

年　代	每两银换钱数(文)	每石米价(两)	指数
康熙三十五年(1696年)		0.50	37
康熙五十二年(1713年)		1.35	100
乾隆六至十二年(1741—1747年)	800～900	1.12	83
乾隆十三年(1748年)	830～870	1.89	140
乾隆二十一年(1756年)	780～790	3.82	283
乾隆五十七年(1792年)	900～1 300	2.68	199
乾隆五十九年(1794年)	900～1 450	2.85	211
嘉庆元年(1796年)	900～1 300	3.05	226

资料来源：见第六表。

复次,让我们看看江西的米价。在康熙五十年(1711年)五月,江西"省城米价每石卖银八钱至八钱三四分不等,各府亦相去不远"[①]。可是,到了乾隆十六年(1751年),"江西之广信府米价贵至四两以外"[②]。

由此可见,无论是在浙江,或是在江西,到了18世纪下半叶的乾隆时代,米价也和苏、扬两州那样要比17、18世纪间的康熙时代高涨得多,虽然高涨的程

[①]　《文献丛编》第一二辑江西巡抚郎廷极《奏报护送西洋人傅圣泽进京折》(康熙五十年五月十六日)。
[②]　《史料旬刊》第十五期浙江巡抚永贵《奏覆杭城旗民斗殴情形折》(乾隆十六年)。

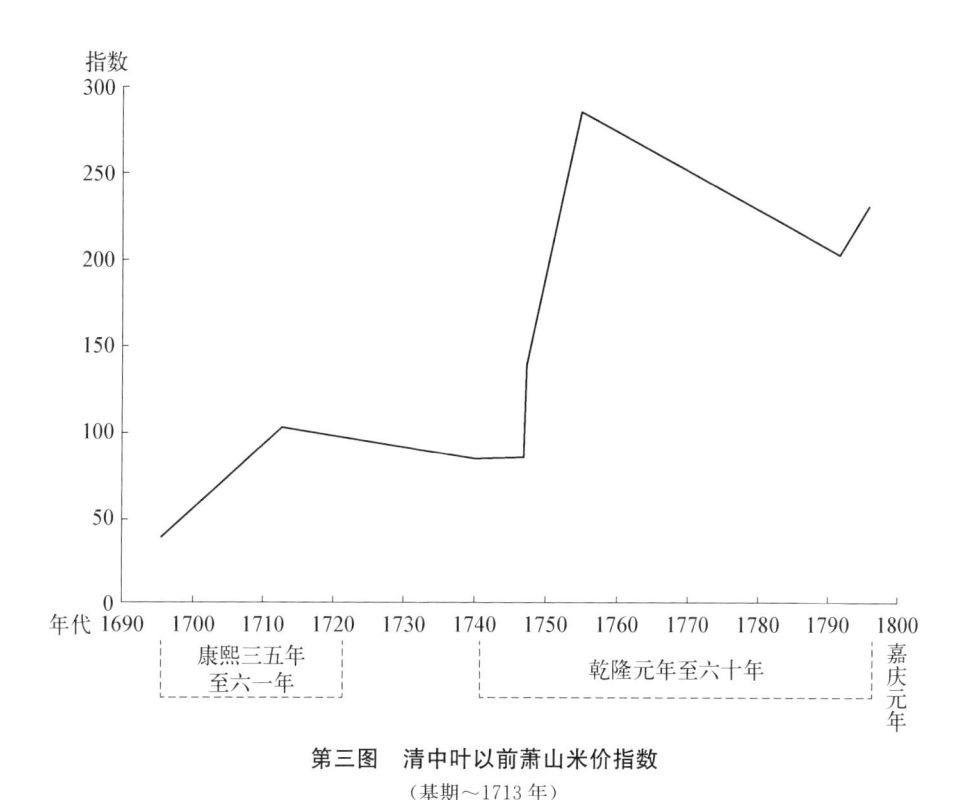

第三图　清中叶以前萧山米价指数
（基期～1713年）

度并不绝对相同。根据这些观察,我们可以判断,当日以苏州和扬州为中心的长江三角洲的米价上涨趋势是具有全国性的,在整个18世纪上涨四倍以上。

我们在上文讨论18世纪中国物价上涨的趋势,偏重于米价方面。事实上,除米价以外,当日其他各种物品的价格也一样上涨、不过上涨的程度各有不同而已。兹就其他物品的价格分述如下：

(1) 丝价。在乾隆时代,除由国内消费以外,丝是对外贸易的重要输出品,其输出价值只次于茶。当日"外洋各国夷船到粤,贩运出口货物,均以丝货为重,每年贩买湖丝并绸缎等货自二十万余斤至三十二三万斤不等。统计所买丝货,一岁之中,价值七八十万两,或百余万两。至少之年,亦买价至三十万两之多。其货均系江、浙等省商民贩运来粤,卖与各行商,转售外夷,载运回国"①。

---

① 《史料旬刊》第十五期李侍尧《奏请将本年洋商已买丝货准其出口折》（乾隆二十四年）。

到了乾隆二十四年（1759年）前后，丝价特别昂贵，有些人归咎于出口过多①，故政府下令禁丝出口。② 可是，"自禁止出洋以来并未见丝斤价平"，同时英国商人又要求准许出口，故政府于乾隆二十七年（1762年）规定，"每船准其岁买土丝五千斤，二蚕湖丝三千斤"③。到了乾隆二十九年（1764年），因为前任浙江巡抚庄有恭"体察杭、嘉、湖三府民情，以丝斤弛禁为便"，政府对丝的出口遂完全弛禁。④ 兹将清中叶以前广州丝价指数列表及绘图如下（见第八表和第四图）。

第八表　清中叶以前广州丝价指数（基期：康熙四十三年，即1704年）

年　代	每担丝价（两）	见于 H.B. Morse 书的卷数及页数	指数
康熙三十八年（1699年）	127～137	vol.Ⅰ，p.90	132
康熙四十一年（1702年）	132	vol.Ⅰ，p.123	132
康熙四十二年（1703年）	140	vol.Ⅰ，pp.121，124	140
康熙四十三年（1704年）	100	vol.Ⅰ，p.136	100
康熙六十一年（1722年）	150	vol.Ⅰ，p.172	150
雍正元年（1723年）	142～145	vol.Ⅰ，pp.176—177	144
雍正二年（1724年）	155	vol.Ⅰ，p.180	155
雍正九年（1731年）	155	vol.Ⅰ，p.203	155
乾隆十五年（1750年）	175	vol.Ⅰ，pp.288，291	175
乾隆二十年（1755年）	190～195	vol.Ⅴ，p.24	193

---

① 例如同书第一八期李光鹏折（乾隆二十四年）云："臣见近年以来，南北丝货腾贵，价值较往岁增至数倍。……查丝之出产，各省俱有，而以江、浙为最多。顾因地近海洋……民间商贩，希图重利出卖，洋艘转运，多至盈千累万，以致丝价日昂。"
② 《大清会典事例》卷二三九载乾隆二十七年上谕云："前因出洋丝斤过多，内地市价翔踊，是以申明限制，俾裕官民织纴。"《乾隆东华续录》卷五五略同）又 H.B. Morse, *The Chronicles of the East India Company Trading to China 1635—1834*, Oxford, vol.Ⅴ (1929), pp.87, 100.也说中国于1760年及1761年（乾隆二十五及二十六年）禁丝出口。
③ 《大清会典事例》卷二三九，《乾隆东华续录》卷五五，王之春《国朝柔远记》卷五。
④ 《乾隆东华续录》卷五九乾隆二十九年三月辛未上谕。

续表

年　　代	每担丝价（两）	见于 H.B. Morse 书的卷数及页数	指数
乾隆二十一年(1756 年)	192.50	vol.Ⅴ, p.47	193
乾隆二十二年(1757 年)	225～250	vol.Ⅴ, p.60	238
乾隆二十四年(1759 年)	198	vol.Ⅴ, p.69	198
乾隆二十八年(1763 年)	240～250	vol.Ⅴ, p.108	245
乾隆三十年(1765 年)	269	vol.Ⅴ, p.124	269
乾隆三十二年(1767 年)	265	vol.Ⅴ, p.130	265
乾隆三十三年(1768 年)	265～294	vol.Ⅴ, p.137	280
乾隆三十五年(1770 年)	300	vol.Ⅴ, p.150	300
乾隆三十六年(1771 年)	265～275	vol.Ⅴ, p.160	270
乾隆三十八年(1773 年)	272.50	vol.Ⅴ, p.178	273
乾隆三十九年(1774 年)	272.50～277.50	vol.Ⅴ, pp.188—189	275
乾隆四十一年(1776 年)	275	vol.Ⅱ, p.8	275
乾隆四十二年(1777 年)	265	vol.Ⅱ, p.28	265
乾隆四十五年(1780 年)	265	vol.Ⅱ, p.53	265
乾隆四十八年(1783 年)	275	vol.Ⅱ, p.90	275
乾隆四十九年(1784 年)	310	vol.Ⅱ, p.96	310
乾隆五十年(1785 年)	290	vol.Ⅱ, p.110	290
乾隆五十二年(1787 年)	280	vol.Ⅱ, p.138	280
乾隆五十八年(1793 年)	255	vol.Ⅱ, p.198	255
嘉庆三年(1798 年)	288	vol.Ⅱ, p.315	288
嘉庆四年(1799 年)	270	vol.Ⅱ, p.324	270

资料来源：H.B. Morse，前引书，vols.Ⅰ,Ⅱ(1926)，Ⅴ(1929).

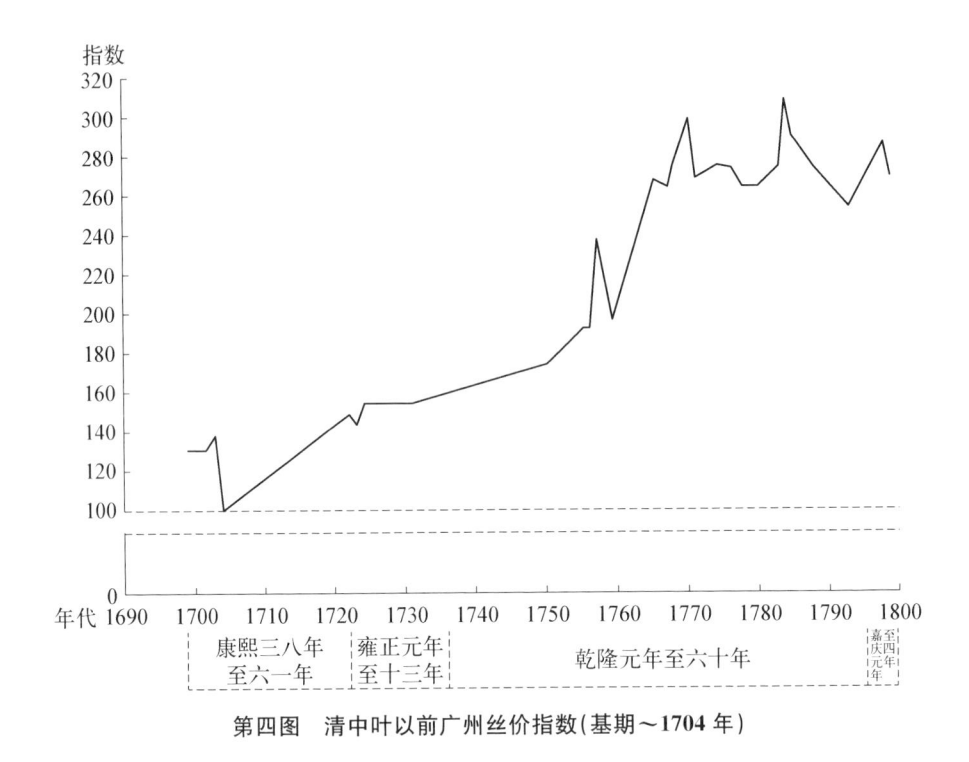

第四图 清中叶以前广州丝价指数（基期～1704年）

（2）木棉花价及布价。除丝以外，木棉花（即草棉，或原棉）也是纺织工业的重要原料。关于木棉花的价格，汪辉祖在《病榻梦痕录》卷下记载乾隆五十七年（1792年）浙江萧山一带，"木棉花一斤，制钱八十余文。向不过三四十文一斤。自（乾隆）五十六年歉收，价至百文。时已少杀，不知何日得复旧也！"木棉花的价格既然高涨，用它作原料来织成的棉布自然也要跟着涨价，故上引洪亮吉《卷施阁文甲集》卷一《生计篇》说乾隆五十八年（1793年）的布价要比五十年前高涨好几倍。

（3）人参价。汪辉祖《梦痕录余》在嘉庆三年（1798年）项下记载："读查初白慎行《敬业堂集》，有《谢撲副宪惠人参一斤》诗云：'十金易一两，又苦赝杂真。投之汤剂中，日饮仅数分。'味其言，若甚愠然。今则参每株重一钱余者，十金不能易二分矣。其重二三分者，亦非二十七八金不能得一钱，况一两耶？且有高丽、昌平、东洋诸产，以伪乱之。往岁己卯（乾隆二十四年，1759年），徐颐亭为余治病，前妇摒挡衣饰，质钱十千，易参一株，重一钱一分。不过四十年,价昂若此。使初白翁在,不知常作何语!"按查慎行诗原文见于他的《敬业堂诗集》卷四三《副相揆公惠寄人参一斤赋谢》,作于康熙五十三年(1714年)。由此可见人参的价格,自康熙经乾隆以至嘉庆初叶,即在18世纪的大部分时间内,是不断上涨的。

(4)田地价。在乾隆十三年(1748年),杨锡绂说:"国初地余于人,则地价贱。承平以后,地足养人,则地价平。承平既久,人余于地,则地价贵。向日每亩一二两者,今至七八两;向日七八两者,今至二十余两。"①这是18世纪中叶田地价格较前高涨的情形。其后,到了嘉庆四年(1799年),江辉祖也说:"余少闻故老言……尔时上田不过亩直银十三四两,每两作制钱七百文或七百四五十文,计田一亩止钱十千余文。今上田亩直制钱三十五六千文,有增至四十千者。(浙江萧山)东乡较贱,然亦自二十七八千至三十千文。"②按汪辉祖生于雍正八年(1730年),其"少时"当即指18世纪中叶以前而言。根据他的记载,我们可知18世纪末年浙江田地的价格,约为中叶以前的三四倍。

把18世纪的米价和上述其他物品的价格进行比较,我们可以发现,18世纪下半叶物价激剧上涨的趋势,并不以米价为限,就是其他物品的价格也都上涨,虽然上涨的程度并不完全相同。当日各种物价激剧上涨,而长期停留在较高水准之上的大变动和哈密尔登教授所称的16、17世纪的西班牙物价革命并没有多少差异,故作者试称它为18世纪的中国物价革命。

四

对于乾隆时代物价(尤其是米价)的长期上涨,当日人们已经开始注意,并试加以解释。通常米价的涨跌,一般人以为主要由于收成的好坏。不过,事实上,这只能解释米价的短期波动;因为今年米价虽然要因收成不好而上涨,假定其他情形不变,只要明年丰收,米价自然会回到原来较低的水准。可是,有如乾隆九年(1744年)二月癸酉的上谕所说,"米价之贵,原非一岁骤

---

① 《皇朝经世文编》卷三九杨锡绂《陈明米贵之由疏》。
② 《梦痕录余》。

长,自不能一岁骤平"①,可见当日米价的波动是长期的。这种长期的米价波动,绝不能拿某地或某年的歉收来加以解释。关于此点,乾隆帝已经注意到,例如他于乾隆八年(1743年)四月己亥说:"朕临极以来,重农贵粟……直省地方宜乎糇粱充裕,价值平减,闾阎无艰食之虞矣。乃体察各处情形,米价非惟不减,且日渐昂贵,不独歉收之省为然,即年谷顺成,并素称产米之地,亦无不倍增于前。……若以为年岁不登,则康熙、雍正间何尝无歉收之岁?"②其后,到了乾隆五十一年(1786年),他更注意到各省米粮收成良好,可是价格还要上涨的现象。例如是年六月甲戌上谕:"据闵鹗元奏到江苏省四月份粮价清单内开,苏、常两属米、麦价……俱比上月加增等语。……本年苏、常等属,前据该抚等奏报春雨沾渥,麦收约计十分。当此民食充裕之时,一切米、麦等项市价自当渐就减落;即或未能顿减,应亦不过照前,断无转比上月加增之理。……似此有增无减,伊于胡底!"③又同年八月己酉上谕:"本日据何裕城奏到七月份粮价单,(江西)各府属县分开注价贵者居多。本年江西省收成尚属丰稔,即邻近各省,亦俱雨水调匀,并未有前赴该省籴运粮米之事,何以各属米、麦、豆价转昂?"④又同年十一月丁丑上谕:"适阅所开九月份粮价单内,(奉天)米、谷、豆、麦等项,俱较上月昂贵。该处上年及本年收成俱属丰稔,况九月正属收成之候,新粮入市,何以价值转增?"⑤

米粮收成的丰歉,既然只能解释米价的短期波动,而不足以说明乾隆年间米价长期上涨的趋势,当日人们便另外拿人口增加的理由来加以解释。根据官方的记载,中国人口在康熙四十九年(1710年)只有 23 312 200 口,及乾隆五十七年(1792年)激增至 307 467 279 口;换句话说,在 18 世纪的八十二年内,中国人口增加 13 倍有多。⑥ 这种人口增加的速度,当然过于夸大。因为在康熙五十一年(1712年)以前,政府向人民课征丁税,人民

---

① 《乾隆东华续录》卷一九。
② 同书卷一七。
③ 《高宗纯皇帝实录》卷一二五六。
④ 同书卷一二六二。
⑤ 同书卷一二六八。
⑥ 《乾隆东华续录》卷一一八乾隆五十八年十一月戊午上谕;《清史稿·食货志》一;俞正燮《癸巳类稿》卷一二。

因要逃税而瞒报口数,故康熙四十九年官方统计的人口数字,不过是当日缴纳丁税的人数,显然比实际人口数字要少得多。到了康熙五十一年,康熙帝规定此后丁税以康熙五十年丁册定为常额,新增人丁称为"盛世滋生人丁",永不加赋。随着丁税负担的减免,人口隐匿不报的流弊才渐渐纠正过来,从而官方统计的人口数字才渐渐比较可靠。① 因此,在乾隆末叶中国人口已超过三万万之说,是比较接近事实的。撇开康熙年间的人口数字不说,我们可以拿清代以前的人口来和乾隆五十七年的人口进行比较。在清代以前,中国人口的数字在北宋大观四年(1110 年)达到最高峰。根据《宋史地理志》的记载,是年全国户数为 20 882 258 户;如以每户平均五口的比率来推算,是年全国人口应为 104 411 290 口。② 由此我们可以推知,中国在 18 世纪末叶的人口,虽然并没有在短短的 82 年中增加 13 倍有多,至少要为清代以前人口最多时的 3 倍左右。因此,乾隆时代人口激增之说,仍然是一件事实。

　　关于人口增加与米价高涨的关系,在乾隆年间有不少人提出来讨论。在乾隆十三年(1748 年)左右,朱伦瀚说:"夫米谷之产于各处也,虽其地土之肥瘠,收获之多寡不等,而一年所入只有此数。……何况盛世滋生,人口日众,岁时丰歉,各处难一。以有限有则之田土,供日增日广之民食,此所以不能更有多余。以无多余之所出,而欲供各处尽力之搬运,此所以米谷日见其不足,价值日见其增长。……臣少年随任江西,往来外省各处。及补授浙江粮道十余年,督率粮艘,前赴江、淮。又署任湖广驿盐道。合此数省观之,其米谷之价,俱加倍于从前矣。"③ 又杨锡绂说:"臣伏查水旱偏灾,与囤户居奇,虽亦足致米谷之贵,然尚非所由贵之源也。臣窃以米谷之贵,由于买食者多。……户口繁滋,则圣谕谓自康熙年间以来,休养生息,便应逐渐加增,何至一时顿长? 以臣观之,实亦未尝不系渐增。臣生长乡村,世勤耕作,见康熙年间稻谷登场之时,每石不过二三钱。……今则必需五六钱……盖户口多则需谷亦

---

① 参考罗尔纲《太平天国革命前的人口压迫问题》,《中国社会经济史集刊》("中央研究院"社会科学研究所,1949 年 1 月)第八卷第一期。
② 这当然不是一个绝对精确的人口数字,但鉴于中国过去"五口之家"的事实,我们以五乘以户数来推算当日全国人数,应当是比较接近实际数字的。参考加藤繁,东京,昭和十九年,页 14—15。
③ 《皇朝经世文编》卷三九朱伦瀚《截留漕粮以充积贮札子》。

多,虽数十年荒土未尝不加垦辟,然至今日而无可垦之荒地者多矣。则户口繁滋,足以致米谷之价逐渐加增,势必然也。"①又《乾隆东华续录》卷三三载乾隆十六年(1751年)"闰五月戊辰,大学士等议覆:……即如人生日用,最急者莫如食米一项。今谓意在恤民,而欲官为立制,务使市价损之又损,间阎皆得贱食。意则美矣,欲其行之于事,能乎不能乎?国家休养生息百有余年,户口繁衍,自古希逢之盛会。人庶则用广,用广则价昂,此一定之理。……"又同书卷五〇载乾隆二十四年(1759年)十月丁酉上谕:"国家承平百有余年,民生不见兵革,休养滋息,于古罕有伦比。而天地生财止有此数,生齿渐繁,则食货渐贵。比岁民数谷数,奏牍了然。"又同书卷七六载乾隆三十七年(1772年)十月癸未上谕:"米粮价值赢缩,固视乎岁收丰歉。及阅岁既久,生齿日繁,则用物广而需值日增,乃系一定之理。即各省买补仓粮,屡请增价,可知矣。"又同书卷七八载乾隆三十八年(1774年)十二月戊子上谕:"见今海寓户口繁滋,难以数计。如各省粮价有增无减,即可为滋生繁庶之征。"又同书卷一〇五载乾隆五十二年(1787年)五月甲申上谕:"国家重熙累洽,生齿日繁,百物价值势不能不较前增贵。即如从前一人之食,今且将二十人食之;其土地所产,仍不能有加。是以市集价值,不能不随时增长。"综括这些议论,我们可知乾隆时代人口激增对于米价昂贵的影响,是当日一般人士公认的事实。

  从理论上说,人口增加对于米价价格长期上涨的影响,当然有密切的关系。人口多了,对粮食的需要增大。为着要满足这种需要,除原来比较肥美的耕地以外,农业须利用报酬激剧递减的硗瘠土地来生产,以增加粮食的供应。② 这样一来,农业生产成本便要增高,从而米粮等农产品的价格便要激剧上涨。③ 根据这种说法,我们可知乾隆年间朝野人士对于人口激增与米价长期高涨关系的认识,是很有道理的。

---

① 《皇朝经世文编》卷三九杨锡绂《陈明米贵之由疏》。
② 例如上引杨锡绂疏说"数十年荒土未尝不加垦辟"。这些在过去不从事耕种的荒土,从经济学的观点来说,当然是报酬递减的土地。
③ 参考英国剑桥大学经济史教授浦士坦(M. Postan)在第九届国际史学会(Ⅸ° Congrèss International des Sciences Historiques)宣读的论文(引自 J. Blum, "Prices in Russia in the Sixteenth Century," in *The Journal of Economic History*, June 1956, vol. ⅩⅥ, No.2)。

可是，我们在这里要注意，人口增加要促使物价长期波动的说法，只能应用于最易受报酬递减定律支配的米粮等农产品的价格，如果应用于并不怎样受同一定律支配的其他商品（例如许多工业品或非农产品）的价格，是不很妥当的。[1] 因此，对于18世纪中国物价长期波动的解释，除人口的增加以外，我们有再寻找其他因素的必要。

五

如上述，乾隆年间我国人士讨论当日长期波动的物价问题，只从人口增加方面来加以解释。可是，在乾隆五十八年（1793年），随同英国使臣马戛尔尼（Lord Macartney）来华的副使史当登（Sir George Staunton），因为旁观者清，却把当日中国物价长期高涨之货币的原因观察出来，他说："在过去一世纪（即指1793年以前的一百年）内自欧洲流入中国的白银，曾使各项消费品价格激剧上涨，而且改变了政府中一些官吏的固定薪金收入和他们经常开支的比例。从前传教士在他们的报告中曾说那时中国的生活费用非常低廉，可是现在那里许多生活必需品的价格并不比英伦低廉多少。"[2] 这些大量流入中国，因而促使中国物价高涨的白银，虽然大部分直接来自欧洲，事实上间接来自美洲；因为如上文所述，在新大陆发现以后的长期内，自墨西哥、秘鲁及玻利维亚银矿中开采出来的白银，曾经长期大量流入欧洲，使欧洲白银的供给激剧增加。

美洲白银之直接或间接流入中国，并不始于18世纪，在明朝中叶以后，或在16、17世纪间，即已开始。关于这个问题，友人梁方仲先生曾于抗战时期撰有《明代国际贸易与银的输出入》[3]一文，内说："欧人东航以后，银钱及银货大量地由欧洲人自南、北美洲运至南洋，又转运来中国。关于这方面的

---

[1] 参考英国剑桥大学经济史教授浦士坦（M. Postan）在第九届国际史学会（IX° Congrèss International des Sciences Historiques）宣读的论文（引自 J. Blum, "Prices in Russia in the Sixteenth Century," in *The Journal of Economic History*, June 1956, vol. XVI, No.2）.
[2] Sir George Staunton, *An Authentic Account of an Embassy from the King of Great Britain to the Emperor of China*, London, 1797, vol. II, p.496.
[3] 发表于《中国社会经济史集刊》第六卷第二期。

数字,虽然亦缺乏不堪,但根据前面所说,由万历元年至崇祯十七年(1573—1644年)的71年间,合计各国输入中国的银圆,由于贸易关系的,至少远超过一万万元以上。……由此我们亦可以知道一条鞭法得以用银普遍缴纳的缘故。"

明亡以后,便是清朝。在清初的40年内,由于东南沿海在军事上的特殊形势,中国的海外贸易大受限制。这时郑成功以台湾为根据地来和清朝对抗,在东南海上非常活跃,自山东以南至广东,沿海都有"国姓"的商船往来。清朝的兵威,在大陆上虽然能够战胜敌人,但对于海上的郑氏,在积极方面无攻打的能力,故只好在消极方面采取坚壁清野的政策。例如在顺治十八年(1661年),开始实行大规模的海禁,自山东至广东沿海的居民,连沿海各岛的居民包括在内,都要向内地迁徙。[①] 在这种情形之下,海外贸易自然要长期停顿,从而国家经济自然要因白银不能大量流入而大受影响。关于此点,我们可以举出在海禁实施二十年后慕天颜所撰的《请开海禁疏》来作证明。他在该文中说:"自迁海既严,而片帆不许出洋矣。生银之……途并绝,则今直省之所流转者,止有现在之银两。凡官司所支计,商贾所贸市,人民所恃以变通,总不出此。而且消耗者去其一,埋没者去其一,埋藏制造者又去其一。银日用而日亏,别无补益之路。用既亏而愈急,终无生息之期。如是求财之裕,求用之舒,何异塞水之源,而望其流之溢也。岂唯舒裕为难,而匮诎之忧,日甚一日,将有不可胜言者矣。由今天下之势,即使岁岁顺成,在在丰稔,犹苦于谷贱伤农,点金无术。……于此思穷变通久之道,不必求之天降地出,唯一破目前之成例,曰开海禁而已矣。盖矿砾之开,事繁而难成,工费而不可必,所取有限,所伤必多,其事未可骤论也。唯番舶之往来,以吾岁出之货,而易其岁入之财。岁有所出,则于我毫无所损,而殖产交易,愈足以鼓艺业之勤。岁有所入,则在我日见其赢,而货贿会通,立可以祛贫寡之患。银两既以充溢,课饷赖为转输,数年之间,富强可以坐致。……犹记顺治六七年间,彼时禁令未设,见市井贸易,咸有外国货物,民间行使,多以外国银钱,因而各省流行,所在皆有。自一禁海

[①] 参考张德昌《清代鸦片战争前之中西沿海通商》,《清华学报》(清华大学,民国廿四年一月)第十卷第一期。

之后,而此等银钱绝迹不见一文。即此而言,是塞财源之明验也。可知未禁之日,岁进若干之银,既禁之后,岁减若干之利。揆此二十年来所坐弃之金钱,不可以亿万计,真重可惜也!"[1] 由此可知,在顺治十八年(1661年)开始海禁以后的20年内,由于海外贸易停顿,国外白银不能流入,在国内曾经发生经济萧条及物价低落等现象,对于国计民生至为不利,故慕天颜要请开海禁。

到了康熙二十二年(1683年),清政府平定台湾,翌年开海禁,中国的对外贸易遂进入一个新的阶段。中国与西方的贸易,自15、16世纪开始,主要由葡萄牙及西班牙的商人操纵把持。及16世纪末叶,荷兰商人打破了葡萄牙人在东方独占的局面,而开始在东方贸易中占重要的地位。约在同一期间,英国商人组织成东印度公司,也逐渐在东方奠定基础,其后到了17世纪下半叶更进而夺取荷兰商人的专利地位。故在18世纪前后中国与西方的贸易中,英国商人扮演了很重要的角色,其他欧洲国家的商人都赶不上他们。至于中国对外贸易的港口,在乾隆二十四年(1759年)以前,除广州以外,厦门、宁波等港口也开放贸易,自乾隆二十四年起,则集中于广州。[2]

18世纪中国的对外输出,以茶、丝为主,其国际市场扩展得非常之快。英国商人从事茶的贸易,始于17世纪下半叶,但茶被运到英国以后,英国人很快便养成喝茶的风气,无论在咖啡店或在家庭中都普遍喝起茶来。结果,中国茶的输出大增。东印度公司由中国运茶至英,在1711—1717年不过1 376 171磅,到了1748—1757年却增加至29 241 585磅。[3] 到了19世纪的最初十年内,每年华茶在英平均卖出2 400万磅,其中多时一年卖出2 700万磅,少时也有2 200万磅。[4] 除茶以外,丝也是很重要的出口商品。丝分两项,一为原料的丝觔(即丝斤,或生丝),二为丝织品,在欧洲的销路也很好。上引乾隆二十四年(1759年)的奏折曾说:"外洋各国夷船到粤,贩运出口货物,均以丝货为重,每年贩买湖丝并绸缎等货自二十万余斤至三十二三万斤不等。统计所买丝货,一岁之中,价值七八十万两,或百余万两。……"这许

---

[1] 《皇朝经世文编》卷二六慕天颜《请开海禁疏》(约康熙二十年)。
[2] 张德昌前引文。
[3] Bal Krishnp, *Commercial Relations between India and England (1601 to 1757)*, London, 1924, p.195.
[4] C.N. Parkinson, *Trade in the Eastern Seas, 1793—1813*, Cambridge University Press, 1937, p.96.

多茶、丝的出口，大多由欧洲商人经营，而以欧洲为主要市场。此外，在由中国商人经营的海外贸易中，船也是出口商品之一，主要运销于南洋一带。例如康熙五十六年（1717年）上谕："苏州船厂每年造船多至千余，出洋贸易，其回来者不过十之五六。其余皆卖在海外，赍银而归。海船桅木龙骨，皆中国所产，海外无此大木，故商人射利偷卖。"①

可是，当中国的茶、丝等出口贸易日益扩展的时候，欧洲商人输入中国的商品，却不易打开销路。自欧洲运来中国的货物，以铅的销路为最好。至于制造品，除少量的技术品如时表及千里镜以外，以毛呢织品为重要货物。可是，当日的中国人士还没有养成穿西服的风气，故毛呢的销路非常之坏。②欧洲商人运来中国的货物，其价值既然远不如自中国出口的货物那么大③，故每年来华贸易的各国船只，都要输入大量白银来支付货价。例如1702年东印度公司派两艘船来厦门贸易，输入毛呢、铅及其他货物共值银73 657两，另外输入白银150 000两，故输入货与银的比例为货一银二。④又如1730年东印度公司派五艘船赴广州贸易，运入银582 112两，货物则只值13 712两，故输入的百分之九十九以上是白银。⑤在18世纪的中国对外贸易中，有好些年中国出口值的三分之二以上由外商以银元及银条来支付。⑥

关于18世纪中国因贸易出超而自国外输入白银的数量，《清朝文献通考》（修于乾隆末年）的作者在卷一六乾隆十年（1745年）项下说："福建、广东近海之地，又多行使洋钱。……闽、粤之人称为番银，或称为花边银。凡荷兰、佛郎机诸国商船所载，每以数千万圆计。……而诸番向化，市舶流通，内地之民咸资其利，则实缘我朝海疆清晏所致云。"因为像这里所引用的中国方面的记载，只是很含混地说外国商船载银来华，"每以数千万圆计"，并没有确

---

① 《明清史料》（"中央研究院"历史语言研究所）丁编第八本《康熙五十六年兵部禁止南洋原案》。
② 张德昌前引文。
③ 例如东印度公司16艘船于1792年自英国输入广州的货物价值，将达100万镑；于1794年自中国运英的货物价值，却在150万镑以上。其他欧洲国家输入广州的货物价值约20万镑，它们自广州的输出值则达60万镑以上。参考 Sir George Staunton，前引书，vol.Ⅱ，p.616.按每镑于1619—1814年间在广州等于银三两，或银元四元。事实上，东印度公司在广州支付薪水及其他用费时，每100镑等于银元416.67元。参考 H.B. Morse，前引书，vol.Ⅰ，ⅩⅩii.
④ H.B. Morse，前引书，vol.Ⅰ，p.123.
⑤ 同上，p.200.
⑥ S.R. Wagel, *Finance in China*, Shanghai, 1914, p.97.

实的数字,故我们现在有利用外国方面的记载或研究来加以补充的必要。

在 18 世纪和中国贸易的西方国家中,英国最为重要。英国东印度公司于 1708—1757 年输往中国的白银约达 650 万镑。现在以十年为一期,列表如下。

第九表　1708—1757 年英国白银输入中国数量(镑)

年　　代	数　　量	年　　代	数　　量
1708—1717 年	623 208.64	1738—1747 年	731 966.62
1718—1727 年	991 070.21	1748—1757 年	2 684 702.30
1728—1737 年	1 454 379.58	总　共	6 485 327.35

资料来源:Bal Krishna,前引书,pp.208—209.①

18 世纪中叶以后,随着中国出口的激增,英国东印度公司运银往中国的数量更要加多。在由 1776—1791 的 15 年中,光是把有银数记载的七年的数量加在一起,便达 367 万镑以上。

第十表　1776—1791 年英国白银输入中国数量(镑)

年　　代	数　　量	年　　代	数　　量
1776 年	88 574	1788 年	469 408
1785 年	704 253	1789 年	714 233
1786 年	694 961	1791 年	377 685
1787 年	626 896	总　共	3 676 010

资料来源:Sir George Staunton,前引书,vol.Ⅱ, pp.625.

根据第九表和第十表,我们可知 18 世纪英国东印度公司的对华贸易,由于中国茶、丝等物品的大量出口,除运来货物以外,每年还要输入大量的白银来弥补贸易差额。随着贸易差额的增大,当日英国输入的白银,有越来越增

---

① 原书只列举各年代英国东印度公司输往整个东方的金、银的数量,可是说明在 1708—1717 年的输出量中有 16% 运往中国,此外 1718—1727 年有 19%,1728—1737 年有 29%,1738—1747 年有 14%,及 1748—1757 年有 35%,都运往中国。故我们可以根据这些比例,计算出输入中国的银数。又东印度公司原来记载输出的是 bullion,含有金、银的意义。可是,根据 C.N. Parkinson(前引书,p.76)的研究,东印度公司使用这一个字,指的是银,如果用于对华输出的记载,尤其只能解释作银。

加的趋势。除英国以外,欧洲其他国家的商人派船来华购运茶、丝等物出口,也因贸易差额的弥补而大规模把银运来中国。到了 18 世纪末叶,除欧洲各国以外,美国在独立后也开始派船来广州贸易,直接自美洲运银到那里去。现在根据有关记载,考查出 18 世纪中叶以后各国(连英国包括在内)每年输入广州的银数,做成第十一表。表中所用的单位,依照原来的记载,以箱(chest)来计算,每箱内载银 4 000 元。①

第十一表　1771—1789 年各国输入广州银数(箱)

年代	国　　别	数量	见于 H.B. Morse 书的卷数及页数
1771 年	英、荷、法、丹麦、瑞典	260	vol. V, p.155
1772 年	同上	536	vol. V, p.170
1774 年	同上	324	vol. V, p.191
1776 年	同上	597	vol. II, p.12
1777 年	同上	366	vol. II, p.29
1778 年	同上	352	vol. II, p.35
1779 年	英、荷、丹、瑞、奥	387	vol. II, p.40
1780 年	同上	168	vol. II, p.50
1781 年	英、丹、瑞	147	vol. II, p.61
1782 年	丹、瑞	250	vol. II, p.74
1783 年	英、法、丹、瑞、奥、西班牙、普鲁士	680	vol. II, p.84
1786 年	英、荷、丹	912	vol. II, p.119
1787 年	英、荷、法、丹、瑞、普	1 378	vol. II, p.136
1788 年	英、荷、瑞、美	998	vol. II, p.152
1789 年		459	vol. II, p.172
总共		7 814	

资料来源:H.B. Morse,前引书,vols. II, V.

---

① H.B. Morse,前引书,vol. II, 135.

根据第十一表，我们可知，在 18 世纪中叶以后，光是有记录可查的 15 年来说，西方各国输入广州银数已达 7 814 箱，或银 31 256 000 元。换句话说，在这 15 年中，各国每年平均输入广州的银元在 200 万元以上。这不过是就各国商船抵达广州时正式申报的数目说的；如果把未申报的数目都计算在一起，数字当然更要大得多。当日各国输入广州银数较多的年份，除表中的数字以外，如果把未申报的数目加在一起，1786 年广州共约输入银元 400 万元以上，1787 年共输入 550 万元以上，1788 年约输入 450 万元。①

归纳了上述各国每年输入广州的银数，再加上其他有关的资料，摩尔斯（H.B. Morse）曾经估计，在由 1700—1830 年的 130 年中，光是广州一个港口，净输入白银在 9 000 万镑至 1 亿镑左右。② 如果每镑作 4 元或 4 元多点计算，广州在 18 世纪至 19 世纪初期的 130 年中，共输入银 4 亿元左右。根据上述美洲白银大量流入欧洲的记载，我们可以说，这些输入广州的银，大部分产于美洲，不过先在欧洲各地流通，然后辗转东来而已。

自 15、16 世纪间，哥伦布发现新大陆，麦哲伦（他本人在菲律宾被杀）绕航世界一周以后，墨西哥和菲律宾曾经长期成为西班牙帝国的一部分，故在 17、18 世纪前后，有不少白银直接自墨西哥运往菲律宾，再转运来中国。③ 依照德科民（De Comyn）的估计，由 1571 年（明隆庆五年）至 1821 年（清道光元年），自墨西哥运往马尼拉（Manila）的银约 4 亿元，其中约有四分之一（1 亿元）流入中国。④ 至于中国对外贸易的港口，在乾隆二十四年（1759 年）以后固然以广州为限，在此以前厦门等港口也有外国商船前来贸易，从而把白银输入。例如"乾隆三年（1738 年）、六年（1741 年）及十二年（1747 年），吕宋之船来厦（门）贸易，曾有三次"。其后到了乾隆二十年（1755 年），吕宋商船又来厦门，"所带米粮货物之外，尚有番银一十五万圆，

---

① H.B. Morse，前引书，vol. II，pp.119, 136, 152.
② H.B. Morse, The International Relations of the Chinese Empire, Shanghai, etc., 1910, vol. I, p.202.
③ 例如梁廷枏《粤海关志》卷二四"米时哥国"条说："米时哥（Mexico）亦吕宋属国，其地多铸花边钱，无物产。海舶至粤者，唯载银钱而已。"
④ J.B. Eames, The English in China, p.63.原书未见，兹引自小竹文夫《清朝时代に於ける银・钱比价の变动に就きて》，（上海，昭和五年五月）第二十二号。

欲在内地置买绸缎等物"①。如果除经由欧洲辗转运来以外,再加上直接经太平洋运来的美洲白银,除输入广州以外,再加上输入其他港口的白银,那么,在由 1700—1830 年的 130 年中,中国共输入银 5 亿元左右。②

银是当日中国的主要货币,故银的长期大量输入,要影响到中国货币流通量的激剧增加。随着货币流通量的激增,根据费休(Irving Fisher)的货币数量学说③,物价水准自然要较前高涨。

不特如此,由于当日中国货币使用的特殊情况,18 世纪外国白银大量流入的结果,中国货币流通的数量和速度都较前特别增加,故物价更特别高涨。当日自外国输入的白银,除纹银(Sycee)外,以银元(一作圆)为主。银元又叫洋钱、番银,或洋银,都是在各国造币厂中铸成的银币。当日自西方各国输入的银元,由于国别不同,种类甚多,其中尤以西班牙银元为最重要。因为中国货币以银两为单位,这些外国银元在中国市场上被用来偿付货价时,都要按照成色及重量折算成银两来支持。当外国银元源源不断流入中国的时候,中国在货币方面正在实行银两与制钱并用的制度,即两者都是无限法货,不过因为本身价值的大小各有不同,故买卖大的多半用银,小的多半用钱来作交易媒介。可是,当日的银两,由于形式不统一、名称太复杂、成色有高下、重量难计算④,故在市场上交易使用时,人们往往感到折算的烦难。至于制钱,一来因为本身价值太小,既不便于远路携带,又不便于巨额支付;二来因为私铸盛行,以致在各地市场上,除政府正式铸造的制钱以外,还有各种私钱的流通,使用起来非常不便。这种不便的情况,在商业幼稚,交易稀少时,人们还可以忍受得住;可是,到了 18 世纪下半叶的乾隆时代,当人口激增,商业发达,交易频繁的时候,情况却要变为越来越严重了。在这种情势之下,外国银

---

① 《史料旬刊》第一二期《钟音折》(乾隆二十年)。又同书第一八期《李有用折》(乾隆二十年)也说:"兹又据报,有夹板夷商到口,均系吕宋之船。……船中舵水货客共一百三十九人,载来食米、货物、银两,实系来厦贸易,并无他故。当即准其入口。……该番船载来……番银十余万两……现在交商贸易。"
② H.B. Morse, *China and the Ear East* (Clark University's Lecture),原文未见,兹引自小竹文夫前引文。
③ Irving Fisher, *The Purchasing Power of Money*, New York, 1911.
④ 魏建猷《清代外国银圆之流入及其影响》,《东方杂志》(重庆,民国三十四年九月)第四十一卷第十八号。

元的大量流入，正好弥补这个缺憾，而适应当日客观的经济需要。当日输入中国的外国银元，形式比较统一，名称比较简单，同时成色与重量也比较一致，在交易时计算与授受都比较简便，故大家都乐于使用。大家对银元的需要既然增大，其成色虽然没有像纹银或库银那样高，市价反而要在后者之上。例如汪辉祖在嘉庆元年（1796年）记载浙江萧山一带："每番银一圆，直制钱一千七八九十文。市肆交易，竟有作钱一千一百三四十至七八十者，杭州尤甚。银价因之日减。……钱既参错，用者不便，乃计所易之钱折受番银，故番银之价昂于库银。……今钱法不能画一，而使番银之用广于库银……不知其流安极！"①又林则徐于道光十二至十六年（1832—1836年）任江苏巡抚时，追述过去外国银元流通的情形说："从前洋钱流入内地，其成色比纹银为低，其价值原比纹银为贱。因小民计图便利，日渐通行，未几而洋银等于纹银，又未几而洋价浮于银价。"②他又说："夫以色低平短之洋钱，而其价浮于足纹之上，诚为轻重倒置。……无如闾阎市肆久已通行，长落听其自然，恬不为怪。……臣等询诸年老商民，金谓百年以前，洋钱尚未盛行，则抑价可也，即厉禁亦可也；自粤贩愈通愈广，民间用洋钱之处转比用银为多，其势断难骤遏。盖民情图省图便，寻常交易应用银一两者，易而用洋钱一枚，自觉节省，而且无须弹兑，又便取携。是以不胫而走，价虽浮而人乐用，此系实在情形。"③和纹银比较起来，银元的市价既然相对高昂，故输入同样数量或重量的银元，在市场上折算出的银两，要比同样数量或重量的纹银为大。这样一来，外国银元大量流入，自然更要影响到中国货币流通量（以银两表示）的特别增多了。何况这些银元"价虽浮而人乐用"，其流通速度又因大家乐于互相授受而增加呢？中国货币流通的数量与速度，既然要因外国银元的大量流入而特别增加，物价自然要向上升涨，而长期停留在较高水准之上了。

---

① 《病榻梦痕录》卷下。据第一表引《梦痕录余》，嘉庆二年银每两不过换钱一千零二十至三十文；可是每枚重量不过七钱二分，而成色又不如纹银的外国银元，在嘉庆元年却换钱多到一千一百余文。由此可见当日外国银元因需要大而市价昂贵的情形。
② 林则徐《林文忠公政书》甲集《江苏奏稿》卷八《漕费禁给洋钱折》。
③ 同书卷一《会奏查议银昂钱贱除弊便民事宜折》。

六

综括上文我们可知,自新大陆发现后,在那里银矿中生产出来的白银,其对于物价的影响,是具有世界性的。这些白银大量流入西班牙及其他欧洲国家的结果,固然要促使那里的物价上涨;就是在老远的中国,当美洲白银直接经太平洋,或间接经欧洲辗转流入以后,物价也同样发生波动。不过因为中国和美洲的距离较远,故美洲白银输入中国,在明朝中叶以后,或在16、17世纪间,虽然已经开始,大规模流入中国,事实上比流入欧洲要晚得多;因此,中国的物价并不像欧洲那样早在16、17世纪便已开始上涨,而迟至18世纪才发生急剧的变动。不特如此,18世纪的中国,除如欧洲过去那样受美洲白银的影响以外,又要受人口增加的影响,故物价波动得特别利害,就米价来说,在整个18世纪上涨4倍有多。这和16世纪西班牙物价上涨将近三倍半比较起来,可说有过之而无不及。假如16、17世纪西班牙的物价变动可以像哈密尔登教授那样称为"物价革命"的话,18世纪中国物价的大变动,当然更可以当之无愧了。

现在我们要问:当中国在18世纪因对外贸易出超而大量输入白银,从而物价长期波动的时候,国计民生要受到什么影响?关于这个问题,我们可以试从两方面来加以探讨。在乾隆时代,当物价上涨的时候,凡是货币收入增加的速度能够赶得上物价的人,生活都可以过得去。例如汪辉祖记载乾隆五十九年(1794年)浙江萧山的情形时说:"夏间米一斗钱三百三四十文。往时米价至一百五六十文,即有饿殍。今米常贵,而人尚乐生。盖往时专贵在米,今则鱼、虾、蔬、果,无一不贵,故小贩、村农俱可糊口。"①除小贩、村农以外,做大买卖的商人,当物价波动的时候,更可以乘机大发其财,从而资金的累积便越来越大。例如就两淮的盐商来说:"向来山西、徽、歙富人之商于淮者百数十户,蓄赀以七八千万(两)计。"②这些为一百几十家盐商所拥有的七八千

---

① 《病榻梦痕录》卷下。
② 汪喜孙《从政录》(《汪氏丛书》)卷二《姚司马德政图叙》。

万两的资本，着实是一宗很大的财富。偌大的一个汉阳铁厂，在光绪十六至二十二年(1890—1896年)的官办时代，也不过投资500多万两而已。① 因为民间蓄积了这样大的财富，政府的税收自然旺盛，故乾隆时代人民租税的负担虽然没有加重，政府的开支虽然越来越大，户部银库积贮的银两仍然激剧增加。例如《乾隆东华续录》卷七六载乾隆三十七年(1772年)十一月癸卯上谕："方今国家当全盛之时，左藏所储，日以充积。乾隆初年户部银库止三千三四百万，而今已多至七千八百余万，奚翅计倍而赢！"又同书卷九四载乾隆四十六年(1781年)九月丁卯主谕："朕即位初年，户部银库计不过三千万两。今四十余年以来，仰荷上苍嘉佑，年谷顺成，财赋充足，中间普免天下地丁钱粮三次，蠲免天下漕粮两次。又各省偏灾赈济，及新疆、两金川军需所费，何啻万万！而赋税并未加增……见在户部尚存银七千余万两。"又同书卷一〇四载乾隆五十一年(1786)闰七月庚寅上谕："朕即位初年，户部银库计不过三千余万两。……去年江南等处赈费亦至千余万。然见在户部库银尚存七千余万，较之即位初年，已多一倍有余。"②

可是，在另外一方面，当18世纪中国物价长期波动的时候，人口又特别增加，以致有许多人因为货币收入远落在物价之后而生活水准降低。例如乾隆五十八年(1793年)洪亮吉说："四民之中，各有生计。……除农本计不议外，工商贾所入之至少者日可余百钱，士佣书授徒所入日亦可得百钱。是士、工、商一岁之所入，不下四十千。闻五十年以前，吾祖若父之时，米之以升计者钱不过六七，布之以丈计者钱不过三四十。一人之身，岁得布五丈即可无寒，岁得米四石即可无饥。米四石为钱二千八百；布五丈为钱二百。是一人食力，即可以养十人。即不耕不织之家，有一人营力于外，而衣食固已宽然矣。今则不然。……昔之以升计者。钱又须三四十矣；昔之以丈计者，钱又须一二百矣。所入者愈微，所出者愈广。于是士、农、工、贾各减其值以求售，布帛、粟米又各昂其价以出市。此即终岁勤动，毕生皇皇，而自好者，居然有

---

① 拙著《清末汉阳铁厂》，《社会科学论丛》(台湾大学法学院，1950年4月)第一辑。
② 又《高宗纯皇帝实录》卷一二六一，《清史稿·食货志》二，《皇朝经世文编》卷二六阿桂《论增兵筹饷疏》(乾隆四十六年)，许楣《钞币论》通论七，及王庆云《石渠余纪》卷五都有相似的记载。

沟壑之忧,不肯者遂至生攘夺之患矣。"①又如汪辉祖说嘉庆四年(1799年):"食用百物,俱比往岁更昂。余少闻故老言,中人之家,有田百亩,便可度日。……近年租入较绌,田百亩……十余口之户,支给不易。况不能百亩者乎?"②当日这许多人因物价高涨而生活艰苦的情况和清中叶以后各地大规模的暴乱有什么关系,着实是值得我们研究的一个问题。

1956 年 9 月 14 日于台北市

附记:文中各图的绘制,承蒙同事潘实君先生及台湾大学经济研究所研究生王业键君给予帮助,特此致谢!

---

① 《卷施阁文甲集》卷一《生计篇》。
② 《梦痕录余》。

清中叶以前江浙米价的变动趋势

一

本文所说的"清中叶以前",是指从满族入关以后至乾隆末年为止,包括顺治(1644—1661年)、康熙(1662—1722年)、雍正(1723—1735年)、乾隆(1736—1795年)四朝,大约自17世纪中叶至18世纪末的一个半世纪。关于这一期间我国物价变动的情形,笔者曾经先后写过两篇论文,分别发表于《"中央研究院"历史语言研究所集刊》(以下简称《集刊》)第二十八本和第三十本,以后又搜集到一些新的资料(主要为江、浙一带的米价),排比之余,并考察当时社会经济的变迁,觉得这一简单的数字序列足以代表清代前半期一个半世纪间物价变动的一般趋势,同时对拙著《美洲白银与十八世纪中国物价革命的关系》(《集刊》第二十八本)一文有所补正,因而写成此一短文。

二

在列表、绘图以前,笔者认为有几点必须先加以说明。第一,本文所及地区限于江、浙一隅,物价又限于米价一种,都是因为迁就资料。不过,江、浙为当时经济最繁荣的地区,而米价又是农业社会中最重要的一种物价,我们如果想就当时经济现象中找出一个个例(Case)来做任何推论的话,那么,以江、浙米价为研究对象,当最具代表性。第二,本文所要显示的是这一期间江、浙米价变动的一般趋势,换句话说,即做长期趋势(Secular trend)的观察与说明。在统计学上,研究长期趋势是采取隔离(Isolation)的方法,将存在于时间数列(Time series)中的季节变动(Seasonal variation)及不规则变动(Irregular variation)因素剔除;因此笔者在资料的选择方面,凡属因年岁灾歉而造成急剧波动的米价都没有采用,因为这些资料中明显存有重大的不规则变动因素;至于季节变动,因本文所采用的多是笼统的年资料,这一因素已不存在。其中虽然有少数并不是年资料,但季节变动幅度(Amplitude)不大,即使没有加以剔除,也不足以影响长期趋势的观察。第三,资料中所采用的价格单位为银两,可是有一部分资料是以铜钱计价,而当年当地的银、钱比价又没有找到,因此只好就前后若干年的已知比价推计,将铜钱换算为银两。另外,有些资料并没有确定的时间,我们只能就有关的材料做一种笼统的推定。所以有一小部分资料免不了包括某种程度的推测(Guess work)成分在内。

现在我们把清中叶以前的江、浙米价予以序列,并以康熙中叶为基期,化为指数,列表于后:

清中叶以前的江、浙米价指数　　基期:康熙中叶

时　期	地区	每石米价（银两）	代表值*	指数	根　据　资　料
顺治初（1644年）	江、浙	2.0以外	2.0	333以上	贺长龄辑《皇朝经世文编》卷二十九董以宁《白粮本折议》。
康熙初（约1662—1665年）	江、浙	0.7～0.8	0.8	133	《东华录·康熙》五,康熙四年三月戊戌。
康熙中叶（1691年）#	江、浙	0.5～0.7	0.6	100	《东华录·康熙》九十八,康熙五十五年九月甲申:"江、浙素称丰富,朕前巡幸南方时,米价每石不过六、七钱。"按康熙帝自康熙二十三年至四十六年前后巡幸苏、杭六次。又彭延庆等修《萧山县志稿》五:"(康熙)三十五年大有,斗米五分。"又董以宁《白粮本折议》:"江、浙之米……承平以来,价日益减……几至五、六钱不足。"(时期亦大约在康熙中叶。)

清中叶以前江浙米价的变动趋势

续表

时　期	地区	每石米价（银两）	代表值*	指数	根　据　资　料
康熙四十六年(1707年)春、夏	苏州、松江、常州、镇江	0.8	0.8	133	钱泳《履园丛话》卷一，米价："康熙四十六年，苏、松、常、镇四府大旱。是时米价每升七文，竟涨至二十四文。"大旱之后，米价飞涨，为不规则变动，那时正常价格当为七文。今按拙著《美洲白银与十八世纪中国物价革命的关系》(《集刊》卷二十八本)第一表中康熙六十年以前银、钱比例，把每石价格（七百文）折成银两。
康熙五十五年(1716年)	苏州	0.9~1.2	1.1	183	见前引拙著第二表。注以下四舍五进。
雍正四年(1726年)四月②	江、浙	1.1~1.2	1.2	200	《朱批谕旨》第十三册，雍正四年四月初八日何世璂奏。
乾隆四年(1739年)	浙江	1.5~1.8	1.7	283	琴川居士编辑《皇清名臣奏议》卷三十五，孙灏《酌减采买额数疏》。
乾隆二十年(1755年)前后	苏州、松江、常州、镇江	1.7~1.8	1.8	300	钱泳《履园丛话》卷一，米价："（乾隆）二十年虫荒……余皆连岁丰稔，价渐复旧，然每升只十四五文，为常价也。"今按前引拙著第一表乾隆十八年与二十六年以前银、钱比价之平均数（820文＝1两），把每石价格（一千四、五百文）折为银两。
乾隆二十六年(1761年)三月	苏州	1.8~2.1	2.0	333	《高宗实录》卷六三六，乾隆二十六年五月庚戌。钱以下四舍五进。

续表

时　期	地区	每石米价（银两）	代表值*	指数	根 据 资 料
乾隆五十年（1785年）以后	苏州、松江、常州、镇江	2.3～3.0	2.7	450	钱泳《履园丛话》卷一，米价："自此（乾隆五十年）以后，不论荒熟，总在二十七八至三十四五文之间，为常价矣。"今按前引拙著第一表乾隆五十一、五十七、五十九、六十年银、钱比价之平均数（1两＝1 160文），把每石价格折为银两。

* 因为每石米价多以距离（Range）表示，可是我们在计算指数时必须在此距离中确定一点（Point）来作代表值，所以现在都取距离的中点（Mid-point）为代表值。钱以下四舍五进。

♯ 根据表中所引资料，可知康熙中叶米价约为五钱至七钱，而不能确定为哪一年或哪几年。今为绘图方便起见，暂假定为康熙三十年（1691年）。

◎ 雍正年间我国各地米价大致平稳，并没有长期上升或下降的趋势存在。请参考拙著《清雍正年间（1723—1735年）的米价》（《集刊》第三十本）一文。现在选其中年岁丰稔的一年的米价为代表值。

我们从以上的江、浙米价表的实际价格变动情况观察，便很容易看出清中叶以前江、浙米价的长期趋势是这样的：从顺治初年至康熙初叶米价陡落，此后仍然继续降低，但趋势变得很缓慢；自康熙中叶以后，米价开始上升，其上涨趋势一直到乾隆末年继续未已，康、雍之间约提高一倍，到乾隆末年价格更增涨至康熙中叶价格的四倍以上。换句话说，从17世纪中叶至末叶我国江、浙一带米价水准大为降低，可是此后绵亘整个18世纪米价水准都在逐渐上升之中。现在如果以康熙中叶的米价（五钱至七钱）为基期，那么，顺治初年价格指数当在333以上；从顺治初至康熙中叶约半世纪的期间，价格指数从333以上降至100；从康熙中叶至雍正时期约一世纪的三分之一的期间，指数从100增至200，恰巧提高一倍；从雍正时期至乾隆末年约一世纪的三分之二的期间，指数从200增至450，又递增一倍有余。现在我们再把各指数绘成曲线图，这100多年江、浙米价变动的趋势就更为明显。

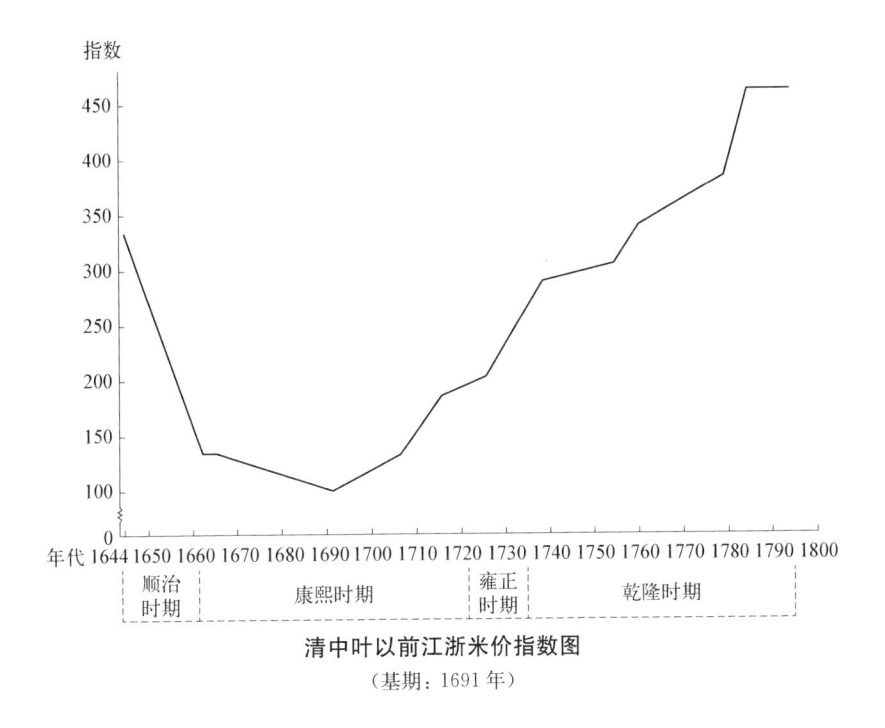

清中叶以前江浙米价的变动趋势

清中叶以前江浙米价指数图
（基期：1691 年）

三

了解清中叶以前约一个半世纪期间的江、浙米价变动趋势以后，我们必须进一步加以说明。现在笔者拟以康熙中叶为分界线而分为前后两期，并分别予以解释。

（1）自顺治初年至康熙中叶，约自 17 世纪中叶至末叶的半世纪期间：米价水准不断下落，是这一个时期的特色。顺治初年米价贵至每石二两以外，这是因为明末流寇蜂起，各处生产都遭受到严重摧残。生产遭受到破坏，物资便要感到缺乏；物资缺乏，物价自然要昂贵起来。关于这一点，在清初文献中例证甚多。如顺治元年（1644 年）真定巡抚卫周胤奏："巡行各处，极目荒凉。……地亩荒芜，百姓流亡，十居六七。"[①]次年总督河道杨方兴奏："山东

[①] 琴川居士编辑《皇清名臣奏议》卷一，顺治元年卫周胤《痛陈民苦疏》。又见《东华录·顺治》三，顺治元年十二月庚申。

地土荒芜,有一户之中止存一二人,十亩之田止种一二亩者。"①顺治八年(1651年)吏部左侍郎熊文举陈述江南遭寇乱之后,"兵火雕残,仅存焦土"②。由此可见,明、清交替之际我国南北各省残破至何种程度!此外,我们更可以比较一下明、清之间的田地面积。明万历七年(1579年),我国田地面积约700万顷。③而顺治八年(1651年)的田地面积却只有290万余顷④,顺治初年当然更不及此数。这样看来,清朝初年田地面积既然和明万历年间比较起来几乎减少了五分之三,粮食生产自然也要按比例减少,或更有过之。在这种情况下,米价自然要因为供应锐减而非常高昂。

可是,自满族入关以后,流寇次第肃清,和平秩序逐渐恢复,于是人民得以再从事生产。在另外一方面,政府力行垦荒政策,将"荒地无主者,分给流民及官兵屯种;有主者,令原主开垦;无力者,官给牛具籽种"⑤。政府对人民开垦无主荒田者,又"给以印信执照,永准为业"⑥。荒地开垦后,初定六年起科(即至第六年起始予征课),康熙十二年(1673年)更宽限至十年起科。⑦当日政府又规定地方官以劝垦之多寡为优劣,劝垦成绩优良者,予以议叙。⑧在社会秩序渐次安定,以及政府极力奖励垦荒的政策下,田地面积大为扩张,至顺治十八年(1661年)已超过500万顷(包括田、地、山、荡及畦地),到康熙二十四年(1685年)更接近590万顷。⑨田地面积增加的结果,粮食生产自然也跟着增加。而且,在大乱之后,田多人少,一旦恢复生产,劳动边际生产力(Marginal productivity of labor)较大,故产量迅速增加,最初的增加率要远比人口增长率为大。换句话说,供给的增加远超过需要的增加,因此作为人民最主要粮食的食米的价格便要不断下落。这是清代康熙中叶以前江、浙米

---

① 《东华录·顺治》四,顺治二年正月己丑。
② 《皇清名臣奏议》卷四,顺治八年吏部左侍郎熊文举《谨述江省情形疏》。
③ 小竹文夫《清代の荒地开垦——耕地增加——に就きて》,昭和五年十二月廿五日,上海。该文引《万历大明会典》载天下田土面积为7 013 976顷28亩。如将屯田及官田计入,约共800万顷。
④ 《东华录·顺治》十七。
⑤ 《钦定大清会典事例》卷一六六,《开垦》,顺治元年。
⑥ 同上,顺治六年。
⑦ 《东华录·康熙》十三,康熙十二年十一月庚午。
⑧ 《钦定大清会典事例》卷一六六,《开垦》,顺治六年,顺治十五年。
⑨ 《东华录·康熙》一及《康熙》三十六。据小竹文夫前引文估计,顺治十八年我国田地面积(包括官庄、屯田、学田等)约570万顷至580万顷,到康熙二十四年已增加至630万顷至640万顷。

价逐年下降的最主要的原因。

另外,这一期间米价不断下降的趋势又由于清初的海禁而加重。原来自明朝中叶以后,由于欧人的东来,我国在对外贸易的过程中获得大量银钱及银货的输入,从此银在我国货币上占着非常重要的地位。但在清初的40年间,由于以台湾为根据地的郑成功常常活跃于东南沿海,清政府又还没有足够的力量渡海远攻,因此实行海禁。实行海禁之后,对外贸易便长期停顿,于是白银便不能大量流入。被赋予货币资格的白银既因海禁而中止流入,我国银矿的生产又非常有限,因此国内便产生一种通货紧缩(Deflation)的现象。对于这种现象,当时的人士已经注意到,而且提出开海禁的呼吁。如慕天颜在《请开海禁疏》中说:"自迁海既严,而片帆不出洋矣。生银之两途并绝,则今直省之所流转者,止有现在之银两。凡官司所支计,商贾所贸市,人民所恃以变通,总不出此。而且消耗者去其一,堙没者去其一,埋藏制造者又去其一。银日用而日亏,别无补益之路。用既亏而愈急,终无生息之期。如是求财之裕,求用之舒,何异塞水之源,而望其流之溢也。岂惟舒裕为难,而匮诎之忧,日甚一日,将有不可胜言者矣。由今天下之势,即使岁岁顺成,在在丰稔,犹苦于谷贱伤农,点金无术。……于此思穷变通久之道,曰开海禁而已矣。"①由此可见当日因为海禁而使国内货币数量日益减少的严重情况。在另外一方面,这一时期生产渐次恢复,物产增加,交易量亦随着增加。在这种情况下,物价当然要大为降低了。

(2) 自康熙中叶至乾隆末期,约相当于整个18世纪:关于此期间物价不断上升的趋势,笔者可称为"18世纪的中国物价革命",而且在拙著《美洲白银与十八世纪中国物价革命的关系》一文中有较详细的说明,现在只简略加以叙述。这期间物价上涨的原因,首先是因为在这一世纪内中国的人口大量增加,而生产粮食的田地面积却不能按比例增加,土地生产大大地受到边际收益递减律(The law of marginal diminishing return)的影响,粮食供给赶不上需要的增加,而且越来越落后,于是米价不断上升。其次,同样重要的是白银的大量进口。自康熙二十二年(1683年)平定台湾后,次年开海禁,我国对

---

① 贺长龄辑《皇朝经世文编》卷二六慕天颜《请开海禁疏》(约康熙二十年)。

外贸易又形活跃,丝、茶等货物大量出口。在另外一方面,外人却不能提供相等价值而又为我国人民所需要的货物,于是我国形成大量出超,外人只好长期向我国输送大量的白银,以偿付货物的价款。据估计,从 1700 年至 1830 年间,仅广州一口输入白银约共四万万元。而且,外国银元成色、重量、形式都有一定规格,人民乐于当作交换媒介来使用。因此,货币数量和速度都激增,形成通货膨胀(Inflation)的现象。

最后,读者如果把本文资料与前述拙著《美洲白银与十八世纪中国物价革命的关系》一文的资料比较一下,会发现本文所引乾隆五十年(1785 年)以后苏、松、常、镇四府米价不过每石二两三钱至三两,而该文所引苏州乾隆三十五年(1770 年)上米价格每石 4.46 两,乾隆五十一年(1786 年)每石四两三钱,又同年扬州米价每石四两八钱余。在同一地区同一期间的米价为什么会相差得这样悬殊呢?这是因为本文所选资料,大致是在收成良好情形之下的价格,而该文所引的那几个资料都是在灾歉时期或灾歉之后的价格①,所以后者显得颇为偏高。

1960 年 4 月于南港

---

① 乾隆三十五年江苏吴县米价甚高,可能因为上年遭水灾。如《高宗实录》卷八四四,乾隆三十四年十月辛亥:"江苏、浙江二省,又因雨水连绵,低田间被淹浸。"又同书卷八四九,乾隆三十四年十二月乙亥:"两江总督高晋覆奏:遵查江苏所属州县,粮价现未平减。"当年年底米价既未平减,则次年春夏之间当更为昂贵。乾隆五十一年江苏各地米价高昂,是由于"上年……被旱成灾"(《高宗实录》卷一二四六,乾隆五十一年正月庚申),该年又遭水浸(汪祖辉《病榻梦痕录》卷上)之故。

清雍正年间(1723—1735年)的米价

一

在一个社会中,物价的变动被认为是一种极为重要的经济指标(Economic barometer),它可以显示货币购买力的升降、工商业的动态,以及人民的生活状况等。而在一个近于自给自足的农业社会中,粮食价格又是物价中最重要的一种,粮价的变动甚至足以代表一般物价的情况;因为粮食为人人所必需,在一个以农业为主的社会中,其产品大部分是粮食,一般物价也随着粮价而升降。乾隆帝曾经说过:"天下无不食米之人,米价既长,凡物价、夫工之类莫不准此递加。"①现在我们打算就清雍正年间(1723—1735年)我国各地米价做一番统计观察;可是,由于资料的限制,我们探讨的范围只能及于中南部各省,即江苏、浙江、安徽、江西、湖北、湖南、福建、广东、广西、云南、贵州及四川12省。

由于统计方法的应用,现在我们已经能够对一个时间数列(Time series)分别做长期趋势(Secular trend)、季节变动(Seasonal variations)及循环变动(Cyclical movements)的解析。可是循环变动——一般称为经济循环(Business cycle)——还只是西方工商业社会的产物,对于我国清初以农业为主的社会,而时间又只有十三个年头的雍正朝,自然不宜于做这种研究。同时,因为资料的欠缺,即使对于季节变动及长期趋势两项,本文也无法就当时各地米价分别求出季节指数(Indices of seasonal variations)及趋势值(Trend values)。因此,我们在这里只能以列表及图示的方法做一种近似的观察与说明。

---

① 《乾隆东华续录》卷七六"乾隆三十七年十月癸未"条。

二

本文所根据的材料是当时各省总督、巡抚、布政使等向雍正帝奏报的米价;可是,因为那时朝廷对于有关的技术事项没有严格划一的规定,所以我们现在做统计的时候不免要发生好些问题。这些问题如果不首先予以解决,统计便很难进行,因此在列表、绘图以前,我们必须先行交代一下。

(一) 斗石问题

物品价格所依据的度量衡如果不一致,那么,物价的同时异地及同地异时的比较,便要成为不可能。当时各省地方官奏报米价所用的单位并不完全一律,计有斗(石)、仓斗(石)、京斗(石)、市斗(石)等的不同,我们必须寻求这些单位相互间之量的关系,才能够使问题简单化。据《清朝文献通考》卷三十二《市籴考》一,清初曾先后于顺治五年(1648年)、十二年(1655年)及康熙四十三年(1704年)三次划一斗斛,规定以通州铁斛为准,并依式铸造若干具分发各省及仓场使用,通称仓斛(斗)(按一斛等于五斗);康熙帝且明令天下"以部(按即户部)颁度量衡法为准,通融合算,均归划一"①。由此可知,清代至少在康熙(1662—1723)以后,量的法定单位为仓斛(斗、石);各省地方官奏报每石或每斗的米价,大抵是指每仓石或每仓斗来说的。另外,京石(斗)可能有两个解释:一为盛京金石,一为京仓②所用之石(斗)。可是,盛京金石已于康熙四十三年(1704年)明令停用③,而京仓和各省仓库所用的斗斛都以户部铁斛为准,因此京石(斗)和仓石(斗)大致没有什么分别。至于市石(斗)的大小,各地就相差很大。例如"(四)川省市斗……每一石较浙省仓斛合二石三斗有零"④,因为"四川产米颇多,价值甚贱,故斗斛之大倍于他省"⑤。又如贵

---

① 转引自吴承洛《中国度量衡史》,民国二十六年,上海,页257—258。
② 《清史稿·食货志》二《仓库》:"京师及各直省皆有仓库……";又《朱批谕旨》第十八册刘楠奏:"奉上谕,以京通各仓积粟充盈……"可见京仓就是京师的仓库。
③ 《清朝文献通考》卷三十二《市籴考》一。
④ 《朱批谕旨》第四十册雍正五年五月十一日李卫奏。
⑤ 《朱批谕旨》第四十册雍正五年五月十一日李卫奏。

州"每一市斗……折仓斗有一斗五升"①。有些地方市斗与仓斗究竟怎样折算,我们还不清楚。如湖北"市斗……比仓斗较大"②,但究竟大多少,我们并不知道。有些地方官按市石奏报米价,根本就没有提到市石与仓石相互间之量的关系。因此,关于按市石(斗)奏报的米价,如果是在有明确折算率的地方,我们一概换算为仓石(斗)价格;如果是在找不出折算率的地方,这些数字便只好割爱。幸而这种情形很少,对我们影响不大。

(二) 米谷折算问题

我们所要知道的是各地的米价数字,可是有些奏折,只有谷价,而没有米价,于是又发生米、谷如何折算的问题。当时官方都以"一米二谷"折算③,即两份谷换一份米,但市场上实际交换价格稍有不同,大概一米总要易二谷有余。因为那时稻谷品种未经改良,"粒大而壳厚,每谷一石碾米五斗,即属好谷"④,而将谷碾成米,须加上一些劳务费用。所以米价都在谷价二倍以上。如"台湾……现今谷价每石三钱五六分,米价每石八钱二三分"⑤,可知米价为谷价的 2.32 倍;又如广西"现在三府(柳州、庆远、思恩)一州(宾州)所属地方,新谷每仓斗一石价银二钱三四分至二钱七八分不等,红白糙熟各色新米每石价银五钱至六钱内外不等"⑥,可知米价约为谷价的 2.16 倍。我们现在估定以 2.3 倍折算,虽然和实际并不完全符合,但出入之处大约是很微小的。

(三) 米的等级问题

在当时各省官吏的奏折中,米的等级最多的分为三级,即上米、中米、下米,或称白米、次米、糙米;其次分为二级,即上米、次米,或称细米、粗米。可是大多数没有分级,只说米价每石银若干。我们如果要把米价在时间上及地

---

① 《朱批谕旨》第十三册雍正四年九月十二日何世璂奏。
② 《朱批谕旨》第十九册雍正九年十二月六日王士俊奏。
③ 《朱批谕旨》第十六册雍正五年五月十一日法敏奏;第四十五册雍正四年六月十九日高其倬奏;第五十一册雍正七年八月初二日史贻直奏。
④ 《朱批谕旨》第三十二册雍正七年七月初四日田文镜奏。
⑤ 《朱批谕旨》第四十七册雍正二年六月十五日禅济布、丁士一奏。
⑥ 《朱批谕旨》第四十七册雍正三年十一月十四日乔于瀛奏。

区间加以比较,那么,各种价格的米的等级必须一致,否则便将失去意义。因为当时大多数奏报米价没有区分等级,我们也就以此为准;遇有报两个等级或三个等级米价的奏折,我们便取各级米价的平均数为代表,列入表中。不过,关于苏州一地的米价,因为奏折中几乎同时有上米及次米价格,所以我们也就予以分列,而且在图上分别以两条曲线来代表。

(四) 取代表值问题

统计学上在一群数值中取代表值的方法有五:算术平均数(Arithmetic average)、几何平均数(Geometric mean)、调和平均数(Harmonic mean)、中位数(Median)及众数(Mode)。此外,又有加权(Weight)之法。这些方法各有其利弊及适用范围。雍正年间各省地方官所报米价,有些是写通省或某地米价每石自几钱几分至几钱几分不等,在这种情形下,我们只知道一省或一地米价之最高价格和最低价格,因此只好将其最高价格及最低价格予以平均,而取其中位数为代表值。有些是将省内各府州米价一一奏报,如果我们能够知道各府州的生产量或消费量,而予以加权平均,所得通省米价的代表值自较合理;可是,事实上,生产或消费的数字无从求得,所以只好取各地米价的算术平均数为代表值。有些是奏报省内米价自几钱几分至几钱几分者若干处,自一两几钱至一两几钱者若干处……这时我们便以处的数目为权数,而求出各地米价的加权算术平均数为一省米价的代表值。不过,东南沿海的苏、浙、闽、粤四省,我们分别以苏州、杭州、福州、广州的米价为代表,因为这几个城市的米价资料要较通省米价资料为多。自然,我们有时也采用通省米价来加以补充。如福建米价以漳、泉两地为最贵,台湾最低,福州大致居中;广东米价以惠、潮一带为最贵,高、雷、廉、琼等府最廉,广州通常居中;因此我们有时也将闽、粤通省米价的代表值作为同时福州、广州的米价。又如苏州人烟稠密,工商业繁盛,物价当较江苏省内其他地方为高,有时我们就取江苏通省米价的最高价格为苏州米价。这是因为资料不足而采用的权宜办法。

此外,各省官吏奏报米价,往往没有确定时间、地点。关于时间,我们只能根据具奏人就任日期和他前后的奏折来加以推定。关于地点,如总督或巡抚奏称目下米价若干,有时使人不明白他所报究竟是通省的米价,或是省城所在地的米价。鉴于一省之内各地米价互异，米价通常以一个距离(Range)来表示，就是说每石价自几钱几分至几钱几分不等；而一地米价就很确定，报价即使有以距离表示的，差额也一定很小。因此在地点不确定时，报价如果以前一种形式来表示，我们便认为是通省米价；如果以后一种形式来表示，我们便认为是具奏人衙署所在地的米价。举例来说，雍正十年(1732年)七月初十日署理广东巡抚杨永斌奏："现在米价每仓石自五钱四五分起至八钱一二分不等。"①雍正元年(1723年)五月初四日镇海将军署理江苏巡抚何天培奏："自今米价白米每石一两零五分，次白米每石一两。"②前者是指广东通省的米价来说，后者是指苏州一地的米价来说，大约没有多大的疑问。

为着便于比较及减省计算上的麻烦起见，我们现在以苏州雍正元年(1723年)五月的次米价格(银一两)为基期，将中南部各省的米价指数分别列表及绘图于后：

表一 清雍正年间(1723—1735年)苏州米价指数

基期：雍正元年五月次米价

年月（雍正）	上米 每石价格（银两）	指数	次米 每石价格（银两）	指数	见于《朱批谕旨》册数、奏折日期及具奏人	备考
元年五月	1.05	105	1.00	100	第八册雍正元年五月初四日何天培奏。	
元年七月	1.14	114	1.05	105	第八册雍正元年七月初七日何天培奏。	
二年一月	1.22	122	1.13	113	第八册雍正二年元月二十七日何天培奏。	
二年二月	1.22	122	1.13	113	第八册雍正二年二月二十四日何天培奏。	
二年闰四月	1.25	125	1.15	115	第八册雍正二年闰四月初六日何天培奏。	

---

① 《朱批谕旨》第五十二册。
② 《朱批谕旨》第八册。

续表

年月（雍正）	上米 每石价格（银两）	指数	次米 每石价格（银两）	指数	见于《朱批谕旨》册数、奏折日期及具奏人	备　考
二年五月	1.25	125	1.12	112	第八册雍正二年五月十九日何天培奏。	
二年六月	1.25	125	1.16	116	第三十四册雍正二年六月初十日高其位奏。	高其位时任江南提督，任所在松江府，但松江与苏州相距不远，且同属太湖流域，两地米价应当约略相同。
二年九月	1.32	132	1.25	125	第八册雍正二年九月初九日何天培奏。第三十四册雍正二年九月二十四日高其位奏。	同上。
二年十一月	1.32	132	1.25	125	第八册雍正二年十一月二十五日何天培奏。	
三年三月	1.28	128	1.22	122	第八册雍正三年三月二十九日何天培奏。	
三年四月	1.33	133	1.24	124	第三十四册雍正三年四月二十四日高其位奏。	
三年五月	1.38	138	1.32	132	第十二册雍正三年五月初六日张楷奏。	
四年四月	1.10	110	0.96	96	第五十册雍正四年四月初八日高斌奏。	
四年六月	1.05	105	0.92	92	第五十册雍正四年六月初十日高斌奏。	
四年九月	0.98	98	0.88	88	第五十册雍正四年九月初二日高斌奏。	
四年十二月	1.30	130	1.20	120	第五十册雍正四年十二月十三日高斌奏。	

清雍正年间(1723—1735年)的米价　　　　　　　　　　　　　　　　　　　　53

续表

年月（雍正）	上米 每石价格（银两）	指数	次米 每石价格（银两）	指数	见于《朱批谕旨》册数、奏折日期及具奏人	备　考
五年一月	1.35	135	1.26	126	第五十册雍正五年二月初一日高斌奏。	按二月初一日所奏应当为一月价格。
五年三月	1.30	130	1.20	120	第五十册雍正五年三月初四日高斌奏。	
五年九月	1.10	110	1.00	100	第五十册雍正五年九月初二日高斌奏。	
五年十一月	1.00	100	0.87	87	第八册雍正五年十一月十七日何天培奏。	这是常州米价，但常州与苏州相距不远，且同属太湖流域，米价应当约略相同。
七年五月	1.08	108	0.92	92	第六十册雍正七年五月二十九日尹继善奏。	
七年九月	0.80	80	0.70	70	第六十册雍正七年九月初六日尹继善奏。	原奏："现在米粮价值每石六钱至八钱。"依此估定上、次米价格。
九年十一月	1.20	120	1.14	114	第三十五册雍正九年十一月初三日乔世臣奏。	原奏："目下……米价……自一两一钱四五分至二钱以上不等。"依此估定上、次米价格。
十一年春	1.65	165	1.45	145	第三十五册雍正十一年四月十五日乔世臣奏。	
十一年四月	1.45	145	1.35	135	第三十五册雍正十一年四月十五日乔世臣奏。	原奏："民间所买常餐……见今不过一两三四钱。"依此估定上、次米价。

续表

年月（雍正）	上米 每石价格（银两）	指数	次米 每石价格（银两）	指数	见于《朱批谕旨》册数、奏折日期及具奏人	备考
十二年三月	1.35	135	1.25	125	第五十七册雍正十二年三月十五日赵弘恩奏。	取通省米价之高限为苏州上米价，以上米价减一钱为次米价。
十二年七月	1.40	140	1.30	130	第五十七册雍正十二年七月二十一日赵弘恩奏。	同上。
十二年十月	1.30	130	1.20	120	第五十七册雍正十二年十月初六日赵弘恩奏。	同上。
十二年十二月	1.20	120	1.10	110	第五十七册雍正十二年十二月二十日赵弘恩奏。	同上。
十三年四月	1.00	100	0.90	90	第五十七册雍正十三年四月十八日赵弘恩奏。	同上。
十三年闰四月	1.00	100	0.90	90	第五十七册雍正十三年闰四月十八日赵弘恩奏。	同上。
十三年五月	1.30	130	1.20	120	第五十七册雍正十三年五月十二日赵弘恩奏。	同上。

表二　清雍正年间(1723—1735年)杭州米价指数

基期：雍正元年五月苏州次米价

年月（雍正）	每石米价（银两）	指数	见于《朱批谕旨》册数、奏折日期及具奏人	备考
元年三月	1.30	130	第十三册雍正元年四月初一日李馥奏。	按四月初一日所奏应当为三月米价。
元年十二月	1.45	145	第十三册雍正元年十二月十九日李馥奏。	

续表

年月(雍正)	每石米价(银两)	指数	见于《朱批谕旨》册数、奏折日期及具奏人	备　考
二年四月	1.45	145	第七册雍正二年四月黄叔琳奏。	奏折日期由笔者推定。
二年六月	1.45	145	第七册雍正二年六月黄叔琳奏。	同上。
三年八月	1.15	115	第十册雍正三年八月二十九日福敏奏。	
三年十月	1.00	100	第十册雍正三年十月二十四日福敏奏。	
四年四月	1.20	120	第十三册雍正四年四月初八日何世璂奏。	原奏："浙江米价一两二钱。"
四年五月	1.08	108	第四十七册雍正四年六月初一日孙文成奏。	按六月初一日所奏应当为五月米价。
四年十二月	1.20	120	第四十七册雍正五年正月初一日孙文成奏。	按正月初一日所奏应当为上年十二月米价。
五年闰三月	1.40	140	第四十册雍正五年五月十一日李卫奏。	
七年七月	1.00	100	第十八册雍正七年七月二十五日蔡仕舢奏。	浙东诸郡米价。
十年十二月	1.66	166	第四十七册雍正十年十二月十七日性桂奏。	杭州府属富阳县米价。
十一年春	1.75	175	第三十五册雍正十一年四月十五日乔世臣奏。	
十一年四月	1.75	175	第五十五册雍正十一年五月初一日郝玉麟、赵国麟奏。	五月初一日所奏应当为四月米价。
十一年六月	1.75	175	第五十五册雍正十一年六月廿七日郝玉麟、赵国麟奏。	
十一年十一月	1.40	140	第五十二册雍正十一年十一月程元章奏。	奏折日期由笔者推定。
十二年春	1.30	130	第五十二册雍正十二年春程元章奏。	同上。

表三　清雍正年间（1723—1735年）福州米价指数

基期：雍正元年五月苏州次米价

年月（雍正）	每石米价（银两）	指数	见于《朱批谕旨》册数、奏折日期及具奏人	备　考
元年三月	1.00	100	第七册雍正元年三月初六日黄国材奏。	
元年五月	0.95	95	第七册雍正元年五月十四日黄国材奏。	
元年十一月	0.90	90	第七册雍正元年十一月初九日黄国材奏。	
二年一月	0.85	85	第七册雍正二年正月二十五日黄国材奏。	
二年三月	0.85	85	第七册雍正二年三月二十六日黄国材奏。	
二年闰四月	0.95	95	第七册雍正二年闰四月十三日黄国材奏。	
二年十月	0.85	85	第七册雍正二年十月十五日黄国材奏。	
四年二月	1.50	150	第六册雍正四年二月初四日毛文铨奏。	
四年五月	1.80	180	第四十五册雍正四年六月十九日高其倬奏。第十三册雍正四年七月初六日索琳奏。	
四年六月	2.00	200	第四十五册雍正四年七月十八日高其倬奏。	
四年七月	1.65	165	第四十五册雍正四年七月十八日高其倬奏。	
四年九月	1.50	150	第四十五册雍正四年九月初二日高其倬奏。	
四年十月	1.35	135	第四十五册雍正四年十月十三日高其倬奏。	
四年十一月	1.20	120	第六册雍正四年十一月初九日毛文铨奏。	

清雍正年间(1723—1735年)的米价　　57

续表

年月(雍正)	每石米价(银两)	指数	见于《朱批谕旨》册数、奏折日期及具奏人	备　考
五年一、二月	1.65	165	第五册雍正五年正月二十八日陈时夏奏。第四十六册雍正五年二月初十日高其倬奏。	陈奏："臣访得闽省米价每石至一两八钱。"高奏："各府米价及沿海各岛澳米价每石自一两三四钱起至二两不等。"福州米价据此约略估定。
五年闰三月	1.28	128	第四十六册雍正五年四月初四日高其倬奏。	
五年十月	1.21	121	第十三册雍正五年十月二十五日常赉奏。	
六年一月	1.30	130	第十五册雍正六年正月初八日沈廷正奏。	
六年三月	1.35	135	第十三册雍正六年三月二十二日常赉奏。	
六年四月	1.25	125	第十三册雍正六年四月十二日常赉奏。	
六年七月	1.15	115	第十二册雍正六年七月初六日朱纲奏。	
六年十二月	1.45	145	第四十六册雍正六年十二月二十八日高其倬奏。	
七年一月	1.19	119	第四十六册雍正七年正月二十日高其倬奏。第十四册雍正七年正月二十五日刘世明奏。	取高奏与刘奏米价的平均数。
七年六月	1.10	110	第十四册雍正七年六月十六日刘世明奏。	
七年闰七月	1.10	110	第五十一册雍正七年闰七月二十四日史贻直奏。	
七年九月	0.95	95	第十四册雍正七年九月初六日刘世明奏。	

续表

年月(雍正)	每石米价(银两)	指数	见于《朱批谕旨》册数、奏折日期及具奏人	备　考
七年十二月	0.75	75	第五十一册雍正七年十二月二十四日史贻直奏。	
八年冬—九年三月	1.00	100	第四十七册雍正九年五月潘体丰奏。 第五十一册雍正九年三月十九日赵国麟奏。	潘奏日期由笔者推定。
九年四月	1.20	120	第四十七册雍正九年五月潘体丰奏。	同上。
九年六月	1.00	100	第二十一册雍正九年六月初八日张起云奏。	原奏："闽省……米价九钱一两不等，最贵之处亦不越一两二三钱。"依此估定福州米价。
九年十月	1.04	104	第四十七册雍正九年十月潘体丰奏。	奏折日期系笔者推定。原奏系谷价每石四钱五分，今折成米价。
十一年四月	1.05	105	第五十五册雍正十一年四月初五日郝玉麟、赵国麟奏。	取闽省米价高低两极限的中位数。
十一年九月	0.90	90	第五十五册雍正十一年九月初二日郝玉麟、赵国麟奏。	同上。
十一年十一月	0.88	88	第五十五册雍正十一年十一月十八日郝玉麟、赵国麟奏。	同上。
十二年五月	0.95	95	第五十五册雍正十二年五月二十二日郝玉麟、赵国麟奏。	同上。
十二年六月	0.90	90	第五十五册雍正十二年六月十二日郝玉麟、赵国麟奏。	同上。
十二年九月	0.95	95	第五十一册雍正十二年九月二十五日赵国麟奏。	同上。

表四 清雍正年间(1723—1735年)广州米价指数

基期：雍正元年五月苏州次米价

年月（雍正）	每石米价（银两）	指数	见于《朱批谕旨》册数、奏折日期及具奏人	备考
元年五月	0.85	85	第六册雍正元年五月十三日杨琳奏。	
二年六月	0.75	75	第三册雍正二年六月初七日孔毓珣奏。	
二年十月	0.82	82	第三册雍正二年十月初九日孔毓珣奏。	
三年三月	0.85	85	第三册雍正三年四月初一日孔毓珣奏。	四月初一日所奏应当为三月米价。
三年十一月	0.85	85	第三册雍正三年十一月十五日孔毓珣奏。	广东通省米价。
三年十二月	1.00	100	第四册雍正三年十二月初十日杨文乾奏。	
四年四月	2.00	200	第三十八册雍正四年四月初八日万际端奏。	
四年七月	1.00	100	第三十八册雍正四年七月二十四日万际端奏。	通省米价。
四年十一月	1.45	145	第三册雍正四年十一月十五日孔毓珣奏。第四册雍正四年十二月十八日杨文乾奏。	取孔、杨所奏价格的平均数。
五年二、三月	2.85	285	第十三册雍正五年五月二十日官达奏。	原奏："省内米价腾至二两七八钱、三两不等。"
五年五月	1.20	120	第十三册雍正五年五月二十日官达奏。第十三册雍正五年五月二十四日常赉奏。	
五年八月	1.55	155	第三册雍正五年八月十九日孔毓珣奏。	
五年九月	1.45	145	第三十四册雍正五年九月十一日王绍绪奏。	

续表

年月（雍正）	每石米价（银两）	指数	见于《朱批谕旨》册数、奏折日期及具奏人	备 考
五年十一月	1.25	125	第三册雍正五年十一月十六日孔毓珣奏。	
六年五月	1.10	110	第四册雍正六年五月四日石礼哈奏。 第四册雍正六年五月二十四日杨文乾奏。	取石、杨奏价的平均数。
六年六月	0.90	90	第三十四册雍正六年六月二十四日王绍绪奏。	
六年十月	1.09	109	第十九册雍正六年十月初八日王士俊奏。 第三册雍正六年十月二十日孔毓珣奏。	取王、孔奏价的平均数。
六年十一月	1.15	115	第十册雍正六年十一月初二日傅泰奏。	
七年四月	0.84	84	第十九册雍正七年四月二十日王士俊奏。	
七年六月	0.85	85	第十九册雍正七年六月十一日王士俊奏。	
七年八月	0.70	70	第三十四册雍正七年八月初六日王绍绪奏。	
七年九月	0.70	70	第十九册雍正七年九月十五日王士俊奏。	
八年二月	0.63	63	第十九册雍正八年二月十六日王士俊奏。	
八年四月	0.63	63	第十九册雍正八年四月十一日王士俊奏。	广东通省米价。
八年十月	0.60	60	第十九册雍正八年十月十一日王士俊奏。	
八年十一月	0.59	59	第二十三册雍正八年十一月二十日蔡良奏。	
九年一月	0.56	56	第五十六册雍正九年正月十二日鄂弥达奏。	通省米价。

续表

年月（雍正）	每石米价（银两）	指数	见于《朱批谕旨》册数、奏折日期及具奏人	备　考
九年五月	0.47	47	第十九册雍正九年五月初六日王士俊奏。	同上。
十年二月	0.70	70	第三十五册雍正十年二月二十八日焦祈年奏。	
十年四、五月	1.10	110	第三十九册雍正十年六月初六日柏之蕃奏。	
十年六月	0.83	83	第三十九册雍正十年六月初六日柏之蕃奏。	
十年冬	1.45	145	第五十六册雍正十一年三月十二日鄂弥达、杨永斌奏。	
十二年四月	0.83	83	第五十六册雍正十二年四月初八日鄂弥达奏。	
十二年六月	0.95	95	第五十二册雍正十二年六月二十五日杨永斌奏。	
十二年十一月	0.90	90	第五十二册雍正十二年十一月初八日杨永斌奏。	
十三年三、四月	0.82	82	第五十六册雍正十三年四月初六日鄂弥达奏。第五十二册雍正十三年三月二十九日杨永斌奏。	

表五　清雍正年间（1723—1735年）安徽米价指数

基期：雍正元年五月苏州次米价

年月（雍正）	每石米价（银两）	指数	见于《朱批谕旨》册数、奏折日期及具奏人	备　考
元年六月	1.15	115	第三十四册雍正元年六月二十五日高其位奏。	
二年六月	1.21	121	第三十四册雍正二年六月初十日高其位奏。	

续表

年月（雍正）	每石米价（银两）	指数	见于《朱批谕旨》册数、奏折日期及具奏人	备　考
二年九月	1.29	129	第三十四册雍正二年九月二十四日高其位奏。	
三年四月	1.28	128	第三十四册雍正三年四月二十四日高其位奏。	
四年六月	1.03	103	第三十七册雍正四年六月初八日魏廷珍奏。	取所奏各处米价的加权算术平均数。
四年十一月	0.95	95	第三十七册雍正四年十一月二十六日魏廷珍奏。	同上。
五年十一月	1.13	113	第三十七册雍正五年十一月十九日魏廷珍奏。	同上。
六年十一月	0.93	93	第三十七册雍正六年十一月十八日魏廷珍奏。	同上。
七年六月	1.00	100	第三十七册雍正七年六月三十日魏廷珍奏。	同上。又第一册雍正七年六月十七日范时绎奏，上下两江米价自六钱二三分至九钱不等。采其中位数当为七钱六分，与魏奏各县米价的加权算术平均数（一两）相距颇远。查范氏为江南总督，任所在江宁，而魏氏为安徽巡抚，所奏甚详，故范奏米价此处不予采用。
七年十月	0.89	89	第三十七册雍正七年十月二十五日魏廷珍奏。	取所奏各处米价的加权算术平均数。
八年三月	0.80	80	第十七册雍正八年三月二十六日伊拉齐奏。	同上。
九年三、四月	1.23	123	第五十二册雍正九年三、四月间程元章奏。	奏折日期由笔者推定。

清雍正年间(1723—1735年)的米价

续表

年月(雍正)	每石米价(银两)	指数	见于《朱批谕旨》册数、奏折日期及具奏人	备　考
十二年六月	1.20	120	第五十七册雍正十二年七月初一日赵弘恩奏。	七月一日所奏应当为六月米价。
十二年十月	0.95	95	第五十七册雍正十二年十月初六日赵弘恩奏。	
十二年十二月	1.05	105	第五十七册雍正十二年十二月二十日赵弘恩奏。	
十三年四月	1.00	100	第五十七册雍正十三年四月十八日赵弘恩奏。	
十三年闰四月	1.00	100	第五十七册雍正十三年闰四月初十日赵弘恩奏。	
十三年五月	0.95	95	第五十七册雍正十三年五月十二日赵弘恩奏。	

表六　清雍正年间(1723—1735年)江西米价指数

基期：雍正元年五月苏州次米价

年月(雍正)	每石米价(银两)	指数	见于《朱批谕旨》册数、奏折日期及具奏人	备　考
元年六月	0.71	71	第七册雍正元年六月二十日裴㳺度奏。	
元年九月	0.89	89	第七册雍正元年九月二十六日裴㳺度奏。	
元年冬	0.84	84	第七册雍正二年三月二十八日裴㳺度奏。	
二年三月	0.84	84	第七册雍正二年三月二十八日裴㳺度奏。	
二年六月	0.86	86	第七册雍正二年六月二十四日裴㳺度奏。	
二年九月	0.83	83	第七册雍正二年九月二十八日裴㳺度奏。	
三年六月	0.93	93	第七册雍正三年六月二十日裴㳺度奏。	

续表

年月(雍正)	每石米价(银两)	指数	见于《朱批谕旨》册数、奏折日期及具奏人	备 考
四年四月	1.00	100	第十三册雍正四年四月初八日何世璂奏。	
四年七、八月	1.01	101	第七册雍正四年七月初三日裴㑺度奏。第十八册雍正四年八月初一日汪漋奏。	取通省各府米价的算术平均数。
五年三月	0.95	95	第五十三册雍正五年三月十九日迈柱奏。	
六年四月	1.15	115	第七册雍正六年四月初三日、十八日布兰泰奏。	取通省各府米价的算术平均数,及两次银价的平均数。
六年九月	1.20	120	第十八册雍正六年九月李兰奏。	奏折日期由笔者推定。
七年春	1.02	102	第十八册雍正七年春李兰奏。	奏折日期由笔者推定。取南昌米价。
七年六月	0.76	76	第一册雍正七年六月十七日范时绎奏。	
七年闰七月	0.63	63	第三十九册雍正七年闰七月初十日陈王章奏。	取南昌米价。
八年十月	0.70	70	第三十五册雍正八年十月十七日谢旻奏。	按所报谷价折成米价。
九年八月	0.76	76	第三十五册雍正九年八月初八日谢旻奏。第十八册雍正九年八月初八日楼俨奏。	取所报各府米价的算术平均数,及谢、楼二氏所奏米价平均数的平均数。
十一年三月	1.25	125	第三十五册雍正十一年三月十六日谢旻奏。	取南昌米价。
十二年十二月	0.80	80	第五十七册雍正十二年十二月二十日赵弘恩奏。	
十三年五月	0.80	80	第五十七册雍正十三年五月十二日赵弘恩奏。	

表七　清雍正年间(1723—1735年)湖南米价指数

基期：雍正元年五月苏州次米价

年月(雍正)	每石米价(银两)	指数	见于《朱批谕旨》册数、奏折日期及具奏人	备　考
元年四月	0.73	73	第二册雍正元年四月二十日杨宗仁奏。	
元年六月	0.72	72	第三十七册雍正元年六月二十八日魏廷珍奏。	
元年九月	0.76	76	第三十七册雍正元年九月初六日魏廷珍奏。	取通省各处米价的加权算术平均数。
元年十一月	0.67	67	第三十七册雍正元年十一月二十五日魏廷珍奏。	
二年闰四月	0.88	88	第三十七册雍正二年闰四月十九日魏廷珍奏。第二册雍正二年闰四月二十二日杨宗仁奏。	取所奏米价的中位数。
二年六月	0.76	76	第二册雍正二年六月二十五日杨宗仁奏。	
二年七月	0.75	75	第十二册雍正二年七月十三日朱纲奏。	取通省各处米价的加权算术平均数。
二年八月	0.83	83	第二册雍正二年九月初一日杨宗仁奏。	九月初一日奏折米价当为八月价格。
二年九月	0.77	77	第十二册雍正二年九月初五日朱纲奏。	取通省各处米价的加权算术平均数。
三年二月	0.95	95	第三十六册雍正三年二月初三日王朝恩奏。	
三年六月	0.74	74	第三十六册雍正三年六月二十五日王朝恩奏。	
三年九月	0.76	76	第三十六册雍正三年九月十三日王朝恩奏。	
四年四月	0.85	85	第十三册雍正四年四月初八日何世璂奏。	
四年六月	0.81	81	第六册雍正四年六月二十二日布兰泰奏。	

续表

年月（雍正）	每石米价（银两）	指数	见于《朱批谕旨》册数、奏折日期及具奏人	备考
四年九月	0.80	80	第六册雍正四年九月十二日布兰泰奏。	
四年冬	0.85	85	第六册雍正五年正月二十五日布兰泰奏。	
五年一月	1.09	109	第六册雍正五年正月二十五日布兰泰奏。	
五年二月	1.09	109	第十册雍正五年二月二十日福敏奏。	
五年四月	1.21	121	第十册雍正五年四月二十一日福敏奏。	
五年五月	1.20	120	第六册雍正五年五月十六日布兰泰奏。	
五年六月	1.29	129	第六册雍正五年六月十八日布兰泰奏。	
五年秋	0.98	98	第六册雍正六年七月十四日布兰泰奏。第十七册雍正五年秋王国栋奏。第十册雍正五年九月二十二日福敏奏。	由三氏所奏米价平均而得。王氏奏折日期系笔者推定。
五年冬	1.10	110	第十七册雍正五年冬王国栋奏。	奏折日期由笔者推定。
六年春	1.07	107	第十七册雍正六年春王国栋奏。第五十三册雍正六年二月初三日迈柱奏。	取王、迈二氏奏价的平均数。王奏日期由笔者推定。
六年四月	1.05	105	第十七册雍正六年四月王国栋奏。第五十三册雍正六年四月初八日迈柱奏。	同上。
六年五月	1.00	100	第十七册雍正六年五月王国栋奏。	奏折日期由笔者推定。

续表

年月(雍正)	每石米价(银两)	指数	见于《朱批谕旨》册数、奏折日期及具奏人	备 考
六年六月	0.90	90	第十四册雍正六年六月二十二日刘世明奏。	
六年七月	0.90	90	第五十三册雍正六年七月初九日迈柱奏。	
六年八月	0.80	80	第十七册雍正六年八月王国栋奏。	奏折日期由笔者推定。
六年九月	0.74	74	第五十三册雍正六年九月初八日迈柱奏。	
七年二月	0.88	88	第五十四册雍正七年二月初九日迈柱奏。	
七年四月	0.84	84	第五十四册雍正七年四月二十一日迈柱奏。	
七年六月	0.94	94	第十七册雍正七年闰七月王国栋奏。	奏折日期由笔者推定。
八年二月	0.76	76	第五十七册雍正八年二月初四日赵弘恩奏。	
八年三月	0.75	75	第五十四册雍正八年三月二十七日迈柱奏。	
八年五月	0.84	84	第五十四册雍正八年五月十一日迈柱奏。	
十年二月	0.85	85	第五十四册雍正十年二月二十四日迈柱奏。	
十年六月	0.63	63	第五十七册雍正十年六月二十七日赵弘恩奏。	
十年七月	0.71	71	第五十四册雍正十年七月初四日迈柱奏。	
十年十二月	1.00	100	第五十四册雍正十年十二月十七日迈柱奏。	
十一年二月	0.84	84	第五十七册雍正十一年二月初十日赵弘恩奏。	
十一年五月	0.91	91	第五十四册雍正十一年五月初六日迈柱奏。	

续表

年月（雍正）	每石米价（银两）	指数	见于《朱批谕旨》册数、奏折日期及具奏人	备　考
十一年七月	0.80	80	第五十四册雍正十一年七月初九日迈柱奏。 第五十七册雍正十一年七月初二日赵弘恩奏。	
十一年十一月	1.00	100	第五十四册雍正十一年十一月初九日迈柱奏。	
十三年闰四月	0.87	87	第五十四册雍正十三年闰四月十三日迈柱奏。	
十三年七月	0.86	86	第五十四册雍正十三年七月十五日迈柱奏。	

表八　清雍正年间(1723—1735年)湖北米价指数

基期：雍正元年五月苏州次米价

年月（雍正）	每石米价（银两）	指数	见于《朱批谕旨》册数、奏折日期及具奏人	备　考
元年四月	0.78	78	第二册雍正元年四月二十日杨宗仁奏。	
二年闰四月	0.95	95	第二册雍正二年闰四月二十二日杨宗仁奏。	
二年六月	0.93	93	第二册雍正二年六月二十五日杨宗仁奏。	
二年八月	0.98	98	第二册雍正二年九月初一日杨宗仁奏。	九月初一日所奏应当为八月米价。
三年四月	0.95	95	第二册雍正三年四月初九日杨宗仁奏。	
三年六月	0.95	95	第二册雍正三年六月十七日杨宗仁奏。	
三年九月	0.80	80	第十六册雍正三年九月初六日法敏奏。	
四年四月	0.85	85	第十三册雍正四年四月初八日何世璂奏。	

续表

年月(雍正)	每石米价(银两)	指数	见于《朱批谕旨》册数、奏折日期及具奏人	备考
四年五月	0.86	86	第二十二册雍正四年五月初四日郑任钥奏。	
五年二月	0.95	95	第十册雍正五年二月二十日福敏奏。	
五年四月	1.28	128	第十册雍正五年四月二十一日福敏奏。	
五年七月	1.10	110	第十册雍正五年七月二十六日福敏奏。	
五年十月至六年一月	1.05	105	第五十三册雍正六年二月初三日迈柱奏。	
六年二月	1.08	108	第十二册雍正六年二月十七日马会伯奏。	
六年四月	0.96	96	第十二册雍正六年四月二十二日马会伯奏。第五十三册雍正六年四月初八日迈柱奏。	取马、迈奏价的平均数。
六年六月	0.90	90	第十四册雍正六年六月二十二日刘世明奏。	
六年七月	0.80	80	第五十三册雍正六年七月初九日迈柱奏。	
六年九月	0.80	80	第十二册雍正六年九月初四日马会伯奏。第五十三册雍正六年九月初八日迈柱奏。	二氏所奏米价相同。
七年二月	0.86	86	第五十四册雍正七年二月初九日迈柱奏。	
七年四月	0.90	90	第十二册雍正七年四月二十九日马会伯奏。第五十四册雍正七年四月二十一日迈柱奏。	二氏所奏米价相同。
八年三月	0.88	88	第五十四册雍正八年三月二十七日迈柱奏。	

续表

年月(雍正)	每石米价(银两)	指数	见于《朱批谕旨》册数、奏折日期及具奏人	备 考
十年二月	0.85	85	第五十四册雍正十年二月二十四日迈柱奏。	
十年七月	0.77	77	第五十四册雍正十年七月初四日迈柱奏。	
十年十二月	1.00	100	第五十四册雍正十年十二月十七日迈柱奏。	
十一年二月	1.00	100	第五十四册雍正十一年二月二十一日迈柱奏。	
十一年五月	0.88	88	第五十四册雍正十一年五月初六日迈柱奏。	
十一年七月	0.93	93	第五十四册雍正十一年七月初九日迈柱奏。	
十一年十一月	1.00	100	第五十四册雍正十一年十一月初九日迈柱奏。	
十三年四月	0.86	86	第五十一册雍正十三年四月吴应棻奏。	奏折日期由笔者推定。
十三年闰四月	0.83	83	第五十四册雍正十三年闰四月十三日迈柱奏。	
十三年七月	0.94	94	第五十四册雍正十三年七月十五日迈柱奏。	

表九　清雍正年间(1723—1735年)广西米价指数

基期：雍正元年五月苏州次米价

年月(雍正)	每石米价(银两)	指数	见于《朱批谕旨》册数、奏折日期及具奏人	备 考
元年五月	0.79	79	第三册雍正元年五月初九日孔毓珣奏。	取桂林府米价。
元年七月	0.63	63	第三册雍正元年七月十六日孔毓珣奏。	同上。
元年九月	0.62	62	第三册雍正元年九月二十八日孔毓珣奏。	

续表

年月（雍正）	每石米价（银两）	指数	见于《朱批谕旨》册数、奏折日期及具奏人	备考
元年十二月	0.46	46	第十一册雍正元年十二月初三日韩良辅奏。	
二年闰四月	0.70	70	第三册雍正二年闰四月初九日孔毓珣奏。 第十一册雍正二年闰四月十七日韩良辅奏。	取韩奏桂林米价，及孔、韩二氏奏价的平均数。
二年六月	0.55	55	第十一册雍正二年六月十四日韩良辅奏。	
二年七月	0.55	55	第八册雍正二年七月初三日李绂奏。	
二年九月	0.49	49	第十一册雍正二年九月初八日韩良辅奏。 第八册雍正二年九月二十八日李绂奏。	取韩、李二氏奏价的平均数。韩奏取九府米价的平均数。
二年十月	0.70	70	第三册雍正二年十月初九日孔毓珣奏。	
三年十一月	0.58	58	第三册雍正三年十一月十五日孔毓珣奏。 第十一册雍正三年十一月十四日韩良辅奏。	取二氏奏价的平均数。
四年四月	0.98	98	第三册雍正四年四月二十二日孔毓珣奏。	取所报桂林等五府米价的平均数。
四年五月	0.95	95	第十八册雍正四年五月二十五日汪漋奏。	取所报桂林等六府米价的平均数。
四年十一月	0.80	80	第三册雍正四年十一月十五日孔毓珣奏。	
五年四月	1.01	101	第十一册雍正五年四月初八日韩良辅奏。	取所报各府米价的平均数。
五年八月	1.06	106	第十一册雍正五年八月初九日韩良辅奏。	同上。
六年一月	1.10	110	第四十八册雍正六年正月二十九日阿克敦奏。	

续表

年月（雍正）	每石米价（银两）	指数	见于《朱批谕旨》册数、奏折日期及具奏人	备 考
六年八月	0.90	90	第四十九册雍正六年八月二十四日郭鉷奏。	
六年九月	1.00	100	第三册雍正六年九月十一日孔毓珣奏。	
六年十一月	0.90	90	第四十九册雍正六年十一月初十日郭鉷奏。	
七年六月	0.94	94	第二十七册雍正七年六月十八日鄂尔泰奏。	
七年九月	0.60	60	第四十九册雍正七年九月二十四日金鉷奏。	
七年十一月	0.65	65	第二十七册雍正七年十一月初七日鄂尔泰奏。	将谷价折成米价。
八年四月	0.69	69	第二十八册雍正八年四月二十日鄂尔泰奏。	同上。
八年五月	0.70	70	第四十九册雍正八年五月初八日金鉷奏。	
十年四月	0.90	90	第四十九册雍正十年四月十六日金鉷奏。	将谷价折成米价。
十二年九月	0.68	68	第四十九册雍正十二年九月初九日金鉷奏。	同上。

表十　清雍正年间（1723—1735 年）贵州米价指数

基期：雍正元年五月苏州次米价

年月（雍正）	每石米价（银两）	指数	见于《朱批谕旨》册数、奏折日期及具奏人	备 考
元年四月	0.81	81	第四十五册雍正元年四月初五日高其倬奏。	取通省米价高低两极限的中位数。
元年五月	0.80	80	第四十五册雍正元年五月十二日高其倬奏。	同上。
二年二月	0.75	75	第四十五册雍正二年二月二十九日高其倬奏。	同上。

续表

年月(雍正)	每石米价(银两)	指数	见于《朱批谕旨》册数、奏折日期及具奏人	备考
三年八月	0.50	50	第四册雍正三年八月初三日石礼哈奏。	同上。
四年四月	0.50	50	第十三册雍正四年四月初八日何世璂奏。	同上。
四年九月	0.55	55	第十三册雍正四年九月十二日何世璂奏。	同上。市石折成仓石价格。
五年十一月	0.75	75	第二十六册雍正五年十一月十一日鄂尔泰奏。	取通省米价的中位数。
六年九月	0.90	90	第十五册雍正六年九月十三日沈廷正奏。	同上。
六年十一月	1.10	110	第十五册雍正六年十一月初六日沈廷正奏。	同上。
七年九月	0.51	51	第二十七册雍正七年九月十九日鄂尔泰奏。第四十八册雍正七年九月十六日张广泗奏。	取通省米价的中位数。取二氏奏价的平均数。
七年十一月	0.50	50	第二十七册雍正七年十一月初七日鄂尔泰奏。	取通省米价的中位数。市石折成仓石价格。
八年六月	0.55	55	第四十八册雍正八年六月初八日张广泗奏。	取通省米价的中位数。
八年九月	0.50	50	第四十八册雍正八年九月十八日张广泗奏。	同上。

表十一 清雍正年间(1723—1735年)云南米价指数
基期：雍正元年五月苏州次米价

年月(雍正)	每石米价(银两)	指数	见于《朱批谕旨》册数、奏折日期及具奏人	备考
元年四月	1.02	102	第四十五册雍正元年四月初五日高其倬奏。	取通省米价的中位数。
元年五月	1.04	104	第二册雍正元年五月十一日杨名时奏。第四十五册雍正元年五月十二日高其倬奏。	取通省米价的中位数。又取二氏奏价的平均数。

续表

年月（雍正）	每石米价（银两）	指数	见于《朱批谕旨》册数、奏折日期及具奏人	备 考
二年二月	1.03	103	第二册雍正二年二月初四日杨名时奏。第四十五册雍正二年二月二十九日高其倬奏。	同上。
二年九月	0.80	80	第四十五册雍正二年九月十二日高其倬奏。	取通省米价的中位数。
四年九月	1.00	100	第二十五册雍正四年九月十九日鄂尔泰奏。	同上。
五年十一月	0.85	85	第二十六册雍正五年十一月十一日鄂尔泰奏。	同上。
七年十一月	0.80	80	第二十七册雍正七年十一月初七日鄂尔泰奏。	同上。

表十二　清雍正年间(1723—1735年)四川米价指数

基期：雍正元年五月苏州次米价

年月（雍正）	成都 每石米价（银两）	指数	重庆 每石米价（银两）	指数	见于《朱批谕旨》册数、奏折日期及具奏人	备 考
元年秋			0.87	87	第二十一册雍正元年秋蔡珽奏。	市石折成仓石价。奏折日期由笔者推定。
五年春、夏			1.20	120	第二十二册雍正五年十二月十三日任国荣奏。	任奏上米价三两，折成仓石价为一两三钱，减一钱估定为米价。
五年秋、冬			0.86	86	第二十二册雍正五年十二月十三日任国荣奏。	上、中、糙米价平均。自市石价折为仓石价。
五年十二月			0.80	80	第二十一册雍正六年二月初六日管承泽奏。	自市石价折为仓石价格。
六年八月	0.55	55			第三十四册雍正六年八月二十六日宪德奏。	

清雍正年间(1723—1735年)的米价　　75

续表

年月（雍正）	成都 每石米价（银两）	指数	重庆 每石米价（银两）	指数	见于《朱批谕旨》册数、奏折日期及具奏人	备　考
八年八月			0.68	68	第二十二册雍正八年九月初一日任国荣奏。	上、中、下米价平均。自市石价折为仓石价。九月初一日所奏应当为八月米价。
十年八月	0.45	45			第五十九册雍正十年八月十七日黄廷桂奏。	上、次米价平均。
十一年九月	0.35	35			第三十四册雍正十一年九月初六日宪德奏。	

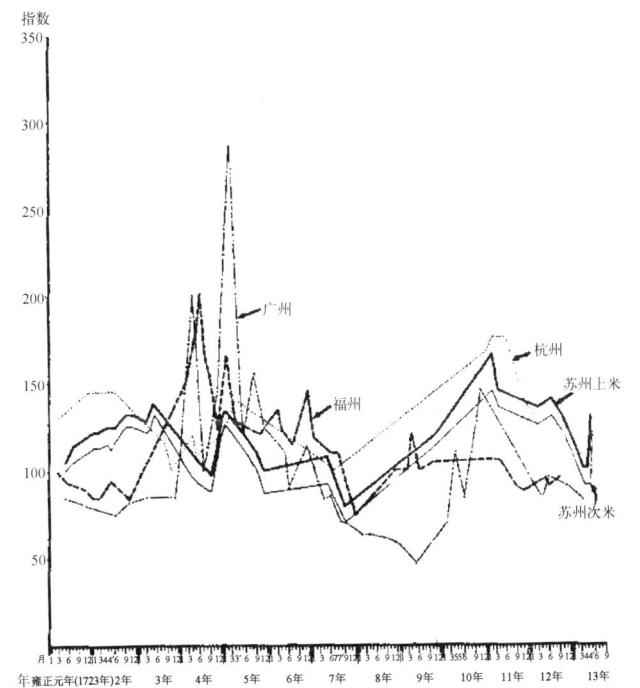

注：表内月份之数字其右上角有一撇者(如4′，3′，7′，5′)系表示闰月。

图一　清雍正年间(1723—1735年)我国东南沿海各地米价指数

雍正元年五月苏州次米价1.00＝100

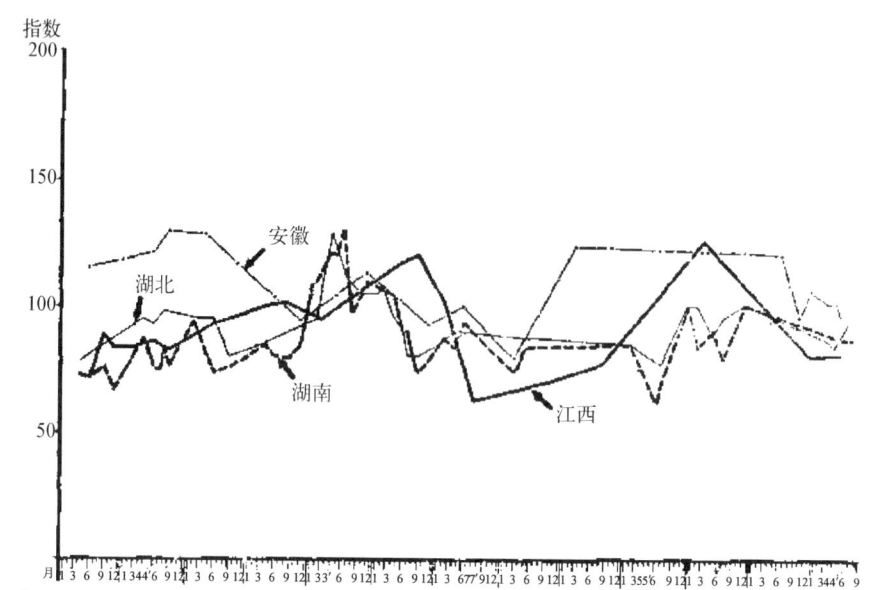

注：表内月份之数字其右上角有一撇者(如4′、3′、7′、5′)系表示闰月。

图二 清雍正年间(1723—1735年)我国湘鄂皖赣四省米价指数

雍正元年五月苏州次米价 1.00＝100

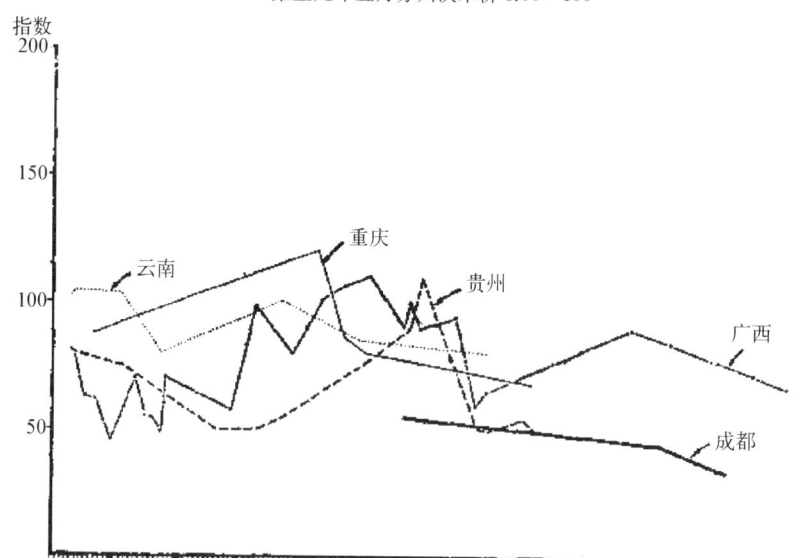

注：表内月份之数字其右上角有一撇者(如4′、3′、7′、5′)系表示闰月。

图三 清雍正年间(1723—1735年)我国西南各省米价指数

雍正元年五月苏州次米价 1.00＝100

三

前面我们已经把清雍正朝各省米价做过一番整理与图示,可惜因为数字资料的不足,不容许我们做时间数列的统计分析,而只能做一种大致的观察。现在就已有的材料来看,在这一期间(1723—1735年)我国中南部各省的米价变动是否有季节性？是否有不断上升或下落的趋势？各地区之间的米价及其变动是否有明显的差异存在？

(一) 季节性

计算季节指数必须以逐年逐月的数字为依据,就是做季节性有无的观察,也总得每年或大多数年份中要有几个数字,而且不能集中于一个季节内。但就我们现在所整理出来的资料看,不但没有一个地方能有逐年逐月的数字,而且很多地方常常一年中连一个数字都没有,或只有一两个数字。如苏州,雍正六年(1728年)、八年(1730年)和十年(1732年)都没有资料,雍正九年(1731年)只有一个数字,雍正三年(1725年)、十一年(1733年)及十三年(1735年)的数字又集中在春末夏初,稻谷收成后的米价也不见于记载,无从比较。杭州则更为残缺,除了雍正四年(1726年)和十一年(1733年)各有三四个数字外,其余各年或全缺,或只有一两个数字。其他如皖、赣、云、贵等省情形相似,四川资料尤缺。像这样七零八落的资料,用来观察长期趋势还勉强可以,可是,要想从这里看出季节变动的情形,是十分困难的。幸而福建、两粤及湖广等地资料稍多,还能对我们常识的判断给予一个肯定的证明。

我国向来有所谓"春耕、夏耘、秋收、冬藏"及"青黄不接"等俗语,明显表示农村社会的粮食供求之季节性。我国南方的农作物以稻米为主,每年春季下种,夏秋之间收成。一年收获两次的地方(如广东),早稻于六月间收成,晚稻于九月间收成。所以每年秋季通常是粮食供应最充裕的时间,其次便是冬天,这时的米价也比较低廉。同时,由于我国耕种方法一直没有多大改良,土地生产力不大,前一年生产的粮食到第二年春夏之间就消耗得差不多了,因此在这个时期米价往往腾贵。当然,有时因为歉收,秋冬米价可能比同年春夏之间更为昂贵;或者由于其他的原因,季节性也可能受到干扰。如一地收成之后,米价本当下跌,可是若遇外省商贩陆续大量将米粮搬运出境,这时供给虽然增加,需求增加更甚,米价反而上涨。经济现象是非常复杂的,如果我们发现有若干例外情形,自也不足惊异。我们必须尽量扩大视域,多方面寻求解释。

现在让我们就资料较多的福建、广东、广西、湖南四省做一番实地考察。我们只要看图上分别代表这四省的米价指数曲线,便不难发现这样一种情形,那就是这几条曲线的尖峰顶点绝大多数是在春、夏之间,有少数在冬月,在秋季者绝少,而低注之点则大多数在秋、冬两季或夏末。这种变动情状显然证明各省米价有季节性存在。为着获得一个更清楚的印象起见,我们把以上四省有资料的年份中米价最高与最低的月份列在下面,然后把它们汇为一次数表。

表十三　福建省(福州)

年别（雍正）	元年	二年	三年	四年	五年	六年	七年	八年	九年	十年	十一年	十二年	十三年
米价最高月份	三月	闰四月		六月	二月	十一、十二月	一月		四月		四月	五月（九月同）	
米价最低月份	十一月	十月（一、三月同）		十一月	十月	七月	十二月		六月(1.00)十月(1.04)		十一月	六月	

表十四　广东省(广州)

年别（雍正）	元年	二年	三年	四年	五年	六年	七年	八年	九年	十年	十一年	十二年	十三年
米价最高月份		十月	十二月	四月	二、三月	十一月(1.15)五月(1.10)	六月(0.85)四月(0.84)	二、四月		冬		六月	

续表

年别(雍正)	元年	二年	三年	四年	五年	六年	七年	八年	九年	十年	十一年	十二年	十三年
米价最低月份		六月	三月	七月	五月(1.20)十一月(1.25)	六月	八月九	十月(0.60)十一月(0.59)		二月		四月	

表十五　湖　南　省

年别(雍正)	元年	二年	三年	四年	五年	六年	七年	八年	九年	十年	十一年	十二年	十三年
米价最高月份	九月(0.76)四月(0.73)	闰四月	二月	四月、冬	六月	春(1.07)四月(1.05)	六月			十二月	十一月		
米价最低月份	十一月	七月(0.75)六月(0.76)	六月(0.74)九月(0.76)	六月(0.81)九月(0.80)	秋	九月	四月			六月	七月		

表十六　广　西　省

年别(雍正)	元年	二年	三年	四年	五年	六年	七年	八年	九年	十年	十一年	十二年	十三年
米价最高月份	五月	闰四月		四月		一月	六月						
米价最低月份	十二月	九月		十一月		八月十一月	九月						

注：以上各表中括弧内的阿拉伯数字都是米价(单位：银两)。

根据表十七，我们就中国南部的闽、粤、湘、桂四省，做一个综合的观察，发现米价最高时期大概总在十一月至次年六月间，而自六月至同年十一月间正是米价最低的时期，于是六月和十一月成了两个转捩点，即从新谷登场的六月起米价开始下跌,到冬季的十一月起米价回升。其中四、五月正是青黄不接时期,往往是一年中米价最贵的时期,所以表中四月份最高米价次数特别突出,达 12 次之多。可是,像表十七所显示,为什么米贵时期多在四月,而不在五月?如果不是因为这里资料太少,使五月的相对重要性没有充分显示出来的话,那便是受到其他因素干扰。这里说的干扰因素,笔者以为不外两点:其中一点为天然的:江南一带除以稻米为主要作物外,间有种植小麦,以补粮食之不足。例如福建"山海交错,田亩无多,即当丰岁,犹借二麦、油菜接济"①;其他如两广、湖广、江苏、浙江……都或多或少栽植小麦。而小麦收获大致是四月,四月以后市场上既然有或多或少的粮食增加进来,虽然数量极为有限,不能使粮价显著下跌,但是至少可以暂时阻止粮价的上涨。另外一点是人为的:清初仓储制度颇为完备,"京师及各直省皆有仓库……其由省会至府州县俱建常平仓或兼设裕备仓,乡村设社仓,市镇设义仓,东三省设旗会,近边设营仓,濒海设盐义仓,或以便民,或以给军"②。

表十七 清雍正年间闽、粤、湘、桂四省 最高/最低 米价月份次数表

月 份	次　　　数	
	最 高 米 价	最 低 米 价
一月	4	1
二月	5	1
三月	3	2
四月	12	2
五月	4	1
六月	6	8
七月	0	5
八月	0	3
九月	2	7
十月	3	5
十一月	5	8
十二月	5	2

注:闰四月次数归入四月计算。
　　最高最低米价月份以春、夏、秋、冬季节表示者,该季所包括各月各计一次。

① 《朱批谕旨》第十三册雍正六年三月二十二日常赉奏。
② 《清史稿·食货志》二《仓库》。

其中尤以常平仓和平民的关系最为密切,因为常平仓谷或用于平粜,或用于赈济,自康熙三十四年(1695年)起规定,仓谷"每年以七分存仓,三分发粜,并著为通例"①。这些储备的仓谷,各地方"照例于青黄不接之时粜卖三分,秋收买补"②。有时本地仓谷仍感不敷,地方官更多方筹措,或委员向外省采购米石,或请他省接济。由于这些人为力量的调剂,常使米价得以平抑,因此虽然还没有到达收成时日,米价也不致继续上涨,甚至往往还能稍为下落。

雍正时期江南米价之季节性的变动,已如上述。我们相信如果能够获得更多的资料的话,这种变动情况一定更为明显。此外,我们在这里还要指出,图上有几个特别高耸的尖峰点,如广州在雍正四年(1726年)四月的米价(每石二两)及五年(1727年)二、三月间的米价(二两八钱五分),福州在雍正四年(1726年)五月、六月的米价(各为一两八钱,二两),及五年(1727年)一、二月间米价(一两六钱五分),苏州在雍正十一年(1733年)春间米价(一两六钱五分),以及杭州自雍正十年十二月至次年六月(1733年)的米价(一两六钱六分至一两七钱五分),这些时间米价之所以特别腾跃,不仅由于季节变动的因素,实多由于不规则变动(Irregular variations)的因素。这种不规则变动的因素,最主要的是天灾,有时再加上人为因素的影响。因为我国东南沿海数省人口众多,粮食不足,在丰收的年头还要倚赖邻省接济,一遇灾歉,粮价便几乎无可避免地会发生剧烈的波动,这种情形尤以闽、粤两省为甚。现在先就广州来说,雍正四年(1726年)四月米价高昂,是由于"去岁秋收歉薄"③,"春天雨水过多,商贩稀少"④。这年(四年)秋天又先后发生两次水灾,晚禾歉收,于是到五年春天情形便越来越严重。⑤ 幸而后来有广西积谷三十万石接济⑥,情势才缓和下来。但五年五、六月间若干地方又复雨水过多,晚禾迟

---

① 《清史稿·食货志》二《仓库》。
② 《朱批谕旨》第十七册雍正八年三月二十六日伊拉齐奏。
③ 《朱批谕旨》第三册雍正四年四月二十二日孔毓珣奏。
④ 《朱批谕旨》第四册雍正四年四月初三日杨文乾奏。
⑤ 见《朱批谕旨》第十三册雍正五年四月十二日官达奏;第三册雍正四年十一月十五日孔毓珣奏;第十三册雍正五年二月初十日常赉奏。
⑥ 见《朱批谕旨》第十三册雍正五年四月十二日官达奏;第三册雍正四年十一月十五日孔毓珣奏;第十三册雍正五年二月初十日常赉奏。

迟不能栽插,因此广州米价到八、九月间仍旧停留在较高的水准上。① 再说福州,当时福建巡抚毛文铨把雍正四年(1726 年)夏米贵的原因解释得很清楚,他说:"闽省上年被水,收成歉薄。今岁春夏之交雨水过多。……而江西一省……民间遏籴,不容来闽。广东潮州又日至泉、漳搬运。以致米价腾贵。"②本地收成既缺,邻省产米之区又禁止米谷出境,缺米之区更日来搬运。加以"有谷之家,见此光景,顾虑缺乏,不肯粜卖。……五月尽六月二十日以前又复缺雨,早稻将秀,不得滋润,晚稻待种,不能插莳。又通省仓谷大半存价实贮者止有三四分……"③。在这种情形之下,目前粮食供求之间的差额既然这样悬殊,将来的预期收成又很难望,因此"在在米贵,民情惶惶"④,杀官、抢米之事层出不穷。⑤ 幸而六月二十日后福建各属普获甘霖,又得到江西、台湾的米运来接济⑥,秋冬米价才逐渐下落。但这一年(四年)闽省各属又大半收成不足⑦,可充作平民粮食的地瓜也因早寒陨霜而不长发⑧,因而到五年一、二月间米价又再腾升。至于苏、杭一带在雍正十一年春米价特别贵,也是上年灾歉,遭到风潮、冰雹及虫伤的缘故。⑨

(二) 长期趋势

研究长期趋势,像雍正时代十余年的期间,似嫌过短;但若有显著的长期趋势存在,我们仍然不难观察出来。如台北市零售物价指数,以 1949 年 6 月 15 日为基期(=100),至 1953 年为 488.87,至 1957 年 6 月为 649.37⑩,九年之间上升至 6 倍余,足见台北市物价在此期间内有逐渐上涨的长期趋势存

---

① 《朱批谕旨》第三册雍正五年八月十九日孔毓珣奏。
② 《朱批谕旨》第六册雍正四年五月十四日毛文铨奏。
③ 《朱批谕旨》第四十五册雍正四年七月十八日高其倬奏。
④ 《朱批谕旨》第四十五册雍正四年七月十八日高其倬奏。
⑤ 见《朱批谕旨》第四十五册雍正四年六月十九日高其倬奏。
⑥ 见《朱批谕旨》第六册雍正四年七月十八日毛文铨奏;第四十五册雍正四年十一月二十八日高其倬奏。
⑦ 见《朱批谕旨》第六册雍正四年七月十八日毛文铨奏;第四十五册雍正四年十一月二十八日高其倬奏。
⑧ 《朱批谕旨》第六册雍正四年十一月二十八日毛文铨奏。
⑨ 见《朱批谕旨》第十六册雍正十一年三月初六日乔世臣奏;第五十五册雍正十一年三月初二日郝玉麟、赵国麟奏;第五十二册雍正十一年夏程元章奏。
⑩ 《中华民国年鉴》(1957 年 12 月台北市出版),页 326—327。

在。可是，我们通观雍正年间中南各省米价变动曲线图，实在看不出有这种情形。其中成都、重庆、云南、贵州等地，因为资料太少，不予论列。其余各地区在此期间的米价变动，虽然缓急各别，但我们根据任何一条曲线的变动情况，都没有办法配成一条逐渐上升或下落的趋势线。而且除闽、粤二省以外，其余各省米价变动大致相当平稳。苏、杭二地自雍正七年（1729年）秋至十一年（1733年）春似乎有渐渐上升的趋势，但我们在前面说过，十一年春这两个地方米价之所以高昂，实有它们的特殊原因，应属不规则的变动。而在此以前，上溯到七年秋，却因资料奇缺，我们只好勉强将其连缀起来，实际上的变动情况当然与此有别。而且，即使如图上所显示的，这几年苏、杭米价有逐步上升的趋向，而到十一年夏以后又渐渐下落到数年前的水准上。因此，就整个雍正时期看来，实无长期上涨的因素存在，这几年顶多也仅仅是一种特殊情形而已！闽、粤二处米价波动剧烈，但若将其中不规则变动因素剔除，则也不过在某种水准之间变动而已。中部湘、鄂、赣、皖各省，就整个期间看，其长期趋势如果能够画出一条直线来代表的话，那几乎就是一条水平线。所以，我们可以说，雍正年间我国中南部米价是没有长期上升或下降的趋势存在的。

为着要进一步证明这种观察结果的正确性，我们现在可把雍正初期和末期我国人口与耕地之间的比例做一番考察。在一个与国外没有多大贸易关系的国家中，粮食需要的大小决定于人口之多寡，粮食的供给在一定的技术水准之下则决定于耕地面积之广狭。因此两者比较，如人口相对的多，则粮价必长；如耕地相对的多，则粮价必跌。根据《清朝文献通考》卷十九《户口考》一及同书卷三《田赋考》三，雍正二年（1724年）我国人口数为 25 284 818，田亩数为 6 837 914 顷 27 亩有奇。① 又据《清史稿·食货志》一《人口》，雍正十二年（1734年）人口数为 26 417 932②，但同年的田地亩数并没有资料，《东华录》所载又不能采用（见注①），我们只好根据前后的数字

---

① 据《雍正东华录》卷五所载，雍正二年十二月我国人口数为 25 510 155，田地山荡畦地 8 906 475 顷 24 亩有奇，其人口数与《清朝文献通考》所载同年人口数相差不大，但田亩数因包括山荡畦地，相差甚远。我们之所以不采用《东华录》的数字，是因为维持人口的土地以耕地（即田地）为主，至于山荡畦地的重要性，远不如田地，决不能与田地等量齐观。
② 《雍正东华录》卷二十五所载雍正十二年人口数同。

来推计。据《清朝文献通考》卷四《田赋考》四,乾隆十八年(1753年)我国田亩数为7 081 142顷88亩,与29年前的雍正二年比较,计增加243 228顷61亩有奇,每年平均约增加8 387顷,如此则雍正十二年田亩数应为6 921 784顷余。查当时政府奖励开垦,并责成地方官吏切实办理劝垦,而且没有重大的天然或人为的事故阻扰这种政策的推行。所以当日耕地的逐渐增加,应该是没有疑义的。因此,我们可以判断,这一估计数字的相对正确性大约不会有多大问题。兹将雍正二年及十二年全国每人平均耕地面积列表计算如下:

表十八　清雍正年间我国每人平均耕地面积表

年　　别	每人平均耕地面积	人　　口	土　　地
雍正二年	0.271顷	25 280 000	6 840 000顷
雍正十二年	0.262顷	26 420 000	6 920 000顷

资料来源:见上。
注:千位以下数字四舍五入。

由表十八可见,雍正初期和末期全国每人平均的耕地面积相差极微,雍正二年(1724年)每人平均得27.1亩,雍正十二年(1734年)每人平均得26.2亩,前后相差还不到1亩,耕地的增加与人口的增加几乎平头并进。因此,这一时期我国各地区的米价变动,只表现出季节性及不规则变动,长期趋势并不存在。

上面的事实已经给予我们观察的结果以一个最为有力的证明。但是谈到物价,便使人想到货币的因素。清代币制,可说是一种银、钱并用的复本位制,银、钱的比价至少在乾隆中叶以前是相当稳定的。[①] 这就是说,货币没有干扰物价,它在当时的作用是中性的。这一点认识,使我们对观察结果的正确性更是无可置疑了。

---

① 全汉昇《美洲白银与十八世纪中国物价革命的关系》,《"中央研究院"历史语言研究所集刊》第二十八本,1957年5月,台北市。

(三) 各地区之间的差异

就以上所列资料及图示来考察,我们认为雍正时期我国中南部各省的米价水准及其变动情况,大致可依地区的不同而区分为三种:一为东南沿海地区,包括苏、浙、闽、粤四省。这一地区的米价水准最高,波动也最大(尤其是闽、粤两地)。例如,杭州每石米价从没有低于一两的,广州米价曾高达二两八钱五分。二为中部地区,包括湘、鄂、赣、皖四省。此地区米价水准居中,其中除安徽省外,米价在大多数期间内在七钱至一两之间,所以波动的幅度不大。三为西南地区,包括川、桂、滇、黔四省。其米价水准最低(如成都每石米价最低时只值三钱五分),波动的幅度也不大。现在我们要问,为什么各地区之间会有这种差别?对于这个问题,我们可从两方面来寻求解释:第一是由于各地人口与耕地面积比例的不同;第二是由于各地人民购买力的差异。

先说第一点,现在将各省人口与土地概数及比例数字列表于后:

表十九 清雍正二年我国中南各省每人耕地面积表

省 别	每人平均耕地面积(顷)	人 口	耕地面积(顷)
湖 北	1.200	450 000	540 000
湖 南	0.912	340 000	310 000
四 川	0.512	410 000	210 000
贵 州	0.500	20 000	10 000
云 南	0.400	150 000	60 000
广 西	0.400	200 000	80 000
江 苏	0.255	2 670 000	680 000
安 徽	0.243	1 360 000	330 000
广 东	0.237	1 310 000	310 000

续表

省　别	每人平均耕地面积(顷)	人　口	耕地面积(顷)
江　西	0.221	2 170 000	480 000
浙　江	0.167	2 760 000	460 000
福　建	0.091	1 430 000	130 000①

资料来源：《清朝文献通考》卷十九《户口考》一，同书卷三《田赋考》三。②
注：千位以下数字四舍五进。

根据表十九，可知浙江、福建人口相对多，粮食缺乏，米价较贵；四川、湖广土地相对多，粮食充裕，米价较贱。不过，在这里还要略加修正。第一是广东需米不下于闽、浙，如雍正五年二月广东巡抚杨文乾奏称："广东一岁所产米石，即丰收之年，仅足支半年有余之食。"③所以每年都要仰赖邻省（尤其是广西）接济。查雍正二年（1724年）全国每人平均耕地为27.1亩（见表十八），而广东每人平均仅23.7亩，田地原属不足。而且，"广东一省，务末而贱农者多"④，"人惟知贪财重利，将地土多种龙眼、甘蔗、烟叶、青靛之属"⑤。因此粮食更加缺乏，"即丰收而乞籴于（广）西省者犹不下一二百万石"⑥。第二是江西省产米之乡，因境内有鄱阳湖，土地肥沃，出产丰富，所以每年都有很多米输往邻省。如雍正四年六月初四日江西巡抚裴𢝺度奏："赣境接壤闽、粤两省，运去米谷甚多。"⑦又雍正九年正月二十四日江西巡抚谢旻奏："查运漕各省，惟江西、

---

① 按《清朝文献通考》卷三《田赋考》三所载雍正二年福建田亩数为 305 276 顷 64 亩有奇，与同年湖南田亩数完全一样，显有错误。据同书卷四《田赋考》四载乾隆十八年福建田亩数反锐减为 128 270 顷 87 亩，足见雍正二年福建田亩数错误。今以乾隆十八年数字作为雍正二年数字。
② 又见安部健夫《米谷需给の研究》——《"雍正史"の一章としてみた》，《东洋史研究》第十五卷第四号，昭和三十二年三月，日本京都。安部健夫先生所引用的资料，以《雍正大清会典》等书为主，其中人丁概数项，四川为 150 000，广东为 1 140 000，与笔者根据《清朝文献通考》所引数字不符，尤以四川人丁数相去甚远。但《雍正大清会典》原书未见，今以《清朝文献通考》所载数字为准。
③ 《雍正东华录》卷十"雍正五年二月乙丑"条。
④ 《朱批谕旨》第二十八册雍正八年四月二十日鄂尔泰奏。
⑤ 《雍正东华录》卷十"雍正五年二月甲申"条。
⑥ 《朱批谕旨》第二十八册雍正八年四月二十日鄂尔泰奏。
⑦ 《朱批谕旨》第七册雍正四年六月初四日裴𢝺度奏。

湖广产米尤多。向来邻省每于江、楚籴买,江、楚之民亦赖粜卖米石,得价资用。"①雍正十一年(1733年)三月十六日谢氏又奏:"江省上年原属有收,近缘江(苏)、浙两省米价腾贵,商贩络绎,以致江省米价日增。"②还有一点须要解释的,就是湖广土壤既然肥沃,每人平均田地面积又大,当地米价为什么不比西南各省为低,甚至一般说来还要略高一些? 最主要的原因是,湖广当长江中游,市场很大,汉口且有船码头之称。③ 本地所产米谷,可以借长江水路大量输出,那么,由于需要的增大,米价水准自然不致特别低落。如雍正八年四月二十日云、贵、广西总督鄂尔泰说:"湖广全省向为东南诸省所仰赖,谚所谓'湖广熟,天下足'者,诚以米既充裕,水又通流之故。"④正足为这一点的确切说明。

综括起来,大致可以说,东南沿海地区是食米最缺乏的区域,所以米价高出于其他地区;而湖广、江西、四川都是膏腴之地,粮食大量输出,广西也因人口相对少,所产粮食除本省消费外,尚可接济广东。江苏太湖流域产米虽亦丰富,但因为苏、杭一带人烟稠密,需要特别大,所以仍然供不应求。不过孤悬于东南海上的台湾岛(当时属福建省,称台湾府),却是米粮充裕,"一年丰收,足供四五年之食"⑤,每年例应碾米八万三千余石运济闽省⑥,民间贩运的还没有计算在内,可见这也是一个有剩余食米输出的地方。

其次,我们认为当日我国东南沿海,尤其是苏、杭一带,米价之所以较其他地区为高,是因为当地人民购买力较大。我国自南宋时代以来,苏、杭地区就非常繁荣,有所谓"上有天堂,下有苏、杭"的谚语。到了清代,江苏的棉纺织业很发达,其产品销售于全国各地。如贺长龄辑《皇朝经世文编》卷二八载钦善《松问》:"松(江)有劳纤之利,七邑皆是。捆载万里……冀北巨商,挟资千亿,岱、陇东西,海关内外,券驴市马,日夜奔驰,驱车冻河,泛舸长江,风餐水宿,达于苏、常。标号监庄,非松不办。断垄坦途,旁郡相间。吾闻之苏贾矣,松之为郡,售布于秋,日十五万焉,利矣!"又郑光祖《一斑录杂述》卷七载:"常、昭

---

① 《朱批谕旨》第三十五册雍正九年正月二十四日谢旻奏。
② 《朱批谕旨》第三十五册雍正十一年三月十六日谢旻奏。
③ 黄卬辑《锡金识小录》卷一。
④ 《朱批谕旨》第二十八册雍正八年四月二十日鄂尔泰奏。
⑤ 《朱批谕旨》第四十五册雍正四年七月二十六日高其倬奏。
⑥ 《朱批谕旨》第五十一册雍正七年八月初二日史贻直奏。

两邑,岁产布匹,计值五百万贯。通商贩鬻,北至淮、扬,及于山东,南至浙江,及于福建。"又包世臣《中衢一勺》卷上《海运南漕议》说:"自康熙廿四年(1685年)开海禁,关东豆、麦每年至上海者千余万石,而布、茶各南货至山东、直隶、关东者,亦由沙船载而北行。……上海人往关东、天津,一岁三四至。"江苏棉布的销路,既然这样广大,成为棉纺织业中心的苏州便分外繁荣,"客商辐辏……染坊、踹布工匠……总计有二万余人"①。这种情形,如果和"地无三尺平,人无三两银"的贵州比较起来,它的优越的程度,真不可以道里计!在经济繁荣的地区,人民购买力大,物价水准当然要比较贫穷落后的地区为高。至于杭州一带,蚕丝特盛,"民间多以育蚕为业,田地大半植桑"②。丝是一种重量轻、体积小而价值大的物品,能够负担得起较高的运费,所以除供国内消费外,更大量输出国外。如李侍尧《奏请将本年洋商已买线货准其出口折》说:"外洋各国夷船到粤,贩运出口货物,均以丝货为重,每年贩买湖丝并绸缎等货自二十万余斤至三十二三万斤不等。统计所买丝货,一岁之中,价值七八十万两,或百余万两。至少之年,亦买价至三十余万两之多。其货均系江、浙等省商民贩运来粤,卖与各行商,转售外夷,载运回国。"③这是乾隆二十四年(1759年)的奏折,雍正时期和它相去不远,情况大概也相差不多。不特如此,由于外国竞争购买,我国出口的丝及丝织品日多,价格亦渐次提高。康熙三十八年(1699年)广州每担丝价为127~137两(银)④,康熙六十一年(1722年)为150两⑤,雍正二年(1724年)为155两⑥,乾隆十九年(1754年)为155~222两。⑦乾隆二十四年李兆鹏奏:"臣见近年以来,南北丝货腾贵,价值较往岁增至数倍。……查丝之出产,各省俱有,而以江、浙为最多。顾因地近海

---

① 《朱批谕旨》第四十八册雍正元年四月初五日胡凤翚奏。参考全汉昇《鸦片战争前江苏的棉纺织业》,《清华学报》第一卷第三期,1958年9月,台北市。
② 《朱批谕旨》第五十二册雍正十一年秋程元章奏。
③ 《史料旬刊》(北平故宫博物院文献馆出版)第十五期。
④ H.B. morse, *The Chronicles of the East India Company Trading to China 1635—1834*, Oxford, Vol. I, p.90.
⑤ H.B. morse, *The Chronicles of the East India Company Trading to China 1635—1834*, Oxford, Vol. I, p.172.
⑥ H.B. morse, *The Chronicles of the East India Company Trading to China 1635—1834*, Oxford, Vol. I, p.180.
⑦ H.B. morse, *The Chronicles of the East India Company Trading to China 1635—1834*, Oxford, Vol. V, p.19.

洋……民间商贩，希图重利出卖，洋艘转运，多至盈千累万，以致丝价日昂。"①这样一来，当地人民的收入，自然会增加，他们的购买力也就随着提高了。

四

根据以上的观察与探讨，我们对于清雍正年间的社会经济状况可以得到几点很有意义的印象。

第一，因为当时各地米价，没有长期趋势存在，换句话说，各地米价没有不断上升的情况，所以我们可以说，当日没有全国性的缺米现象。可是，由于各地米价水准及其变动情况的差异，在东南沿海地区的闽、粤、浙、苏等省，却常常发生局部性或地方性的缺米现象。解决这种地方性的粮食问题，主要倚赖产米丰富的省份接济。大致四川、湖广、江西的米沿长江顺流东下，运到东南沿海；江西的米有一部分从陆路分运闽、粤；广西的米借西江水路接济广东；台湾的米赖海运接济福建，有时更有一部分转运到浙江和广东。不过，闽、粤两省缺米的情况非常严重，而本地又没有他其产业可以容纳许许多多过剩的人口，因此人们很多渡海到台湾及南洋各地谋生。如《皇朝经世文编》卷八四台湾知府沈起元《条陈台湾事宜状》（雍正年间）说："漳、泉内地无籍之民，无田可耕，无工可佣，无食可觅，一到台地，上之可以致富，下之可以温饱，一切农工商贾，以及百艺之末，计工授直，比内地率皆倍蓰。"又同书卷八四赵翼《平定台湾述略》说："其地肥饶，谷岁三熟，闽、粤人争趋之，日富庶。……六十余年以来（按自清朝于1683年平定台湾时算起），地大物斋，俗日益淫侈……会漳、泉二府人之侨居者，各分气类，械斗至数万人。"又梁廷枏《粤海关志》卷二四《吕宋国》载："闽人以其地富饶，商贩者数万人，往往久居不返，至长子孙。"又同书同卷《噶喇巴国》载："国朝初年，噶喇巴始与吕宋、苏禄等通商闽海。闽、广闲人浮海为业者，利其土产，率潜处番地，逗遛不返。"由此可见闽、粤二省移民海外的众多。今天台湾居民之所以多为闽南人及广东客

---

① 《史料旬刊》第十八期李兆鹏折。

家,以及东南亚各地之所以有很多华侨,主要由于自清初以来日趋严重的闽、粤两省粮食问题。

第二,由于当时各地区米价水准的差异,我们可以想见,各地区人民的所得及生活水准有高低的不同。大体上说,东南沿海地区的苏、杭一带,人民的所得最大,生活水准最高,长江流域中部次之,西南最低。苏、杭地区人民所得之所以特别高,是因为当地有丝、棉的出产,以及纺织和其他工业的发达,同时商业也跟着发展。换句话说,当我国其他地区在雍正年间大部分尚在商业社会状态的时候,苏、杭地区却已进入农工商业社会状态,所以人民所得高,购买力大,从而米价水准也较高。

第三,由于当日各地米价没有长期趋势存在,我们可以想见,18世纪初叶的中国,社会经济相当稳定。如前所述,在一个近似封锁经济(Closed economy)的农业社会中,粮价的变动足以代表一般物价的变动,而物价的变动又是一种极为重要的经济指标。我们经过一番探讨后,既然认为当时米价只有季节性的周期变动,而没有不断上升或下落的长期趋势存在,这自然是社会经济稳定的象征。这种稳定局面,主要由于耕地能够随着人口的增加,亦步亦趋。其次,当日没有发生严重的全国性的天然灾害,算得上是个收成良好的时期。同时,自康熙二十二年(1683年)平定台湾后,一直到整个雍正时期终了为止,亘半世纪,人民不知兵革之患,在多乱的我国历史上,是一个难得的太平时期。但是,这种经济上的稳定局面,到乾隆(1736—1795年)时代便渐渐消失。我们看苏州米价,作为比较的标准之次米价格指数(雍正元年五月=100),到雍正十三年(1735年)四月及闰四月不过90,同年五月不过120;上米价格指数(雍正元年五月=105)在十三年四月及闰四月为100,同年五月不过130,但到乾隆十三年(1748年)上升到200,乾隆三十五年(1770年)更上升至446,乾隆五十一年(1786年)为430。① 这种米价之长期性的上升,固然和货币的因素有关②,但当日人口与耕地的比例发生了显著的变动,

---

① 全汉昇《美洲白银与十八世纪中国物价革命的关系》。根据此文,乾隆十三年、三十五年、五十一年的苏州上米价格各为2两、4.46两、4.30两。今以雍正五年苏州次米价一两为基期,计算为指数,则各为200 446 430。

② 同注①。

是我们不能忽视的事实。我国每人平均的耕地面积,有如前述,在雍正年间约为二十六七亩,可是到了乾隆十八年(1753 年)却减少到只有 3.86 亩,再后到了乾隆三十一年(1766 年)更只有 3.56 亩。[①] 每人平均的耕地面积既然锐减,耕作技术又依然如昔,人多地少,全国性的粮食缺乏现象于是呈现,粮价升腾,社会经济也发生很大的变动。虽然清朝初叶我国人口与耕地的统计数字很有问题,但无论如何每人平均的耕地面积,雍正时期要比乾隆时期(至少在乾隆中叶以后)多,是没有什么疑问的。

---

① 罗尔纲《太平天国革命前的人口压迫问题》,《中国社会经济史集刊》第八卷第一期,民国三十六年"中央研究院"社会科学研究所出版。

乾隆十三年的米贵问题

一

在拙著《美洲白银与中国物价革命的关系》[1]一文中,我曾经粗略分析过18世纪中国物价的变动,说以米价为例,在18世纪上涨四倍有多。近年来因为搜集到较多的资料,我觉得在物价激剧变动的18世纪中,乾隆十三年(1748年)米价的波动尤其值得注意。

关于中国人民粮食的生产与消费,明末崇祯十年(1637年)宋应星曾经加以估计,他说:"今天下育民人者,稻居什七,而来(小麦)、牟(大麦)、黍、稷居什三。"[2]尽管有人认为宋氏关于稻米在粮食生产或消费总额中所占比例的估计似乎过高[3],稻米在当日国人消费的粮食中所占的重要地位,是不能否认的。假如这种粮食消费情况在百年以后并没有太大的变化的话,那么,到了18世纪中叶,米当然仍旧是中国人民赖以生存的最重要的粮食,从而米价的开支构成人民生活费用的一个重要部分。因为米价的高低和人民生活有这样密切的关系,过去人们对于米价的变动自然非常注意。满人以异族入主中国,为着要巩固对广大民众的统治,也不断地注视着各地米价的动态,以安定人民的生活。我们现在还保存着在康熙(1662—1722年)、雍正(1723—1735年)时代各地官员经常把当地米价动态报告给"中央"政府的奏折。[4] 根据这些报告,我们可以判断,康熙、雍正时代的米价大体上还算平稳。可是,到了乾隆(1736—1795年)时代,米价却一反过去比较低廉的情况而开始长

---

[1] 发表于《"中央研究院"历史语言研究所集刊》第二十八本(台北市,1957年),页517—550。
[2] 宋应星《天工开物》(民国十六年至十九年石印本)卷一,页一。
[3] 薮内清等作,苏芗雨等译,《天工开物之研究》(台北市,1956年),页56。
[4] 拙著《美洲白银与十八世纪中国物价革命的关系》,及(与王业键合著)《清雍正年间(1723—1735年)的米价》,《集刊》第三十本(1959年),页157—185。

期波动。

在乾隆十三年(1748年),由于米价显著上涨,有些人把当日米价和过去长期间加以比较,发现较前高涨得多。例如朱伦瀚(1680—1760)说:"至于广产之地米谷之价,臣少年随任江西,往来外省各处,及补授浙江粮道十余年,督率粮艘前赴江、淮,又署任湖广驿盐道,合此数省观之,其米谷之价,俱加倍于从前矣。"①案朱氏生于康熙十九年(1680年),他少年随任江西,往来外省各处,时间当在17世纪末叶。他在浙江、江苏、安徽、湖北、湖南等省服务的时间,当在18世纪中叶以前。由此可知,在乾隆十三年(1748年),长江中下游各省的米价,大体上比17、18世纪之交增加一倍。其中关于江西的米价,湖南巡抚杨锡绂在同一年中说:"臣生长乡村(案杨氏为江西清江人),世勤耕作,见康熙年间(1662—1722年)稻谷登场之时,每石不过二三钱。雍正年间(1723—1735年)则需四五钱,无复二三钱之价。今则必需五六钱,无复三四钱之价。"②又关于江苏无锡的米价,黄卬于乾隆十七年(1752年)说:"邑(无锡)中米价,雍正以上,石不过两。以予幼时所见,康熙四十六七年(1707—1708年)叠遭水旱奇荒,树皮剥食殆尽,而米价未满二两。自六十年(1721年)至雍正三年(1725年),连旱五岁,米价亦未大昂。雍正五六年(1727—1728年),米更贱,价不满两。今天子嗣位,于今十有八年,邑无大水旱,而米价反大踊贵。昔以一两为平者,渐以两半为平。戊辰(乾隆十三年,1748年)至庚午(乾隆十五年,1750年),至二两外。……"③又根据我个人在数年前的计算,如以康熙五十二年(1713年)为基期,乾隆十三年(1748年)江苏苏州上米价格指数为202,浙江萧山的米价指数为140。④这都是18世纪前半叶长江流域中下游各地米价波动的情形。此外,在长江上游各省,米价的波动也

---

① 朱伦瀚《截留漕粮以充积贮札子》(约乾隆十三年),见贺长龄辑《皇朝经世文编》(光绪十二年刊本)卷三九,页二六至二七。
② 杨锡绂《陈明米贵之由疏》(乾隆十三年),见《皇朝经世文编》卷三九,页二二。此疏又载于杨锡绂《四知堂文集》(乾隆年间刊本)卷一〇,页一至九;《高宗纯皇帝实录》卷三一一,页三四至三七。这里说的是稻谷的价格,至于米价为谷价的2倍至2.3倍左右。关于米价和谷价的比例,在雍正年间官方按以"一米二谷"折算,即两份谷换一份米;但市场上实际交换价格稍有不同,米价约为谷价的2.3倍。参考拙著《清雍正年间(1723—1735年)的米价》。
③ 黄卬《锡金识小录》(乾隆十七年序,光绪廿二年刊)卷一,页七至八。
④ 拙著《美洲白银与十八世纪中国物价革命的关系》。

不能例外。例如乾隆十三年三月云、贵总督张允随说四川米价:"雍正八九年(1730—1731年)间,每石尚止四五钱。今则动至一两外,最贱亦八九钱。"①又关于贵州省的米价,同年同月云南按察使介锡周说:"雍正四年(1726年)……黔省……京斗米一石,不过四钱五分及五钱有零。……今丰收之年,亦须七八钱一石,岁歉即至一两一二钱至二两不等。"②

乾隆十三年米粮价格的昂贵,并不以长江流域为限,在国内其他地方也有上涨的趋势。在华南方面,是年五月己酉的上谕说:"据两广总督策楞奏报……广(州)、韶(州)等九府米价稍贵……米价增长可虑。"③在华北方面,是年三月丁未的上谕说:"奉天暂开海禁,运粮接济天津、静海二县……商贩闻开海禁,争买米石待运,以致谷价加倍昂贵。"④又同年九月河南巡抚报告说该省"连年粮价昂贵";山西巡抚阿里衮也说山西米贵。⑤

对于乾隆初期各地米价的波动,政府早就加以注意。当日各地税关征收的内地关税中,有一种名为米、豆税。因为米与豆都是人民日常生活必需品,到了乾隆七年(1742年),政府曾经下令豁免米、豆税,希望米价可因租税的不再转嫁而较前降低,以减轻消费者的负担。可是,事实上,米、豆税蠲免以后,米价不特没有下降,却由于其他因素的影响,反而更为高涨。乾隆十一年(1746年)六月辛卯,上谕说:"据江苏布政使安宁奏称,自免米、豆税银以来……商贾唯利是图,受免税之恩,不肯减价以售之民……而米价之贵较甚于前……语。朕思加惠商民,恩施格外,于乾隆七年四日内特降谕旨,将各关向来例应征收之米、豆税课悉行蠲除。原因小民朝饔夕飧,维谷是赖,免其输税,则百谷流通,粮价必减,民食可得充裕,恤商正所以惠民也。乃自免税以后,各关所报过关之米,日见较多于前,而价值并未平减,且反加增。朕细加咨访,皆因商人唯利是图,不知朕恩,并不肯因免税之故,稍减价售卖与民。……米价转昂,百姓并未受益。……嗣后如果年岁歉收而米价昂贵,尚属情理中事。若遇丰收之年,米粮贩运者多,其价仍未平减,则明系奸商教而

---

① 《高宗纯皇帝实录》卷三一一,页四四。
② 《高宗纯皇帝实录》卷三一一,页四六。
③ 《大清高宗纯皇帝圣训》(《十朝圣训》)卷二一〇,页二。
④ 《高宗纯皇帝实录》卷三一一,页二一至二二。
⑤ 《高宗纯皇帝实录》卷三二五,页四〇至四一。

不改,怙过不悛,此减赋之恩专为商人之所垄断,不能使草野均沾。……"①其后到了乾隆十三年十一月癸酉,上谕又说:"朕降旨蠲免各关米、豆税银,本以食为民天,关税优免,则市价可减,是以不惜千万正课,为小民谋饔飧宽裕计。……乃数年来,税免,而米、豆之价不惟不减,而昂贵时或有加。明系奸商不知免税之恩,专利自封,转以有限之帑项,肥三倍之囊橐,无稗间阎。"②米价上涨的趋势,并不因米、豆税的免除,或皇帝对奸商操纵的谴责,而受到有效遏阻,可见当日的米贵问题是相当严重的。

由于米价的波动,人民生活大受影响,故乾隆十三年江苏、福建等省都因米贵而发生民众暴动。位于长江三角洲的江苏省,在宋代流行着"苏常熟,天下足"的俗语,本来是全国最重要的谷仓,故在那里的苏州,与杭州同样被人羡慕,以致有"上有天堂,下有苏杭"的俗语。可是,到了乾隆十三年,由于米贵问题的严重,民众暴动弥漫于苏州及附近的广大地区。其中关于苏州的民众暴动,提督江南总后官谭行义的奏折说:"(乾隆)十三年四月二十七日,臣闻苏(州)城于二十四日有民人顾尧年为米价昂贵,自缚赴抚臣辕门,请将官厂之米发交铺户,并将铺户之米一例照官价平粜。抚臣察其言语不经,恐有主使之人,谕长洲县带县讯供。有附和刁民叶龙等聚众,齐赴县堂哄闹,打坏暖阁。抚臣饬令署苏州府姜顺蛟,前往弹压查拏。该署府赴县劝谕不遵,反将顾尧年抢去,仍然不散。该署府畏众,直赴抚臣辕门图避。众民随后拥至,人多嘴杂,语多不逊,将辕门栅栏挤坏。……"③对于这次暴动,乾隆皇帝非常注意,故在事件发生后的五月各上谕中屡次提及。如乾隆十三年五月癸巳的上谕说:"据(署江苏巡抚)安宁奏称:苏州府城百姓,因米价昂贵,刁民顾尧年倡首喧闹。及交县审讯,众人复肆横抢犯。署府姜顺蛟直奔抚署,以致众人追逐,挤破栅栏。……"④又同月丁酉的上谕说:"四月间苏城刁民聚众哄闹……即如

---

① 《乾隆东华续录》(台北县文海出版社,1963年)卷七,页26。
② 《乾隆东华续录》卷九,页五一至五二;《高宗纯皇帝实录》卷三二九,页二六至二七。又《乾隆东华续录》卷一〇,页一〇,载乾隆十四年二月丙戌上谕:"免税……数年,米价不惟不减,且视旧益昂,无分丰歉,腾涌如故。"
③ 《史料旬刊》(北平故宫博物院文献馆出版;1963年,台北市国风出版社影印)第二九期,页563,《谭行义折》(乾隆十三年五月初二日朱批)。
④ 《高宗纯皇帝实录》卷三一四,页二五至二六;《史料旬刊》第二九期,页566,《安宁折》。

米价腾贵,地方官既为之劝谕,为之筹划平粜,而匪犯顾尧年仍复挺身而出,借端挟制。"①又同月壬寅的上谕说:"近来米价各处腾贵,而刁民聚众哄闹,所在多有。即如苏州之顾尧年等,以喊求减价平粜,鼓众滋事。"②

以上都是苏州民众因不满意米价昂贵而向政府抗议,因而发生暴动的经过情况。复次,因为当日"米价之贵,通省皆然,不独苏州一处"③,故江苏的其他地方,如青浦县、吴江县南门外及盛泽镇,都因米贵而发生民众暴动。上引谭行义的奏折又说:"窃照苏(州)、松(江)等处,本年(乾隆十三年)自三月以来,雨水过多,市集米粮价值较之往岁昂贵。且沿海被灾各县,自宜籴贩邻邑,彼此相通,以资接济。乃有一种游手无赖刁徒,凡遇客民在境籴米者,动辄借口出洋阻籴生事,不一而足。除青浦县朱家角镇沈绍鹏粜米,被刁民秦补等聚众殴伤官役,攫抢财物一案,臣已奏明在案,又有吴江县南门外朱季方粜米,被刁民徐方等拦阻。经该县拿获首犯徐方等枷示。乃该犯家属鸣锣聚众,打毁朱家房屋,复至县堂咆哮不法。又盛泽镇杨世彪家粜米,被刁民张三等聚众踏沉米船。经吴江县差拿首犯。众人聚集,扛抬差船上岸,殴伤水手,复将杨家并伊亲沈三贞家房屋打坏。……"④其中关于青浦县的暴动,乾隆十三年五月己丑的上谕说:"据署江苏巡抚安宁奏称:苏、松产米州县,因地方米价渐昂,私禁不许贩米出境,因而阻截客船。至四月间,松江青浦县乃有刁民阻遏米客,打坏行家房屋、器物。该县及营泛往查,俱被抛石掷打,致伤县役及把总头颅之事,现经缉犯严究等语。刁民聚众抗官,大干法纪,最为地方恶习。"⑤复次,关于吴江县盛泽镇的暴动,署江苏巡抚安宁的奏折记载得更详细,内说:"(乾隆十三年)四月十九日,有平望镇牙行梅素安到该圩(吴江县盛泽镇老字圩)场四表(当即上文的杨

---

① 《高宗纯皇帝实录》卷三一四,页三一至三二;《大清高宗纯皇帝圣训》卷一九五,页六;《乾隆东华续录》卷九,页一五。
② 《高宗纯皇帝实录》卷三一五,页八。
③ 《史料旬刊》第二九期,页 563—564,《尹继善折》(乾隆十三年五月二十九日朱批)。
④ 《史料旬刊》第二九期,页 563,《谭行义折》。又《高宗纯皇帝实录》卷三一五,页四至五,载乾隆十三年五月"辛丑,谕军机大臣等:江苏刁民聚众阻粜,近有数案。其中青浦县朱家角镇一案……吴江县盛泽镇一案……吴江县徐方等咆哮县堂一案……今江苏一省,因米价昂贵,而奸民遏粜滋事之案不一而足。如苏郡顾尧年之自缚以煽惑众心,其尤者者。……寻继善、安宁会奏:苏州顾尧年一案,已经发落。青浦朱家角镇一案,审明踏沉米船,拆毁行面,并勒令罢市抗官,系秦补、王圣金为首。……吴江县盛泽镇一案,审明刁民万友臣等借口出洋,鸣锣诱众,踏沉米船。该县差役往拘,各犯反欲殴差。……"
⑤ 《高宗纯皇帝实录》卷三一四,页一二至一三;《大清高宗纯皇帝圣训》卷一九五,页四至五。

世彪)家籴米五十石。有该地刁民万友臣、计阿、高二、陈廷贵等借口出洋,敲锣诱众,将米船灌沉。旋据该县闻知,差役往拘。各犯不服拘唤,并欲殴打差人。差人见势众躲避。而该犯等复将粜米之杨四表家门窗打坏。又疑杨四表之戚沈三尊(当即上文的沈三贞)唆使告县,并将沈三尊之房屋打坏,烧毁柴草一堆,并乘势抢取衣物、钱文而散。当日之哄闹情形如此。"①

因米价高涨而引起的民众暴动,并不限于江苏各地。在福建厦门也曾经发生。乾隆十三年五月己亥的上谕说:"朕闻福建厦门港仔尾地方,因今岁米价昂贵,刁民纠众,抢掠米铺五家,每铺各抢去米二十余石。"②又同年七月癸卯的上谕说:"福建厦门港仔尾地方,因今岁米价昂贵,刁民营兵等欲照平粜官价向米铺买米,乘机抢掳铺户米、豆等物。"③

自乾隆十三年四月开始,江苏人民因米贵而捣坏米行房屋、器物,踏沉米船,殴打差役,到县政府及巡抚衙门大闹特闹,福建人民因米贵而聚众抢劫米铺,可见情势有越来越严重的趋势。当日社会的骚动既然起因于米贵问题,清朝统治者对于这个问题自然不能坐视。是年七月辛丑,乾隆皇帝说:"米谷为民生日用所必需。朕夙夜筹维,一切农田水利,无不申谕有司加意经理,又蠲免米、豆税银数至巨万,可以为百姓谋朝夕者纤细具备。而迩年以来,各省米价不见其减,而日见其增。反复推究,莫知致此之由。"④事实上,在较早的时间,当各地因米贵而引起的暴动还没有爆发的时候,他已经觉察到问题的严重,故发布上谕,向各省负责官员征询有关米贵的问题:

> 米谷为民生日用所必需,而迩年以来,日见腾贵,穷黎何以堪此!即如川(四川)、湖(湖广)素称产米,而川抚纪山则以商贩云集,米价腾涌为奏,湖北督、抚则以江南被灾,资楚粮接济,以致本省米贵为奏。又如直隶一省,向藉八沟(今热河平泉县)粮石,今岁畿辅尚属有秋,而八沟亦以搬运太多而贵。夫商贩流通,贵则征贱,间或暂时翔涌,何至连岁递增,有长无落?

---

① 《史料旬刊》第二九期,页565,《安宁折》(乾隆十三年五月三十日朱批)。
② 《高宗纯皇帝实录》卷三一五,页二。
③ 《高宗纯皇帝实录》卷三一九,页八至九。
④ 《高宗纯皇帝实录》卷三一九,页五至六;《乾隆东华续录》卷九,页二三;《大清高宗纯皇帝圣训》卷一六四,页三;《清朝文献通考》(商务印书馆本)卷三五,页五一九四。

若谓囤户居奇，此实弊薮，然自地方官力所能禁，何至全不奉行，任其垄断累民，而督、抚漫无觉察，竟无一实力严禁，著有成效者？

若谓户口繁滋，则自康熙年间以来休养生息，便应逐渐加增，何独至今日而一时顿长？

若谓水旱偏灾，则亦向来所有，何以从来未闻如此之贵？且亦当歉者贵而丰者贱，又何至到处皆然，丰歉无别？

若谓康熙年间仓储有钱无米，雍正年间虽经整饬，尚未详备，今则处处积贮，年年采买，民间所出，半入仓庾，未免致妨民食，此说似乎切近。然在当时分省定额，悉经该督、抚分别酌议，自按各省情形。且至今足额者寥寥，亟须采买，所在皆是，借以备荒拨赈，难议停止。设或果由于此，则当切实敷陈，商酌妥办，不当听其自然而不为之所也。朕反复思之，不能深悉其故，亦未得善处之方。

夫人事不修，而民生不裕，今日政治之阙失何在？所以致此者何由？

米、豆关税，业经通免，虽不可因此遽求奏效，而于米价宜不为无补。又何以价不日减，转益日增？

朕自御极以来，宵旰励精，勤求民隐，间阎疾苦，无或壅于上闻。乃不能收斗米三钱之益，而使赤子胥有艰食之累，殊益焦劳。各督、抚身任封疆，于民生第一要务，必当详悉熟筹，深究其所以然。如果得其受病之由，尤当力图补救。乃各省督、抚，或不以介意，或归咎于邻封，或责过于商贩，而应作如何办理之处，并未筹及。可传谕各督、抚，令其实意体察，详求得失之故，据实陈奏。或朕所举诸条之外，别有弊端，俱宜确切入告，务期实有裨益，以裕民天。①

---

① 杨锡绂《四知堂文集》卷一〇，页一至三，《遵旨陈明米贵之由疏》。《皇朝经世文编》卷三九，页二一至二二，杨锡绂《陈明米贵之由疏》（乾隆十三年），也载此上谕，但较简略。上谕于乾隆十二年十二月十二日发出，于十三年二月二十四日由内阁寄到湖南。其他省份当在这时的前后收到这一道上谕。又据《高宗纯皇帝实录》卷三一三，页三二至三四，乾隆皇帝在十三年四月己卯策试天下贡士于太和殿前的时候，也向他们征询有关米贵的各种问题："迩年米价之贵遍天下。朕多方筹划，税免矣，而腾涌如故，仓发矣，而市值仍昂，岂皆有司之奉行未善欤？或且欲停采买以纾其急，严囤户以畅其流，禁富民之射利，以裕其所出，果皆切中事情欤？采买停，则所在仓庾不数年而告匮，缓急将何以济？青黄不接之时，市无现粮，贫民翘首官仓，使粒米无存，有司能坐视而不为之补救欤？生谷止有此数，积于官必亏于民，其较然者。然积之害，与散之利，当熟筹之。而非明著其由，何以使官民两利？"

对于这一道上谕所提出的有关米贵的各种问题，各省总督、巡抚或其他官员都曾经根据当地的特殊情形而加以研究，然后向乾隆皇帝提供意见。

二

对于乾隆皇帝在上谕中所提出的问题，各省官员并不都一一加以答复，同时由于各地情况不尽相同，他们对于当日米价波动的解释，意见也不完全一致。不过，如果把他们的意见归纳一下，我们可以发现，他们绝大多数人认为，当日各地米价之所以高涨，人口的激剧增加，以致市场上米的供给与需要失去平衡，是其中一个重要原因。中国的人口，经过康熙（1662—1722年）、雍正（1723—1735年）两朝的休养生息以后，到了乾隆（1736—1795年）初期，开始大量增加，从而兵粮民食的消费越来越大，可是米粮生产增加的速度却没有那么快，以致米价越来越贵，到了乾隆十三年前后特别引起朝野上下的注意。

长江流域是全国最重要的稻米产区，同时由于长江水运的便利，稻米的运销量又非常之大。关于沿长江中下游各省米粮的供求状况，曾经长期任浙江粮道，督率粮艘前赴江、淮的朱伦瀚曾撰文加以分析，他说：

> 产谷运米之地，素称江（南）、（湖）广、东南。……惟江苏、安徽、浙江、江西、湖北、湖南六省，每岁征运漕白粮米，以实天储。……
>
> 夫米谷之产于各处也，虽其地土之肥瘠，收获之多寡不等，而一年所入，只有此数。乃所出而为用者，有漕米，有兵米，地丁完纳，借此而供，居常用度，借此而办，盖藏已有难言。何况盛世滋生，人口日众，岁时丰歉，各处难一。以有限有则之田土，供日增日广之民食，此所以不能更有多余。以无多余之所出，而欲供各处尽力之搬运，此所以米谷日见其不足，价值日见其增长。臣所谓计盈虚之数者此也。
>
> 至广产之地米谷之价，臣少年随任江西，往来外省各处，及补授浙江粮道十余年，督率粮艘前赴江、淮，又署任湖广驿盐道，合此数省观之，其米谷之价，俱加倍于从前矣。
>
> 即如浙江省份，浙东一带，只供本地兵米民食，不能更为浙西之用。

其杭(州)、嘉(兴)、湖(州)三府属二十二州县内,每年应办漕白正耗粮米、南秋兵米外,仍须本地之仓社积贮,所产不敷所需,不待言也。

江南办粮愈多,兼之各处经商人民到处云集,食米更倍。

江西素为鱼、米之乡,迩来生齿倍繁,多往外省开垦力作,号为棚民,则庶而不富,亦可见矣。

湖广素称沃壤,故有"湖广熟,天下足"之谚。以今日言之,殊不尽然。湖北一省,宜昌、施南、郧阳,多处万山之中;荆州尚须由武汉拨济兵米;德安、襄阳、安陆,其他多种豆、麦,稻田亦少;武昌所属,半在山中;惟汉(阳)、黄(州)两郡,尚属产米。湖南亦惟长沙、宝庆、岳州、澧州、衡州、常德等府,系广产之乡,其中亦复多寡不等。余郡远隔山溪,难以转运。加以本处之生聚,外来之就食,各省之搬运,价乃愈昂。而今日之采买运贩者,动云楚省。不知今日之楚省,非复昔日之楚省也,且亦待济于(四)川省矣。武汉一带,有"待川米来而后减价"之语,则不足之情形已见,恐未可视为不竭之仓,不涸之源也。臣所谓统核天下产米之区者此也。①

由此可见,长江中下游各省,即当日全国最重要的产谷运米之地,约在满族入主一百年以后,因人口增加而引起的兵粮民食消费的增大,使各地市场上都表现出米粮供不应求的状态,以致价格上涨。对于这种情况,在"湖广熟,天下足"的湖北、湖南主持政务的官员,因为"湖广为天下第一出米之区"②,观察得尤其深刻。例如乾隆十三年三月,署理湖北巡抚彭树葵说:"湖北在康熙年间户口未繁,俗尚俭朴,谷每有余,而上游之四川、湖南,人少米多,商贩日至,是以价贱,遂号称产米之乡。迨户口渐增,不独本地余米无几,即(四)川、(湖)南贩运亦少,谷寡价昂,势所必至。"③又湖南巡抚杨锡绂说:"米谷之贵,由于买食者多。……户口繁滋,则今日海宇实在情形。圣谕谓自康熙年间以来,休养生息,便应逐渐加增,何至一时顿长。以臣观之,实亦未尝不系渐增。臣生长乡村,世勤耕作,见康熙年间稻谷登场之时,每石不过二三钱。雍正年间则需四五钱,无复二三钱之价。今则必需五六钱,无复三四钱之价。盖户口多,

---

① 朱伦瀚前引文。
② 《朱批谕旨》第一〇册,页一二,雍正四年十二月初四日福敏奏。
③ 《高宗纯皇帝实录》卷三一一,页三三至三四。

则需谷亦多。虽数十年间荒土未尝不加垦辟,然至今日而无可垦之荒者多矣。则户口繁滋,足以致米谷之价逐渐加增,势必然也。"①除此以外,在湖广以东,沿长江各省的行政长官也都认为人口增加,是当日米贵的一个主要原因。例如乾隆十三年三月,江西巡抚开泰说:"米贵之故……大抵由于生齿日繁……"②又护理安徽巡抚、布政使舒辂说:"粮贵固由户口繁滋……"③又同年七月,两江总督尹继善说:"米粮日贵,由于户口繁滋……"④

和长江中下游各省的人口密集情形正好相反,在长江上游,四川因为曾经遭受明末流寇张献忠的屠杀,云南、贵州因为山多田少,人口本来都比较稀少。⑤ 可是,到了乾隆初期,四川由于荒地垦种的奖励,云南、贵州由于矿产资源的开发,自外省移入不少人口,故米粮价格也因求过于供而较前昂贵。乾隆十三年三月,云、贵总督张允随说:"米贵之由,一在生齿日繁……天下沃野,首称巴、蜀,在昔田多人少,米价极贱。雍正八九年(1730—1731年)间,每石尚止四五钱;今则动至一两外,最贱亦八九钱。查贵州旧案,自乾隆八年(1743年)至今,广东、湖南二省人民,由黔赴川就食者,共二十四万三千余口。其自陕西、湖北往者,更不知凡几。国家定蜀百余年,户口之增,不下数十百万,而本地生聚尚不在此数。一省如此,天下可知。此时势之不得不贵者。……至滇、黔两省……近年米价亦视前稍增者,特以生聚滋多,厂(矿厂)民云集之故。"⑥其中关于贵州的情况,乾隆十三年三月,贵州按察使介锡周说:"臣于雍正四年(1726年)初莅黔省,彼时京斗米一石,不过四钱五分,及五钱有零。省会暨冲衢各郡邑,人烟疏散,铺店无几。……自雍正五六年(1727—1728年)以来……银、铜、黑白铅厂,上下游十有余处,每厂约聚万人、数千人不等,游民日聚。现今省会及各郡县铺店稠密,货物堆积,商贾日集。……是皆川、粤、江、楚各省之人,趋黔如鹜,并非土著民苗。现今丰收之

---

① 杨锡绂前引书卷一〇,页三至四;《皇朝经世文编》卷三九,页二二;《高宗纯皇帝实录》卷三一一,页三四至三五。
② 《高宗纯皇帝实录》卷三一一,页二九至三〇。
③ 《高宗纯皇帝实录》卷三一一,页二八。
④ 《高宗纯皇帝实录》卷三一九,页三四。
⑤ 拙著(与王业键合著)《清代的人口变动》,《集刊》第三二本(1961年),页139—180。
⑥ 《高宗纯皇帝实录》卷三一一,页四四至四六。

年,亦须七、八、九钱一石,岁歉即至一两一二钱至二两不等。此黔省米贵之原委也。"①又关于云南的情况,乾隆十三年六月,云南巡抚图尔炳阿说:"米价之贵,总由于生齿日繁……滇省……粮价亦不甚贱者,由于出产五金,外省人民走厂开采,几半土著,且本省生齿亦繁故也。"②

除长江流域以外,沿黄河各省米粮价格的波动,也主要由于人口的增加。乾隆十三年,华北各省的巡抚大部分注意到人口增加与米粮昂贵的关系。是年正月,河南巡抚硕色奏:"粮贵之源,大概由于生齿日繁。"③又同年六月,陕西巡抚陈宏谋奏:"米价日增,原非一时顿长,实由生齿日繁。"④又同年八月,山东巡抚阿里衮奏:"米贵由于生齿日众,逐末遂多。"⑤

在18世纪中叶左右,中国各地米价的波动,主要由于人口增加,已如上述。在当日人们讨论这个问题的文字中,人口增加这个因素虽然特别受到重视,可是究竟增加多少,除却张允随对于四川人口,介锡周对于贵州人口,曾经略为提及以外,大多数人没有举出人口统计数字来加以论证。说到清代的人口,在乾隆五年(1740年)以前,事实上只有丁额,即成丁男子(16～60岁)数,甚至只可以说是缴纳丁税单位的数目,并不是全国实有人口的数字。到了乾隆五年,政府决定利用保甲来查报户口,因此次年(乾隆六年)全国的人口数字注明为"通共大小男妇",开始成为全国真正的人口数字。⑥ 为着要研究18世纪中叶以前中国人口增加的实在情况,现在把乾隆六年至十一年(十二、十三年的人口数字,没有记载)的全国人口统计数字,列表如下:

表一 乾隆六年至十一年(1741—1746年)的全国人口

年　　别	人　　数	见于《东华续录》的卷数、页数
乾隆六年(1741年)	143 411 559	卷四,页二七
乾隆七年(1742年)	159 801 551	卷五,页二二

---

① 《高宗纯皇帝实录》卷三一一,页四七至四八。
② 《高宗纯皇帝实录》卷三一七,页三一至三二。
③ 《高宗纯皇帝实录》卷三〇七,页二七至二八。
④ 《高宗纯皇帝实录》卷三一六,页一五。
⑤ 《高宗纯皇帝实录》卷三二三,页四五至四七。
⑥ 拙著《清代的人口变动》。

续表

年　别	人　数	见于《东华续录》的卷数、页数
乾隆八年(1743年)	164 454 416	卷六,页一八
乾隆九年(1744年)	166 808 604	卷六,页三四
乾隆十年(1745年)	169 922 127	卷七,页一五
乾隆十一年(1746年)	171 896 773	卷七,页三七

根据表一,我们可知中国人口在乾隆六年为143 411 559,到了十一年增加至171 896 773,每年平均的人口增加速率为3.68%。乾隆六年的人口数,可能因为是初次利用保甲来编查户口,仍不免有所遗漏,数字可能有些偏低。① 但无论如何,中国人口在18世纪中叶以前已经开始激增,应该是没有问题的。

在人口增加的过程中,如果米粮供应量能够按比例增加,在其他条件不发生变化的情况下,米价是不会上涨的。可是,中国的米粮产量,在满族入关一世纪以后虽然可能也有增加,但增加的程度显然没有人口增加那么大。

稻米的生产,如果生产技术没有太大的变化,和耕地面积的大小最有密切的关系。满族最初入主中国的时候,由于长期战争的破坏,农田荒废甚多,同时有些地方还没有归入版图,故耕地面积至为有限。其后,随着社会秩序的恢复,政府奖励人民开垦荒地,耕地面积逐渐增加。现在把清中叶以前各省耕地面积列表如下:

表二　清中叶以前各省耕地面积②　　　（单位:顷）

省份	顺治十八年 (1661年)	康熙二十四年 (1685年)	雍正二年 (1724年)	乾隆三十一年 (1766年)
共计	5 492 577	6 078 429	7 236 429	7 807 156
直隶	459 772	543 444	701 714	682 344
山东	741 337	925 268	992 586	989 150

---

① 拙著《清代的人口变动》。
② 李文治编《中国近代农业史资料》(1957年)第一辑,页60—61。又据萧一山《清代通史》(二)(台北市,1962年修订本),页364—365,顺治十八年,全国田地总额为5 493 576.40顷;康熙二十四年,6 078 430.01(+)顷;雍正二年,6 837 914.27(+)顷;乾隆三十一年,7 414 495.50(+)顷。数字与表二所载略有不同。

续表

省份	顺治十八年 （1661年）	康熙二十四年 （1685年）	雍正二年 （1724年）	乾隆三十一年 （1766年）
山西	407 871	445 221	492 426	545 481
河南	383 404	572 106	659 045	797 238
陕西	373 286	291 149	306 546	299 652
甘肃	—	103 088	217 913	350 929
江苏	953 445	675 154	693 324	674 238
安徽		354 274	342 001	406 893
江西	444 304	451 611	485 529	467 442
浙江	452 216	448 566	458 852	464 139
福建	103 458	111 995	313 071	145 913
湖北	793 354	542 418	554 041	588 917
湖南		138 924	312 561	343 965
四川	11 884	17 261	215 033	460 071
广东	250 840	302 393	317 575	342 242
广西	53 939	78 025	81 578	101 749
云南	52 115	64 818	72 176	92 537
贵州	10 743	9 597	14 544	26 731
奉天	609	3 117	5 806	27 525

资料来源：顺治十八年，《雍正大清会典》卷二六，页一至四。
　　　　　康熙二十四年，《康熙大清会典》卷二〇，页四至七。
　　　　　雍正二年，《雍正大清会典》卷二六，页八至一〇；卷二九，页一至五，一三至一六。
　　　　　乾隆三十一年，《清朝文献通考》卷四，页一六；卷一〇，页四一。

附注：(1) 顺治十八年，系民田额。另据《清实录》，是年民田额为5 265 028顷，较《会典》数字少228 549顷。
　　　(2) 康熙二十四年，系民田额，其中包括卫所并入州县田地。另据《清实录》，是年民田额为5 891 623顷，较《会典》数字少186 806顷。
　　　(3) 雍正二年额，包括民田、屯田及学田三项，庄田、旗地未计在内。另据《清实录》，是年全国垦田面积为8 906 475顷许。
　　　(4) 乾隆三十一年类，包括民田及屯田，其余各种官田未计在内。

根据表二，我们可以算出，各省的耕地面积，自顺治十八年（1661年）至康熙二十四年(1685年),24年间每年平均增加速率为4.24‰;自康熙二十四年至雍正二年(1724年),39年间每年平均增加4.57‰;自雍正二年至乾隆三十一年(1766年),42年间每年平均增加1.81‰。由此可见,在18世纪中叶以前,当中国人口激剧增加的时候,全国耕地面积虽然也有增加,可是每年平均增加的速率,自雍正二年(1724年)左右开始,却有递减的趋势。故上引杨锡绂的话说:"虽数十年间荒土未尝不加垦辟,然至今日(按此文作于乾隆十三年)而无可垦之荒者多矣。"

田地面积的增加,其速率既然不及人口增加那么大,人口多了,田地自然供不应求,从而价格上涨。关于地价波动的情况,乾隆十三年杨锡绂说:"国初地余于人,则地价贱。承平以后,地足养人,则地价平。承平既久,人余于地,则地价贵。向日每亩一二两者,今至七八两;向日七八两者,今至二十余两。"①又同年江西巡抚开泰说:"各省田亩,初值银数两者,今值十数两。"②随着田地价格的上涨,米粮的生产成本自要增高,故米价也就长期昂贵起来。例如乾隆十三年三月,署理湖北巡抚彭树葵说:"民生既繁,争相置产,田价渐贵。农家按本计利,但愿价(米价)增无减。"③

不特如此,当人口增加,对粮食的需要增大,因而须开垦耕地的时候,米粮的生产又要发生报酬递减,或成本递增的现象,从而米价便要长期上涨。例如乾隆十三年六月癸亥,陕西巡抚陈宏谋说:"米价日增,原非一时顿长,实由生齿日繁。……各省沃土皆已开垦,山坡水滨,旷土尚多,但地气浅薄,种一年,须歇一二年。"④这就是说,为着要满足更多人口在粮食消费上的需要,除原来比较肥沃的耕地以外,农业须开垦报酬递减的硗瘠土地来增加生产,结果生产成本增高,米粮价格自然要长期上涨。

---

① 杨锡绂《陈明米贵之由疏》,见《皇朝经世文编》卷三九,页二三。
② 《高宗纯皇帝实录》卷三一一,页三〇。又关于江苏各地田地价格上涨的情况,钱泳《履园丛话》(道光五年)卷一,页一四说:"本朝顺治(1644—1661年)初,(苏州)良田(每亩)不过二三两。康熙年间(1662—1722年),长至四五两不等。雍正间(1723—1735年)仍复顺治初价值。至乾隆初年,田价渐长。……"(郑光祖《一斑录杂述》卷六,页四七至四八,也有相似的记载,兹从略。)又黄卬《锡金识小录》(乾隆十七年)卷一,页一八至一九也说:"近日……(无锡)田值之昂,较雍正间不啻倍蓰。"
③ 《高宗纯皇帝实录》卷三一一,页三三。
④ 《高宗纯皇帝实录》卷三一六,页一五。

三

乾隆十三年(1748年)的米价波动,使大家注意到人口增加与米价长期上涨的关系,约如上述。当日乾隆皇帝在上谕中对于米价问题的讨论,除户口繁滋这一因素以外,又注意到仓谷买补、水旱偏灾及囤户居奇三个因素。

清代政府在全国各地都设有常平仓,平时储藏米谷,大县3万石,中县2万石。到了每年青黄不接,市场上米粮供应不足,价格昂贵起来的时候,政府便把常平仓谷拿出来,以低于市场上的价格在各地出售,以平定粮价,或甚至用来赈济贫民。① 这种措施,本来有助于米粮价格的稳定。可是,到了乾隆十三年左右,当各地因人口增加而对粮食的需要增大的时候,许多地方的政府因为常平仓储备的米谷不足定额,到处搜购填补,却反而刺激米价更向上升涨。

说到常平仓积储的谷类,本来以足够备荒赈济为度,可是,到了"乾隆九年(1744年),御史孙灏奏请酌定常平贮谷额数,以平市价。经部(户部)议准通行。各省虽俱酌定额数,然当时督、抚究竟为有备无患之意重,而未深计及于谷价之日昂,采买之维艰。即以湖南言之,州县之仓有贮至五六万(石)者,府仓有贮至七八万者,亦未免过多"②。在产米丰富的地区,如湖南省,各常平仓固然储谷过多,但在其他省份,许多常平仓多半因为实储额不及定额那么多,须到处搜购补足,以致米谷价格因需要忽然增大而更为昂贵。乾隆十三年,朱伦瀚说:"伏思积贮之道,原因百姓不能盖藏,是以广为贮备,以待赈粜之需。今岁仰荷皇仁,直隶可称大有,其远近各省,亦多雨水调匀,已兆丰盈之庆。地方积贮缺额之米,正宜及时买补。窃恐各处买补并举,每省莫不以数十万、百万(石)计,交相争购于一时,必致米价昂贵。是地方未受平粜之

---

① 例如《皇朝经世文编》卷四〇,页九,御史万年茂《粜价不宜拨饷疏》(乾隆十年)说:"查常平额设,大县三万石,中县二万石,各省定数尚多不足;然现在实贮州县,每年平粜,利益甚大。……倘遇地方一时乏食,他处之米接济不及,乡民嗷嗷,万千成群,入城呼吁,地方官或赈或粜,小民各得升斗,即时立散。俟他处接济米来,小心易安,使贫民有恃不恐。"
② 杨锡绂《陈明米贵之由疏》,见《皇朝经世文编》卷三九,页二三。

利,先受目前米贵之累。或谓买补之法,不必本地,不必邻封,但择产谷最多之地而买之,则贱值可抵脚价。不知此地原因谷多而价贱,本地既有官买之谷,今又为各处分买,亦必价少而谷贵。是丰年多产之乡,亦等于歉岁薄收之地矣。"①又云贵总督张允随说:"米贵之由,一在生齿日繁,一在积贮失剂⋯⋯夫积贮非病,病在处处积贮。采买非失,失在年年采买。⋯⋯今普天下有城社处,皆积贮米谷,绳以一定之价,限以必盈之额。本地不敷采买,远购邻封。⋯⋯每新谷上市,价值本平,一闻采买,立即增长。盖商贩买米,价贱则买,价贵则止,操纵自由。官买补仓储,例有定限,价贵不得不如额买足。牙侩习知其然,因得肆其把持之术,遂使丰处与灾地同忧。及至平粜,地方官恐不敷买补,名为减价,实则无几。民未受积贮之利,先受米贵之害。"②又两广总督策楞说:"各省经办常平,未免心怀欲速,不计年岁价值,严限催督。⋯⋯州县惟知积贮有关考成,督抚大员又亟求米价之平,为之多方筹办,于是竟靡年不贵矣。"③由此可知,本来目的在平定米价的常平仓,到了乾隆十三年左右,当人口继续不断增加的时候,却因为要预防将来米价上涨,急于补充存贮谷额,在各地大量收买米谷,反而促使米价更为上涨。

有鉴于各地常平仓大量购存米谷,足以助长米价上涨的趋势,当日各省官员多主张减少买补,或暂停采买。例如乾隆十三年三月,署理湖北巡抚彭树葵说:"今欲(米)价平,必酌减官买。⋯⋯请凡常平仓原贮谷,有全不足额,及六分以下者,仍采买。其买有十之六七,并额外添贮,俱暂停。"④又护理安徽巡抚、布政使舒辂说:"粮贵固由户口繁滋,而连年采买过多,实为切近。⋯⋯不若暂停采买。然积贮备赈,未便竟置不议。请查明各州县粮储,未动用,照旧存贮。其动用,尚有原额之半者,不必再购。不及半者,俟本地丰收买补。"⑤把这些建议加以考虑之后,乾隆皇帝于同年七月辛丑发布上谕说:"常平积贮,所以备不虞,而众论颇以为采买过多,米价益昂。因思生谷止有此数,聚之官者太多,则留之民者必少,固亦理势之自然。溯查康熙、雍正

---

① 朱伦瀚《截留漕粮以充积贮札子》,见《皇朝经世文编》卷三九,页二七至二八。
② 《高宗纯皇帝实录》卷三一一,页四四。
③ 《高宗纯皇帝实录》卷三一一,页四〇。
④ 《高宗纯皇帝实录》卷三一一,页三三至三四。
⑤ 《高宗纯皇帝实录》卷三一一,页二八至二九。

年间,各省常平,已有定额。朕以积贮为要,故准臣工奏请,以捐监谷石,增入常平额;虽益仓储,实碍民食。朕既知初意之失,不可不为改弦之图。直省常平贮谷之数,应悉准康熙、雍正年间旧额。其加贮者,以次出粜,至原额而止。或邻省原额不足,即就近拨运补足,所需运价照例报销。其如何彼此拨运,并查定原额,及原额存粜之法,著大学士会同该部(户部)悉心查明妥议具奏。"①其后议定:"通计一十九省(本部十八省,再加上奉天),应贮谷三千三百七十九万二千三百三十石零,较之乾隆年间定额谷四千八百一十一万六百八十石零,计减贮谷一千四百三十一万八千三百余石。"②

除却户口繁滋与仓谷买补以外,乾隆皇帝在讨论米贵问题的上谕中,又提及水旱偏灾与囤户居奇这两个因素。就大体上说,乾隆十三年左右水旱偏灾并不严重,故是年闰七月丁卯的上谕说:"今岁蒙上天麻祐,直省奏报秋成分数,大概俱获丰登,朕心稍为慰惬。"③至于囤户居奇这一个因素,因为这要减少市场上米的供应量,自然要影响到米价的上涨,故政府要严加取缔。可是当日实行起来,却发生种种流弊,结果米价反而更为昂贵。例如乾隆十三年五月乙酉的上谕说:"近阅浙(江)省奏报米价,较前增长。访求其故,因上年御史汤聘条陈严禁囤户,通行各省,而常安奉行不善,以致于此。盖浙西一带地方所产之米,不足供本地食米之半,全借江西、湖广客贩米船,由苏州一路接济。向来米船到浙,行户揭贮栈房,陆续发粜。乡市借以转输。即客贩偶稀,而栈贮乘时出售,有恃无恐。是以非遇甚歉之岁,米价不至腾涌。向来情形如此。近因申囤户之禁,地方官并栈贮而禁之。商贩无停贮之所,本地无存积之粮,来船稍阻,入市稍稀,则人情惶惶,米价顿长数倍。近日为此说者颇众。看此情节,大概市井之事,当听民间自为流通。一经官办,本求有益于民,而奉行未协,转多扞

---

① 《高宗纯皇帝实录》卷三一九,页五至六;《乾隆东华续录》卷九,页二三;《大清高宗纯皇帝圣训》卷一六四,页三;《清朝文献通考》卷三五,页五一九四;《大清会典事例》(光绪二十五年刻本)卷一九〇,页三至四。
② 《上谕条例》(江苏布政司衙门刊行),乾隆十三年,页五八至六四,《常平仓贮谷额数》。又参考《高宗纯皇帝实录》卷三三〇,页三三至三五;《清史稿·食货志》二。
③ 《高宗纯皇帝实录》卷三二〇,页二三。又上引朱伦瀚说:"今岁(乾隆十三年)仰荷皇仁,直隶可称大有,其远近各省,亦多雨水调匀,已兆丰盈之庆。"

格。"①又同年三月,两广总督策楞说:"有米之户……地方官一遇米价稍贵,即勒令减价开粜,并有豫封廒座者。名为劝谕,实则勒派。如或不遵,目为囤户,而坐以罪。从此有米之家,不敢稍留余步,乡邻亦几于告贷无门。而奸徒久甘心于富户,目击官户之抑勒,益视为弱肉可欺,强借强抢之刁风滋起,而米益视为奇货矣。……今日米价之昂,实筹办之过……也。"②

四

以上是乾隆十三年(1748年),"中央"与地方官员,因米贵问题发生而互相讨论的大概情况。对于当日米价上涨的解释,他们显然只着眼于各地米粮的供求状况,而没有注意到货币方面的因素。

清代货币制度的主要特点是银两和制钱并用,两者都具有无限法偿的资格。可是,随着社会经济的进展,白银在货币使用上的地位却有越来越重要的趋势。③ 说到白银,中国国内矿藏有限,产量不多,并不足以满足因货币流通而起的大量需要。可是,约自15、16世纪间开始,或自明中叶以后,随着世界新航路的发现,美洲银矿的开发,及国际贸易的发展,中国在明末数十年间已经输入不少的银子。到了清代,自康熙二十三年(1684年)解除海禁以后,由于茶、丝出口贸易的发展,中国对外贸易出超,更长期输入大量白银。④ 因此,到了18世纪中叶左右,中国银的供应量已经有显著的增加。例

---

① 《高宗纯皇帝实录》卷三一四,页六至七;《大清高宗纯皇帝圣训》卷一六四,页一至二;《乾隆东华续录》卷九,页一四。
② 《高宗纯皇帝实录》卷三一一,页四一至四四。又同书卷三一一,页三〇,载乾隆十三年三月,江西巡抚于奏说:"其禁囤户也,庸懦之员倚胥役为耳!弊未克厘,价已暗长。"
③ 例如《乾隆东华续录》卷七,页四,载乾隆十年三月甲申的上谕说:"购买什物器用,其价值之多寡,原以银为定准。……向来江、浙地方,有分厘皆用银者。……民间日用,亦当以银为重。"(又见于《大清高宗纯皇帝圣训》卷一〇四,页一二;《清朝文献通考》卷一六,页五〇〇二。)又《筹办夷务始末》(台北市国风出版社,1963年)卷三,页25,载道光十八年(1838年)贵州巡抚贺长龄说:"二百年来,生齿日益繁,费用日益广。……钱质繁重,难以致远。各处行用,良恶贵贱又不一致。故民间会兑,止于近城,间有舟车运载,尚不及银百分之一。……银则轻便易赍,所值又多,各处行用,大概相同。数千里外,皆可会兑。……今则银日重而钱日轻矣。……盖货币流行,迭为衰旺,时移事异,理有固然。由宋溯前,以钱权物,而国不患贫。由宋迄今,以银权钱,而久乃积重。"
④ 拙著《美洲白银与十八世纪中国物价革命的关系》。

如《清朝文献通考》的作者在卷一六乾隆十年(1745年)项下说:"福建、广东近海之地,又多行使洋钱。其银皆范为钱式,来自西、南二洋,约有数等。……闽、粤之人称为番银,或称为花边银。凡荷兰、佛郎机诸国商船所载,每以数千万圆计。……而诸番向化,市舶流通,内地之民咸资其用,则实缘我朝海疆清晏所致云。"①又王庆云说:"乾隆一代,钱价平时少而贵时多。……实当时上下银多之故。……乾隆九年(1744年),定官员领饷,除夫匠工价外,民间日用,除零星粟布外,概不许用钱。向非上下银多,安能啬于用钱如是!"②

银既然是清代各地行使的最主要的货币,银的供应量多了,货币的流通量自然增大。当市场上货币流通量增大,而各种商品的数量并没有按比例增加的时候,物价自然要上涨起来。因此,当日物价的上涨,并不以在增产时受到报酬递减律支配的米粮等农产品的价格为限,就是并不怎样受同一定律支配的非农产品或工业品,价格也一样上涨。例如乾隆十三年七月,两江总督尹继善说:"年来百物腾涌。"③又同年八月,山东巡抚阿里衮说:"凡布帛、丝、棉之属,靡不加昂。"④

五

清代各地的米价,到了乾隆十三年(1748年)前后,有越来越昂贵的趋势。当日米价的高涨,因为要令许多人民的日常生活大受影响,在江苏、福建等省都曾经引起民众暴动,情况可说相当严重。对于这个问题,清朝的统治者不得不加以注意,因此乾隆皇帝特地发布上谕,命令各省总督及巡抚等官员提供意见,以便寻求解决的方案。可是,他们所提出的对策,事实上并不能够有效制止米价上涨的趋势,因为上涨的主要因素,如人口的激剧增加、白银

---

① 《清朝文献通考》卷一六,页五〇〇二。又王庆云《石渠余纪》卷五,页一八至一九,也说:"闽、广近海之地,多行洋钱。……始番舶捆载而来,岁数百万,与东南货币相流通。"
② 王庆云前引书卷五,页九。
③ 《高宗纯皇帝实录》卷三一九,页三四至三五。
④ 《高宗纯皇帝实录》卷三二三,页四五。又再过一些时候,黄印《锡金识小录》卷一,页一八,也说:"近日米、薪、布帛、诸食用物价,三倍于前。"

的大量流入,在 18 世纪的长期间内,继续不断在进行中,并不是他们一时所能遏阻得住的。① 因此,乾隆十三年的米价,和康熙、雍正年间比较起来,固然已经昂贵得多,可是这不过是乾隆(1736—1795 年)一朝物价长期上涨时期的开始,而不是结束。

1964 年 10 月 23 日于台北市

---

① 拙著《美洲白银与十八世纪中国物价革命的关系》。

清朝中叶苏州的米粮贸易

一

"上有天堂,下有苏杭"的苏州,是长江下游的一个城市。这个城市经济之所以能够繁荣起来,原因当然有种种的不同,但就清朝(1644—1911年)中叶来说,那里米粮贸易的发展可说是其中一个重要的因素。

宋代有一句俗语说:"苏常(一作湖)熟,天下足。"换句话说,长江三角洲,由于农业资源的开发,到了宋代成为全国的谷仓,在那里出产的粮食,除供给当地人口的消费以外,还有剩余输出来养活其他地方的人口。[①] 其后经过多年的发展,到了清朝中叶左右,位于长江三角洲的苏州,米粮贸易的规模更为扩大。在那里集中的食米,并不以来自长江三角洲为限,就是长江中上游稻田的过剩产品也大量运销到那里去。同时,集中于苏州米市的食米,不独供应当地及附近人口的消费,而且运往浙江、福建各地,以满足那里大量人口对于粮食的需要。在近代上海兴起以前,苏州可说是长江流域与沿海地区之间的一个重要的米市。

苏州虽然不位于长江沿岸,可是因为有运河(南达杭州)和长江联系,再加上其他水道运输的便利,故成为长江下游的交通枢纽。苏州城外的浒墅关(或浒墅镇)位于运河旁边,载重三千多四千石的梁头大船,可自长江驶达。[②]

[①] 拙著《南宋稻米的生产与运销》,《"中央研究院"历史语言研究所集刊》第十本,页403—432。
[②] 《雍正朱批谕旨》(台北市文源书局印行)第十六函第二册《高斌》页四至五(第九本页五三六五至五三六六)说:"雍正四年(1726年)十月初九日,苏州织造兼理浒墅关税务郎中高斌谨奏:……查浒墅关有邵伯、镇江二处梁头大船,撑梁头者本是船户,并非客商,专装豆货,名为加补料。部定则例,一丈八尺梁头,纳料六十七两三钱,装豆二千九百八十二石计算,每石征银二分六厘。如所装有逾此数,按石另补钞银,名为外加。船户日久弊生,将船只改造长大,竟可装三千五六百石至四千石不等者。……"

清朝中叶苏州的米粮贸易

在康熙二十四年(1686年)十二月,有一位监察御史报告说:"江南浒墅一关,地当南北通衢,为十四省货物辐辏之所。商船往来,日以千计。"①因为距离海洋不远,在近代轮船航运发展以前,苏州又成为长江流域所产米谷转运往沿海地区的一个口岸。②

二

由于交通运输的便利,清朝中叶左右,各地人口对于苏州米粮的需要非常之大。就以苏州为省会的江苏来说,在全国各省中,它的人口数量最多,密度最大。③ 关于苏州的人口,在雍正五年(1727年)苏州巡抚陈时夏已经说:"苏州地狭民稠。"④及乾隆十三年(1748年),江苏巡抚安宁也说:"查苏州地狭民稠,米粮已产不敷用。"⑤在苏州的人口中,非农业人口所占的比例非常

---

① 清代钞档:康熙二十四年十二月初三日巡视东城陕西道监察御史吴震方谨题。引言彭泽益编《中国近代手工业史资料》,1957年,第一卷,页455。
② 《雍正朱批谕旨》第十四函第十四册《高其倬》页五八至六〇(第八本页四八二〇至四八二一)载雍正四年七月十八日,闽浙总督高其倬奏:"若将江西谷石,用大船由长江载至镇江,再到苏州一带,用海船载至福建之福、兴、泉、漳四府,秋间北风起时,半月可到,似属便捷。"
③ 因为清政府于乾隆五年(1740年)始决定利用保甲来查报户口,此后全国人口数字注明为"通共大小男妇",从而成为全国真正的人口数字,故我们对于江苏人口状况的研究,也只能由乾隆年间开始。关于江苏人口数量与密度,现在列表如下:

表一　清代江苏的人口

年　别	人口数	人口密度(每方英里)	占全国人口的百分比
乾隆二十六年(1761年)	23 161 049	600.03	11.68
乾隆五十二年(1787年)	31 426 750	814.16	10.75
嘉庆十七年(1812年)	37 843 501	980.40	10.46
道光二十二年(1842年)	43 032 910	1 114.84	10.38
道光三十年(1850年)	44 155 000	1 143.91	10.27

资料来源:罗尔纲《太平天国革命前的人口压迫问题》《中国社会经济史集刊》第八卷第一期,上海,1949年),表二;拙著(与王业键合著)《清代的人口变动》《"中央研究院"历史语言研究所集刊》第三十二本,台北市,1961年),表四。

④ 《雍正朱批谕旨》第二函第三册《陈时夏》页三九(第一本页四九一)。
⑤ 《史料旬刊》(北平故宫博物院文献馆出版;台北市国风出版社重印,1963年)第二十九期,页564,《安宁折》(乾隆十三年五月三十日朱批)。

之大。例如苏州的棉纺织业,在雍正年间(1723—1735年),光是踹匠便有1万余人——如连染匠在内,更多至2万余人。① 如再加上其他工商业的人口在内,非农业人口在苏州人口中当然要占很大的比例。这些非农业人口,既然都不能自己生产粮食,在市场上对于米粮的需要自然很大。

除苏州本身以外,在它附近的广大地区,过去虽然以"苏常熟,天下足"出名,到了清朝中叶左右,却并不完全生产稻米,而大量种植其他经济作物。在苏州以东,如松江、太仓以及其他沿海区域,两江总督高晋曾经于乾隆四十年(1775年)亲自留心体察,向政府提出报告说:"以现在各厅州县农田计之,每村庄知务本种稻者,不过十分之二三,图利种棉者,则有十分之七八。"其后到了道光十二至十六年(1832—1836年)间,林则徐任江苏巡抚时,也说太仓等州县,"种稻之处十仅二三,而木棉居其七八"。由于棉花生产的丰富,各地棉纺织业普遍发展,大量人口靠纺织为生。② 复次,在苏州以南,位于太湖旁边的土地,也不注意种稻而专门推广种桑的面积。如以苏州府吴江县为例,自明宣德七年(1432年)至清乾隆十二年(1747年),300余年种桑株数约增加10倍。③ 随着蚕桑产额的增加,丝织工业便特别发展,使激增的人口得到就业的机会。据估计,光是吴江县盛泽镇,在自明初至清中叶,由村落发展为市,再成为镇的扩展过程中,集中在那里来交易的绫、绸等丝织品,自嘉靖年间(1522—1566年)至乾隆十二年,前后200年左右,约增加10倍,人口则增加100倍。④

---

① 拙著《鸦片战争前江苏的棉纺织业》(《清华学报》,新一卷第三期,台北市,1958年,页25—51)。
② 拙著《鸦片战争前江苏的棉纺织业》。按高晋的报告,见贺长龄辑《皇朝经世文编》(光绪十二年刊)卷三七高晋《请海疆禾棉兼种疏》;林则徐文,见林则徐《林文忠公政书》甲集,《江苏奏稿》卷二,《太仓等州县卫帮续被歉收请缓新赋折》。
③ 陈荚缵等修《乾隆吴江县志》(序于乾隆十二年,1747年)卷五,页一○下说:"桑以育蚕,明洪武二年(1369年)诏课民种桑,吴江境内凡一万八千三十三株。宣德七年(1432年),至四万四千七百四十六株。近代丝绸日贵,治蚕利厚,植桑者益多,乡村间殆无旷土。春夏之交,绿阴弥望,通计一邑无虑数十万株云。"
④ 同书卷四,页一至二说:"盛泽镇在二十都,去(吴江)县治东南六十里。明初以村名,居民止五六十家。嘉靖(1522—1566年)间倍之,以绫、绸为业,始称为市。迄今(乾隆十二年)居民百倍于昔,绫、绸之聚亦且十倍。西方大贾辇金至者无虚日。每日中为市,舟楫塞港,街道肩摩。盖其繁阜喧盛,实为邑中诸镇之第一。"又仲虎腾《光绪盛湖志补》卷一,页一说:"前明宏、正间莫氏《吴江志》(按指明弘治元年莫旦纂《吴江县志》)无盛泽(镇)。嘉靖中徐氏志(按指嘉靖四年徐师曾纂《吴江县志》)始称为市,居民百家,以绸、绫为业。其后商贾辐凑。烟火万家,百倍于昔。"

在苏州附近的广大地区,土地种植棉、桑既然远比种稻为多,人民既然倚赖纺织为生而较少耕种,他们消费的粮食自然要靠市场来供应了。何况棉、丝等纺织工业的发展,给许多人带来了就业的机会,因而刺激人口增加,从而粮食消耗也跟着要增加呢?这样一来,过去曾经是全国谷仓所在的江苏,其所产米粮便不再能够养活本省激增的人口[1],而须向其他地区购米来满足需要,从而交通方便的苏州,在米粮贸易上所占的地位便特别重要起来了。

在清中叶苏州米市中构成需要方面的力量,并不限于苏州或江苏的人口,而且来自浙江、福建等沿海省份。位于江苏以南的浙江,人口数量很大,在全国各省中它的人口密度只次于江苏而居第二位。[2] 由于人口众多,浙江粮食的消费量当然很大。可是,浙西的杭州、嘉兴、湖州三府,田地多半种桑,浙东山地较多,耕地面积有限,故稻米生产不能满足本省人口的需要,而须向外采购食米。[3] 邻近浙江的江苏,虽然因为人口增加,本省食米已经供不应求,但苏州因为水道交通便利,江西、湖广(湖北、湖南)客贩米船都把米运到

---

[1] 《高宗纯皇帝实录》卷三二〇,页二四至二五,载乾隆十三年(1748年)闰七月丁卯,军机大臣等奏:"江苏户口殷繁,一年出产,原不敷一年民食。"

[2] 关于清中叶前后浙江人口数量与密度,兹列表如下:

表二　清代浙江的人口

年　　别	人口数	人口密度(每方英里)	占全国人口的百分比
乾隆二十六年(1761年)	15 429 690	420.77	7.78
乾隆五十二年(1787年)	21 718 646	592.27	7.43
嘉庆十七年(1812年)	26 256 784	716.03	7.26
道光二十二年(1842年)	27 614 832	753.06	6.66
道光三十年(1850年)	30 027 000	818.84	6.98

资料来源:与表一同。

[3] 《雍正朱批谕旨》第十六函第五册《程元章》页六五(第九本页五五七七),载浙江总督程元章(约雍正十二年,1734年)说:"窃查杭、嘉、湖三府属地方,地窄人稠,民间多以育蚕为业,田地大半植桑。岁产米谷,除办漕外,即丰收之年,尚不敷民食,向借外江商贩接济。"又《高宗纯皇帝实录》卷八二,页一八至一九,载乾隆三年(1738年)十二月丙戌,"户部议覆:大学士前总理浙江海塘管总督事稽曾筠疏言:杭、台、湖三府,地狭人稠,每岁产米,不敷数月口粮,全赖商贩接济。"又同书卷三一三,页四四下至四五,载乾隆十三年(1748年)四月,升任浙江巡抚顾琮说:"杭、嘉、湖三府,树桑之地独多。金、衢、严、宁、绍、台六府,山、田相半。温、处二府,山多田少。(食米)向资江、楚转输。"

那里去卖,故成为浙江输入食米的重要来源。① 在乾隆十六年(1751年),当浙江歉收时,浙江商人于两个月内在苏州一共购米二十三万九千余石。② 由此推算,浙江每年自苏州买米一百四十余万石。自然,在收成较好的年头,浙江自苏州输入的食米,可能没有那么多。

  沿海各省中,除浙江以外,福建人口消费的食米,也要向苏州购买。福建地势多山,前临大海,后无大平原,耕地面积狭小,故所产粮食不能满足当地人口的需要。③ 苏州既然位于长江流域与沿海地区之间,为湖广及其他产区食米的集散地,粮食商人便在那里购米,由乍浦或上海经海道运往福建出卖。④ 由于福建客商不断搜购,在18世纪上半叶,苏州米市常因感受到需要增大的压力而价格波动。⑤

---

① 《高宗纯皇帝实录》卷三一四,页六,载乾隆十三年五月乙酉上谕:"浙西一带地方所产之米,不足供本地食米之半,全借江西、湖广客贩米船,由苏州一路接济。"(《乾隆东华续录》,文海出版社本,卷九,页一四下,及《大清高宗纯皇帝圣训》卷一六四,页一下至二,记载相同;但前者"浙西"作"浙南"。)
② 《高宗纯皇帝实录》卷四〇三,页二四至二五,载乾隆十六年十一月壬辰:"江苏巡抚庄有恭奏:今岁浙省歉收,遵旨广开海禁。又准浙抚臣永贵咨,浙商贩米数十伙及数百石者,在苏州采买,均有浙省藩司及温、处、台、宁四府印照。查苏(州)城两月之间,卖米二十三万九千零……"
③ 《皇朝经世文编》卷八四,页三八,蓝鼎元《论南洋事宜书》(雍正二年,1724年)说:"闽、广人稠地狭,田园不足于耕。"(蓝鼎元《鹿洲初集》卷三《论南洋事宜书》,及《重纂福建通志》卷八七,页五一,"海禁",记载相同。)又同书卷八五,页三三,福建巡抚汪志伊《议海口情形疏》(嘉庆四年,1799年)说:"闽省负山环海,地狭人稠。延、建、汀、邵四府,地据上游,山多田少。福、兴、宁、泉、漳五府,地当海滨,土瘠民贫,漳、泉尤甚。"
④ 《雍正朱批谕旨》第二函第五册《毛文铨》页六七至六八(第一本页六〇七),载雍正四年(1726年)五月十四日,福建巡抚毛文铨奏:"闽省生齿浩繁,全赖本地产米,并江省、粤省收成不薄,然后方保无虞。今粤省自顾不遑……江南本地所产既饶,而湖广之米日至苏州者不可胜数,臣查苏州之米,须从乍浦由海运来闽……"又《皇朝经世文编》卷四四蔡世远《与浙江黄抚军请开米禁书》(约撰于雍正七、八年间,1729—1730年,参考《清史稿》列传七七《蔡世远传》)说:"福建之米,原不足以供福建之食,虽丰年多取资于江、浙。亦犹江、浙之米,原不足以供江、浙之食,虽丰年亦仰给于湖广。数十年来,大都湖广之米辏集于苏郡之枫桥(位于浒墅关之南,见顾炎武《天下郡国利病书》,广雅书局本,卷一六,页五,江南四〇),而枫桥之米,间由上海、乍浦以往福建。故岁虽频祲,而米价不腾。"
⑤ 例如《文献丛编》(北平故宫博物院文献馆编)第三〇辑李煦《奏报苏州米价腾贵折》(康熙四十五年,1706年)说:"苏州地方去年收成甚好,今岁菜、麦亦俱茂盛,而米价忽然腾贵,卖至每石一两三钱五分、一两四钱三分不等。臣煦留心打听,盖因各行家有揽福建人买米,每石价银一两八钱,包送至乍浦出海,以致本地米价顿贵。"又《雍正朱批谕旨》第二函第三册《陈时夏》页三九(第一本页四九一)载雍正五年(1727年)四月十一日,苏州巡抚陈时夏奏:"自今春以来,福(建)省督臣二次遣员到苏(州)买米一万一千余石,麦九千石,外有商贩等六次,共计买米二万余石。皆由闽省督抚给咨来苏,接买江(西)、(湖)广之米,逐次运回,以资接济。……近日闽省仍复接踵来苏,赍领督、抚咨文,接买江、广之米。臣查苏州地狭民稠,产米无多;即系丰收,亦资江、广之米以敷食用。今闽省已经搬运三万石之多,若复接踵而至,必致苏州米价高昂,小民艰食。臣已咨覆闽省督、抚,请饬各商贩前赴江、广产米地方采买;如值江、广来苏之米果多,仍可在苏接买。如此则彼此通融,实属两济。"

三

　　由于各地人口对米粮需要的增大,在清中叶前后以苏州为集散地的食米,不仅产于长江下游,而且来自长江中上游的稻米产区。我们在上文提及到达苏州的客贩米船来自江西、湖广(湖北、湖南)。就这两个地区来说,湖广尤其重要。说到中国稻米生产的情况,自明末到清中叶,"苏常熟,天下足"这句俗语,已转变为"湖广熟,天下足"[①]。雍正年间(1723—1735年),"湖广为天下第一出米之区"[②],已为人们所公认。在湖北的"汉口地方,自去年(雍正九年)十一月至本年(十年)二月初旬,外贩米船已有四百余号,而盐商巨艘装运者,尤不可以数计"[③]。在雍正十二年(1734年),到了五月十五日,"江、浙官籴商贩,陆续搬运四百余万(石)之多"[④]。及七月初八日,"江、浙商贩已运米五百余万石"[⑤]。根据这些数字,我们可以推算,在雍正十二年一年中,自湖广运往江、浙的食米,约为一千万石。装载这一千万石的湖广米船,由汉口出发,沿江而下,大部分运往苏州出卖。[⑥] 当日苏州府、松江府"民间所买常餐。……俱属糙粳、楚籼等类"[⑦]。因为湖广出产的籼米成为苏州及附近广

[①] "湖广熟,天下足"这句俗语,在明末某人(姓名不详)著的《地图综要》已有记载,到了清雍正、乾隆年间,记载尤多。例如萧奭《永宪录》(中华书局,1959年)卷四,页二九三,雍正四年(1726年)七月条说:"湖广稻、麦再熟。语云:湖广熟,天下足。"又《雍正朱批谕旨》第十七函第二册迈柱下,页一二一(第九本页五七九一),载雍正十二年(1734年)九月十五日迈柱奏折的朱批说:"民间俗谚:湖广熟,天下足。丰收如是,实慰朕怀!"又《皇朝经世文编》卷三九,页二七,朱伦瀚《截留漕粮以充积贮札子》(约乾隆十三年,1748年)说:"湖广素称沃壤,故有湖广熟,天下足之谚。"

[②] 《雍正朱批谕旨》第四函第一册,《福敏》页三五(第二本页九七七)雍正四年(1727年)十二月初四日,署理湖广总督福敏奏。

[③] 同书第十七函第二册《迈柱》下,页五五(第九本页五七五八),雍正十年(1732年)二月二十四日,湖广总督迈柱奏。

[④] 同上《迈柱》下,页一一四至一一五(第九本页五七八七至五七八八),雍正十二年(1734年)五月十五日,迈柱奏。

[⑤] 同上《迈柱》下,页一一七(第九本页五七八九),雍正十二年七月初八日,迈柱奏。

[⑥] 上文曾引蔡世远的文章说:"数十年来,大都湖广之米萃集于苏郡之枫桥。"又《皇朝经世文编》卷四七江宁布政使晏斯盛《上制府论布商籴米书》(约撰于乾隆元年至六年,1736—1741年,参考《清史稿》列传九六《晏斯盛传》说:"查江(西)、(湖)广米船,开江东下,其口岸有三:椶阳(在安徽安庆东北)、芜湖、苏州是也。"

[⑦] 《雍正朱批谕旨》第十七函第三册《乔世臣》页三九(第六本页三七二七),雍正十一年(1733年)四月十五日,江苏巡抚乔世臣奏。

大地区人民消费的粮食,故地方行政长官经常把苏州米市中这些米的价格向皇帝报告。① 约自康熙(1662—1722年)末叶开始,苏州市场上米价的涨落,主要由湖广(有时加上江西)食米到达的多少来决定。② 由此我们可以看出湖广食米与苏州米市的密切关系。

苏州米市每年虽然自汉口得到这许多湖广食米的供应,事实上汉口所在的湖北,因为山地较多,稻田较少,米粮生产有限③,本身并没有多少剩余可供输出。幸而汉口水道运输便利,成为各地产米的集散地④,湖南及四川出产的食米更大量运到那里去卖。⑤ 因此,自汉口沿江东下,运销于苏州一带的食米,有不少产于湖南和四川。

湖南的农业资源,经过长期开发以后,到了清朝中叶,稻米产量激增,米

---

① 同书第十八函第一册《赵弘恩》上,页九六(第十本页六〇六〇)说:"雍正十二年三月十五日,署理江南总督印务臣赵弘恩谨奏:……苏(州)城现在米价,湖广白籼米每石一两一钱五分……各属有比苏城增减数分者。总较往年轻二三钱一石等语。"

② 关于湖广食米供应增多,影响到苏州米价低廉的例子,《文献丛编》第三四辑李煦《奏报米价折》(康熙五十一年八月初八日)说:"苏州……因湖广客米到得甚多,所以米价仍贱,上号不出八钱,次号不出七钱。"其次,关于湖广客米到少,以致刺激苏州米价上涨的例子,同书第三一辑李煦《奏报太仓伙贼供有一念和尚给札惑众折》(康熙四十六年十二月)说:"至于苏、松米价腾贵,一两六七钱一石……因湖广客米到少……"又同书第三五辑李煦《奏报督催煎盐并报米价折》(康熙五十二年六月初九日)说:"至于苏(州)、扬(州)米价,近日因湖广、江西客米来少,所以价值稍增。"此外,关于苏州米价因湖广、江西食米到达的迟早而涨跌的情形,同书第九辑曹寅《奏报米价及熊赐履行动并进诗稿折》(康熙四十八年三月)说:"臣探得苏州平常食米每石一两三肆钱不等。……总因江西、湖广禁粜,兼近日东北风多,客船不能下来之故。今地方督抚已经移文江、广开禁,往前天气大晴,西南风多,米船运行,新麦上场,米价可以无虑。"又同书二十六年第二辑李煦《奏报米价及御种稻子现已收割并进晴雨录折》(康熙五十五年九月十六日)说:"窃苏州八月初旬湖广、江西客米未到,米价一时偶贵。后即陆续运至,价值复平。"

③ 《皇朝经世文编》卷三九,页二六下至二九,朱伦瀚《截留漕粮以充积贮札子》(约乾隆十三年,1748年)说:"湖北一省,宜昌、施南、郧阳多处万山之中;荆州尚须由武汉拨济兵米;德安、襄阳、安陆,其地多种豆、麦,稻田亦少;武昌所属,半在山中;惟汉(阳)、黄(州)两郡,尚属产米。"

④ 《雍正朱批谕旨》第九函第七册《鄂尔泰》七,页五七(第五本页二九二七),载雍正八年(1730年)四月二十日,云、贵、广西总督鄂尔泰说:"又如湖广全省,向为东南诸省所仰赖,谚所谓湖广熟,天下足者,诚以米既充裕,水又通流之故。"又《皇朝经世文编》卷四〇,页四五,晏斯盛《请设商社疏》(乾隆十年,1745年)说:"如楚北汉口一镇,尤通省市价之所视为消长,而人心之所因为动静者也。户口二十余万……日消米谷不下数千(石)。所幸地当孔道,云、贵、川、陕、粤西、湖南,处处相通,本省湖、河,帆樯相属,粮食之行,不舍昼夜。是以朝籴夕炊,无致坐困。"

⑤ 《高宗纯皇帝实录》卷三一一,页三三下,载乾隆十三年(1748年)三月,"署理湖北巡抚彭树葵覆奏:湖北在康熙(1662—1722年)年间,户口未繁,俗尚俭朴,谷每有余;而上游之四川、湖南,人少米多,商贩日至,是以价钱。遂号称产米之乡。"又《雍正朱批谕旨》第十七函第一册《迈柱》上,页五九(第九本页五六八四)说:"雍正六年(1728年)三月十一日,湖广总督臣迈柱、湖北巡抚臣马会百谨奏……窃查楚北武昌省城并汉口地方,人烟稠密,日用米谷,全赖四川、湖南商贩骈集,米价不致高昂。"

价特别便宜。① 由于米产的丰富,刚在位不久的乾隆皇帝,干脆把"湖广熟,天下足"的谚语,改为"湖南熟,天下足"②。当日湖南稻米产额之所以增加,和洞庭湖盆地农业资源的大规模开发有密切的关系。在湖南北部洞庭湖沿岸地区,土壤非常肥美,可是因为洪水定期泛滥,须先筑堤防水,才能垦辟成为耕地。满族自入关以后,于康熙二十年(1681年)平定三藩,二十二年(1683年)收复台湾,大一统的局面始告完成。当国家真正统一,大部分人力物力有机会用来从事经济建设的时候,洞庭湖沿岸的筑堤防水和垦田计划,便开始长期实行。沿洞庭湖区域共有九县,如以湘阴县为例,它沿湖筑堤的进展情况,及因此而垦辟田地的亩数,在郭嵩焘《湘阴县图志》(光绪六年,1880年)卷二二,页一下至三,《水利志》中,有很详细的记载。兹依照时间的先后,列表如下:

表三 明、清间湘阴县筑堤长度与垦田面积

年 别	堤 名	堤 长（丈）	累 计（丈）	垦 田（亩）	累 计（亩）
万历年间(1573—1620年)	荆塘围	5 344		8 248	
	塞梓围	4 350.5	9 694.5	6 490	14 738
崇祯年间(1628—1644年)	古塘围	3 737.5		5 051	
	军民围	1 740	15 172	1 398	21 187
康熙二十八年(1689年)	沙田围	3 971.5	19 143.5	9 302	30 489
康熙三十年(1691年)	庄家围	1 140		685	
	黄公围	1 020		657	
	鲁家围	1 500	22 803.5	1 284	33 115
康熙三十二年(1693年)	杨柳围	1 350		677	
	葡萄围	1 549	25 702.5	960	34 752
康熙三十三年(1694年)	金盘围	3 345		3 120	
	湾斗围	1 390.5		1 158	

---

① 《雍正朱批谕旨》第二函第四册《布兰泰》页五二(第一本页五五八)说:"雍正五年(1727年)七月十四日,户部侍郎,仍署理湖南巡抚印务臣布兰泰谨奏:……臣伏查湖南素称产米之乡,米价贱于他省。从前每石不过六七钱,贵至八九钱而止。……"
② 《乾隆东华续录》卷二,页二二,载乾隆二年(1737年)十一月癸未,"湖南巡抚高其倬奏报收成分数。得旨:语云,湖南熟,天下足。朕惟有额手称庆耳!"

续表

年　　别	堤　名	堤　长（丈）	累　计（丈）	垦　田（亩）	累　计（亩）
	韩湾围	5 840		7 186	
	买马围	1 202.5		940	
	佘家围	3 396	40 876.5	2 890	50 046
康熙五十三年(1714年)	东庄围	4 000	44 876.5	2 630	52 676
雍正十二年(1734年)	冷公围	300		90	
	赵家围	400	45 576.5	60	52 826
雍正十三年(1735年)	三合围	2 180	47 756.5	7 000	59 826
乾隆元年(1736年)	林兴围	1 010	48 766.5	660	60 486
乾隆二年(1737年)	大有围	1 000		800	
	复兴围	3 780		7 000	
	锡福围	4 750		7 100	
	合兴围	900		1 210	
	三阳围	1 700		2 700	
	小三阳围	200		400	
	马眼围	685	61 781.5	853	80 549
乾隆四年(1739年)	酬塘围	2 645		8 800	
	傍山围	1 900		300	
	蟒湖围	500		220	
	猪婆围	300		90	
	杨柳坪围	478		730	
	黄荆围	1 790		1 660	
	王通围	1 000		500	
	金汉围	400		190	
	大顺围	620		1 260	
	义合围	4 000		6 000	
	仁和围	5 974		16 300	
	窑瓿围	250		80	
	公悦围	2 000		3 000	
	荻湖围	1 300		900	
	茨塘围	800		400	
	芦子围	200	85 938.5	90	121 069
乾隆五年(1740年)	福星围	734		400	

续表

年　别	堤　名	堤　长（丈）	累　计（丈）	垦　田（亩）	累　计（亩）
	东坨围	100		50	
	屯田围	800		400	
	乔山围	1 750		1 260	
	义兴围	2 000		1 300	
	广兴围	1 000		500	
	团山围	640	92 962.5	440	125 419
乾隆八年(1743年)	镇江围	630	93 592.5	479	125 898
乾隆九年(1744年)	文洲围	2 934.5		10 725	
	一姓围	620		800	
乾隆十年(1745年)	太和围	2 866.4	100 013.4	5 070	142 493
	朱公围	651.5		772	
	桃源围	863		526	
	东合围	1 765		736	
	王土围	2 726		2 132	
	金城围	2 160		1 100	
	顺丰围	1 305		1 480	
	南阳围	2 280		1 754	
	定丰围	937		690	
	永兴围	970		705	
	小永兴围	332		210	
	纱帽翅围	807	114 809.9	520	153 120
乾隆十一年(1746年)	德兴围	1 599.5		1 835	
	聚贤围	4 352.8		9 888	
	保赋围	1 654		1 102	
	下三阳围	1 350	123 766.2	1 130	167 075

资料来源:《湘阴县图志》卷二二,页一下至三,《水利志》。

根据表三,我们可以把明、清之际湘阴县筑堤垦田的历史,约略分为两个时期:第一个时期为万历、崇祯年间(1573—1644年),前后共计七十二年;第二个时期自康熙二十八年(1689年)开始,至乾隆十一年(1746年)止,前后共计五十八年。第一个时期一共筑堤四围,但第二个时期筑堤多至六十五围,为前者的16倍以上。第一个时期筑堤长度不过15 172丈,但第二个时期筑堤长达108 594.2丈,为前者的7倍有多。第一个时期因筑堤而垦田的面积,只有21 187亩,第二个时期却多至145 888亩,将近等于前者的7倍。由此可见,湘阴县的沿洞庭湖筑堤垦田计划,虽然在明万历年间(1573—1620年)已经开始,事实上要到康熙(1662—1722年)中叶后的半个多世纪中才大规模实行。除湘阴以外,沿洞庭湖其他县份,也约在同一期间内积极筑堤垦田。① 因此,湖南一省的耕地面积,自康熙中叶至乾隆(1736—1795年)时代,曾急剧增加。②

除由于洞庭湖沿岸的筑堤垦田以外,湖南在清中叶左右之所以能够成为全国的谷仓,又由于稻米品种的改良。大约在10与11世纪之交,安南占城(Champa)的稻米种子已经传入福建,故宋真宗(998—1022年)派人自那里运往江、淮、两浙高地种植。占城稻一名占米(或作粘,又或作黏,也就是籼米),因为性耐旱,故能够在水分供应较不充裕的高地上生长;同时由于生长时间较短,故又能在每年有水患的低地栽种,因为在洪水来临以前已经收割(早稻),或在洪水退后仍可种植(晚稻)。占城稻既然具有这些优点,在传入中国沿海地区以后,便逐渐在国内各地普遍推广种植起来。同时,由于各地土壤、气候以及其他因素的不同,占城稻在国内各地长期栽种以后,又培养出许多不同的品种。③ 就地理位置来说,湖南位于我国稻米生产地带的中央,正好吸取各地的优良品种来推广种植。清朝中叶左右,在湖南栽种的占米中,有来自贵州的"思南黏""安南黏""贵阳黏""五开黏""思南䆉";有来自云南的"云南黏""云南䆉";有来自江苏的"南京黏""苏州䆉";有来自江西的"江西䆉";有来自四川的"梁山黏";有来自广东的"广东

---

① 《雍正朱批谕旨》第六函第四册《王国栋》页四〇(第三本页一七五九)说:"湖南巡抚臣王国栋谨奏:为奏明事:雍正五年(1727年)七月十三日,奉上谕兴修堤岸一事。臣谨按湖南长沙、岳州、常德三郡,逼近洞庭湖边,计有堤之处,如湘阴、巴陵、华容、安乡、澧州、武陵、龙阳、沅江、益阳九州县,环绕大湖,堤塍甚多。缘洞庭一湖,春夏水发,则洪波无际,秋冬水涸,则万顷平原,滨湖居民,遂筑堤堵水而耕之。但地势卑下,水患时有,惟恃堤垸以为固。……湖南之堤,阻水为田。……大者周围百余里,小者二三里,方圆不一,星罗棋布。……"(约奏于雍正六年,1728年,参考《清史稿》列传七八《王国栋传》)。
② 湖南省的耕地面积,在康熙二十四年(1685年)为138 024顷(民田额),雍正二年(1724年)为312 561顷(包括民田、屯田及学田三项),及乾隆三十一年(1766年)为343 065顷(包括民田及屯田)。(李文治编《中国近代农业史资料》,1957年,第一辑,页60—61。)
③ Ping-ti Ho, "Early-ripening Rice in Chinese History," *Economic History Review*, Second Series, Vol. IX, no.2, December 1956, pp.200—219.

黏"。此外，湖南本省培育出来的品种，如"湘潭黏""桂阳黏""桂东黏""麻阳蚤""宁乡蚤""宝庆白"，也在省内各地种植。① 湖南这些外来的或本地培育出来的稻米品种，当然是根据过去长期的经验，发现它们能够适应本省特有的土壤和气候，因而大量种植起来的。这样一来，湖南稻米的产量当然要大为增加了。

由汉口运往苏州出卖的湖广食米，除产于湖南以外，又有一部分来自四川。四川号称天府之国，土壤肥沃②，米产丰富③；可是在明末曾遭张献忠的屠杀，人口大量减少。清朝取得政权以后，经过百余年的休养生息，到了乾隆二十六年(1761年)四川每方英里平均只有12.74人，及乾隆五十二年(1787年)也只有39.21人。④ 四川人口既然稀少，对米粮需要不大，自然可选择肥美的土地来耕种，故生产成本便宜，从而米价非常低廉⑤，有不少剩余可供出口。⑥ 在四川各地出产的米，除供当地人口消费外，多先利用水道运输，集中于重庆⑦，然后由重庆沿江东下，运往汉口。⑧ 这许多由四川运来的米，使汉

---

① 曾国荃等纂《湖南通志》(刊于光绪十一年，1885年)卷六〇，页三，引旧志。据本书序，旧志"肇于乾隆，重修讫于嘉庆(1796—1820年)。"
② 据《雍正朱批谕旨》第十七函第六册《鄂弥达》下，页二三(第十本页五九八〇)，雍正十一年(1733年)十月初四日，广东总督鄂弥达的奏折，当日有人"扬言川省膏腴，每田种一石，可收谷百余石"。
③ 同书第十三函第二册《李卫》二页九〇(第七本页四三六一)，雍正五年(1738年)十二月初三日，浙江总督李卫奏："臣查各省米谷，惟四川所出最多，湖广、江西次之。"
④ 拙著(与王业键合著)《清代的人口变动》，表四；罗尔纲前引文，表二。
⑤ 《雍正东华录》(文海出版社本)卷八，页六，载雍正六年(1738年)二月"甲辰，谕内阁：……川省旷土本宽，米多价贱。……又有传说者谓川省之米，三钱可买一石。……独不思川省食米价贱之故，盖因地广人稀，食用者少，是以如此。……"又《雍正朱批谕旨》第十八函第五册《黄廷桂》页八四至八五(第十本页六二六二至六二六三)，载雍正九年(1731年)六月二十二日，四川总督黄廷桂奏："川省……素产米谷，古称沃野千里。……成都前此粜贩甚广，而产米之乡相应不觉，米价不增者，以本处人烟稀少，食之者寡也。"
⑥ 《雍正朱批谕旨》第十一函第二册《宪德》页三三至三四(第六本页三六六〇)说："雍正六年正月二十二日，四川巡抚臣宪德谨奏，为奏闻事：窃惟上年川省收成颇称丰足，因商贩络绎，买运者不可数计，以到秋冬之间，米价渐长。……今川省米石，外省之人贩运甚多。……"
⑦ 同书第八函第一册《任国荣》页三至四(第四本页二二八一)，载雍正五年十二月十三日，四川重庆总兵官任国荣奏："臣查川省固为产米之区，而重要郡城则惟赖上江米客陆续贩来粜卖，始得价平而食足。"又同书第七函第六册《管承泽》页七(第四本页二二四三)，载雍正六年二月初六日，四川布政使管承泽奏："窃川省素称产米之乡，秋成之时，米价甚贱。于雍正五年十二月……重庆因系川省总汇，各处商贩云集，米价亦一时顿长。夔州、保宁二府，以及其余府属有产米地方，俱已闻风趋利，装至重庆粜卖。"
⑧ 同书第十三函第一册《李卫》一，页六九(第七本页四二八六)，载雍正四年(1726年)六月初一日，浙江巡抚李卫奏："臣查湖广汉口地方，向来聚米最多者，皆以四川土饶人少，产米有余，本地谷价甚贱，故川民乐于出卖，以助完粮用度之需，而川江直抵湖广，水路盘运甚易。"

口米粮供应增加,在雍正、乾隆年间,对于湖广米价的稳定曾经发生决定性的作用。① 不独如此,它又像湖广产米那样,以汉口为转运口岸,运往江、浙出卖。② 因为如上文所说,苏州是长江下游的重要米市,这些由汉口东运的川米,可能有不少先运往苏州,然后运销于江、浙各地。

根据上述,我们可知清朝中叶在苏州市场上买卖的食米,并不以长江三角洲的产品为限,也来自长江中上游广大的稻米产区。位于长江中游的汉口,因为水道运输便利,成为大量食米的集散地,湖南、四川等地出产的米,都先在那里集合,然后转运往苏州米市出售。湖南洞庭湖畔的广大地区,在康熙中叶以后曾经长期筑堤防水,垦辟田地,结果稻米产量激增,构成运销于苏

---

① 同书第四函第六册《朱纲》页三六(第三本页一二七〇),载雍正五年(1727年)九月二十六日,云南巡抚朱纲说:"臣过……湖广……留心问荆、襄以至常德米价。皆云四川大熟,川米已下湖广,目今荆、襄米价每石八九钱不等,常德府米价更平,民心甚安。"又《皇朝经世文编》卷四〇,页四五,晏斯盛《请设商社疏》(乾隆十年,1745年)说:"楚北汉口一镇……请……建义仓……一遇米贵,即行平粜。其平粜价银,一遇川南米船积滞贱价之时,即行买补。"又同书卷三九,页二七,朱伦瀚《截留漕粮以充积贮札子》(约乾隆十三年,1748年)说:"今日之采买运贩者,动云楚省。不知今日之楚省非复昔日之楚省也,且亦待济于川省矣。武汉一带,有待川米来而后减价之语。……"

② 《雍正朱批谕旨》第一函第三册《杨宗仁》页三五至三六(第一本页一四四),载雍正元年(1723年)十月十六日湖广总督杨宗仁奏折的朱批说:"至如楚地本产米之乡,素为东南之所仰给。因尔禁米出境,以致川米亦不到楚,不但邻省价昂,而本省粮价亦致渐长。是尔之遏籴,原欲封殖本境,而本境之民并未沾毫厘之益也。况邻省黔黎,莫非朝廷赤子。……尔其速行改图,务令贩运流通,远近民食有赖。特谕!"又同书第四函第二折《王景灏》页三(第二本页一〇六三),载雍正二年(1724年)八月二十日四川巡抚王景灏奏折的朱批说:"四川巡抚王景灏:据奏四川各府丰收,小民含哺鼓腹,殊为可喜!……朕知江、浙粮米,历来仰给于湖广,湖广又仰给于四川。……今四川秋成丰稔,以羡补不足,洵属两便。尔当严谕沿途文武官弁,遇有江、楚商人赴川贩米,或四川商人往江、楚卖米者,立即放行,不得留难阻遏。闻年羹尧当日曾举行此善政,尔其实力勉为之。特谕!"又同上页四至五(第二本页一〇六三至一〇六四),载雍正二年十一月初二日,四川巡抚王景灏奏:"臣奉到谕旨,随即檄行沿江之府、州、县,遇有外省商贩到川买米,及本地民人有贩米赴楚者,均令公平籴粜,任其载运出境。由四川可至湖广,由湖广可至江、浙。在邻封之米价自不至于涌贵,而本省之农民又得资其财用,商民均沾乐利,无不顶颂皇仁。适夔州府知府乔铎因公到省,臣面加询问。据称自秋收之后,每日过夔关大小米船,或十余只至二十只不等,源源下楚等语。此后远近商民闻信辏集,络绎难运,谅必更多于前。则江、浙民人可无艰食之虞矣。"又同书第十七函第二册《迈柱》下,页十九至八〇(第九本页五七七〇),载雍正十一年(1733年)五月初六日,湖广总督迈柱奏:"汉口地方,自蒙圣谕敕令川省速弛米禁以来,用米连樯而至,米价平减,江、浙客商搬运甚多。"又常明等修《四川通志》(序于嘉庆二十年,1815年)卷七二,页三三下,载乾隆四十年(1775年),"上谕:川省产米素称饶裕,向由湖广一带运而下,东南各省均赖其利。……"又页三四至三五载乾隆"四十三年(1778年)谕……江南向每仰给川、楚之米,今岁andrew分有偏灾,更不能不待上游之接济。……楚省既不能贩运出境,若复将川米截住,不令估舶载运,顺流而下,则江南何所取资?……随即传谕训饬:如川省米船到楚,听其或在该省发卖,或运赴江南通行贩售,总听商便,勿稍抑遏。"

州的湖广食米的主要部分,故乾隆皇帝把"湖广熟,天下足"这句俗语,改为"湖南熟,天下足"。复次,位于长江上游的四川,因为人口稀少,米产丰富,也输出食米,由汉口转运往苏州出卖。

四

综括上文,我们可以判断,清中叶苏州的米粮贸易规模非常之大。当日苏州米市中供、需两方的力量,都来自全国的广大地区。在需求方面,食米的买主并不限于苏州及其附近的人口,而且包括浙江、福建等沿海省份的消费者。在供给方面,江西、湖广、四川大部分的稻米生产者,可能是食米的卖主。苏州的米市,可说是长江流域与沿海省份之间食米供、需两方交易的场所。从事苏州米粮贸易的米行①、牙人②以及其他有关人等,因为要为这样广大的地区提供服务,自然可以赚到不少的钱。"上有天堂,下有苏杭"的苏州,在当日之所以能够那样繁荣富庶,固然可以有种种不同的解释,它的米粮贸易的发展,当是其中一个非常重要的因素。

苏州既然位于长江流域与沿海地区之间,成为大多数食米生产者与消费者相互间交易的媒介,它的米价贸易的发展,又促使长江各地的天然资源得到更充分的利用。在清朝中叶,江苏是全国各省中人口最多的一省。就人口密度来说,江苏在道光三十年(1850年),平均每方英里多至一千一百余人,浙江多至八百余人③,成为全国人口最密集的两个省。这两省人口之所以能够大量增加,主要由于丝、棉的大量生产及丝、棉纺织业的发展。在浙江、江苏蚕丝产区,有人估计,同样一亩田地,如果用来种桑养蚕,因此而得到的报

---

① 《文献丛编》第三一辑李煦《奏报太仓伙贼供有一念和尚给札惑众折》(康熙四十六年十二月),有关于苏州"枫桥米行王文钦"的记载。
② 《雍正朱批谕旨》第十八函第二册《赵弘恩》下,页六一至六二(第十本页六一〇三),载雍正十三年(1735年)正月二十四日,江南总督赵弘恩奏:"向有苏州枫镇等处奸牙,胆将米粮串卖出洋……臣到任后,竭力察禁,不时密访。嗣经察出王二等偷贩,当即严拏究参。自此各处官弁、兵役、商、牙人等,愈知儆惕。……臣犹恐奸商、地棍、牙行,因其米粮过贱,辄萌故智,兹又刊示编发严禁。……"
③ 参考表一及表二。

酬,约为种稻的数倍至十余倍。① 同样,在江苏沿海地区,"种棉费力少而获利多,种稻工本重而获利轻"②。换句话说,同样面积的土地,如果用来种桑养蚕,或种植棉花,和栽种稻米比较起来,利润要大得多,从而可以养活较多的人口。何况丝、棉生产以后,用作原料,分别加工纺织,又可使更多人口得到就业的机会呢?因此,江、浙人口之所以会有那么多,和丝、棉生产及其有关工业的发展,当然具有密切的关系。假如这两省的耕地完全用于种稻,是养活不了这许多人口的。可是,江、浙土地既然多半用于生产丝、棉等经济作物,许多人口既然要靠纺织工业为生,在那里集中的人口自然不能不从外地输入粮食来满足需要。湖南因洞庭湖区域农业资源的开发而增产的稻米,四川因土地肥沃、人口稀少而输出的过剩食米,正好以苏州米市为媒介而成为江、浙大量人口消费粮食的重要来源。这样一来,苏州的米粮贸易,一方面刺激湖南、四川的稻米增加生产,另一方面使江、浙因得到充分米粮供应而专门发展多数人赖以为生的丝、棉纺织业,当然有助于长江流域天然资源之更有效的利用。

当苏州米粮贸易在清朝中叶前后特别发达的时候,在苏州以东更为靠近海洋的上海,随着海道交通的发展,自康熙二十四年(1685年)至嘉庆九年(1804年),每年自关东输入豆、麦千余万石③,在长江下游粮食贸易方面所占的地位渐渐重要起来。不过要等到鸦片战争结束,五口通商以后,上海才代替苏州而在长江下游成为米价贸易的重要集散地。

1967 年 7 月 21 日于香港九龙

---

① 《皇朝经世文编》卷三六,页二三,张履祥(卒于康熙十三年,1674 年,见《清史稿》列传二六七《张履祥传》)《农书》说:"(浙江)桐乡田地相匹,蚕桑利厚。……田极熟,米每亩三石,春花一石有半,然间有之,大约共三石为常耳。地得(桑)叶盛者,一亩可养蚕十数筐,少亦四五筐,最下二三筐。(若二三筐者,即有豆二熟。)米贱丝贵时,则蚕一筐,即可当一亩之息矣。"又何石安、魏默深辑《重刊蚕桑图说合编》页一《蚕桑合编序》(道光二十四年,1844 年)说:"吴中……上田亩米三石,春麦石半,大约三石为常。……今桑地得叶盛者亩蚕十余筐。次四五筐,最下亦二三筐。米贱丝贵时,则蚕一筐即可当一亩之息。夫妇并作,桑尽八亩,给公赡丝之外,岁余半资。……是桑八亩当农田百亩之人。为贫民计,为土狭人稠计,孰尚于此!"原文未见,兹引自《中国资本主义萌芽问题讨论集》,1957 年,页六二九至六三〇。
② 拙著《鸦片战争前江苏的棉纺织业》页 27。按原文见于《皇朝经世文编》卷三七两江总督高晋《请海疆禾棉兼种疏》(乾隆四十年,1775 年)。
③ 同上拙著,页 37—38,引包世臣《中衢一勺》卷上(《安吴四种》卷一)《海运南漕议》(嘉庆九年,1804 年)。

附记：(1)《湘阴县图志》的记载蒙王业键兄自哈佛大学中日文图书馆影印寄来,特此致谢!

(2) 文中若干资料,因屡次参考困难,未能注明页数,请读者原谅!

清代的人口变动

一

因为统计资料缺乏，以及统计数字的可靠性很成问题，所以研究我国历代的人口非常困难，清代也不能够例外。如果要求一国的人口统计可靠，首先必须有一套相当完善的人口登记或调查的制度，其次必须当政者认真督率，切实推行。根据这两个准则来看，清代的人口数字显然很多是值得令人怀疑的。

清初人口调查，是实行编审的方法，初定三年编审人丁一次，后改为每五年一次。编审的目的是要用来作为征收丁税的依据。可是，人民因为要逃避丁税的负担，便普遍并户减口，隐匿不报，因此有"一户或有五六丁只一人交纳钱粮，或有九丁十丁亦只一二人交纳钱粮"①的现象，这是编审无法周知天下生民之数的最大因素。其次，编审大多限于土著，客户人口没有计入。再次，当日有很多特殊身份的人，如在政府做官或身隶营伍的人，以及地方上的士绅如举、贡、监、生员等，按例可优免丁额，佣保奴隶也不列于丁。② 此外，政府对于边境贫瘠地区，或遭遇灾害的地方，有时免予编审，或停止编审。③ 这些因素存在都足以影响到清初人口统计失实，过于偏低。到了康熙五十一年（1712年），因为发觉人口数字隐匿太多，康熙帝曾经下令以五十年（1711年）丁额作为常额，以后新增人丁称为"盛世滋生人丁"，永不加赋④，希望由此能够确知人口实数。但是编审人丁办法，依然如故；而且康熙年间地方官除向百姓征收正额钱粮以外，加派私征，甚为普遍，所以每逢编审的时候，人

---
① 《清朝文献通考》卷十九。
② 贺长龄辑《皇朝经世文编》卷三〇，张玉书《纪顺治间户口数目》。
③ 《清朝文献通考》卷十九；《钦定大清会典事例》卷一五七，《清厘丁役》。
④ 《清朝文献通考》卷十九。

清代的人口变动

民唯恐差徭及身，不敢实报。结果人口大量隐匿的情形仍旧存在，以致康熙帝这一德政并没有产生多大的效果。据《东华录·康熙》卷八八及卷一〇八，康熙五十年(1711年)人丁户口为24 621 324，以后逐年或增或减，或无变动，至六十年(1721年)突增，也不过29 148 359。① 雍正时期(1723—1735年)，由于将丁银摊入地粮，丁册失去财政上的作用，户口编审因而废弛。所以雍正十年(1732年)人丁户口数字反减为26 364 855。②

可是，到了乾隆年间(1736—1795年)，情形便大为改观。乾隆帝在即位后的第五年(1740年)，即饬令各省督、抚于每年十一月将各府、州、县的户口与谷数，具折奏闻。他说："政治之设施，实本于此(户口与谷数)。……朕朝夕披览，心知其数，则小民平日所以生养，及水旱凶饥，可以通筹熟计，而豫为之备。"③可见他对于户口的重视。尤其重要的是，原来编审人丁的办法，已渐为保甲制度所代替。乾隆五年(1740年)朝廷即议定利用保甲查报户口，次年全国人口便突增至143 411 559。④ 其实这一数字的内容，和以前的人丁数字显然有很大的差别。以前的数字大致只可以说是成丁男子(16～60岁)数，甚至只可以说是纳税单位的数目(Taxpaying units)⑤；至于乾隆六年(1741年)的户口数字则注明"通共大小男妇"，意义上已包括全部人口，因此这一数字要比以前的数字更有意义、更有价值得多。不过在开始实行的时候，办法并不怎样周密，不免还有很多遗漏。到了乾隆二十二年(1757年)，保甲制度又经过一番改进，其中主要规定绅衿之家与齐民一体编入户口，各地客户与土著一体编列，以便尽可能将全部人口纳入保甲，于是当年人口达到190 348 328。⑥ 原来的编审办法，一方面由于摊丁入地，以及滋生人丁，永不加赋，丁册已失去它最大的作用，另一方面由于人口的调查已经有更完备的制度来代替，到了乾隆三十七年(1772年)，朝廷便明令废除。⑦ 这样看来，

---

① 据《清朝文献通考》卷十九，康熙五十年直省人丁数为24 621 334，六十年为27 355 462。
② 《东华录·雍正》卷二一。
③ 《东华续录·乾隆》卷十二，乾隆五年十一月戊辰谕。
④ 《东华续录·乾隆》卷十四。
⑤ Ping-ti Ho, *Studies on the Population of China*，1368—1953，Harvard University Press，Cambridge，Massachusetts，1959，Chap. 2.
⑥ 据《清朝文献通考》卷十九。《东华续录·乾隆》二十二年没有记载人口数字。
⑦ 《钦定大清会典事例》卷一五七，《编审》。

自乾隆朝开始，尤其是在乾隆二十二年（1757年）以后，因为当政的皇帝注重户口，以及调查人口的办法经过重大的改革，所以官方的人口数字比以前来得可靠，也比较接近事实。①

不过，自咸丰元年（1851年）起发生太平天国革命，稍后又加上捻匪作乱，一连十余年间，我国南北各省，处处遭遇兵燹之祸。此后直至清亡，内外多事。因此乾、嘉以来所确立的保甲制度多遭破坏，朝廷也没有留意整顿户口，各省逐年人口报告既多残缺，各种调查和估计数字的可靠性也很成问题。

根据以上的论述，本编对于清乾隆朝以前的户口数字不予采信②，对于乾隆朝以至道光末年的数字，认为比较可靠，咸丰元年（1851年）以后直到清亡（1911年）的数字，则多少保持怀疑的态度。以下拟就清代的人口数字分别进行时间的与空间的变动分析，并提出若干可能的解释。

---

① 例如，就四川省情形来看，笔者根据两种方志所载户口数字，编列为下表。根据此表，乾隆初年以前，四川各地每户平均只有一人，或不及一人，显然令人难以置信。到了乾隆末年及嘉庆年间，每户平均多在三人、四人左右，和以前比较起来，当然更为接近事实。

清代四川每户平均人数

地区	时间	户数	丁口数	每户平均人数	资料来源
成都府	康熙六十年（1722年）	120 076	34 416 丁余	0.29	杨芳灿等纂《四川通志》（嘉庆十五年刊本）卷六四。
重庆府	〃	111 854	14 592 丁余	0.13	〃
松茂道	乾隆元年（1736年）	106 610	106 610 丁	1	〃
川北道	〃	132 375	132 375 丁	1	〃
巴县	嘉庆元年（1796年）以后，二十一年（1816年）以前	75 743	218 779 丁	2.9	〃（流寓户口未计入）
江津县	〃	47 551	199 115 丁	4.2	〃
南溪县	乾隆六十年（1795年）	14 545	62 073 丁	4.3	钟朝煦等编《南溪县志》（民国二十六年刊本）卷二《食货》。
〃	嘉庆十五年（1810年）	34 714	111 593 丁	3.2	〃

② 清初的人丁数字，一般均认为只能代表户数，因此在估计当日人口的时候，都将官方的数字乘以每户平均人数。但每户平均人数究竟多少，中外学者言人人殊。Edward H. Parker 认为每户平均 6 人，Jean J. Amiot 及陈长衡认为每户 5 人，根岸估谓应为 5.5 人，William W. Rockhill 则以为每家 4 人较为适当，De Guignes 又以为每户仅有 2～3 人。见王士达《近代中国人口的估计》（《社会科学杂志》第一卷第三期、第四期，及第二卷第一期，北平，民国十九年九月、十二月，及民国二十年三月）及《最近十年的中国人口估计》（同上第二卷第二期，民国二十年六月）。笔者不愿擅断，现在略举各家估计，以供读者参考。

二

据何炳棣先生的研究,我国人口至 14 世纪末(约当明朝初叶)当在 6 500 万以上,到 1600 年左右(明末万历中)约为 1.5 亿人。① 17 世纪中叶,适当明、清之际,由于战争及起义军的残杀,人口死亡很多。清初人丁户口数字,过于偏低,不能表示人口的真相,已如前述。到乾隆六年(1741 年),初次利用保甲编查户口,当年人口即达 1.43 亿多。这一数字,仍不免有所遗漏(见前)。我们由此可以推知,至少在 18 世纪上半叶,我国人口已经恢复到 1600 年左右的水准。

我国的人口数字,据《东华续录》所载,乾隆二十七年(1762 年)已超出 2 亿,到五十九年(1794 年)达 313 281 795。② 又据《户部清册》,至道光三十年(1850 年)近 4.3 亿(见附录)。可见我国人口自 18 世纪 40 年代至末叶增加一倍有余,自 18 世纪末叶至 19 世纪中叶约增加三分之一。罗尔纲先生曾就乾隆(1736—1795 年)、嘉庆(1796—1820 年)、道光(1821—1850 年)三朝人口加以研究,而算出每年平均人口增加率,计从乾隆六年至五十九年(1741—1794 年)53 年之间,每年平均增加率为 14.85‰,自乾隆五十九年至道光三十年(1794—1850 年)56 年之间,每年平均增加率减为 5.66‰。③ 因此,就 18 世纪中叶以后的一个世纪左右的期间来看,我国人口增加率在前半世纪要远比后半世纪为迅速。自咸丰元年(1851 年)太平天国革命以后,各省人口报告残缺不全,全国人口多出自估计,其中由调查而得的数字,究竟有多大的可靠性,也很令人怀疑。宣统二年(1910 年)民政部举办户口调查,结果统计全国只有 341 913 497 人。④ 同年邮政局调查数字,十八省人口为 438 425 000。⑤ 按全国计,前后两种调查结果相差超过一亿。民政部的调查,有很多遗漏,数

---

① Ping-ti Ho,前引书,页 264。
② 《东华续录·乾隆》卷五六及卷一一九。
③ 罗尔纲《太平天国革命前的人口压迫问题》,"中央研究院"社会科学研究所《中国社会经济史集刊》第八卷第一期,南京,1949 年 1 月。
④ 王士达《清民政部户口调查》,《社会科学杂志》第三卷第三期,北平,民国二十一年九月。
⑤ 见前引王士达《最近十年的中国人口估计》。

字或失于偏低。但即使将邮政局的调查数字和六十年前的道光三十年(1850年)比较,人口也没有什么增加。

笔者现在根据上列数字以及清代经济演变的情况,将清代人口变动区分为四个时期,分别予以讨论。

(一) 恢复时期

这个时期包括17世纪下半叶,约近半个世纪的时间。我国自遭明末流寇李自成、张献忠的破坏,南北各省,满目疮痍。如直隶、山东一带,"极目荒凉""有一户之中只存一二人,十亩之田只种一二亩者"①。江南则"兵火凋残,仅存焦土"②。此外,"湖南、四川、两广新定地方,弥望千里,绝无人烟。……成都、重庆、叙州、马湖各属,人民仅存十百"③。由此可以想见明末清初人口死亡及土地荒芜的严重情况。满族入关后,所接收的便是这种地广人稀的国度。这时自然资源相对的多,人民谋生容易,只要和平秩序恢复,气候正常,人口必然会很快增长起来。可是,顺治年间(1644—1661年),因为要肃清流寇和明朝的残余势力,全国各地都或先或后被战云笼罩着。而且"水旱南北同灾,直省饥馑并报……大兵、大疫、大旱、大水,并集一时"④。在这种情况下,全国人口就是有所增加,增加的程度也一定是很轻微的。

康熙帝即位后,情势大见改善。第一,全国已经大致安定。尤其是自二十一年(1682年)平定三藩,二十二年(1683年)降服台湾以后,全国统一,本部战争停止。在饱经半个世纪的战乱之后,中国重新迈入国史上稀有的太平时期。第二,像顺治时期那种普遍而又严重的天灾,不再发生。这时自然界对人民为害最大的,是黄(河)、淮(河)之患。康熙帝对此特别重视,把河务列为三大事之一,曾先后动国帑数千万,修治河工,并亲自南巡六次。⑤ 他又任

---

① 《东华录·顺治》卷三,顺治元年十二月庚申;同书《顺治》卷四,顺治二年正月己丑。
② 琴川居士辑《皇清名臣奏议》卷四,顺治八年熊文举《谨述江省情形疏》。
③ 《皇朝经世文编》卷三四,顺治九年刘余谟《垦荒兴屯疏》。
④ 《皇清名臣奏议》卷四,顺治九年王永吉《请采群议以济时艰疏》。
⑤ 《东华录·康熙》卷四九,康熙三十一年二月辛巳上谕:"朕听政以来,以三藩及河务、漕运为三大事,夙夜廑念。"又参考同书《康熙》卷七九,康熙四十六年二月乙巳;同书《康熙》卷一〇八,康熙六十年九月甲午。

用靳辅治河,成绩卓著。① 第三,积极鼓励垦荒。满族入关后,即力行劝垦,将"荒地无主者,分给流民及官兵屯种;有主者,令原主开垦;无力者,官给牛具籽种"②。康熙帝时期更积极推行此一政策,四川、云南、陕西、湖广各省荒地,均招民开垦。新垦田地,顺治初定三年起科(纳税),康熙时曾经放宽至十年起科。因此田地面积大增,顺治九年(1652年)全国民田四百零三万余顷(包括田、地、山、荡),到康熙二十四年(1685年)增达六百零七万余顷。③ 第四,政府开支减少,人民负担减轻。自顺治至康熙初叶,天下未靖,国用不敷,兵饷十居其八。④ 三藩之乱时,政府更不得不增添盐课及其他杂税。⑤ 三藩乱定后,政府在财政上摆脱了这一耗天下财赋之半的包袱,支出大减,国帑和仓储,立见充裕。⑥ 同时康熙帝"躬行节俭,宫中用度,甚为省约,计明朝一日之用,足供朕一月之需"⑦。在这种情形下,政府度支,宽然有余,康熙帝便进而蠲免天下钱粮,计自康熙元年(1662年)至四十八年(1709年),所免钱粮达万万两有余。⑧ 在康熙帝这种除河患、劝开垦、恤民力的政策之下,再加上和平秩序的恢复,到了17、18世纪之交,全国各地便不再是半世纪前的萧条面目,而现出富庶的景象。如康熙四十二年(1703年)正月,康熙帝曾说:"朕两次南巡,路经(山)东省,见民生丰裕。"⑨同年十二月,他又说:"朕巡幸七省,畿辅、秦、晋,民俗丰裕,江、浙则较三十八年时(1699年)更胜。"⑩根据这些记

---

① 《东华录·康熙》卷七九,康熙四十六年五月戊寅谕九卿等;郑肇经《中国水利史》(民国二十八年,长沙),页六五至七三。
② 《钦定大清会典事例》卷一六六。
③ 《钦定大清会典事例》卷一六六;《清朝文献通考》卷二;《东华录·顺治》卷十九。清代的田亩数字也很不可靠,何炳棣(Ping-ti Ho)前引书第六章有详细的叙述,读者可予参考。可是,清代登录田亩的方法,却没有像人口调查方法那样经过重大的变革,大致前后一致。笔者引用这些数字,只在于表示耕地的相对增加程度。
④ 《皇朝经世文编》卷二九,张玉书《纪顺治间钱粮数目》;《皇清名臣奏议》卷十七,康熙六年萧震《请举行籍田之典疏》。
⑤ 《东华录·康熙》卷二一,康熙十七年三月壬午。
⑥ 魏源《圣武记》(道光丁未刊本)《康熙戡定三藩记(上)》:"天下财赋,半耗于三藩。"《东华录·康熙》卷三五,康熙二十四年三月辛巳谕大学士等:"今国帑充足。"同书《康熙》卷四八,康熙三十年十二月壬午,大学士等奏:"见今仓内储米……足供三年给放。"
⑦ 《东华录·康熙》卷八六,康熙四十九年十月戊子。
⑧ 《东华录·康熙》卷八四,康熙四十八年十一月甲申。
⑨ 《东华录·康熙》卷七一,康熙四十二年正月辛未谕户部。
⑩ 《东华录·康熙》卷七二,康熙四十二年十二月庚寅。

载,我们可以想象得到,当时人口一定恢复得很快。虽然我们没有可靠的统计资料可资证明与比较,但是由于这些有利因素的存在,这一时期的人口增加率(尤其是三藩之乱以后)很可能要比18世纪还来得快。而且,这些有利因素所形成的国民经济之恢复与繁荣,不但促成此一时期人口的迅速恢复,更大大地影响到18世纪长时期人口的迅速上升。

(二) 人口迅速增长时期

这个时期约从18世纪初叶开始,至18世纪末叶为止。如前所述,大约自18世纪40年代开始至18世纪末叶,半世纪有余的期间,人口约增加一倍,每年平均增加率为14.85‰。虽然据以推算人口增加率的乾隆六年(1741年)的人口数字有些偏低,但是鉴于18世纪上半叶,经济、政治情况良好,如果我们以这一人口增加率来代表整个18世纪的增长情形,大概是不会相差得很远的。现在我们要问,在这一个世纪当中,我国人口为什么能够长时间继续不断地迅速上升呢?对于这个问题,笔者想从三方面来加以解释:

第一,政治方面:自康熙二十二年(1683年)收复台湾以后,直到嘉庆元年(1796年)白莲教倡乱以前,一百余年间,中国本部大致可说没有战争,而且君主英明,不但成为清朝的黄金时代,就是在我国历史上也是一个稀有的太平盛世。

第二,农业方面:田地面积继续增加。雍正二年(1724年)全国人民田地面积达六百八十三万余顷。乾隆三十一年(1766年)增达七百四十一万余顷;如果连同屯田、官田合计起来,将近八百万顷,比较八十年前的康熙二十四年(1685年)约增加一百六十万顷至一百七十万顷(康熙二十四年,民田、屯田、官庄面积合计,约六百三四十万顷)。① 这一增加率自然不如17世纪下半叶的田地增加率那么快,这也正是笔者之所以认为17世纪下半叶人口增加率可能要比18世纪来得快的一个重要原因。然而,除此以外,这个时期在农业方面还有一个足以使生产相当增加的因素,不可忽视。那便是农作物的改良与推广。清代至乾隆中叶,除东北以外,全国优良土地的开垦,可说已经

---

① 《清朝文献通考》卷三及卷四;小竹文夫《清代の荒地开垦——耕地增加——一に就きて》,昭和五年十二月,上海。

达到饱和状态。例如乾隆三十一年(1766年)上谕:"滇省山多田少,水陆可耕之地,俱经垦辟无余。惟山麓、河滨,尚有旷土。"①云南素称偏僻,尚且如此,他省可想而知。在人口与日俱增、沃地均已开辟,而生产技术又不能有所改进的情况之下,如何利用边际土地,实为朝野同感关切的问题。因此乾隆五年(1740年)朝廷即有山头地角傍溪濒湖之地,听民开垦,免纳赋税的规定。到了三十一年(1766年),再申前令,以鼓励辟地增产,因为"多辟尺寸之地,即多收升斗之储"②。但是傍山之地,缺乏水利灌溉,滨河之地,又容易遭受洪水的灾害,作为人民主要食粮的稻米,事实上不大容易种植。在这种情况下,某些作物的品种改良与推广,正好弥补了这一缺陷。

  大约在公元10世纪以前,我国稻谷从插秧至收获要150天左右。至10世纪与11世纪之交,宋真宗派人自安南南方的占城(Champa)输入新的稻米种子。因为这些新的稻米种子耐旱而早熟,后来便渐次推广于全国各地。成熟期最初须百日,后递经改良,有些品种缩短为60日或50日。到18、19世纪,更培养出40日以至30日成熟的稻种。③ 由于成熟时间的缩短,原来一年收获一次的耕地,如果气候适宜,一年便可收获两次。18世纪初,江南一带正在推广这种年获两次的新品种。例如,康熙五十四年(1715年)八月二十日苏州织造李煦奏:"臣蒙赐谷之后,凡苏州官绅人等,咸知御种谷子,一年可收两次,无不欢欣羡慕。今臣煦既种有新谷,则此后凡有求种者,俱可编给。而江南地方,从前只一次秋收,今将变为两次成熟。"④这种改良,对于南方稻米生产的增加自然会有很大的影响。同时,还有一种早熟而耐寒的"寒占城秔"或"晚占城"(Cold champa or winter champa)出现,这种改良的稻种可迟至夏季洪水退去后下种,冬季收获,因而有许多濒河之地得以用于耕作。这对于稻米生产也很有贡献。⑤ 其次,小麦

---

① 《清朝文献通考》卷四。
② 同上。
③ Ping-ti Ho,前引书,页169—174。
④ 故宫博物院文献馆编《文献丛编》(民国)二十六年第一辑,苏州织造李煦《奏谢赐御种稻子已分发督抚等布种折》。
⑤ Ping-ti Ho,前引书,页169—174; Ping-ti Ho, "Early-ripening Rice in Chinese History," *The Economic History Review*, Second Series, Vol. IX, No.2, December 1956, London;《浙江通志》(民国二十三年商务印书馆刊本)卷一〇四,《物产》四,页一八五五;鲁曾煜等编辑《福州府志》(乾隆十九年刊本)卷二十五,页一。

的种植当日也在各省沼泽傍河之地普遍推广。例如,雍正十一年(1733年)湖广总督迈柱奏:"雍正四年以前,楚省种麦者尚少。自五年水潦之后,臣甫经到楚,劝民竭力种麦,次年收获已毕,伏水方至,间阎大得麦息之济,从此种麦者多。……楚北湖地较多……近年湖北百姓咸知麦熟在伏汛之前,即遇大水,二麦先已登场,足食无忧。遂将素未种麦之湖地,遍处种麦。……向之废弃湖地,今如膏腴之产,同收地利。"①可见小麦推广对于湖地利用的功效。

除米、麦以外,更为重要的,便是新作物(玉蜀黍、甘薯、花生等)的推广。这些作物都是在哥伦布发现新大陆后,于16世纪由美洲传入我国的。②玉蜀黍由海、陆两路分别传入福建及云南。陆路的传入可能比海路稍为早些,最初在云南种植,随后渐及于贵州和四川;到18世纪末及19世纪初,玉蜀黍在西南各省山区已被当作主要的一种食物。在东南沿海一带,玉蜀黍虽然早就已经传入,但一直不很普遍。18世纪长江下游有人满之患,东南稠密地区的移民便把它推广到汉水流域,如陕西南部、湖北西部及河南西南部。乾隆五十一年(1786年),湖广总督特成额的奏折中就有"湖北宜昌府属之鹤峰州……常平仓向贮包谷(即玉蜀黍)……"的话③。道光元年(1821年)陕安兵备道严如熤说,陕南、楚北一带,"食宜包谷、荞豆、燕麦……川、楚、粤、黔、安徽无业之民,侨寓其中,以数百万计"④。可见在18、19世纪之间,玉蜀黍在这一地区也成为大众的主要食物。不过在北方,玉蜀黍的大量生产还是最近一世纪的事。和玉蜀黍的情形一样,甘薯(或称番薯)也分别从海、陆两路传入我国。它容易在不能种植稻、麦的瘠地生长,抗旱、产量多、味甜美,因此在米粮不够的东南沿海(尤其是福建),很快成为贫民的主要食物。明末徐光启在《农政全书》卷二七中说:"今番薯扑地传生,枝叶极盛。……闽、广人赖以救饥,其利甚大。"到18世纪,朝廷与地方官员都积极鼓励及教导各省人民种植

---

① 《朱批谕旨》第五十四册,雍正十一年八月二十九日湖广总督迈柱奏。关于小麦在其他省份推广情形,参考 Ping-ti Ho,前引书,页180。
② 见 Ping-ti Ho, "The Introduction of American Food Plants into China," *American Anthropologist*, Vol.57, No.2, April 1955; Ping-ti Ho,前引书,Chap. Ⅷ.本文有关自美洲传入农作物及其后在中国推广的情形,大致取材于何著。对于何先生此种有系统的研究,笔者深致感谢。
③ 《高宗纯皇帝实录》卷一二四七,页二六。
④ 《皇朝经世文编》卷八二,严如熤《规划南巴棚民论》。

甘薯。如乾隆五十年(1785年)七月上谕:"据明兴奏,陆耀于山东臬司任内,曾刻有《甘薯录》一编,颇为明切易晓,见饬多为刊刻,颁行各府、州、县,分发传钞,使皆知种薯之利,多为栽种等语。所办甚好。河南频岁不登,小民艰食。……即直省迤南各府,今年亦因雨泽愆期,收成歉薄。番薯既可充食,兼能耐旱。……著即钞录寄交刘峨、毕沅,令其照明兴所办,多为刊布传钞,使民间共知其利,广为栽种,接济民食,亦属备荒之一法。"① 因此到了18、19世纪之交,甘薯也成为北方贫民的主要食物。此外,长江上游各省也从事推广,四川更成为甘薯的主要产地。至于花生,虽然也在16世纪传入我国东南沿海,但在1700年以前,在我国大部分地区中仍然不是一种普遍而便宜的食物。大致说来,花生的种植在南方各省要到18世纪和19世纪早期才普遍推广,北方则迟至19世纪下半叶才普遍起来。由于花生的栽种,各省原来废弃的沙地获得利用,花生也成为一般人民的辅助食物。这样看来,美洲农作物的输入与在我国的推广,使我国各省干燥的坡地、山地和沙地成为可以种植之地,大大增加了各地的食物生产量,因而使18世纪我国人口的迅速增加成为可能。

第三,工商业方面:随着和平的恢复与持续,以及人口的繁衍,我国在18世纪,工商业也发达起来。在沿海方面,自康熙二十四年(1685年)开海禁后,"内外市舶,往来于江、浙、闽、越(疑为粤)沿岸者,络绎不绝"②。自康熙二十四年至嘉庆九年(1804年),一百多年中,"关东豆、麦每年至上海者千余万石,而布、茶各南货至山东、直隶、关东者,亦由沙船载而北行。……上海人往关东、天津,一岁三四至"③。苏州一地,一方面是"商贾通贩要津",另一方面又是工业中心,其中光是染匠、踹布工匠,就有二万余人。④ 沿长江流域,江、浙商贩每年都到江西、湖广甚至四川大量运米,交易频繁;而汉口适当各省要冲,形成一繁盛的商业中心,在那里除米船以外,"盐商巨艘……尤不可

---

① 《东华续录·乾隆》卷一○二,乾隆五十年七月庚辰。
② 钱基博修订《清鉴》(1959年,台北,启明书局出版)卷九,嘉庆五年六月。
③ 包世臣《中衢一勺》卷上(《安吴四种》卷一),《海运南漕议》(嘉庆九年)。
④ 《朱批谕旨》第四二册,雍正八年七月二十五日浙江总督李卫奏;同书第四八册,雍正元年四月初五日苏州织造胡凤翚奏。

以数计"①。此外,当日漕粮的运输,对于国内商业的发展也有促进的作用。因为当时规定每只粮船可携带各地土产一百担,头舵水手人等也准带二十六担,统计各省七千只粮船,约可携带一百万担,所以"南北货物多于粮船带运,京师借以利用,关税借以充足,而沿途居民借此以为生理者,亦复不少"②。这就是说,贯穿南北的运河所经之地,也因漕船的来往,带给人民很多的就业机会。

在矿业方面,例如僻处边陲的云南省,自康熙四十四年(1705年)盛开铜矿以后,矿产日益旺盛,到乾隆年间每年可出铜千余万斤,自京师以至各省铸钱所需的铜几乎都仰给于此。乾隆三十一年(1766年)云贵总督杨应琚奏:"滇省近年矿厂日开,砂丁人等聚集,每处不下数十万人。"③可见当时矿业之盛,养活人口之多。

再就国外贸易来说,18世纪的我国更是一个黄金时代。东西海上通商始于15、16世纪,最初为葡萄牙人和西班牙人所掌握。到16世纪末,荷兰商人崛起。自17世纪下半叶开始,英国商人成为一重要角色,到18世纪更执海上贸易的牛耳。这时西方对我国的茶和丝很感兴趣,需要日增,因此这两种货品大量输出。茶的出口,乾隆六年(1741年)在广州的出口数量为37 745担,乾隆十五年(1750年)增至70 842担,乾隆四十一年(1776年)增至163 469担,嘉庆四年(1799年)更达215 865担。④ 丝在广州的出口量,乾隆时期每年自二十万余斤至三十二三万斤不等,统计外人"所买丝货,一岁之中,价值七八十万两,或百余万两。至少之年,亦买价至三十万两之多"⑤。在另外一方面,西方各国却不能提供为我国大众所需要的物品,于是只好对我国输送大量白银,以为抵偿。例如,当时与我国贸易居首要地位的英国东印度公司,在1708年至1757年间输往我国的白银将近六百五十万镑,在1776—1791年间,仅把有银数记载的七年的数量相加,总数便达三百六十七

---

① 《朱批谕旨》第六册,雍正四年五月十四日福建巡抚毛文铨奏;同书第四十册,雍正四年六月初一日浙江巡抚李卫奏;同书第五四册,雍正十年二月二十四日湖广总督迈柱奏;同书同册,雍正十二年七月初八日迈柱奏。
② 《朱批谕旨》第三五册,雍正九年正月二十四日江西巡抚谢旻奏。
③ 《清朝文献通考》卷十七。
④ H.B. Morse, *The Chronicles of the East India Company Trading to China 1635—1834*, Oxford, 1926, Vol. I , pp.282, 292, Vol. II , pp.12, 322.
⑤ 《史料旬刊》第十五期,李侍尧《奏请将本年洋商已买丝货准其出口折》(乾隆二十四年)。

清代的人口变动

万镑以上。① 无疑地，大量的出超会刺激一国的生产与就业，再加上白银大量内流的结果，货币流通量增加，物价上升②，更促进国内工商业的繁荣，因而也维持了大量人口的生活。

(三) 人口增加缓和时期

这个时期约始于18世纪末叶，而终于19世纪中叶，即约从1794年起，至1850年止。在这50余年的时间内，中国人口增加率已经从前一时期的14.85‰减低到5.66‰。这个时期新作物（玉蜀黍、甘薯、花生等）的推广，成绩仍有可观，所以能够支持大量的人口。大致说来，到19世纪上半叶，甘薯在闽、粤和北方各省，玉蜀黍在长江上游和西南各省，都已经成为民间的主要食物。（见前）其次，这个时期主要出口产品继续扩张。兹将自1800—1833年间广州每年平均出口茶、丝数量列表于下：

表一 广州每年平均出口茶、丝数量(1800—1833年)

年　　度	茶(担)	丝(担)
1800—1804	284 424	1 187
1805—1809	234 249	1 258
1810—1814	260 913	1 933
1815—1819	296 478	1 956
1820—1824	305 389	4 361
1825—1829	343 171	5 971
1830—1833	328 890	8 082

资料来源：H.B. Morse, *The Chronicles of the East India Company Trading to China 1635—1834*, Oxford, 1926, Vols. II, III & VI.③

---

① 见全汉昇《美洲白银与十八世纪中国物价革命的关系》，《"中央研究院"历史语言研究所集刊》第二十八本，1957年5月，台北。原资料取自 Bal Krishna, *Commercial Relations between India and England 1601—1757*, London, 1924, pp.208—209, 及 Sir George Staunton, *An Authentic Account of an Embassy from the King of Great Britain to the Emperor of China*, London, 1797, Vol. II, p.625.
② 见前引全汉昇《美洲白银与十八世纪中国物价革命的关系》一文。
③ 见严中平等编《中国近代经济史统计资料选辑》，1955，页16。

由表一可见，茶在广州的出口量，从19世纪早期的28.4万余担，增加到19世纪20年代后期的34.3万余担，不过19世纪30年代早期略见减少。在同一时期，丝在广州的出口量则从1 100余担增加到8 000担以上。自《南京条约》订立后，上海开埠通商，丝的出口更迅速增加，在1850年约达16 000担。① 除茶、丝以外，南京棉布（Nankeens）的出口也很可观。据 H.B. Morse 记载，从1817年到1833年的17年中，自广州输出的南京棉布共达1 900余万匹，值银1 300余万元，平均每年输出量为110余万匹，输出值为银78万元左右。② 这些物品生产及出口的扩充，使得我国东南沿海各省越来越增加的人口有一部分可得到就业或谋生的机会。

不过，这个时期的中国，政治、经济情况已经远不如18世纪了。首先，就维持人口最重要的田地面积来说，乾隆中叶已经接近饱和点，除东北以外，其他各省增加的可能性很小。所以嘉庆十七年（1812年）全国田地面积（包括民田、屯田、学田等）只有791万余顷，和46年前的乾隆三十一年（1766年）比较起来，约略相同。到咸丰元年（1851年），田地面积（包括民田及一部分官田）也不过771万余顷③，如果连同屯田合计，恐怕也不会比八百万顷超出很多。在一个以农业为主的社会中，生产技术既然没有什么改进，田地面积也没有多大扩张，再加上人口对于土地的压力已经相当严重④，人口增加的速率当然要大为降低。其次，在这个时期中，我国在国际贸易方面也产生了一百八十度的大变化。如前所述，我国在18世纪每年都有大量的出超，因此白银不断流入。但是到了19世纪，英商开始大量向我国输送鸦片，走私进口。有如英国人对我国茶的爱好一样，我国民间吸食鸦片的风气渐渐普遍起来，鸦片的进口也就越来越大，接着白银外流越

---

① C.F. Remer, *The Foreign Trade of China*, 1926, Shanghai, p.28.
② 见全汉昇《鸦片战争前江苏的棉纺织业》，《清华学报》（1958年9月，台北）新一卷第三期。
③ 咸丰元年《户部则例》卷五，页一至五。原资料未见，兹引自李文治编《中国近代农业史资料》第一辑，1957年，页60—61。18世纪中叶到19世纪中叶的一世纪间，由于自美洲传入的农作物普遍推广，我国的种植面积自然有所扩张；但是所增加的种植面积都是那些边际土地。对于这些边际土地的利用，乾隆五年曾有山头地角傍溪濒湖之地听民开垦，免纳赋税的谕旨，因此地方官大多不予报遗，以致官方统计的全国田地面积在此一世纪间没有什么增加。不过无论如何，利用这种山头地角以及溪湖旁边的土地所增加的面积总是很有限的。
④ 据罗尔纲前引文，估计维持最低生活，我国平均每人须农田3亩，但在嘉庆十七年（1812年），我国每人平均只有2.19亩。可见19世纪初，我国人口问题已很严重。

来越多。因此,进入 19 世纪第二个二十五年后,我国在国际贸易上的地位便由顺差(Favorable balance)一变而为逆差(Unfavorable balance)。鸦片的进口在 1820 年以前每年多在 5 000 箱以下,此后却急剧增加,1824—1825 年的一年间达 12 434 箱,1832—1833 年的一年间达 21 985 箱,1835—1836 年的一年间超过 3 万箱,1838—1839 年的一年间更超出 4 万箱。① 因此而外流的白银,据道光十八年(1838 年)鸿胪寺卿黄爵滋奏:"(广州一带自道光)三年至十一年(1823—1831 年),岁漏银一千七八百万两;十一年至十四年(1831—1834 年),岁漏银二千余万两;十四年至今(1834—1838 年),渐漏至三千余万两。此外福建、浙江、山东、天津各海口,合之亦数千余万两。"② 这样一来,我国产品出口价值不足支应,自 1827 年起逆差出现,出入相抵之后,每年自广州外流白银净额约自一二百万至三四百万两。③ 白银大量外流的结果,国内银价高涨。当时我国社会银、钱并用,小额交易多用钱,而纳税则规定用银。在这种情况下,一般人民生活便要遭受到重大的打击。例如,直隶的宁津县大柳镇一地,在 1800 年前后,银、钱比价还只是银一两合铜钱 1 000 文左右,到 1835 年涨至 1 420 文,1845 年涨至 2 024 文,1850 年更涨至 2 230.3 文。④ 这就是说,在半个世纪的期间中,与上涨的银价比较起来,铜钱的价值下跌一半以上。然而以铜钱计算的农产品和手工业品的价格并没有跟着银价上升,如果我们以 1821 年为基期,到了 1850 年,前述大柳镇的银、钱比价指数已达 176.1,而当地农产品零售物价指数仅 122.2,手工业品零售物价指数仅 120.7。⑤ 因此,当人民以铜钱易银来缴纳赋税的时候,他们的负担便要大大地加重。赋税负担加重以后,人民维持家庭生活的力量便要减低,人口的繁衍自要受到相当大的影响。何况人民对政府的负担加重的结果,自己所能支配的所得就要减少,其购买力就要减低,接着社会工商业就要收缩,人民就业量也就跟着减少。

---

① M. Greenberg, *British Trade and the Opening of China 1800—1842*, Cambridge, 1951, p.221.
② 《东华续录·道光》卷三七,道光十八年闰四月辛巳鸿胪寺卿黄爵滋奏。
③ 见严中平前引书,页 33,《广州白银流出入统计表》。其中材料主要取自 H.B. Morse 前引书,卷 2 至卷 4。
④ 严中平前引书,页 37。
⑤ 严中平前引书,页 38。

因此，人民谋生既然感到困难，人口的增加自然要遭遇到很大的阻力。

除了田地面积有限和国际贸易逆转的影响以外，这个时期更有积极限制人口的因素，那便是战争与水患。我国社会步入 19 世纪后，前世纪的升平气象已经烟消云散。从乾隆六十年(1795 年)贵州苗民叛乱开始，一直到道光三十年(1850 年)洪秀全起事金田村止，变乱此起彼伏，几无宁日。其中最为严重的是嘉庆元年(1796 年)发生的白莲教之乱，蔓延地区及于湖北、四川、陕西、河南、甘肃五省，用兵九载，费饷近二万万两，才告肃清。这一役杀死乱民数十万，而官兵乡勇的伤亡和五省人民遭难的，尤不可以数计。① 战祸以外，嘉、道年间又复水患频仍。黄、运两河自乾隆中叶以后，已渐不如前。自 19 世纪开始，1801 年运河决，1803 年黄河溢，1808 年运河溢，1819 年黄河北岸河决，1822 年黄河又决，1824 年黄河泛滥，1841 年黄河漫溢，1844 年黄河堵口复决。还有，直隶的永定河也时常泛滥，见于记载的有 1801 年、1805 年、1810 年、1819 年、1823 年、1834 年和 1844 年。② 直隶是京师所在的省份，水利已经这样失修，他省可想而知。长江中游的湖北省，由于汉水上游广泛伐林和栽种玉蜀黍的结果，泥沙淤垫，到 19 世纪也是灾情递见，尤其道光年间，几乎"无一年不报漫溃"③。据何炳棣先生统计，汉水的泛滥次数，自 1796 年至 1820 年为 6 次，自 1821 年至 1850 年更达 16 次之多。④ 换句话说，在这 50 余年的期间中，汉水约平均两年半就要泛滥一次；如果以此期间的最后 30 年来计算，则平均不到 2 年湖北便要遭一次水患。由此可见，在 19 世纪上半叶，我国南北各省几乎都频遭水灾。水灾发生，人民的生命财产便要遭受损失，农业生产更要遭受破坏。在这种情况之下，人口自然无法迅速增加。

(四) 停滞时期

这个时期约自 19 世纪 50 年代开始，到 1911 年清亡为止。如前所述，这 60 年中我国人口实无增加可言。就整个期间来说，人口增加率如果不

---

① 魏源前引书卷十，页三九；《清史稿·食货志》六；《清鉴》卷九。
② 陈高墉编《中国历代天灾人祸表》(民国二十八年，上海)卷九；郑肇经前引书，页六至九一；《清史稿·灾异志》一。
③ 林则徐《林文忠公政书》乙集，《湖广奏稿》二，《筹防襄河堤工折》。
④ Ping-ti Ho, 前引书，页 230。

清代的人口变动

是负数,也当接近于零。因为到了 19 世纪上半叶,我国本部田地已经很少有扩充的余地,同时农作物的改良与推广,又渐成强弩之末,人口的压力越来越严重,于是一步入 19 世纪 50 年代,马尔萨斯(T. Malthus)所说的积极的限制(Positive checks)便如狂风骤雨般几乎扫遍了中国大陆。其中最为猛烈的风暴,当然要算太平天国革命。太平天国自道光三十年(1850 年)洪秀全起事于金田村,至同治三年(1864 年)灭亡为止,前后历时 15 年,兵烽遍及本部十六省,所至残破,多少繁华城市,变成一片焦土,因此而死亡的人口,据比较保守的估计也不下 2 000 万(见后)。其次有捻军之乱,咸丰三年(1853 年)起于山东,随后与太平军或分或合,窜扰淮、黄流域各地,其声势虽远不如太平军,而所过地方掳掠杀戮则无逊色,直到同治七年(1868 年)才告平定。复次有西北和云南的回乱。前者起于同治元年(1862 年),战祸蔓延陕、甘、新三省,至光绪五年(1879 年)底定;光绪二十年(1894 年)甘肃回民又作乱,旋即平定。后者起于咸丰五年(1855 年),回民杜文秀倡乱,占领大理府城,大杀汉人;随后战事扩大至四川及贵州,至同治十二年(1873 年)才全部肃清。内乱之外,天灾又复频仍。最严重的一次是光绪三年(1877—1878 年)山西、陕西、河南一带的旱灾,"赤地千里,饥民汹汹"。每日饿毙不止千人,惨象为 200 年来所仅见。① 其次为光绪十三四年(1887—1888 年)的黄河大决,河南全省几乎都受其害,甚至波及安徽。② 此外,光绪十六年至二十年(1890—1894 年)直隶一带又一再被水成灾。其他各地大小灾害,在清末真是数不胜数。当日这些灾祸所造成的人口死亡,都大得十分惊人。现在让我们把两位外人的估计介绍于后:一位是对于我国人口颇有研究的美国公使洛克希尔(W.W. Rockhill);一位是久居我国且手创岭南大学的哈柏(A.P. Happer)。

在这些相差得很悬殊的估计中,我们即使依照较低的估计数字来说,19 世纪下半叶我国死亡人数也不下三四千万。因此,即使把其他因素——如田地面积的

---

① 《清史稿》列传二三五,《饶应祺传》;《东华续录·光绪》卷十九,光绪三年十二月丙戌阎敬铭、曾国荃奏;葛士浚辑《皇朝经世文续编》卷三二,阎敬铭《沥陈川陕差徭苦累亟宜变通恤农疏》。
② 《东华续录·光绪》卷八四,光绪十三年八月戊戌;同书《光绪》卷八五,光绪十三年九月庚辰;同书《光绪》卷八六,光绪十三年十月甲辰。

有限,人民负担的加重,列强政治、经济侵略对我国民生的打击等——置而不顾,上列这些残酷的实事也足够使我们明了此期间人口之所以停滞不前了。

表二 洛克希尔的估计①

年 别	减少人口的原因	死亡人数
1854—1864	太平天国之乱	20 000 000
1861—1878	回 乱	1 000 000
1877—1878	饥 馑	9 500 000
1888	黄河决口	2 000 000
1892—1894	饥 馑	1 000 000
1894—1895	回 乱	225 000
总 计		33 725 000

表三 哈柏的估计②

减少人口的原因	1880年估计的死亡人数	1883年估计的死亡人数
太平天国之役	40 000 000	50 000 000
回民的变乱	8 000 000	16 000 000
灾 荒	13 000 000	17 000 000
总 计	61 000 000	83 000 000

三

清代人口在时间上的变迁情况既如前述,现在让我们来看看这个朝代中我国人口在空间上曾经发生什么变动。为着说明的方便起见,今先将清代各省人口变动状况列表于后,并选择变动特别显著的几个地区加以绘图表示。

我们就表四及图一、图二仔细观察,便可以发现清代我国各省人口变动有几个特点:

第一,我们以1850年作为一个分界点来观察,可见中国各省人口在1850年以前普遍增加。1850年以后至19世纪末,有些省份人口大减,如长江下游的江、浙两省,其次如黄河流域的晋、陕两省;有些省份大致停滞,如长江中游的湘、鄂、赣三省;有些仍继续增加,如四川、东北以及闽、粤等省。这种现象可以给我们前面所述的清代人口变动分期以一个印证。换句话说,我国人口在1850年以前逐渐增加,自1850年至清末,就全国看来,大致接近于停滞状态。

---

① 见前引王士达《近代中国人口的估计》一文。
② 同上。

清代的人口变动

表四　清代各省的人口变动

人口指数基期：1761年

区域	面积（方英里）	1761年(乾隆二十六年) 人口	密度（每方英里）	占全人口百分比(%)	指数	1850年(道光三十年) 人口	密度（每方英里）	占全人口百分比(%)	指数	1898年(光绪二十四年) 人口	密度（每方英里）	指数
直隶	115 800	15 222 940	131.46	7.68	100	23 401 000	202.04	5.44	154	?	?	?
山东	55 970	25 180 734	449.90	12.70	100	33 127 000	591.87	7.71	132	37 789 000	675.17	150
山西	81 830	9 768 189	119.37	4.93	100	15 131 000	184.91	3.52	155	11 531 000	140.91	118
河南	67 940	16 332 507	240.40	8.24	100	23 927 000	352.18	5.57	147	22 123 000	325.63	135
江苏	38 600	23 161 049	600.03	11.68	100	44 155 000	1 143.91	10.27	191	22 390 000	580.05	97
安徽	54 810	22 761 030	415.27	11.48	100	37 611 000	686.21	8.75	165	?	?	?
江西	69 480	11 006 640	158.41	5.55	100	24 515 000	352.84	5.70	223	24 617 000	354.30	224
福建	46 320	8 063 671	174.09	4.07	100	19 987 000	431.50	4.65	248	26 833 000※	579.30	333
浙江	36 670	15 429 690	420.77	7.78	100	30 027 000	818.84	6.98	195	11 900 000	324.52	77
湖北	71 410	8 060 603	113.16	4.08	100	33 738 000	472.45	7.85	417	34 716 000	486.15	430
湖南	83 380	8 829 320	105.89	4.45	100	20 614 000	247.23	4.79	233	21 174 000	253.95	240
陕西	75 270	7 287 443	96.82	3.68	100	12 107 000	160.85	2.82	166	8 592 000	114.15	118

续表

区域	面积（方英里）	1761年（乾隆二十六年） 人口	密度（每方英里）	占全人口百分比(%)	指数	1850年（道光三十年） 人口	密度（每方英里）	占全人口百分比(%)	指数	1898年（光绪二十四年） 人口	密度（每方英里）	指数
甘肃	125 450	7 412 014	59.08	3.74	100	15 437 000	123.05	3.59	208	?	?	?
四川	218 480	2 782 976	12.74	1.40	100	44 164 000	202.14	10.27	1587	84 749 000	387.90	3 045
广东	99 970	6 797 597	68.00	3.43	100	28 182 000	281.90	6.55	415	29 900 000	299.09	440
广西	77 200	3 947 414	51.13	1.99	100	7 827 000	101.39	1.82	198	?	?	?
云南	146 680	2 078 802	14.17	1.05	100	7 376 000	50.29	1.72	355	?	?	?
贵州	67 160	3 402 722	50.67	1.72	100	5 434 000	80.91	1.26	160	4 859 000	72.35	143
东北	429 000	668 852*	1.56	0.34	100	2 898 000*	6.76	0.68	433	5 422 000*	12.64	811
新疆	633 800	—	—	—	—	274 000	0.43	0.06	?	?	?	?
合计	2 595 200	198 214 553	76.38	100	100	429 932 000	165.66	100	217	?	?	?

资料来源：中国本部十八省面积根据光绪清政府公布，兹引自罗尔纲《太平天国革命前的人口压迫问题》，《中国社会经济史集刊》第八卷第一期）表二；东北及新疆面积根据杨文洵等著《中国地理新志》（民国二十九年，昆明），页8—9。1761年人口数字，乾隆是传教士Allerstein向欧洲介绍的中国民数，兹引自王士达《近代中国人口的估计（上）》，《社会科学杂志》第一卷第三期。按《东华续录·乾隆》卷五四，乾隆二十六年（1761年）所载民数为198 214 555人。而Allerstein介绍之数与此仅相差2人，甚为可信。1850年及1898年人口数字，见附录。

附注：※福建省1898年数字缺，今以1897年数字代表。
* 1761年数字仅包括奉天。当时东北除奉天以外，其他地区人口更稀。按《清朝文献通考》卷十九，乾隆四十一年（1776年）吉林人口始见记载。当年人口只有74 631人。1850年及1898年吉林数字则为奉天及吉林之和。又1898年吉林数字缺，今以1897年数字代表。

清代的人口变动　　　　　　　　　　　　　　　　　　　　　　　　　　　　147

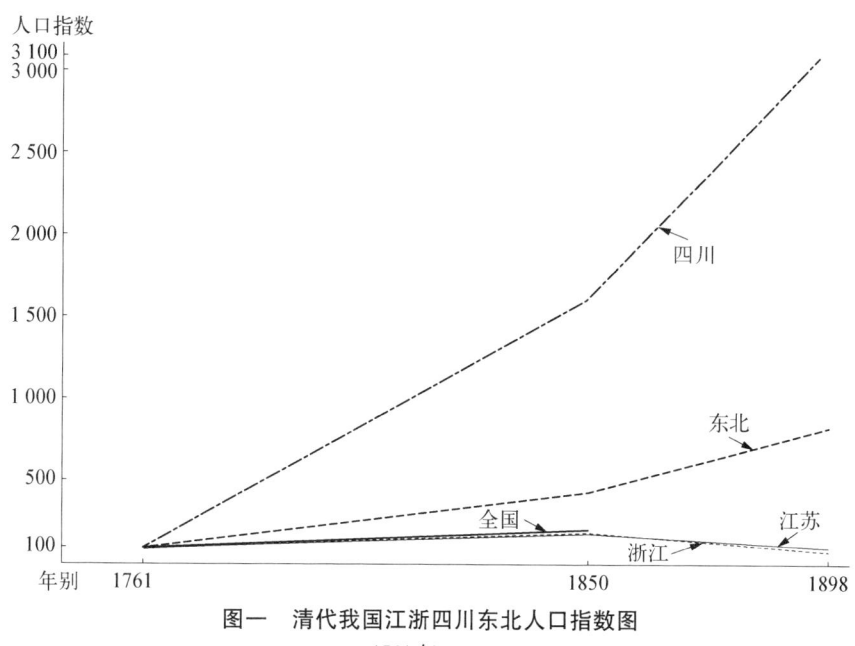

图一　清代我国江浙四川东北人口指数图

1761年＝100

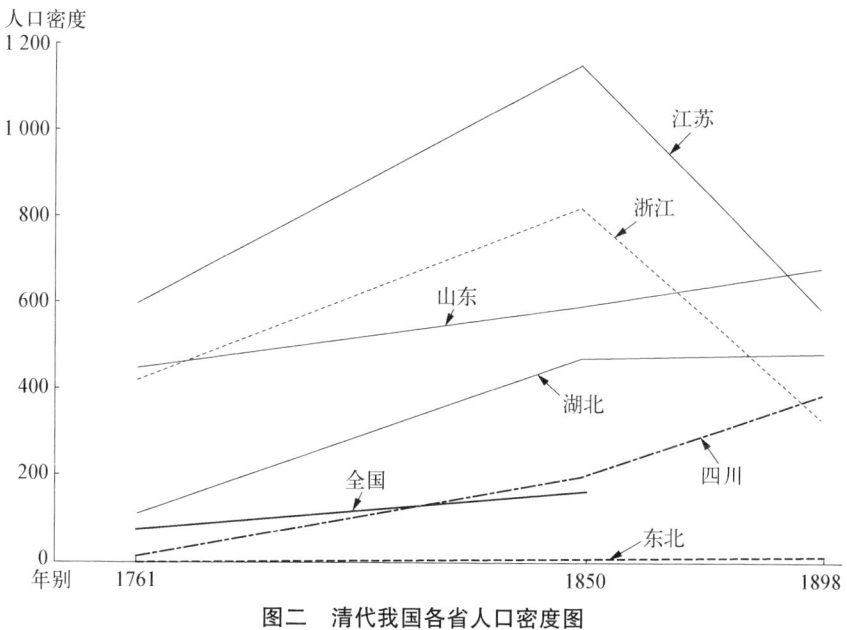

图二　清代我国各省人口密度图

（单位：人／每方英里）

第二，江、浙地区的人口，在 19 世纪中叶达到巅峰状态。1850 年江苏省人口密度为每方英里 1 143.91，为全国之冠；人口总数达 4 400 余万，与四川约略相等，占全国人口 10.27％，也与四川同居全国首位，可是四川的土地面积却为江苏的五倍半以上。浙江省面积狭小，1850 年人口密度为每方英里 818.84，仅次于江苏，而居全国第二位。但是到 1898 年江苏只有人口 2 200 余万，约较四十八年前减少一半。如果把 1761 年人口数做基期，江苏的人口指数在 1850 年为 191，但到了 1898 年只有 97。换句话说，清末的江苏人口反不如乾隆时期那么多。浙江省在 1761 年人口约 1 500 万，1850 年超出 3 000 万，但在 1898 年只有 1 190 万。如果同样以 1761 年为基期，浙江的人口指数在 1850 年为 195，但到了 1898 年却下降为 77，可见清末浙江人口较 100 余年前的乾隆时期将近减少四分之一。

19 世纪后半叶江、浙人口之所以锐减，当然主要由于遭受太平天国革命破坏。太平天国之乱，长江下游各省受害最烈。我们只要看看当时人士的见闻便可明了。例如冯桂芬《垦荒议》说："苏、杭陷，人民死者殆以千万计矣。……闻皖北三河、运漕一带有百里无人烟者，江南宜兴有十里无人烟者，他郡县有差。"① 又如李鸿章《裁减苏松太粮赋浮额折》说："自粤逆窜陷苏、常，焚烧杀掠之惨，远接宋建炎四年庚戌金阿术故事，盖七百有三十年无此大劫。臣鸿章亲历新复各州、县，向时著名市镇全成焦土。孔道左右，蹂躏尤甚。……连阡累陌，一片荆榛。……虽穷乡僻壤，亦复人烟寥落。"② 又如左宗棠《沥陈浙省残黎困敝情形片》说："浙江此次之变，人物雕耗，田土荒芜，弥望白骨黄茅，炊烟断绝。"③ 江、浙地区在受到这样惨重的战争破坏以后，直到 1898 年，虽然太平天国已经平定了三十余年，却仍然无法恢复昔日的繁盛景况。

第三，在清代 200 余年间，四川人口急速增加。1761 年四川人口不过 278 万余人，仅占全国人口 1.4％；到 1850 年增达 4 416 万余人，占全国人口 10.27％。在不及 100 年的时间中，无论就绝对数还是在全国人口比重

---

① 宋澄之等编《皇朝掌故汇编》（清光绪二十八年刊本）《内编》卷十一。
② 吴汝纶编《李文忠公奏稿》卷三，同治二年五月十一日《裁减苏松太粮赋浮额折》。
③ 《左文襄公奏稿》卷四，同治二年二月初四日《沥陈浙省残黎困敝情形片》。

中，四川人口均跃居全国首位。其后至1898年，增达8474万余人，其他各省更不能望其项背。如果以1761年数字为基期，四川人口之指数在1850年上升至1587，1898年更升至3045，足见四川人口增加的迅速。虽然清末四川事实上是否有这么多的人口，很使人怀疑①，但该省人口在清末居各省的首位，当不成问题。四川人口之所以增加得这样迅速，主要由于外省的大量移民。

外省移民入川的最重要的原因，自然是四川地广人稀，土地资源相对丰富。四川昔称天府之国，民殷物盛，可是自遭明末流寇张献忠的屠杀，几致民无孑遗，所以清初几乎成为一片真空地带。我们看表四，乾隆二十六年（1761年）四川人口密度每方英里只有12.74人，为中国本部十八省人口最稀少的省份。这时的中国社会已经承平日久，四川人口尚且这样稀少，乾隆以前可想而知。四川既然地广人稀，加以土地肥沃，谋生容易，人口较稠密省份的平民自然会纷纷移入；尤其当外省歉收，食粮不足的时候，移民更要加多。例如，雍正六年（1728年）二月上谕："上年闻湖广、广东、江西等省之民，因本地歉收米贵，相率而迁移四川者不下数万人。"②足见移民数量之多。

另外一个重要原因，便是政府的鼓励：（1）拨给荒地，听民垦种，并给予经营资本。顺治十年（1653年）规定："四川荒地，官给牛、种，听兵、民开垦，酌量补还价值。"康熙二十九年（1690年）规定："凡流寓愿垦荒居住者，将地亩给为永业。"雍正六年（1728年）规定："各省入川民人，每户酌给水田三十亩或旱田五十亩。若其子弟及兄弟之子成丁者，每丁水田增十五亩或旱地增二十五亩。实在老少丁多不能养赡者，临时酌增。"③（2）放宽免赋年限。康熙十年（1671年）议定招民开垦之例，以五年起科。雍正九年（1731年）规定，

---

① 《户部清册》所载的清末四川人口数字，很多人认为过高。如 Wagner 及 Supan 估计该省1890年的人口约4500万；日人根岸估计清末该省人口约4000万；Rockhill 估计1910年该省人口5450万余；宣统二年（1910年）民政部户口调查，四川人口也只有5200余万。见前引王士达《近代中国人口的估计》及《清民政部户口调查》两文。
② 《上谕内阁》雍正六年二月二十三日上谕。
③ 杨芳灿等辑《四川通志》（嘉庆二十一年刊本）卷六二。

四川荒田垦种 6 年起科，荒地垦种 10 年起科。①（3）奖励招垦得力官员。康熙十年（1671 年）定《四川垦荒升用例》，规定："如该省现任文武各官招徕流民三百名以上，按插得所，垦荒成熟者，不论俸满即升。其各省候选州同、州判、县丞及举、贡、监、生有力招民者，授以署县职衔，系开垦起科，实授本县知县。"②（4）其他优待。康熙二十九年（1690 年）定《入籍四川例》："凡他省民人在川垦荒居住者，准其子弟入籍考试。"③

在四川天然条件的吸引，以及政府政策的鼓励之下，外省人民便不断地大量移入，其中尤以陕西、湖广人民为多。例如，康熙五十一年（1712 年）李先复奏称："近有楚省宝庆、武冈、沔阳等处人民……携家入蜀者不下数十万人。"④又雍正五年（1727 年）四川巡抚宪德奏："臣……入川由夔、顺二府以抵成都，见沿途居民，原系本籍者不过十之二三，其余十有六七，非秦即楚。"⑤所以自从清初以来四川即成为国内移民的最大容纳地，这种趋势至少历经两个世纪（1650—1850 年）而继续未已。不过太平天国革命以后，长江下游人口锐减，那里的水利及土地生产力能够给人民提供更优的谋生环境，因此四川便失去了原有的容纳移民的领导地位。⑥

第四，除了四川以外，在清代人口增加速率最快的便要算东北了。如表四所示，乾隆二十六年（1761 年）东北只有六七十万人，道光三十年（1850 年）增至将近 290 万人，光绪二十四年（1898 年）更增至 542 万余人。以指数计（1761＝100），1850 年为 433，1898 年为 811。又据英国驻牛庄领事荷西（Sir Alexander Hosie）估计，1904 年东北人口约 1 700 万。1907 年，据官方调查统计，东北将近有 1 500 万人。⑦ 我们即使依照官方的统计，到 1907 年东北的人口指数上升达 2 243。可见清代东北人口的增加，绝对数量虽然远不如四川，增加速率则可与四川相颉颃。尤其是在清末，东北人口增加的迅速，更

---

① 《清朝文献通考》卷二；《四川通志》卷六二。
② 《清朝文献通考》卷二。
③ 《四川通志》卷六四。
④ 同上。
⑤ 《朱批谕旨》第三十四册，雍正五年六月二十四日四川巡抚宪德奏。
⑥ 见 Ping-ti Ho，前引书，页 141—142。
⑦ 见 Ping-ti Ho，前引书，页 160—161。

非四川或国内其他地区所可比拟。和四川比较起来，东北地广人稀、土壤肥沃，有过之而无不及，因此成为北方感受人口压迫各省人民移殖的好目标。尤其是山东、直隶两省的过剩人口，他们长时期不断地往东北移殖，或从山海关出口，或渡海至辽东半岛。不过在政府政策方面，清廷对于东北却与四川迥然不同，因而也影响到东北的移民与开发。

东北为清室的发祥地，其中奉天一带在明、清之际也遭受到战争的严重破坏。顺治十年(1653年)："定例辽东招民开垦，至百名者，文授知县，武授守备；六十名以上，文授州同州判，武授千总；五十名以上，文授县丞主簿，武授百总。招民数多者，每百名加一级。所招民每名给月粮一斗，每地一晌给种六升，每百名给牛二十只。"①这种鼓励移民的政策，虽然一时不见得能够收到多大的效果(因为当时其他各省也地多人少)，但如果一直实行下去，到清末东北人口可能不下于四川。可惜到康熙七年(1668年)这一招垦条例就被废除。②此后清廷对东北改采封禁政策，禁止汉人出关。康熙三十四年(1695年)规定，内地人民不许在边外居住。③乾隆五年(1740年)规定，寄居奉天流民，不情愿入籍者，定限十年，陆续遣返本籍。十一年(1746年)，申禁民人出山海关。十五年(1750年)令奉天沿海地方官，多拨官兵稽查，不许内地流民，再行偷越出口。并令山东、江、浙、闽、广五省督、抚，严禁商船，不得夹带闲人。又山海关、喜峰口，及九处边门，皆令守边旗员，沿边州、县，严行禁阻，杜绝流民。④清廷封禁东北，主要基于两点原因：一为经济上的。东北盛产人参，一向都由满人专利。如果容许内地人民出关，满人生计就要受到严重损害。一为文化上的。满人以武力起家，取得中国政权后仍然想要保存他们固有的尚武传统。如果容许汉人出关，清廷深恐旗人感染到汉族的奢靡习气，从而失却原来的立国精神。⑤可是，尽管清廷一再申禁，关内各省人民

---

① 刘谨之等纂修《钦定盛京通志》(乾隆四十九年刊本)卷三五。关于晌的面积，西清纂修《黑龙江外纪》卷四说："关外田土以晌计，一晌六亩余。黑龙江亦然。然广狭长短，大抵约略其数，非如关内以弓步丈量之准。"
② 《钦定盛京通志》卷三五。
③ 《乾隆会典则例》卷一一四《兵部》，兹引自罗尔纲前引文。
④ 《钦定大清会典事例》卷一五八，《流寓异地》；《东华续录·乾隆》卷十二，乾隆五年九月丙申；同书《乾隆》卷二三，乾隆十一年三月甲午。
⑤ 见稻叶君山著(杨成能译)《满洲发达史》(1940年，奉天市)，页287—291。

为着谋生而潜往东北的人数仍然日渐众多,尤其是在饥荒的年岁。例如乾隆十三年(1746年)上谕:"本年山东饥民出口者,几至数万。"① 到乾隆末年,奉天的金、复、盖三州各属"皆为鲁人所据"②。既然如此,嘉庆八年(1803年)清廷便将禁令部分放宽,规定贫民只身前往贸易、佣工就食者,由地方官给予证明,到关查验放行。遇灾歉年岁,且可携眷出关,但人数多寡须先报明督、抚,上奏朝廷,取得朝廷的许可。③ 不过一般说来,嘉庆、道光年间,禁令仍严,不许人民私出口外及私垦关外荒地。④ 东北的完全开放,是在咸丰十年(1860年)以后。咸丰十年清廷允许将吉林舒兰一带荒地开放人民垦种。⑤ 同年黑龙江呼兰一带招民垦种。⑥ 以后东北各地陆续开放。清廷对于移民至关外垦殖,态度变得愈来愈积极。据日人稻叶君山所著《满洲发达史》的记载:"(光绪四年,1878年)吉林将军铭安,设置垦务局,公然引导汉人垦种荒地。"而且清廷"给与通过山海关之客人车马一切费用,大事招徕焉"⑦。推究清廷之所以改变以往的封禁政策,也不外两个原因:(1)自咸丰开始,因为与太平军作战,"中央"财政困难,东北各地驻防满兵俸饷不继。清廷把荒地开放,可向人民取得一笔代价;荒地垦成熟地后,每年又可收取租金。这样一来,驻防满洲官兵俸饷有着,"中央"财政便可减去一大负担。(2)自《瑷珲条约》和《中俄北京条约》订立以后,俄人取得黑龙江以北及乌苏里江以东的广大土地,清廷开始感到东北空虚,必须改采移民实边政策,以对付强邻的侵略野心。咸丰十年黑龙江将军特普钦奏请招民试垦的时候,便说明其作用在"藉裕度支,兼杜窥伺"⑧。清廷对东北移民既然改采鼓励政策,他方面中国本部自咸丰以后,又战祸日炽,天灾频仍。因此"直隶、山东游民流徙关外者,

---

① 《东华续录·乾隆》卷二七,乾隆十三年五月己丑。
② 博明《凤城琐录》,兹引自罗尔纲前引文。
③ 《东华续录·嘉庆》卷十五,嘉庆八年五月乙未。
④ 例如《钦定大清会典事例》卷一五八,《流寓异地》,嘉庆十六年谕:"著通谕直隶、山东、山西各督、抚,转饬各关隘及登、莱沿海一带地方,嗣后内地民人有私行出口者,各关门务遵照定例,实力查禁。"又《清朝续文献通考》卷二,道光三十年谕:"(吉林)双城堡、珠尔山、凉水、夹信沟四处……毋令流民阑入私垦。"
⑤ 李桂林等纂修《吉林通志》(清光绪十七年刊本)卷四。
⑥ 徐宗亮纂辑《黑龙江述略》(光绪十七年刊本)卷四。
⑦ 见稻叶君山前引书,页357。
⑧ 《黑龙江述略》卷四。

趋之如鹜"①。不特如此,甲午战争(1894—1895年)以后,中、俄两国又在东北境内分别赶筑京奉铁路(在未完成前,称关内外铁路)和中东铁路,需要大量人力;铁路筑成以后,农、工、商、矿各业跟着发展,更能吸引大量的人民。所以清末的东北人口也就急剧而大量增加起来。

最后,关于清代人口的移动,还有一种很明显的趋势,而在表四中没有显示出来的,那便是向台湾和海外的移民。我国东南沿海的福建、广东两省,地狭人稠,山多田少,粮食不足自给②,因此人民多向海外发展。蓝鼎元《鹿洲初集》卷三《论南洋事宜书》说:"闽、广人稠地狭,田园不足于耕,望海谋生,十居五六。"闽、广人民向海外发展的目标,一个方向是台湾,另外一个方向是南洋群岛。虽然清廷因为恐怕汉人在海上生聚,以贻后日之患,曾经严格禁止或限制人民渡台或出海③,但是两省人民为衣食所迫,仍相率偷渡,而海外移殖。关于台湾方面,沈起元《条陈台湾事宜状》说:"漳、泉内地无籍之民,无田可耕,无工可佣,无食可觅,一到台地,上之可以致富,下之可以温饱,一切农工商贾,以及百艺之末,计工授直,比内地率皆倍蓰。"④又赵翼《平定台湾述略》说:"其地肥饶,谷岁三熟,蜀、粤人争趋之。"⑤所以台湾人口便从17世纪末的20万至25万左右⑥,增加到1887年的320余万。⑦ 关于南洋方面,梁廷枏《粤海关志》卷二四《吕宋国》载:"闽人以其地富饶,商贩者数万人,往往久居不返,至长子孙。"又同书同卷《噶喇巴国》载:"国朝初年,噶喇巴始与吕宋、苏禄等通商闽海。闽、广闲人浮海为业者,利其土产,率潜处番地,逗遛不返。"到清末仅噶喇巴一地,寄居华侨便不下60万人。⑧ 根据雷谋(C. F. Remer)的估计,我国海外华侨人数,在1871年至1884年间约200万人,1885

---

① 《黑龙江述略》卷二。
② 如《朱批谕旨》第四十五册,雍正四年六月十九日浙、闽总督高其倬奏:"福建自来人稠地狭,食米不敷。"又《东华录·雍正》卷十,雍正五年二月乙丑广东巡抚杨文乾奏:"广东一岁所产米石,即丰收之年,仅足支半年有余之食。"
③ 参看罗尔纲前引文;李裕纂修《台湾省通志稿》卷四《经济志综说篇》(1958年,台北),页33—37。
④ 《皇朝经世文编》卷八四。
⑤ 同上。
⑥ 《台湾省通志稿》卷四《经济志综说篇》,页33。
⑦ 连横《台湾通史》(1955年,台北),页122。
⑧ 《清史稿·邦交志》七。

年至1898年间增加到400万人,1899年至1913年间更增至700万人。① 由此可见,有清一代,我国移民台湾地区和海外的人数,虽然不像移殖四川、东北那么多,可是数量也相当可观。这对于闽、粤二省人口压力的缓和,是无可怀疑的。

清代各地区间的人口移动,当然不限于以上数点。我们看表四的人口指数栏,从1761年到1850年间,除了四川、东北以外,湖北、广东、云南三省人口增加速率都远较全国人口增加率为大。1850年全国人口指数为217,可是湖北为417、广东为415、云南为355,可见这几省在太平天国革命发生前都很可能从其他地区接纳了不少的移民。在湖北方面,汉水流域的开发,更是一件很明显的事实。② 笔者以上所举数点,不过是特别显著而持续的趋势而已。

四

综上所述,我们可将清代260多年的人口变动在后面进行概括归纳。在时间方面,大致可以分为四个时期:(1)从17世纪中叶至17世纪末叶为恢复时期。这个时期在大乱之后,地旷人稀,人口可能恢复得相当快。不但如此,在这个时期的最后二十年间,由于和平秩序完全恢复,与政府劝垦、恤民政策的实行,经济渐渐复元,遂奠下了次一时期人口长期上升的基础。(2)整个18世纪大致可称为人口迅速增长时期。这个时期人口增加率平均每年约14.85‰。大概在这个世纪的上半叶我国人口已恢复到1.5亿,到了乾隆五十九年(1794年)更增加到3.13亿多。我国人口在18世纪之所以能够保持这种长期继续增加的趋势,主要由于长期和平与农业生产的增加,而自美洲传入的农作物如甘薯、玉蜀黍等在我国各地的推广,对于边际土地的利用及粮食生产的增加,尤其有莫大的贡献。此外,工商业的发达也是一个不可忽视的因素。(3)从18世纪末叶到19世纪中叶为人口

---

① C.F. Remer,前引书,p.220.
② 参看Ping-ti Ho,前引书,页149—152。

增加缓和时期。这个时期每年平均人口增加率减为5.66‰,但全国人口到道光三十年(1850年)已经靠近4.3亿。我国社会步入这个时期以后,以前的许多有利因素已经消失。田地面积已经没有多大扩张。国际贸易也由顺差转为逆差。白莲教之乱历时九年,地区扩及五省,人民死亡不知其数。黄河、运河、永定河、汉水又一再泛溢成灾。在这种情形下,人口增长率当然要大为减低。不过,自美洲传入的农作物的推广,成绩仍然相当可观,因此使这个时期的人口增加成为可能。(4)从19世纪50年代开始,到1911年清亡为止,为人口停滞时期。在这个时期内,我国天灾人祸层出不穷。太平天国、捻军、回乱,都经过十几年才平定下来。尤其是太平天国革命,战祸遍及中国本部十六省,全国精华所在的长江下游,如苏、浙、皖三省,破坏得非常厉害。这次战乱死亡的人口,据比较保守的估计,也不下2 000万。在天灾方面,有光绪三年(1877—1878年)的晋、陕大旱和饥荒,光绪十三、十四年(1887—1888年)的黄河大决口,此外其他较小的灾害更不可计数。美人洛克希尔(W. W. Rockhill)估计19世纪下半叶我国因受战争及天灾影响而死亡的人口有3 300余万,哈柏(A.P. Happer)在1880年的估计更高达6 100万,可见人民死亡数量的惊人。因此这个时期的人口增加率即使不是一个负数,也当接近于零。

在空间方面,清代的人口移动大致有三大趋势:一为移民四川;一为移民东北;一为移民台湾地区和南洋群岛。在这些区域内,当地土著不多,人口相对稀少,自然资源相对丰富,所以能够大量吸收其他地区的移民。而且由于地理形势的关系,往四川的移民以湖广(湖北与湖南)及陕西人民为主;往东北的,以山东、直隶两省人民为主;往台湾和南洋各地的,以福建、广东两省人民为主。

我们在分析清代人口变动的趋势以后,可以发现18、19世纪之交的中国,在不变的生产技术和有限的自然资源的情况下,人口的增加显然已经达到了饱和点。说到这里,我们如果把同时期在太平洋彼岸的美国的人口变动情形拿来比较一下,中国人口过剩的严重情况更可以明显表现出来。在1790年,中国人口已经超过3亿(见附录),其后到了1850年更增加到将近4.3亿。但土地面积约为中国三分之二而自然资源远较中国丰富的美国,在1790年的人口不过390万,其后到了1850年也只增加到2 300万而已。① 根据这种比较,我们可以想见,马尔萨斯的阴影,早就笼罩着大部分的中国。

说到缓和人口压力的方法,主要有两种:一种为移民;另一种为工业化。前者可使过剩人口在国内移殖到地广人稀的省份去开发资源,或到海外去谋生。后者可以改进生产技术,提高各生产因素(Factors of production)的生产力以及增加投资数量,以便为过剩人口创造就业机会,或提高国民所得水准。如上所述,清代有些人口过剩的省份,已经有不少移殖到四川、东北、台湾或南洋各地。这对于当日人口压力的缓和,当然曾经发生过多少作用。可是,在工业化方面,中国自19世纪中叶以后虽然已经开始努力,但因为资本积累的不够,协定关税的束缚,"官督商办"政策的影响,以及其他原因,结果并不怎样成功。因此中国的人口压力始终存在,其过剩人口并没有得到较好的就业机会,更谈不到所得水准的提高。

附 录

清代乾、嘉、道、咸、同、光六朝人口统计表(1)
1786—1898 年

单位:千人

地 区	乾隆五十一年(1) 1786 年	乾隆五十二年(1) 1787 年	乾隆五十三年(2) 1788 年	乾隆五十四年(2) 1789 年	乾隆五十五年(3) 1790 年	乾隆五十六年(3) 1791 年
总 计	291 103	292 430	294 854	297 718	301 488	304 353
奉 天	807	811	819	825	831	837
吉 林	148	150	152	155	156	157
直 隶	22 819	22 957	23 072	23 272	23 497	23 697
安 徽	28 826	28 918	29 043	29 205	29 367	29 564
江 苏	31 142	31 427	31 732	32 056	32 377	32 710

---

① F.A. Shannon, *America's Economic Growth*, New York, 1940, p.136.

续表

地 区	乾隆五十一年(1)1786年	乾隆五十二年(1)1787年	乾隆五十三年(2)1788年	乾隆五十四年(2)1789年	乾隆五十五年(3)1790年	乾隆五十六年(3)1791年
江　西	19 008	19 156	19 347	19 683	19 854	20 006
浙　江	21 473	21 719	21 969	22 233	22 522	22 829
福　建	12 809	12 020	12 121	12 235	13 298	13 398
湖　北	18 556	19 019	19 496	19 926	20 401	20 872
湖　南	16 068	16 165	16 262	16 348	16 450	16 556
山　东	22 479	22 565	22 759	23 066	23 359	23 599
河　南	20 907	21 036	21 133	21 255	21 363	21 496
山　西	13 190	13 232	13 268	13 307	13 346	13 387
陕　西	8 390	8 403	8 448	8 455	8 461	8 491
甘　肃	15 159	15 162	15 164	15 166	15 169	15 172
巴里坤乌鲁木齐	112	114	117	121	122	124
四　川	8 429	8 567	8 713	8 926	9 184	9 489
广　东	15 923	16 014	16 112	16 218	16 337	16 450
广　西	6 294	6 376	6 454	6 531	6 593	6 647
云　南	3 413	3 461	3 510	3 565	3 624	3 689
贵　州	5 151	5 158	5 163	5 170	5 177	5 183

资料来源：(1)据乾隆五十二年户部汇题各省《民数谷数清册》*(存故宫，原册963号)**。案，是年户部题本不存，而乾隆五十二年题本则将是年数目列入以资比对，故得据以载入。本表以下，每遇前一年题本不存，即据后一年题本所列比对之数字以著录前一年之数字。
(2)据乾隆五十四年《户部清册》，(964号)。
(3)据乾隆五十六年《户部清册》，(965号)。
编者注：* 以下简称《户部清册》，** 以下仅写号数。

清代乾、嘉、道、咸、同、光六朝人口统计表(2)　　单位：千人

地　区	嘉庆二十四年(1) 1819年	嘉庆二十五年(1) 1820年	道光十年(2) 1830年	道光十一年(2) 1831年	道光十二年(3) 1832年	道光十三年(4) 1833年
总　计	?	?	394 784	395 821	397 133	398 941
奉　天	1 674	1 730	2 114	2 125	2 135	2 144
吉　林	330	330	322	323	322	323
直　隶	?	?	22 063	22 136	21 480	22 200
安　徽	34 925	35 065	36 891	37 064	37 075	37 103
江　苏	39 274	39 510	41 399	41 554	41 605	41 707
江　西	23 575	23 652	24 463	24 467	24 468	24 478
浙　江	27 313	27 411	28 071	28 080	28 174	28 301
福　建	15 942	16 067	17 459	17 573	17 635	17 781
湖　北	28 807	29 063	31 470	31 614	31 749	31 935
湖　南	18 892	18 929	19 523	19 535	19 547	19 565
山　东	29 355	29 522	30 874	30 356	31 124	30 810
河　南	23 561	23 598	23 661	23 662	23 664	23 665
山　西	14 325	14 352	14 658	14 678	14 696	14 714
陕　西	11 963	11 976	11 965	12 021	12 025	11 964
甘　肃	15 320	15 329	15 365	15 368	15 371	15 374
巴里坤乌鲁木齐	182	184	207	205	207	209
四　川	25 665	26 259	32 172	32 776	33 392	34 034
广　东	21 392	21 558	22 662	22 778	22 895	23 019
广　西	7 411	7 423	7 515	7 524	7 533	7 542
云　南	6 009	6 067	6 553	6 603	6 654	6 688
贵　州	5 347	5 352	5 377	5 379	5 382	5 385

资料来源：(1)据嘉庆二十五年《户部清册》(966号)。
(2)据道光十一年《户部清册》(967号)。
(3)据道光十二年《户部清册》(968号)。
(4)据道光十三年《户部清册》(969号)。

清代乾、嘉、道、咸、同、光六朝人口统计表(3)

单位：千人

地区	道光十四年(1) 1834年	道光十五年(2) 1835年	道光十六年(3) 1836年	道光十七年(4) 1837年	道光十八年(5) 1838年	道光十九年(6) 1839年
总 计	401 009	403 051	404 601	416 985	409 039	410 853
奉 天	2 152	2 163	2 173	2 183	2 194	2 203
吉 林	323	323	323	324	323	323
直 隶	22 266	22 223	22 405	22 665	22 743	22 589
安 徽	37 142	37 172	37 186	37 245	37 317	37 359
江 苏	41 836	42 016	42 165	42 305	42 445	42 575
江 西	24 478	24 480	24 482	24 485	24 490	24 493
浙 江	28 394	28 537	28 661	28 761	28 858	28 932
福 建	17 873	18 106	18 196	18 348	18 450	18 597
湖 北	32 139	32 337	32 524	32 697	32 869	33 041
湖 南	19 601	19 634	19 686	19 727	19 777	19 822
山 东	31 316	31 435	31 493	31 534	31 649	31 763
河 南	23 668	23 670	23 671	23 672	23 768	23 769
山 西	14 730	14 807	14 824	14 841	14 858	14 875
陕 西	11 871	11 957	11 932	11 941	11 951	11 973
甘 肃	15 377	15 379	15 392	15 395	15 398	15 402
巴里坤 乌鲁木齐	212	216	219	222	224	228
四 川	34 654	35 259	35 868	36 485	37 103	37 712
广 东	23 306	23 604	23 904	34 297	24 763	25 203
广 西	7 553	7 563	7 575	7 588	7 602	7 617
云 南	6 730	6 777	6 526	6 871	6 916	6 971
贵 州	5 388	5 393	5 396	5 399	5 341	5 406

资料来源：(1) 据道光十四年《户部清册》(970号)。

(2) 据道光十六年《户部清册》(972号)。案，是年直隶造报人口为20 938千人，中缺香河等七州县未造报，至道光二十年补报，该七州县共1 285千人，故是年直隶人口实数为22 223千人。再，是年原册全国人口总数本为401 767千人，今将补报之数加上，故实为403 052千人。以下各年份遇有同样情形者均如此，不再一一注明。

(3) 据是年《户部清册》。

(4) 据道光十七年《户部清册》(973号)。案，是年直隶造报人口为21 604千人，中缺乐亭等五州县未造报,至道光 20 年补报,该五州县共 1 061 千人,故是年直隶人口实数为 22 665 千人。

(5) 据道光十八年《户部清册》(974 号)。

(6) 据道光十九年《户部清册》(975 号)。

清代乾、嘉、道、咸、同、光六朝人口统计表(4)　　　单位:千人

地区	道光二十年(1) 1840年	道光二十一年(2) 1841年	道光二十二年(3) 1842年	道光二十三年(4) 1843年	道光二十四年(5) 1844年	道光二十五年(6) 1845年
总　计	412 817	413 458	416 120	417 240	419 439	421 345
奉　天	2 213	2 222	2 232	2 242	2 458	2 484
吉　林	324	324	324	325	325	326
直　隶	22 646	22 677	22 769	22 508	22 739	22 859
安　徽	37 386	37 407	37 449	37 471	37 500	37 514
江　苏	42 730	42 890	43 033	43 180	43 339	43 476
江　西	24 498	24 502	24 505	24 508	24 509	24 510
浙　江	28 909	27 539	29 046	29 155	29 257	29 391
福　建	18 728	18 925	19 032	19 140	19 272	19 389
湖　北	33 196	33 306	33 233	33 303	33 366	33 420
湖　南	19 891	19 962	20 032	20 096	20 169	20 360
山　东	31 876	31 991	32 077	32 198	32 326	32 448
河　南	23 770	23 771	23 771	23 772	23 772	23 773
山　西	14 892	14 927	14 946	14 966	14 986	15 008
陕　西	11 977	12 011	12 020	12 010	12 020	12 037
甘　肃	15 405	15 409	15 412	15 415	15 418	15 421
巴里坤乌鲁木齐	232	235	239	242	246	250
四　川	38 338	38 951	39 397	39 843	40 618	41 228
广　东	25 744	26 287	26 415	26 613	26 802	27 072
广　西	7 633	7 649	7 668	7 689	7 712	7 735
云　南	7 019	7 061	7 106	7 146	7 185	7 221
贵　州	5 410	5 412	5 414	5 418	5 420	5 423

资料来源:(1) 据道光二十年《户部清册》(976 号)。

(2) 据道光二十一年《户部清册》(977 号)。

(3) 据道光二十二年《户部清册》(978 号)。案,是年浙江造报人口为 27 615 千人,中

缺鄞县、镇海县、定海厅。至道光23年补报鄞县、镇海二县共1431千人,故是年浙江人数除定海厅未补报外共为29 046千人。

(4) 据道光二十三年《户部清册》(979号)。案,是年福建台湾府人口未造报。
(5) 据道光二十四年《户部清册》(980号)。案,是年浙江定海厅、福建台湾府人口未造报。
(6) 据道光二十五年《户部清册》(981号)。案,是年浙江定海厅、福建台湾府人口未造报。

清代乾、嘉、道、咸、同、光六朝人口统计表(5)　　　单位:千人

地 区	道光二十六年(1) 1846年	道光二十七年(2) 1847年	道光二十八年(3) 1848年	道光二十九年(4) 1849年	道光三十年(5) 1850年	咸丰元年(6) 1851年
总 计	423 120	425 107	426 928	428 422	429 932	431 896
奉 天	2 503	2 520	2 538	2 554	2 571	2 582
吉 林	326	326	326	327	327	327
直 隶	22 940	23 028	23 270	23 365	23 401	23 455
安 徽	37 533	37 553	37 572	37 592	37 611	37 631
江 苏	43 630	43 814	43 966	44 095	44 155	44 303
江 西	24 510	24 511	24 512	24 513	24 515	24 516
浙 江	29 564	29 796	29 894	29 968	30 027	30 107
福 建	19 529	19 644	19 768	19 876	19 987	20 099
湖 北	33 475	33 539	33 607	33 674	33 738	33 810
湖 南	20 440	20 504	20 540	20 576	20 614	20 648
山 东	32 564	32 701	32 847	32 996	33 127	33 266
河 南	23 773	23 925	23 926	23 927	23 927	23 928
山 西	15 031	15 056	15 078	15 103	15 131	15 693
陕 西	12 039	12 071	12 084	12 094	12 107	12 010
甘 肃	15 424	15 428	15 431	15 434	15 437	15 440
巴里坤乌鲁木齐	255	253	256	264	274	278
四 川	41 837	42 454	43 065	43 575	44 164	44 752
广 东	27 312	27 496	27 707	27 899	28 182	28 389
广 西	7 756	7 778	7 799	7 815	7 827	7 823
云 南	7 254	7 283	7 313	7 342	7 376	7 403
贵 州	5 425	5 427	5 429	5 432	5 434	5 436

资料来源：(1) 据道光二十六年《户部清册》(982号)。案，是年浙江定海厅、福建台湾府人口未造报。
(2) 据道光二十七年《户部清册》(983号)。案，是年福建台湾府人口未造报。浙江造报人口为 29 628 千人，中缺定海厅，至道光二十九年补报 168 千人，故是年浙江人口实数为 29 796 千人。
(3) 据道光二十八年《户部清册》(984号)。案，是年福建台湾府人口未造报。是年浙江造报人口 29 702 千人，中缺定海厅，至道光二十九年补报共 192 千人，故是年浙江人口实为 29 894 千人。
(4) 据道光二十九年《户部清册》(986号)。案，是年福建台湾府人口未造报。是年甘肃省人口数至咸丰元年始补报。
(5) 据道光三十年《户部清册》(989号)。案，是年福建台湾府人口未造报。是年甘肃省人口数至咸丰元年始补报。
(6) 据咸丰元年《户部清册》(988号)。案，是年福建台湾府人口未造报。又是年人口总数，照各省总和为 431 894 千人，而原册上所载总数为 432 164 千人，多出 27 万人。

清代乾、嘉、道、咸、同、光六朝人口统计表(6)　　　单位：千人

地 区	咸丰二年 (1)1852年	咸丰三年 (2)1853年	咸丰四年 (3)1854年	咸丰五年 (4)1855年	咸丰六年 (5)1856年	咸丰七年 (6)1857年
总 计	?	?	?	?	?	?
奉 天	2 725	2 737	2 751	2 764	2 776	2 787
吉 林	327	328	327	327	327	328
直 隶	23 492	22 867	22 940	22 975	22 813	23 032
安 徽	37 650	?	?	?	?	?
江 苏	44 494	?	?	?	?	?
江 西	24 517	24 519	23 878	23 878	12 376	9 840
浙 江	30 176	30 289	30 400	30 469	30 542	30 596
福 建	20 211	20 314	20 401	20 509	20 574	20 687
湖 北	?	?	?	?	?	?
湖 南	?	20 700	20 725	20 754	20 783	20 812
山 东	33 406	33 500	33 619	33 685	33 767	34 017
河 南	23 928	23 929	23 930	23 930	?	?
山 西	15 892	15 921	15 957	15 992	16 016	16 049
陕 西	12 038	12 048	12 059	12 064	12 028	12 009
甘 肃	15 443	15 446	15 451	15 454	15 458	15 462

清代的人口变动

续表

地 区	咸丰二年 (1)1852年	咸丰三年 (2)1853年	咸丰四年 (3)1854年	咸丰五年 (4)1855年	咸丰六年 (5)1856年	咸丰七年 (6)1857年
巴里坤乌鲁木齐	283	288	292	297	302	310
四 川	45 341	45 930	46 523	47 115	47 708	48 301
广 东	28 581	28 732	28 890	29 034	29 102	29 139
广 西	7 808	7 785	7 775	7 774	5 164	?
云 南	7 430	7 456	7 488	7 522	?	?
贵 州	5 437	5 439	5 441	4 299	4 301	4 302

资料来源：(1) 据咸丰二年《户部清册》(991号)。案，是年江苏省人口系至咸丰五年始补报。巴里坤乌鲁木齐人口系至咸丰四年始补报。又是年广西全州、永安州人口未造报。
(2) 据咸丰三年《户部清册》(992号)。案，是年福建省人口系至咸丰五年始补报。巴里坤乌鲁木齐人口系至咸丰四年始补报。又是年广西全州、永安州人口未造报。
(3) 据咸丰四年《户部清册》(994号)。案，是年福建省人口系据咸丰八年补报五年份人数所载四年份数字著录。巴里坤乌鲁木齐人口系至咸丰五年始补报。
(4) 据咸丰五年《户部清册》(995号)。案，是年贵州人口系至咸丰七年补报。福建、巴里坤乌鲁木齐人口系至咸丰八年补报。
(5) 据咸丰七年《户部清册》(997号)。案，是年福建人口系至咸丰九年补报。巴里坤乌鲁木齐人口系至咸丰八年补报。广西、贵州人口系于咸丰七年补报。又是年广西人数，仅系永宁等14州、临桂等31县人数，其他各州县未造报。再是年册载奉天等12省人数共275 118千人，今案此12省人口总数实为243 696千人，加上补报的福建等4省共为274 037千人，册载有误。
(6) 据同上。案，是年福建人数系至咸丰十年补报。巴里坤乌鲁木齐、贵州人口系至咸丰八年补报。又案，是年江西人数仅系南昌等29州县人数，其他州县未造报。

清代乾、嘉、道、咸、同、光六朝人口统计表(7)　　　　单位：千人

地 区	咸丰八年 (1)1858年	咸丰九年 (2)1859年	咸丰十年 (3)1860年	咸丰十一年 (4)1861年	同治元年 (5)1862年	同治二年 (6)1863年
总 计	?	?	?	?	?	?
奉 天	2 798	2 808	2 818	2 827	2 835	?
吉 林	328	329	329	330	330	331
直 隶	974	979	987	995	995	996
安 徽	?	?	?	?	?	?

续表

地 区	咸丰八年 (1)1858年	咸丰九年 (2)1859年	咸丰十年 (3)1860年	咸丰十一年 (4)1861年	同治元年 (5)1862年	同治二年 (6)1863年
江 苏	?	?	?	?	?	?
江 西	24 486	24 485	?	24 487	24 488	24 489
浙 江	30 330	30 399	19 213	?	?	?
福 建	20 739	?	20 968	21 074	21 174	21 273
湖 北	30 570	30 815	31 063	31 222	31 372	31 526
湖 南	20 841	20 867	20 940	20 990	20 992	20 995
山 东	34 143	34 292	34 346	34 106	34 117	34 244
河 南	23 932	23 932	23 933	23 933	23 933	23 934
山 西	16 088	16 123	16 199	16 242	16 286	16 324
陕 西	11 968	11 986	11 997	11 973	?	?
甘 肃	15 465	15 468	15 470	15 473	15 476	?
巴里坤 乌鲁木齐	?	?	?	?	?	?
四 川	48 894	49 487	50 080	50 673	51 266	51 859
广 东	29 108	29 178	29 204	29 228	29 242	29 261
广 西	?	?	?	?	?	?
云 南	?	?	?	?	?	?
贵 州	3 965	?	4 344	4 411	4 085	?

资料来源：(1) 据咸丰八年《户部清册》(998号)。案，是年福建人口系至咸丰十一年补报。又案，是年直隶人数仅系承德一府造报。贵州八寨等21厅州县未报。再自是年起至光绪二十四年止，直隶人口均止承德一府造报。

(2) 据咸丰九年《户部清册》(1000号)。

(3) 据咸丰十年《户部清册》(1003号)。案，是年福建人口系至同治二年补报。又案，是年浙江仁和等29州县因战事未造报。贵州都匀、镇远2府、八寨18厅州县亦因战事未造报。

(4) 据咸丰十一年《户部清册》(1004号)。案，是年福建人口系至同治三年补报。又案，是年贵州都匀、镇远2府、八寨17厅州县因战事未造报。

(5) 据同治元年《户部清册》(1006号)。案，是年福建人口系至同治四年补报。又案，是年贵州兴义、都匀、镇远3府，并普安等22厅州县、古州等10卫人口因战事未造报。

(6) 据同治二年《户部清册》(1008号)。

清代乾、嘉、道、咸、同、光六朝人口统计表(8)　　单位：千人

地　区	同治三年 (1)1864年	同治四年 (2)1865年	同治五年 (3)1866年	同治六年 (4)1867年	同治七年 (5)1868年	同治八年 (6)1869年
总　计	?	?	?	?	?	?
奉　天	2 858	2 874	2 888	2 902	2 922	2 937
吉　林	331	331	332	333	333	334
直　隶	999	715	716		716	716
安　徽	?	?	?	?	?	?
江　苏	?	?	?	?	?	?
江　西	24 487	24 489	24 491	24 493	24 496	24 498
浙　江	?	?	6 378	6 403	6 430	6 453
福　建	19 236	19 347	?	19 600	19 745	19 897
湖　北	31 667	31 809	31 920	32 026	32 113	32 202
湖　南	20 996	20 996	20 997	20 997	20 998	20 998
山　东	34 343	34 497	34 598	34 665	34 717	34 780
河　南	23 934	23 935	23 935	23 936	23 936	23 937
山　西	16 154	16 186	16 218	16 248	16 282	16 309
陕　西	?	?	?	?	?	?
甘　肃	?	?	?	?	?	?
巴里坤 乌鲁木齐	?	?	?	?	?	?
四　川	52 452	53 045	44 729	45 322	45 915	46 509
广　东	29 286	29 295	29 301	29 311	29 322	29 338
广　西	?	?	?	?	?	?
云　南	?	?	?	?	?	?
贵　州	?	3 178	?	?	?	?

资料来源：(1)据同治三年《户部清册》(1010号)。
(2)据同治四年《户部清册》(1012号)。案，是年直隶承德府人口及贵州人口系至同治五年补报，福建人口系至同治九年补报。又案，是年贵州人口只系贵阳7府、仁

怀等4厅、归化、水城2通判、定番等8州、永宁等17县、大塘、罗斛2州判民数，其大定等府厅州因战事未造报。

(3) 据同治五年《户部清册》(1013号)。
(4) 据同治六年《户部清册》(1015号)。案，是年福建人口系至同治十一年补报。
(5) 据同治七年《户部清册》(1017号)。案，是年福建人口系至同治十一年补报。
(6) 据同治八年《户部清册》(1019号)。案，是年福建人口系至同治十一年补报。

清代乾、嘉、道、咸、同、光六朝人口统计表(9)　　单位：千人

地区	同治九年(1)1870年	同治十年(2)1871年	同治十一年(2)1872年	同治十二年(3)1873年	同治十三年(4)1874年	光绪元年(5)1875年
总　计	?	?	?	?	?	?
奉　天	2 952	2 969	2 982	3 003	3 019	3 037
吉　林	334	335	336	336	337	338
直　隶	717	718	719	719	721	721
安　徽	?	?	?	?	?	?
江　苏	?	?	?	?	19 823	19 941
江　西	24 500	24 502	24 505	24 507	24 509	24 512
浙　江	6 468	6 483	6 643	6 982	10 843	11 361
福　建	20 053	20 211	20 376	20 636	20 649	21 036
湖　北	32 289	32 380	32 469	32 561	32 650	32 754
湖　南	20 998	20 999	20 999	20 999	21 000	21 000
山　东	34 890	34 985	35 100	35 219	35 338	35 463
河　南	23 938	23 939	23 940	23 941	23 942	23 942
山　西	16 329	16 392	16 360	16 384	16 394	16 405
陕　西	?	?	?	?	?	?
甘　肃	?	?	?	?	?	?
巴里坤乌鲁木齐	?	?	?	?	?	?
四　川	55 454	56 403	57 393	58 344	59 396	60 448
广　东	29 489	29 507	29 523	29 545	29 558	29 572

续表

地　区	同治九年 (1) 1870年	同治十年 (2) 1871年	同治十一 年(2) 1872年	同治十二 年(3) 1873年	同治十三 年(4) 1874年	光绪元年 (5) 1875年
广　西	?		?	?	?	?
云　南	?	?	?	?	?	?
贵　州	3 287	3 289	3 292	3 957	4 171	4 484

资料来源：(1) 据同治九年《户部清册》(1020号)。案，是年奉天人口系至光绪元年补报，福建人口系至同治十一年补报。又案，是年及同治十年、十一年贵州兴义、都匀、镇远3府、八寨等27厅州县未造报。
(2) 据同治十一年《户部清册》(1021号)。
(3) 据同治十二年《户部清册》(1022号)。
(4) 据光绪元年《户部清册》(1023号)。案，是年贵州兴义、都匀、镇远3府、八寨20厅州未造报。
(5) 据同上。案，是年福建人口系至光绪二年始补报。又是年贵州都匀、镇远2府、八寨等16厅州未造报。

清代乾、嘉、道、咸、同、光六朝人口统计表(10)　　　　单位：千人

地　区	光绪二年 (1)1876年	光绪三年 (2)1877年	光绪四年 (3)1878年	光绪五年 (4)1879年	光绪六年 (5)1880年	光绪七年 (6)1881年
总　计	?	?	?	?	?	?
奉　天	3 054	3 793	4 068	4 134	4 176	4 208
吉　林	338	339	340	345	?	342
直　隶	723	723	724	724	724	725
安　徽	?	?	?	?	?	?
江　苏	20 058	20 188	20 324	20 463	20 644	20 784
江　西	24 515	24 518	24 521	24 525	24 527	?
浙　江	11 414	11 466	11 500	11 541	11 558	11 572
福　建	21 130	21 238	21 439	21 647	?	22 276
湖　北	32 859	32 950	33 037	33 122	33 206	33 285
湖　南	21 000	21 001	21 002	21 002	21 002	21 002
山　东	35 567	35 657	35 731	35 902	35 998	36 095

续表

地 区	光绪二年 (1)1876年	光绪三年 (2)1877年	光绪四年 (3)1878年	光绪五年 (4)1879年	光绪六年 (5)1880年	光绪七年 (6)1881年
河 南	23 943	23 944	22 114	22 115	22 115	22 115
山 西	16 419	16 433	15 557	15 569	14 587	14 349
陕 西	?	?	?	?	?	?
甘 肃	?	?	?	?	?	?
巴里坤 乌鲁木齐	?	?	?	?	?	?
四 川	61 500	62 451	63 503	64 560	65 611	66 662
广 东	29 592	29 614	29 632	29 651	29 672	29 695
广 西	?	?	?	?	?	?
云 南	?	?	?	?	?	?
贵 州	4 487	4 490	4 493	4 608	4 739	?

资料来源：(1) 据光绪二年《户部清册》(1024号)。案，是年福建人口系至光绪三年补报。又案，是年贵州都匀、镇远2府、八寨等14厅州未造报。
(2) 据光绪三年《户部清册》(1025号)。案，是年福建人口系至光绪四年补报。又案，是年贵州都匀、镇远2府、八寨等7厅州县未造报，下年度同。
(3) 据光绪四年《户部清册》(1026号)。案，是年吉林、福建人口系至光绪五年补报。
(4) 据光绪五年《户部清册》(1027号)。案，是年吉林、福建人口系至光绪六年补报。又案，是年贵州都匀1府、八寨等13厅州未造报。
(5) 据光绪六年《户部清册》(1028号)。案，是年贵州为全省造报人口，以后贵州所造报人口均为全省数。
(6) 据光绪八年《户部清册》(1029号)。

清代乾、嘉、道、咸、同、光六朝人口统计表(11)　　　单位：千人

地 区	光绪八年 (1) 1882年	光绪九年 (2) 1883年	光绪十年 (3) 1884年	光绪十一 年(4) 1885年	光绪十二 年(5) 1886年	光绪十三 年(6) 1887年
总 计	?	?	?	?	?	?
奉 天	4 243	4 284	4 323	4 369	4 409	4 451
吉 林	398	402	414	149	448	449

清代的人口变动

续表

地　区	光绪八年(1) 1882年	光绪九年(2) 1883年	光绪十年(3) 1884年	光绪十一年(4) 1885年	光绪十二年(5) 1886年	光绪十三年(6) 1887年
直　隶	726	726	725	725	726	727
安　徽	?	?	?	?	?	?
江　苏	20 905	21 026	21 161	21 260	21 347	21 409
江　西	24 534	24 538	24 541	24 541	24 554	24 559
浙　江	11 589	11 606	11 637	11 685	11 691	11 703
福　建	22 676	?	23 503	?	24 345	24 740
湖　北	33 365	33 438	33 519	33 600	33 682	33 763
湖　南	21 003	21 003	21 004	21 005	21 006	21 006
山　东	36 248	36 355	36 454	36 546	36 631	36 694
河　南	22 116	22 106	22 117	22 117	22 117	22 118
山　西	12 211	10 744	10 909	10 793	10 847	10 658
陕　西	?	?	8 094	8 277	8 396	8 404
甘　肃	?	?	?	?	?	?
巴里坤乌鲁木齐	?	?	?	?	?	?
四　川	67 713	68 969	70 021	71 074	72 126	73 179
广　东	29 706	29 717	29 753	29 740	29 751	29 763
广　西	?	?	?	?	?	?
云　南	?	?	?	?	?	?
贵　州	?	?	?	?	4 804	4 807

资料来源：(1) 据光绪八年《户部清册》(1029号)。案，是年吉林、福建人口系至光绪九年补报。
(2) 据光绪九年《户部清册》(1030号)。案，是年吉林人口系至光绪十年补报。
(3) 据光绪十年《户部清册》(1033号)。案，是年吉林、福建人口系至光绪十一年补报。
(4) 据光绪十二年《户部清册》(1034号)。
(5) 据光绪十三年《户部清册》(1036号)。
(6) 据同上。案，是年吉林、福建人口系至光绪十四年补报。

清代乾、嘉、道、咸、同、光六朝人口统计表(12)　　单位：千人

地区	光绪十四年(1)1888年	光绪十五年(2)1889年	光绪十六年(3)1890年	光绪十七年(4)1891年	光绪十八年(5)1892年	光绪十九年(6)1893年
总　计	?	?	?	?	?	?
奉　天	4 490	4 538	4 566	4 617	4 665	4 725
吉　林	448	420	480		551	626
直　隶	728	729	729	551	731	732
安　徽	?	?	?	?	?	?
江　苏	21 472	21 532	21 584	21 643	21 741	21 852
江　西	24 567	24 570	24 574	24 579	24 584	24 593
浙　江	11 720	11 745	11 774	11 792	11 812	11 825
福　建	24 849	24 934	25 007	?	25 159	25 235
湖　北	33 836	33 912	33 994	34 112	34 159	34 254
湖　南	21 007	21 008	21 008	20 935	21 009	21 009
山　东	36 817	36 859	36 984	37 096	37 151	37 279
河　南	22 118	22 119	22 119	22 119	22 120	22 120
山　西	10 984	11 034	11 059	11 071	?	10 912
陕　西	8 405	8 405	8 407	8 413	8 422	8 431
甘　肃	?	?	?	?	?	?
巴里坤乌鲁木齐	?	?	?	?	?	?
四　川	74 231	75 283	76 336	76 336	77 388	78 441
广　东	29 774	29 786	29 800	29 811	29 826	29 839
广　西	7 509	?	?	?	?	?
云　南	?	?	?	?	?	?
贵　州	4 811	4 816	4 821	4 827	4 831	4 836

资料来源：(1)据光绪十四年《户部清册》(1037号)。案，是年吉林、福建、广西人口系至光绪十五年补报。

清代的人口变动

(2) 据光绪十五年《户部清册》(1039 号)。案,是年吉林、福建人口系至光绪十六年补报。
(3) 据光绪十六年《户部清册》(1040 号)。案,是年吉林、福建人口系至光绪十七年补报。
(4) 据光绪十七年《户部清册》(1043 号)。
(5) 据光绪十九年《户部清册》(1044 号)。
(6) 据同上。是年吉林、福建人口系至光绪二十年补报,山西人口系至光绪二十一年补报。

清代乾、嘉、道、咸、同、光六朝人口统计表(13)　　单位:千人

地　区	光绪二十年(1)1894年	光绪二十一年(2)1895年	光绪二十二年(3)1896年	光绪二十三年(4)1897年	光绪二十四年(5)1898年
总　计	?	?	?	?	?
奉　天	3 082	2 404	?	4 957	4 643
吉　林	626	638	632	779	?
直　隶	767	836	837	735	736
安　徽	?	?	?	?	?
江　苏	21 974	22 085	22 228	22 336	22 390
江　西	24 599	24 604	24 608	24 613	24 617
浙　江	11 843	11 852	11 866	11 884	11 900
福　建	25 630	26 026	?	26 833	?
湖　北	34 340	34 427	34 518	34 614	34 716
湖　南	21 010	21 011	21 011	21 012	21 174
山　东	37 438	37 476	37 593	37 714	37 789
河　南	22 121	22 121	22 121	22 122	22 123
山　西	11 051	11 104	11 191	11 493	11 531
陕　西	8 473	8 495	8 510	8 547	8 592
甘　肃	?	?	?	?	?
巴里坤乌鲁木齐	?	?	?	?	?

续表

地 区	光绪二十年(1) 1894年	光绪二十一年(2) 1895年	光绪二十二年(3) 1896年	光绪二十三年(4) 1897年	光绪二十四年(5) 1898年
四 川	79 493	80 546	82 811	83 780	84 749
广 东	29 852	29 866	29 881	29 897	29 900
广 西	?	?	?	?	?
云 南	?	?	?	?	?
贵 州	4 841	4 845	4 850	4 854	4 859

资料来源：(1) 据光绪二十年《户部清册》(1047号)。案，是年福建人口系至光绪二十一年补报。
(2) 据光绪二十一年《户部清册》(1049号)。案，是年吉林、福建人口系至光绪二十二年补报。
(3) 据光绪二十二年《户部清册》(1051号)。
(4) 据光绪二十四年《户部清册》(1052号)。

附注：(1) 附录资料系转录自严中平等编《中国近代经济史统计资料选辑》(1955年8月)《附录》，页362—374。
(2) 表中道光十七年(1837年)广东人口数字为34 297千人，显然是24 297千人之误。如果根据后一数字，该年人口应共为406 985千人。按《东华续录·道光》卷三六，道光十七年人口为405 923 174人。但缺直隶乐亭等五州县未报。到道光二十年补报，该五州县共1 061千人，所以道光十七年人口约共为406 984 174人。参考罗尔纲《太平天国革命前的人口压迫问题》"中央研究院"社会科学研究所《中国社会经济史集刊》八卷一期，1949年1月，南京《附录》。

鸦片战争前江苏的棉纺织业

一

近代中国经济的转变,鸦片战争(1840—1842年)无疑是一个重要的关键。自鸦片战争以后,中国的对外政策因为要由闭关改为开关,结果在经济上初时感受到西洋工业品输入的影响,后来更因为西洋各种机器设备及技术知识的输入,中国无论是在工矿生产方面,或是在交通运输方面,都发生激剧的变化。

鸦片战争既然给予中国经济这样重大的影响,我们当然要对鸦片战争后的经济变化加以研究。可是,为着要研究鸦片战争后的经济变化,我们先要明了鸦片战争以前中国经济的情况,以便前后加以比较。本文之作,就是要以棉纺织业为着重点来探讨鸦片战争以前中国经济的情况;同时,由于资料搜集的方便,暂以江苏一省的棉纺织业为限。

上距鸦片战争发生前的500余年,即公元13世纪末叶,中国境内人口的分布非常不均匀,约有85%～90%的人口集中于长江流域及长江流域以南。[①] 在这个人口集中的广大区域中,位于长江三角洲的江苏,因为"苏常熟,天下足"[②],曾经长期养活较多的人口。可是,就在这个全国谷仓所在的区域中,靠近东边的松江府乌泥泾(在上海县西南二十六里),在元代(1277—1367年)已经发生粮食不足的问题。[③]

在13世纪前后,当长江下游的松江人口对土地增加压力的时候,那里及

[①] E.A. Kracke, JR., "Sung Society: Change within Tradition," in *The Far Eastern Quarterly*, vol. XIV, No.4, 1955.
[②] 这是宋代(960—1279年)流行的俗语,见宋陆游《渭南文集》卷二〇《常州奔牛闸记》。又参考拙著《唐宋帝国与运河》(1956年在台一版,中华书局)页8。
[③] 元陶宗仪《辍耕录》卷二四"黄道婆"条说:"松江府东去五十里许,曰乌泥泾,其地土田硗瘠,民食不给。"

附近的人民生计问题,却由于棉花的移植和纺织工业技术的传播而得到满意的解决。棉花最先种于印度。关于此事,在公元前1500年以前写的一部《吠陀经》已有记载。① 可是,这种植物虽然早就产于印度,它移植至中国的时间却非常之晚。大约在宋末元初,它才由中亚陆路移植至中国西北的陕西,由海道移植至东南沿海的广东和福建。② 位于东部海岸的松江府乌泥泾,因为"其地土高水下,风潮日至,沙松不保泽",不宜于稻米的生产;反之,"得木棉种于闽、广,差宜土性"③,种植却越来越多。

可是,乌泥泾一带虽然植棉成功,那里的人"初无踏车椎弓之制,率用手剖去(棉)子,线弦竹弧置案间,振掉成剂,厥功甚艰"④。幸而那里有一位老妇黄道婆,过去曾在较早移植棉花的崖州(在广东海南岛)居住,在那里学会了怎么样把棉花的纤维和棉子分离开,把棉花弹松,以及纺成棉纱,织成各种棉布的方法。到了元贞年间(1295—1296年),她从崖州回到乌泥泾居住,"以广中治木棉之法,教当地轧弹纺织。久之,三百里内外悉习其事"⑤。随着这些纺织工业技术的传授,在乌泥泾一带,"人既受教,竞相作为,转货他郡,家既就殷"。大家因为感激她的恩惠,在她死后,特地建立祠堂来纪念她。⑥

宋末元初松江乌泥泾及其附近地区的植棉,再加上棉纺织工业技术的传播,一方面解决了那里过剩人口的生计问题,使之"家既就殷",另一方面又因为在那里生产出来的棉布"转货他郡",而满足其他地方人民在衣着方面的需要。到了明代(1368—1644年),各地人民虽然也能织布,但松江及其附近的棉纺织业仍然占有重要的地位。⑦ 在这个棉纺织工业区,有"数百家布号,皆

---

① A.B. Cox, "Cotton," in Edwin R.A. Seligman, ed., *Encyclopaedia of the Social Sciences*, New York, 1930.
② 清褚华《木棉谱》说:"邱濬《大学衍义补》曰:汉、唐之世,木棉虽入贡,中国未有其种,民未以为服,官未以为调。宋、元间传种,关、陕、闽、广首得其利。盖闽、广海舶通商,关、陕接壤西域故也。"按褚华,乾隆年间(1736—1795年),上海县人。
③ 清包世臣《齐民四术》卷五(《安吴四种》卷二九)《上海县新建黄婆专祠碑文》。
④ 《辍耕录》卷二四"黄道婆"条。
⑤ 清郑光祖《一斑录杂述》(有道光十九年自序)卷二。关于黄道婆自崖州移居乌泥泾的时间,本书作"至正(1241—1267年)间",《齐民四术》卷五《上海县新建黄婆专祠碑文》作"至正之初",均疑误。兹从《木棉谱》作"元贞中",因为这和《辍耕录》卷二四"黄道婆"条的"国初时"较为符合。
⑥ 《辍耕录》卷二四"黄道婆"条。又《木棉谱》也说:"黄道婆本邑(上海)人,流落崖州海峤间。元贞中,携纺织具归,传其法于乌泥泾。人人皆大获其利。婆死,立祠祀之。"
⑦ 明末宋应星《天工开物》卷上说:"凡棉布,寸土皆有,而织造尚松江……"

在松江、枫泾(在浙江嘉善县东北十八里,与松江接壤)、洙泾(今江苏金山县治)乐业,而染坊、踹坊、商贾悉从之"①。除了这些地方的布号以外,交通更方便的上海,更是大量棉布的集散地,在那里的棉布批发业者,"秦、晋布商皆主于家,门下客常数十人,为之设肆收买。俟其将戒(成?)行李时,始估银与市,捆载而去。其利甚厚,以故富甲一邑"②。

二

由于过去的历史背景,江苏的棉纺织业,到了清代(1644—1911年),产量更多、销路更广,故早在开关以前,已经能够养活不少人口,和江苏经济发生密切的关系。当日江苏的棉纺织业之所以这样发展,我们可以提出几个因素来加以讨论。

第一个因素是棉花产量的增加。长江自西向东流,在将近入海的三角洲,因为经过长期的冲积,到了清朝中叶,新涨沙洲或沙渚土地的面积越来越广大。③ 这些新涨沙地,因为"沙松不保泽",不易开辟成水田来种稻;反之,如果用来植棉,却收获丰富,较为有利,故植棉面积激剧增加。例如贺长龄辑《皇朝经世文编》卷三七载两江总督高晋《请海疆禾棉兼种疏》(乾隆四十年,1775年)说:"松江府、太仓州、海门厅、通州并所属之各县,逼近海滨,率以沙涨之地,宜种棉花。是以种花者多,种稻者少。……臣从前阅兵,两次往来于松江、太仓、通州地方,留心体察,并询之地方府厅州县,究其种棉而不种稻之故,并非沙土不宜于稻,盖缘种棉费力少而获利多,种稻工本重而获利轻。小民惟利是图,积染成风。官吏习以为常,亦皆习而不察。以现在各厅州县农

---

① 清顾公燮《消夏闲记摘钞》卷中。
② 《木棉谱》。
③ 例如《朱批谕旨》第二〇册载雍正七年(1729年)六月十九日,赵宏本奏:"范堤(北宋范仲淹所筑,位于江苏长江以北)向时近海,目今自堤至海有远至数十里及一百里者。"又同书第三五册载雍正十一年(1733年)二月十三日,乔世臣奏:"查通州、崇明、昭文三州县,俱系滨江沿海新涨沙洲。"又陶澍《陶文毅公全集》卷一〇《覆奏江苏尚无阻碍水道沙洲折子》(道光十二年,1832年)说:"至于长江一带,沙渚纵横,淤成洲地,沿海沿河,俱皆有之。总因江南地方近海,众水所趋,故洲滩尤多也。……且江洲之生,亦实因上游川、陕、滇、黔等省开垦太多,无业游民,到处伐山刊木,种植杂粮,一遇暴雨,土石随流而下,以致停淤接涨。"

田计之,每村庄知务本种稻者,不过十分之二三,图利种棉者,则有十分之七八。"又林则徐《林文忠公政书》甲集《江苏奏稿》二卷《太仓等州县卫帮续被歉收请缓新赋折》①说:"太仓州暨所属之镇洋、嘉定、宝山等县,种稻之处十仅二三,而木棉居其七八。"又《一斑录杂述》卷七说:"吾乡(常熟)地处海滨,壤皆沙土,广种棉花。(自常熟、昭文,南至太仓、嘉定、上海、南汇、金山,直至槎浦,其地略同。)"由于植棉面积的扩大,棉花产量自然要激剧增加,故江苏的棉纺织业可因原料供应的充足而增加生产。自然,宜于在沙地上种植的农作物,并不以棉花为限②;而且植棉特别耗费人工,故在人口较少的地方,棉田面积也要大受限制。幸而江苏各地的人口,到了18世纪较前激增,故可因劳力供应的丰富而大大推广植棉的面积。③ 这样一来,纺织所用的棉花自然可以增加产量了。

第二个因素是人口对土地压力的增大。我们在上文曾经根据《辍耕录》卷二四"黄道婆"条,说松江府的乌泥泾,在元代已经发生"土田硗瘠,民食不给"的问题。不过,当日因人口过剩而发生粮食不足的现象,事实上只限于某一地方,问题并不特别严重。可是,到了清中叶左右,随着全国人口的增加,江苏一省的人口更要激增,以致人口密度为全国第一:

第一表　江苏人口密度

年　　代	面　　积 (方英里)	口　　数	每方英里 平均口数
乾隆五十二年(1787年)	38 600	31 426 750	814.16
嘉庆十七年(1812年)	同上	37 843 501	980.40
道光二十二年(1842年)	同上	43 032 910	1 114.84

资料来源:《嘉庆大清会典》卷一一,乾隆五十二年及道光二十二年户部题本。④

---

① 作于道光十二至十六年(1832—1836年)林则徐任江苏巡抚时。
② 除棉花外,豆也是这一地区的重要农作物。例如《朱批谕旨》第一二册载雍正三年(1725年)六月十八日,张楷奏:"臣由昆山、松江一路遍看田禾茂盛,沿海地方不种秧稻,只种棉、豆,俱各畅茂。"
③ 例如《一斑录杂述》卷二说:"余家自海至堋身二十余里,称东高乡。溯雍正(1723—1735年)以前,乡农所种,豆多于棉。……时种棉十仅四五,盖黄霉削草,必资人多,囊时人较少也。自后生齿日繁,故种棉渐多于豆。"
④ 原文未见,兹引自罗尔纲《太平天国革命前的人口压迫问题》,《中国社会经济史集刊》("中央研究院"社会科学研究所,1949年1月)第八卷第一期。

因为清中叶前后江苏的人口密度特别大,故每人平均的耕地面积非常之小。例如在嘉庆十七年,全国耕地面积 781 525 182 亩,人口 361 761 431,即每人平均耕地 2.19 亩;可是,是年江苏一省只有耕地面积 72 089 486 亩,人口却多至 37 843 501,即每人平均只有耕地 1.90 亩。① 江苏每人平均的田亩既然这样微小,其每年生产的粮食自然养活不了大量过剩的人口了。因此,过去以"苏、常熟,天下足"著称的江苏,到了清代,反而感到粮食不足,须自湖广(湖北及湖南)、江西及安徽等省输入来接济。② 江苏好多人民既然要倚赖外省米粮的输入才能养活,他们自然要生产其他商品来输出,以便有钱来向外省购米;而在江苏可供输出的商品中,具有消费市场的棉布尤为重要,故大家都从事纺织来维持生计。例如曹允源等修《吴县志》(民国二十二年,1933 年)卷五一引《康熙长洲县志》说苏州一带"纺之(棉花)为纱,织之为布者,家户习为恒产,不止乡落,虽城中亦然"。又《皇朝经世文编》卷三六载尹会一《敬陈农桑四务疏》③说:"查江南苏(州)、松(江)两郡最为繁庶,而贫乏之民得以俯仰有资者,不在丝而在布。女子七八岁以上即能纺絮,十二三岁即能织布,一日之经营,尽足以供一人之用度而有余。"又《一斑录杂述》卷二说:"余乡(常熟)棉之为用甚普,老少贵贱,莫不赖之。其衣被天下功,殆有过蚕桑。"又《林文忠公政书》甲集《江苏奏稿》卷二《太仓等州县卫帮续被歉收请缓新赋折》说:"太仓州暨所属之镇洋、嘉定、宝山等县……向来多种木棉,纺织为业。小民终岁勤动,生计全赖于棉。"又《江苏阴雨连绵稻田歉收情形片》说:"(江苏)各属沙地,只宜种植木棉,男妇纺织为生者十居五六。"除上述各地外,江苏有些地方本来是没有植棉纺织的,可是从明朝末年起,由于技术的传播,也开始

---

① 罗尔纲前引文。
② 例如《雍正东华录》卷一〇雍正五年(1725 年)三月壬子条载署湖广总督福敏奏:"大江以南皆系财赋重地,独至米谷则江、浙等省每赖湖广接济。"又《朱批谕旨》第五册载雍正五年四月十一日,陈时夏奏:"臣查苏州地狭民稠,产米无多,即系丰收,亦资江(西)、(湖)广之米,以敷食用。"又《皇朝经世文编》卷三七载高晋《请海疆禾棉兼种疏》(乾隆四十年)说:"松江府、太仓州、海门厅、通州并所属之各县……每年口食,全赖客商贩运,以致粮价常贵,无所底止。……即如崇明一县,向因本地多种棉花,不种粮食,准其招商赴上江有漕聚米之区采买运济。乾隆二十年(1755 年)以前,臣在安徽布政使任内,核计崇商买米之数,不过二十余万石。近则递年加增,已买至三十余万石。此即生齿日繁,本地粮食不足之明验矣。"(同书卷六一略同)
③ 作于乾隆二年(1737 年),参考《清史稿》列传九五《尹会一传》。

把棉纺织业发展起来。① 这样一来,到了清代,靠棉纺织业为生的人当然更要增加了。

第三个因素是农村剩余劳力的利用。我们在上文曾经说过,清中叶前后江苏因为人口密度太大,每人平均耕地面积太小,如果专门经营农业,因为收入有限,不易维持生计;故除此之外,每个家庭,不论男女老少,须利用剩余劳力来纺纱织布,以增加收入。不独如此,因为农业生产对于劳力的需要,具有季节性,每年农业劳动比较忙的时间只限于三几个月②,其余大部分时间是农闲季节,农民的剩余劳力有利用来从事棉纺织业的生产,以弥补收入的必要。例如邓廷弼修《松江府志》(康熙二年,1663年)卷五说:"至于乡村,纺织尤尚精敏。农暇之时,所出布匹日以万计。以织助耕,红女有力焉。"又《文献丛编》(北平故宫博物院文献馆)第三二辑载苏州织造李煦《请预为采办青蓝布匹折》(康熙三十四年九月)说:"此项布匹(青蓝布)出在上海一县,民间于秋成之后,家家纺织,赖此营生,上完国课,下养老幼。……今必俟春间采办,正值农忙,则价又高腾。"关于当日江苏各地人民在一年中以纺织来与农业劳动互相配合的详细情况,我们可拿无锡县的乡民来作例子。黄印辑《锡金识小录》(乾隆十七年,1752年)卷一说:"常郡五属,惟吾邑(无锡)不种草棉,而棉布之利独盛于吾邑,为他邑所莫及。乡民食于田者,惟冬三月。及还租已毕,则以所余米舂白,而置于困,归典库以易质衣。春月则合户纺织,以布易米而食,家无余粒也。及五月,田事迫,则又取冬衣易所质米归,俗谓种田饭米。及秋,稍有雨泽,则机杼声又遍村落,抱布贸米以食矣。故吾邑虽遇凶年,苟他处棉花成熟,则乡民不至大困。"这就是说:无锡县的乡民,要利用农闲季节的剩余劳力来纺纱织布,以解决生活问题。例如"春月则合户纺织……及秋,稍有雨泽,则机杼声又遍村落",这都是农忙过后,秧苗正在由自然帮助来生长的农闲季节,故乡民利用剩余劳力来生产棉布,以补收入的

---

① 例如王继祖等修《直隶通州志》(乾隆二十年,1755年)卷一七说:"(如)皋俗不谙纺织,布匹市自江南。明天启(1621—1627年)间,知县李衷纯治皋,特劝种木棉,制机杼之具,布之四门,教之织纴,而免其践更。其城北有笼机巷,笼机之工,聚族而居,岁贾千金。"
② 根据近年实地调查的结果,我们知道长江下游农民在一年中最忙的时间,在江苏江宁县为五月、六月、七月、九月及十月,在武进县为六月、七月及十月,在浙江镇海县为四月、五月、六月及七月。参考 J.L. Buck, *Chinese Farm Economy*, Chicago, pp.251—252,254.

不足。

第四个因素是气候的潮湿。关于潮湿气候对于上海县及其附近的棉纺织业发展的影响,乾隆年间(1736—1795年)褚华在他所著的《木棉谱》中已经加以讨论,他说:"吾邑(上海)以百里所产(棉布),常供数省之用,非种植独饶,人力独稠,抑亦地气使然也。盖北方风日高燥,棉维断续不得成缕,纵能作布,亦稀疏不堪用。南人寓都下者,朝夕就露下纺,或遇日中阴雨亦纺,不则徙业矣。肃宁(在河北省中部)人穿地窖数尺,作屋其上,檐高于平地二尺许,穿棂以透阳光。人居其中,借湿气纺之,始能得南中什之一二。"这是一个非常锐敏的观察,而且有充分科学的根据! 在20世纪初年,窦卜生(B.A. Dobson)曾经小心实验在31%的相对湿度下和在50%的相对湿度下来纺棉纱的情况,结果发现在50%的相对湿度下纺出的棉纱,其韧度(tensile strength)比在31%的相对湿度下纺出的棉纱要大5磅。他试验出在31%的相对湿度下纺出的40支纱的韧度为45.66磅,可是在50%的相对湿度下纺出的40支纱的韧度却为50.66磅。不独如此,如果湿度不够大,或气候过于干燥,那么,在纺纱的过程中,有许多棉花纤维要变成废弃无用,被机器排除出来,有时这些纤维甚至要阻塞着机器,使之不能灵活转动。① 因此,英国的兰开夏(Lancashire),自19世纪以来之所以能够长期成为世界棉纺织工业中心,其中一个重要因素是那里气候的潮湿。②

三

由于文书记载的缺乏,我们不能确知清代鸦片战争前每年江苏棉花、棉纱及棉布的产量。就棉花来说,上引《一斑录杂述》卷七只说自常熟向东南直至海边的广大地区都"广种棉花";上引《皇朝经世文编》卷三七高晋《请海疆禾棉兼种疏》,及《林文忠公政书》甲集《江苏奏稿》卷二《太仓等州县卫帮续被歉收请缓新赋折》,只说松江府、太仓州海门厅、通州及所属各县的耕地,有

---

① B.A. Dobson, *Humidity in Cotton Spinning*, Manchester, 1901.原书未见,兹据A.P. Usher, *An Introduction to the Industrial History of England*, Boston, 1920, p.264.
② J.L. Hammond and Barbara Hammond, *The Town Labourer 1760—1832*, London, 1928, p.6.

70%～80%种植棉花。至于每亩棉田的产量,大约"中岁亩收花八十斤"①,"常年得花百斤为上"。但在棉花丰收的年头,例如乾隆四十五年(1780年),常熟郑光祖家里的棉田,"三亩收花九百斤"②,即每亩一年的棉花产量多至300斤。

江苏虽然生产大量的棉花,可是也许由于棉花品种的不同,也许由于纺织工业消费的增大,仍然要自外面输入棉花,以满足工业方面的需要。在北方,"河南产木棉,而商贾贩于江南"③。在南方,广州输入的印度棉花,也运往江苏来卖。例如在1805—1806年的贸易季节中,广州输入印度孟加拉国棉花多至14万包,或31万担,每担在广州售银十四两五钱,但转运往南京一带出售,当加上运费和利润以后,每担售价为32两,即为广州售价的两倍多。④ 按早在1704年,厦门已有印度棉花的输入。在1785—1833年,广州输入印度棉花共达13 404 659担,每年平均输入273 546.4担。⑤ 这些自印度输入的棉花,当然有一部分是转运往江苏的。可是,在另外一方面,也许由于品种及用途的不同,也许由于收获量的丰富,江苏出产的棉花也有运销于福建、广东及其他地方的。⑥

自棉花制造成布,要经过"轧而为絮,弹而为棉,纺之成纱,经之上机,织之成布"等工作步骤。在这一连串的生产过程中,纺纱和织布两种工作最为重要。当日江苏各地"棉纺为纱,纺车者所架只一锭,抽绪只一条,每人日可五六两"。可是,在上海县,"有纺车并架三锭,抽三绪者。……每日人可十两"⑦。其次,织布机也很简陋,就是在以纺织著名的松江,其生产效率也不

---

① 清汪喜孙《从政录》卷三《沟洫议》上。
② 《一斑录杂述》卷二。
③ 这是尹会一于乾隆二年(1737年)调署河南巡抚后所上奏疏的话,见《清史稿》列传九五《尹会一传》。又《皇朝经世文编》卷三六尹会一《敬陈农桑四务疏》也有相似的记载。
④ M. Greenberg, *British Trade and the Opening of China 1800—1842*, Cambridge University Press, 1951, p.80.
⑤ 方显廷《中国之棉纺织业》(商务印书馆,民国二十三年)页四一至四三。
⑥ 例如《木棉谱》说:"闽、粤人于二三月载糖霜来(上海)卖,秋则不买布而止买花衣以归。楼船千百,皆装布囊累累,盖彼中自能纺织也。每晨至午,小东门外为市,乡农负担求售者,肩相摩,袂相接焉。至被褥衣裤所用棉絮,皆取黄晦中不经纬者,土人捣羊肠为弦弹之,价不甚贵。或有收装过败絮,补缀成片,以巨艇赶江、淮间买(卖?)之。贫民借以御寒,价愈贱矣。"
⑦ 《一斑录杂述》卷七。

过像一位姓钦的作家所说:"积一机之勤,疲一女之力,月可取布三十丈焉。"①到了1844年,有一个英国人在上海附近游览,还记载着,"我国(英国)古时所常用,而现在已被机器所代替的纺车和小手织机,旅行者在本地各家庭中都可看到"。②

这些手纺车和手织机,因为构造简单,学习使用比较容易,故上引《皇朝经世文编》卷三六尹会一《敬陈农桑四务疏》说:"女子七八岁以上即能纺絮,十二三岁即能织布。"这些工作既然不需要特别专门的技术训练,故江苏各属沙地,"男妇纺织为生者,十居五六"③。在苏州一带,上引《吴县志》卷五一也说:"纺之为纱,织之为布者,家户习为恒产,不止乡落,虽城中亦然。"

纺织所用的工具虽然简陋,生产效率虽然低下,可是纺织人数既然众多,故生产量仍然很有可观。由于记载的缺乏,我们不能得到清代鸦片战争前江苏每年棉纺织品产额的统计数字,可是根据当日各种零星的记载,我们对于江苏棉布产量的丰富,仍然可以推知一二。在棉纺织业的历史最为长久的松江,上引《松江府志》卷五曾说:"农暇之时,所出布匹,日以万计。"又《皇朝经世文编》卷二八钦善《松问》说:"吾闻之苏贾矣,松之为郡,售布于秋,日十五万焉。"在常熟和昭文,《一斑录杂述》卷七说:"两邑岁产布匹,计值五百万贯。"在以"布码头"著称的无锡,《锡金识小录》卷一说:"布有三等……坐贾收之,捆载而售于淮(淮阴、淮安)、扬(州)、高(邮)、宝(应)等处,一岁所交易,不下数十百万。"综括这些零星的记载,我们可以推知,当日江苏棉纺织业的产量或生产价值,都是相当庞大的。

四

从组织方面来看,清代鸦片战争前江苏棉纺织业的生产,可说是一种家

---

① 《皇朝经世文编》卷二八钦善《松问》。
② R. Fortune, *Three Years' Wanderings in the Northern Provinces of China*, London, 1847, pp. 273—274.
③ 《林文忠公政书》甲集《江苏奏稿》卷二《江苏阴雨连绵稻田歉收情形片》。

庭工业制度。就固定资本来说，当日使用的手纺车或手织机，因为构造比较简单，纺织者或能自制，就是购置也花不了多少钱，故多半由各人家里自己预备。至于纺织所用的原料，有由自己家里的棉田生产出来的。例如陈方瀛等修《川沙厅志》（光绪五年，1879年）卷四载朱凤洲《棉布谣》说："黄婆庙口木棉开，百里烟村翻白絮。青筐采归绿蒲里，晴雪家家满场圃。秋阳初燥辗车轻，剥得霜衣作新布。大妇弓弹中妇绩，绿鬟小妇当窗织。……"①此外，在不生产棉花的地方，则由商人开设棉花庄，或花布行，来做以花换布的买卖。例如钱泳《履园丛话》卷二三说："余族人有名焜者，住居无锡城北门外，以数百金开棉花庄换布，以为生理。邻居有女子，年可十三四，娇艳绝人，常以布来换棉花。焜常多与之，并无他志也。……此乾隆初年（1736年）事。"②又《锡金识小录》卷一说无锡"布有三等：一以三丈为匹，曰长头。一以二丈为匹，曰短头。皆以换花。……坐贾之开花布行也，不数年即可致富"。由此可知，当日分散在各人家庭中的纺织业者，多半具有独立的性质，因为他们自有生产工具和原料，同时对于制成品也有所有权。

可是，这些家庭纺织业者虽然因为自备资本来生产而自由独立，在清中叶前后，由于资本的不足，他们自由独立的地位却因受到高利贷者和商业资本家的压迫而渐渐动摇。我们在上文引《锡金识小录》卷一曾说无锡县以农业与纺织相结合的乡民，因为资金缺乏，常常要在典库质当才能过活。因此，在康熙年间（1660—1722年），当政府每年在上海县采办青蓝布的时候，苏州织造李煦建议"预将价银给与织布之家，从容办料，乘暇纺织"③。不独如此，分散于广大地区的家庭纺织业者，或因忙于纺织，或因资本短少，不能直接把织造好的布匹大量运销于各地市场上，故不免要受到中间商人或商业资本家的压迫。当日介于家庭纺织业者与广大市场之间，有不少商人专门收购布匹，然后运往各地市场上出卖。这些商人，或如上文所说，开设棉花庄或花布

---

① 《林文忠公政书》甲集《江苏奏稿》卷四载熊润谷《歌》说："秋阳收尽枝头露，烘绽青囊翻白絮。田妇携筐采得归，浑家指机中布。"朱凤洲及熊润谷的年代不详，但鸦片战争后不久（1844年），上海近郊农民仍把收获棉花的一部分自己纺织成布（R. Fortune，前引书，p.273），故上述事实可能发生于鸦片战争以前。
② 梁恭辰《劝戒录选》卷五略同。
③ 《文献丛编》第三二辑苏州织造李煦《请预为采办青蓝布匹折》（康熙三十四年九月）。

行,以棉花来和纺织业者交换布匹①;或设肆收买,或充当水客和袱头小经纪。② 这些中间商人,因为资本雄厚,力能操纵棉布市场,故在收购棉布的时候,常常乘机压低布价,名曰"杀庄"。例如《皇朝经世文编》卷二八载钦善《松问》说:"吾闻之苏贾矣,松之为郡,售布于秋,日十五万焉,利矣!呜呼!秋农渴竭,黑且羸而,秋稻熟矣。青不可炊,托命剡缕。三日两饥,抱布入市,其贱如泥,名曰杀庄。近日之狡狙为之。昔一丈之布,羡米五升;而今则二升有奇。是岂非女红之害乎?"在家庭纺织业者方面,他们虽然人数众多,可是分散于广大地区,毫无组织,而且资金缺乏,要等到把布卖出,才能买米过活,故只好忍受商业资本家的剥削。后者因为有机会剥削从事纺纱织布的劳苦大众,故有如上引《木棉谱》所说,"其利甚厚,以故富甲一邑";或有如《锡金识小录》卷一所说,"坐贾之开花布行也,不数年即可致富"。

五

如上述,在由棉花制成棉布的生产过程中,纺纱织布等工作都在各人的家庭中进行,同时生产所需的工具和原料也为各人所私有。因此,这些纺织业者虽然受到高利贷者或商业资本家的压迫,就大体上说,他们都是自由独立的家庭工业者。可是,随着市场的扩大和生产技术上的需要,早在鸦片战争发生以前的长时期内,江苏的棉纺织业,在生产过程中的最后阶段,已经由家庭工业制度转变为作坊(或工场)的工业生产,其中的手工业者也不再自由独立,而变为自己没有生产工具的雇佣劳动者了。

清代江苏棉纺织业生产出来的布匹,有种种的不同,其中在各地拥有比较广大市场的,要算加工染色及精制过的青蓝布。这些布匹,除却在家庭中

---

① 当日的花布行,除以棉花换布外,又有以米及钱来支付收购棉布的价格的。例如《锡金识小录》卷一说:"布有三等:一以三丈为匹,曰长头。一以二丈为匹,曰短头。皆以换花。一以二丈四尺为匹,曰放长,则以易米及钱。坐贾收之……坐贾之开花布行者,不数年即可致富。"
② 《木棉谱》说:"明季从六世祖赠长史公,精于陶、猗之术。秦、晋布商皆主于家,门下客常数十人,为之设肆收买。俟其将戒(成?)行李时,始估银与布,捆载而去。其利甚厚,以故富甲一邑。至国初犹然。近商人乃自募会计之徒,出银采择,而邑之所利者,惟房屋租息而已。然都人士或有多自搜罗,至他处觅售者,谓之水客。或有零星购得,而转售于他人者,谓之袱头小经纪。"

纺织以外,还要用一千斤重的大石及其他设备来加以碾压。经过碾压以后,布匹因表面光滑而比较美观,因密度增大而比较耐用。在西北风日高燥的地方,人们用这种布匹缝制衣服,可以抵御沙土的侵袭,尤其有用。①

可是,碾布所需的生产工具及其他各种设备,远较手纺车或手织机的规模为大,其所需资本也远较纺纱织布为多。因此,一般人家不能出资购置的结果,碾布工作便脱离家庭工业的形态,而改由"包头"出资设立踹坊(或踹布坊)来进行,同时在那里工作的踹匠(或作砑匠、躧匠)也因不能自备生产工具而渐渐失去自由独立的地位。在另外一方面,布匹在各人家庭中纺织以后,经过这种加工碾压的最后手续,便可卖给各地消费者来用。因此,踹坊多半集中在交通方便商业发达的地方,以便自广大地区中收集布匹来加工碾制,然后转运往各地市场上出售。在清中叶前后,位于棉纺织业发达的江苏,而最适合这个条件的,要算"上有天堂,下有苏杭"的苏州。例如《朱批谕旨》第四二册载雍正八年(1730年)七月二十五日浙江总督李卫等奏:"苏郡五方杂处,百货聚汇,为商贾通贩要津。其中各省青蓝布匹,俱于此地兑买染色之后,必用大石脚踹砑光。即有一种之人,名曰包头,置备菱角样式巨石、木滚、家伙、房屋,招集踹匠居住,垫发柴、米、银、钱,向客店领布发碾。每匹工价银一分一厘三毫,皆系各匠所得。按名逐月给包头银三钱六分,以偿房租家伙之费。习此匠业者,非精壮而强有力不能,皆江南、江北各县之人,递相传授牵引而来,率多单身乌合不守本分之辈。……从前各坊不过七八千人。……现在细查苏州阊门外一带充包头者,共有三百四十余人,设立踹坊四百五十余处,每坊容匠各数十人不等。查其踹石已有一万九百余块,人数称是。"又载雍正七年(1730年)十二月初二日李卫奏:"苏州以砑布为业者,皆系外来单身游民。从前数有七八千余。……目前砑匠又增出二千多人。……借以糊口,奸良不一。……阊关外一带地方辽阔,各匠数盈万余。"又同书第四八册载雍正元年(1723年)四月初五日苏州织造胡凤翚奏:"查苏州系五方杂处

---

① 例如《木棉谱》说:"有踹布坊,下置磨光石版为承,取五色布卷木轴上,上压大石如凹字形者,重可千斤。一人足踏其两端,往来施转之,则布质紧薄而有光。此西北风日高燥之地,欲其勿着沙土,非邑(上海)人所贵也。"又《天工开物》卷上也说:"凡布缕紧则坚,缓则脆。碾石取江北性冷质腻者。石不发烧,则缕紧不松泛。"

之地,阊门、南濠一带,客商辐辏……又有染坊、踹布工匠,俱系江宁、太平、宁国人民,在苏俱无家室,总计有二万余人。"又《清朝文献通考》卷二三"雍正九年"条也说:"南北商贩青蓝布匹,俱于苏郡染造,踹坊多至四百余处,踹匠不下万有余人。"根据这些记载,我们可知,在18世纪上半叶,光是苏州一地,共有踹坊450余处,踹匠1万余人——如连染匠在内,更多至2万余人。踹坊由包头出资开设,在那里预备工作场所和生产工具,由踹匠利用来碾制布匹。包头除投资于踹坊以外,又要向客店领布发碾。碾布的工价银,按匹计算,为踹匠所得,但每月须扣除一部分与包头,以偿房租家伙之费。这种办法,可说是家庭工业制度演进的结果。在家庭工业制度之下,手工业者自己预备工作场所及生产工具来加工制作。到了固定资本设备增大,像踹坊那样,踹匠无力在自己家庭中设立,而改由包头投资开设的时候,他们认为这些设备本来应由自己预备,故于使用后按月给回租金。可是,这样一来,踹匠不能像家庭工业者那样自备生产工具及其他设备的结果,他们便不能像后者那样自由独立了。①

踹匠既然不像家庭工业者那样自由独立,其工作所得又要蒙受包头的剥削,他们的生活自然要发生问题。在另外一方面,他们既然不像家庭工业者那样分散于广大地区,而集中在苏州等城市来工作,便自然而然有机会参加秘密组织,从事暴动,以发泄对现状不满的情绪。例如《朱批谕旨》第四二册载雍正七年十二月初二日李卫奏:"其在苏州者,则布坊砑匠栾尔集为首,于(雍正七年)九月初二日纠合段秀卿等共二十二人,拜把结盟,祀神饮酒。……栾尔集之叔栾晋公,于雍正元年,同徐乐也纠聚砑匠党众,拜把约会,欲于五月五日放火劫库,夺船下海。有吴景凡知风出首。该地方官只将现拏同谋之人处死数名,其首犯二人在逃,至今未获。今尔集又复为首,邀众结盟,诚恐再蹈前辙,难以轻纵。其听从之段秀卿等坚称:异乡在外,只图疾病扶持,别无为匪之情。……臣拟此案各犯从重枷责发落后,将首

---

① 例如《朱批谕旨》第八册载雍正元年五月二十四日何天培奏:"苏州南濠一带,客商聚集尤多。……至于染踹二匠,俱系店家雇用之人,各有收管。……再查苏州发卖各省经商布匹,必须工匠踹染。臣愚见饬令雇用之家各取保结,更令地方官严加稽察,则生事之徒,店家不敢容留,而彼亦畏法知警矣。"

棍栾尔集监禁,比追伊叔栾晋公到案拟罪另结,其余各犯交与包头保家,取结管束。"又载雍正八年七月二十五日李卫等奏:"苏郡……踹匠……率多单身乌合不守本分之辈。因其聚众势合,奸良不一。雍正元年,有踹匠栾晋公、徐乐也纠集拜把,商谋约会,欲于五月五日放火劫库,如遇官出救护,即乘便为害,势败则夺船下海。包头吴景范(按上引文作凡)知风出首。拿获伙犯三十五人,其为首之栾晋公、徐乐也在逃,至今未获。彼时地方官只将十三人处死,给赏吴景范银二十两结案。以此各匠中之狡猾者肆行无忌,如上年栾尔集之踵而效尤,幸即败露,早得芟除。此外窃劫之案,多有若辈在内。"我们在这里要注意的是:雍正年间(1723—1735年)苏州踹匠的拜把结盟,祀神饮酒,本由于"异乡在外,止图疾病扶持";他们因不满现状而企图暴动的阴谋,则因包头吴景范知风出首而受到挫折。由此我们可以想见,在当日苏州的碾布工业中,出资开设踹坊的包头和无产阶级的踹匠,互相对立的情势。

如上述,苏州因为地点适中,在江苏各地纺织出来的布匹多被送到那里来加工精制,故作坊工业特别发达。可是,事实上,由于江苏棉纺织业的发展,布匹的加工精制,并不以苏州一个城市为限。除苏州以外,如上引《消夏闲记摘钞》卷中所说,松江、枫泾及洙泾自明朝起已有不少桑坊和踹坊;如上引《木棉谱》所说,上海在乾隆时代(1736—1795年)也有踹布坊。除此之外,嘉定也有人经营这种工业。例如《朱批谕旨》第四二册载雍正七年十二月初二日李卫奏:"其在嘉定者,则有王朝,亦系砑匠……"综括这些记载,我们可以判断,在清代鸦片战争以前的长期间内,除直接在各人家庭中纺纱织布以外,江苏各地靠布匹加工精制为生的人,在数量上也一定很多。

六

鸦片战争前江苏各地生产出来的棉布,因为成为大多数人民的生活必需品,消费量很大,故在国内外都拥有广大的市场。

关于江苏棉布在国内各地的销路,我们可以先看看松江产品的情形。

《皇朝经世文编》卷二八钦善《松问》说:"松(江)有劳纤之利,七邑皆是。捆载万里,功归女子。棉乎棉乎!……积一机之勤,疲一女之力,月可取布三十丈焉。冀北巨商,挟资千亿,岱、陇东西,海关内外,券驴市马,日夜奔驰,驱车冻河,泛舸长江,风餐水宿,达于苏、常。标号监庄,非松不办。断垄坦途,旁郡相间。吾闻之苏贾矣,松之为郡,售布于秋,日十五万焉,利矣!"其次,关于常熟及昭文棉布的运销,《一斑录杂述》卷七说:"常、昭两邑,岁产布匹,计值五百万贯。通商贩鬻,北至淮、扬,及于山东,南至浙江,及于福建。民生若无此利赖,虽棉、稻两丰,不济也。"此外,关于无锡布匹的销售,《锡金识小录》卷一说:"布有三等……坐贾收之,捆载而贸于淮、扬、高、宝等处,一岁所交易,不下数十百万。尝有徽人言:汉口为船马头,镇江为银马头,无锡为布马头。言虽鄙俗,当不妄也。坐贾之开花布行也,不数年即可致富。盖邑布轻细不如松江,而坚致耐久则过之,故通行最广。"由此可知,江苏出产的布匹,除本省以外,在华北、西北、东北、浙江及福建,都拥有广大的市场。

棉布是一种价值较大而体积重量较小的商品,能够负担得起高昂的运费,故有如上引钦善《松问》所说,就是要经过水陆的长途跋涉,也可大量运销于西北各地。上引《木棉谱》曾说,踹坊之所以要把布匹加工碾制,主要由于适应"西北风日高燥之地,欲其勿着沙土"的要求。

除西北各地以外,江苏出产的棉布又利用海道运往南北各地出卖。关于布匹的南运,上引《一斑录杂述》卷七曾说常熟、昭文的棉布运销于浙江及福建。上引《木棉谱》也说:"闽、粤人于二三月载糖霜来(上海)卖,秋则不买布而只买花衣以归。"可见除秋天专运棉花以外,福建、广东的商人在其他季节是要自上海运布回去出售的。除经海道南运以外,江苏的布匹又先集中于上海,然后由沙船北运山东、直隶(今河北)和关东(今东北),其南运上海的货物则以豆、麦为主。关于在这条海道交通线上的商业活动情况,包世臣《中衢一勺》卷上(《安吴四种》卷一)《海运南漕议》(嘉庆九年,1804年)说:"北洋多沙碛,水浅礁硬,非沙船不行。……沙船大者(吃水)才四五尺。……沙船聚于上海,约三千五六百号。其船大者载官斛三千石,小者千五六百石。船主皆崇明、通州、海门、南汇、宝山、上海土著之富民。每造一船,须银七八千两。

其多者至一主有船四五十号,故名曰船商。自康熙廿四年(1685年)开海禁,关东豆、麦每年至上海者千余万石,而布、茶各南货至山东、直隶、关东者,亦由沙船载而北行。……上海人往关东、天津,一岁三四至。……沙船以北行为放空,南行为正载。凡客商在关东立庄者,上海皆有店。上海有保载牙人,在上海店内写载,先给水脚,合官斛每石不过三四百文。船中主事者名耆老,持行票店信,放至关东装货,并无客伙押载,从不闻有欺骗。又沙船顺带南货,不能满载,皆在吴淞口挖草泥压船。"这里说自康熙廿四年至嘉庆九年的一百多年中,每年由关东运往上海的豆、麦千余万石,其价值大抵由北运的布、茶各南货来支付,由此可以想见当日江苏布匹运销于山东、河北及东北的数量一定很大。因为自上海北运的布匹在华北及东北销路大,故上海成为重要的"布市"。同时,因为布、茶各南货都是价值较大而体积重量较小的商品,三千五六百艘的沙船在北运时不能满载,须以草泥压船,故后来更利用这些船运米往天津,再转运往北京,以满足清政府对于粮食的需要。关于这件事的前因后果,包世臣《齐民四术》卷五(《安吴四种》卷二九)《上海县新建黄婆专祠碑文》说:"道光六年(1826年),沙船在上海受雇,载江苏布政使司属额漕百五十余万石,由海运抵天津,兑交官拨。驶鲸波五千余里,不两月藏事,米数无所损失,而质坚色洁,为都下所未见,中外庆悦。于是上海士民相与谋曰:黄婆诞降至正(疑误)之初,自崖州附舶至吾沪乌泥泾,教民纺织。棉始为布,化行若神,法流松(江)、太(仓)。近世秦、陇、幽、并,转传治法,悉产棉布。然松、太所产,卒为天下甲,而吾沪所产,又甲于松、太。山梯海航,贸迁南北。黄婆之殁也,乡里醵葬而祠之。……今兹幸以沙船运漕,懋著成绩。而沙船之集上海,实缘布市。海壖产布,厥本黄婆。……士民闻黄婆之得建专祠也,争舍赀财,不劝而集。"

以上是江苏棉布在国内各地销售的大概情形。复次,在鸦片战争以前,江苏棉布在国外也拥有广大的市场。早在18世纪30年代,英国东印度公司已经开始购运"南京棉布"(Nankeen)[①]。南京为清代江苏省治,两江总督驻

---

① H.B. Morse, *The Chronicles of the East India Company Trading to China 1635—1834*, vol. I, Oxford, 1926, p.224.

在那里，可以说是江苏的代表，故外人称江苏出产的棉布为南京棉布。在鸦片战争后不久，一个在上海附近考察的英国植物学者也说："在上海附近种植的棉花，名曰南京棉花，用它纺织成的棉布，叫做南京棉布。"①

自英国东印度公司在广州购运南京棉布以后，其他欧洲国家的商人，不久也跟着在那里购买。美国在1783年独立成功，翌年即开始派船前来广州贸易，此后每年自广州输出南京棉布的数量更多。摩尔斯(H.B. Morse)曾经根据英国东印度公司的档案，研究18、19世纪间欧、美商船自广州输出南京棉布的情形。兹根据摩尔斯书中所载，分别制成后列三表。

第二表　各国商船自广州输出南京棉布的数量，1786—1833年

年　代	输出数量(匹)	见于摩尔斯书的卷数及页数
1786	372 020	vol. Ⅱ，p.119
1790	509 900	vol. Ⅱ，p.180
1792	402 200	vol. Ⅱ，p.193
1793	426 000	vol. Ⅱ，p.205
1794	598 000	vol. Ⅱ，p.256
1795	1 005 000	vol. Ⅱ，p.266
1796	820 200	vol. Ⅱ，p.278
1797	573 000	vol. Ⅱ，p.294
1798	2 125 000	vol. Ⅱ，p.311
1799	1 160 000	vol. Ⅱ，p.322
1800	1 471 300	vol. Ⅱ，p.348
1801	1 584 700	vol. Ⅱ，p.358
1802	1 050 000	vol. Ⅱ，p.389
1803	941 000	vol. Ⅱ，p.401
1804	1 720 000	vol. Ⅱ，p.416
1805	1 679 500	vol. Ⅲ，p.2

① R. Fortune,前引书,pp.126，264—265.

续表

年　　代	输出数量(匹)	见于摩尔斯书的卷数及页数
1806	860 000	vol.Ⅲ，p.27
1807	1 488 000	vol.Ⅲ，p.55
1808	775 000	vol.Ⅲ，p.77
1809	1 245 000	vol.Ⅲ，p.101
1810	1 038 200	vol.Ⅲ，p.131
1811	634 400	vol.Ⅲ，p.158
1812	418 400	vol.Ⅲ，p.175
1813	610 000	vol.Ⅲ，p.190
1814	763 500	vol.Ⅲ，p.206
1815	678 500	vol.Ⅲ，p.228
1816	441 000	vol.Ⅲ，p.243
1817	1 229 000	vol.Ⅲ，p.308
1818	798 500	vol.Ⅲ，p.331
1819	3 359 000	vol.Ⅲ，p.347
1820	910 000	vol.Ⅲ，p.369
1821	1 876 000	vol.Ⅳ，p.4
1822	1 629 384	vol.Ⅳ，p.53
1823	1 110 000	vol.Ⅳ，p.71
1824	1 115 750	vol.Ⅳ，p.89
1825	1 217 000	vol.Ⅳ，p.103
1826	547 900	vol.Ⅳ，p.123
1827	1 380 500	vol.Ⅳ，p.145
1828	1 314 000	vol.Ⅳ，p.162
1829	1 055 000	vol.Ⅳ，p.185
1830	1 051 000	vol.Ⅳ，p.223

续表

年　　代	输出数量(匹)	见于摩尔斯书的卷数及页数
1831	438 785	vol. IV，p.253
1832	170 500	vol. IV，p.325
1833	30 600	
1817—1833	19 232 919	
1786—1833	44 622 379	

资料来源：H.B. Morse，前引书，vols. II—IV.①

第三表　各国商船自广州输出南京棉布的价值，1817—1833年

年　　代	输出价值(元)	见于摩尔斯书的卷数及页数
1817	1 048 940	vol. III，p.329
1818	716 167	vol. III，p.345
1819	1 703 486	vol. III，p.366
1820	602 409	vol. III，p.384
1821	1 317 626	vol. IV，p.22
1822	1 095 836	vol. IV，p.68
1823	808 010	vol. IV，p.86
1824	793 969	vol. IV，p.100
1825	1 010 325	vol. IV，p.319
1826	417 735	vol. IV，p.140
1827	1 016 978	vol. IV，p.159
1828	976 971	vol. IV，p.182
1829	743 638	vol. IV，p.196
1830	617 560	vol. IV，p.249

① 原书记述1800、1810、1814、1815及1816年各国商船自广州输出南京棉布的数量，都以担为单位。按一担等于一百匹，故在表中依照这个比例改算成以匹计算的输出数量。

续表

年　代	输出价值(元)	见于摩尔斯书的卷数及页数
1831	233 023	vol. IV, p.272
1832	128 825	vol. IV, p.340
1833	22 644	vol. IV, p.370
1817—1833	13 254 142	

资料来源：H.B. Morse,前引书,vols.III—IV.

第四表　美国商船自广州输出南京棉布的数量,1804—1829 年

年　代	输出数量(匹)	年　代	输出数量(匹)
1804—1805	2 648 000	1817—1818	1 469 000
1805—1806	2 808 000	1818—1819	2 577 000
1806—1807	1 764 000	1819—1820	3 135 700
1807—1808	2 922 000	1820—1821	685 000
1808—1809	345 000	1821—1822	1 776 700
1809—1810	3 769 000	1822—1823	1 139 207
1810—1811	2 048 000	1823—1824	252 200
1811—1812	425 500	1824—1825	536 000
1812—1813	201 000	1825—1826	721 000
1813—1814　1814—1815	105 000	1826—1827	308 725
		1827—1828	619 182
1815—1816	640 000	1828—1829	392 500
1816—1817	1 794 000	1804—1829	33 081 714

资料来源：H.B. Morse,前引书,vols.IV, p.385.

上述自 18 世纪起派遣商船到广州购运南京棉布出口的国家,包括英国、美国、法国、荷兰、瑞典、丹麦、西班牙及意大利(那时还没有统一)。根据第二表,我们可知自 1786—1833 年的 48 年中,各国商船自广州输出的南京棉布共达四千四百余万匹。根据第二、三两表,我们可知各国商船自广州购运南京棉布最多的一年为1819年，一共输出330余万匹，值银170余万元。同时，又可知自1817—1833年的17年中，各国商船自广州输出南京棉布共达1 900余万匹，值银1 300余万元，即每年平均输出量为110余万匹，输出值为78万元左右。根据第四表，可知1804—1829年的25年中，美国商船共自广州输出南京棉布3 300余万匹，即每年平均输出120余万匹。拿这个数字来和上述自1817—1833年各国每年平均输出110余万匹的数字进行比较，后一数字显然偏低，可能是因为统计数字不大完备。不过，无论如何，我们由此可以推知，在鸦片战争以前的数十年内，自广州输出的南京棉布之所以特别增加，和美国商船的大量购运有很密切的关系。

美国商船自广州输出的南京棉布，大部分运回本国出售，另外一小部分则运销于欧洲、西印度群岛、南美洲、马尼剌及夏威夷等地。[①] 故在美国机械化的棉纺织工业大规模发展以前，那里的消费者曾经是江苏手工纺织业的好主顾。同时，由于美国及欧洲商船的购运，在18、19世纪间，南京棉布在世界许多地方的市场上出售。在1833年，一个英国商人说："当我于1811年初到爪哇的时候，那里的人几乎完全穿着用中国布匹缝制的衣服。……"[②]这里说的中国布匹虽然不完全是南京棉布，但后者在当日既然在国外拥有广大的市场，当然要在其中占一个主要的部分。何况在当日来华采购布匹的外国商人的眼中，认为南京棉布品质较好，洗后也不褪色，不像广州货那样一洗便要褪色呢![③]

七

综括上文，我们可知江苏的棉纺织业，自元代黄道婆把生产技术传播至松江以后，已经逐渐发展，到了清中叶前后，更在江苏经济中占有很重要的地位。当日江苏棉纺织业的生产虽然仍旧处于手工业的阶段，但因为人力丰

[①] H.B. Morse,前引书,vol. Ⅲ, p.181; vol. Ⅳ, pp.101, 120, 141, 183, 197, 250.
[②] J. Holland Rose, etc., ed., *The Cambridge History of the British Empire*, Cambridge University Press, 1940, vol. Ⅱ, p.401.
[③] H.B. Morse,前引书,vol. Ⅰ, p.254.

富,差不多家家户户纺纱织布,故生产棉布甚多,除在当地消费以外,还大量运销于国内外各地。清代江苏的人口密度为全国第一,过剩人口对于土地的压力本来很大,许多人民的生计本来要发生问题。可是,事实上,位于江苏的苏州,在当日被人艳羡为天堂;说到对于国家财政上的贡献,"苏(州)、松(江)、太(仓)浮赋,上溯之,则比元多三倍,比宋多七倍。旁证之,则比……他省多一二十倍不等"①。江苏之所以特别富庶,固然有种种不同的原因,但那里的棉纺织业,既然能够在国内外都拥有广大的市场,给予大多数人民以就业的机会,当然是其中一个很重要的因素。关于此点,道光年间(1821—1850年)的人士已经看得很清楚。例如包世臣在《齐民四术》卷五《上海县新建黄婆专祠碑文》中说:"松、太两属方壤不过二百里,岁供编银百余万两,额漕六十余万石,而因缘耗羡以求利者称是。……而今数百年来,红粟入太仓者,几当岁会十二,朱提输司农者,当岁会亦且三十而一。而士民仍得各安生业,称东南乐土。其以宦游至者,又皆絜驾齿肥,以长育子孙。凡所取给,悉出机杼。以此程黄婆之功,其仰关国计盈虚者,较之海运,奚啻什伯而已哉!"

可是,这不过是鸦片战争以前的情形。在鸦片战争以后,作为江苏经济之主要基础的棉纺织业,却因受到外来因素的影响而开始发生变化。在签订《南京条约》时充任英方首席代表的璞鼎查(Sir Henry Pottinger)曾说:"因该条约而开放贸易的市场是这样的大,将来兰开夏各纺织厂的出口,恐怕连中国一省的需要也满足不了。"②虽然璞鼎查这种过分乐观的梦想后来证明并不容易实现③,但在鸦片战争后,产于工业革命老家的机制棉布之大量输入,要开始给江苏的手工纺织业以严重的打击,却是不可否认的事实。对于这种情况,包世臣在道光二十六年(1846年)已经表示莫大的忧虑。例如他在《齐民四术》卷二(《安吴四种》卷二六)《答族子孟开书》中说:"松、太利在棉花梭布,较稻田蓓蓰。……近日洋布大行,价才当梭布三之一。吾村专以纺织为业,近闻已无纱可纺。松、太布市,消减大半。去年棉花客大多折本,则木棉亦不可恃。"又在《致前大司马许太常书》中说:"木棉梭布,东南杼轴之利甲天

---

① 《清史稿·食货志》二。
② R. Murphey, *Shanghai: Key to Modern China*, Cambridge, 1953, p.57.
③ N.A. Pelcovits, *Old China Hands and the Foreign Office*, New York, 1948, p.11.

下,松、太钱漕不误,全仗棉布。今则洋布盛行,价当梭布,而宽则三倍。是以布市销减,蚕棉得丰岁而皆不偿本,商贾不行,生计路绌。"又在《中衢一勺》附录四下(《安吴四种》卷七下)《答桂苏州第一书》中说:"松、太两属,以木棉入优,稍胜苏属。近来洋布盛行,价止梭布三之一,梭布市必减滞。去年木棉客无不折阅,年复一年,亦断难堪此朘削矣!"

因为本文以鸦片战争前江苏的棉纺织业为研究对象,故对于它在战后所发生的变化只提出这一点来讨论,就此打住。

1957 年 4 月 27 日于台北市

甲午战争以前的中国工业化运动

一

18、19世纪间的工业革命,使英国成为现代世界上第一个工业化成功的国家。这一股工业化运动的浪潮,并不以英国为限;在英国工业革命成功以后,它一方面跨越北大西洋而冲击到东西两岸上去,另一方面又随着世界海陆交通的进步而把种子散播到远东以及世界其他地区。

工业化的最主要特点是机械化的生产,即以机器代替人工来生产各种货物与劳务。由于机器的帮助,工业化国家的生产力自然要增加,故生产出来的货物与劳务,不独数量激增,品质改良,而且生产成本特别低廉。像工业革命策源地的英国,因为工业化成功的时间较早,在19世纪长时期成为"世界的工厂",不独使马尔萨斯在《人口论》中所发愁的阴影为之烟消云散,而且使国力增强,大英帝国的光辉几乎照耀到地球上的每一个角落。这一股庞大的经济力量,在尾随英国之后而工业化成功的国家也表现出来,如德国之力能发动两次世界大战,美国之成为现代世界上富有的国家,当然和自英国散播出来的工业化的种子有很密切的关系。

与其他国家比较起来,中国和西方工业文明的接触,在时间上并不算太晚,从而中国开始工业化的时间也相当早。早在1840—1842年(清道光二十至二十二年),由于鸦片战争,工业革命老家的英国已经迫使中国放弃闭关政策。这和美国培理提督(Commodore Perry)于1853—1854年始迫使日本开关[①]的时间比较起来,还要早十年有多。中国在同治四年(1865年)创立江南制造局的时候,作为日本工业化的主要关键的明治维新(1868

[①] K.S. Latourette, *A Short History of the Far East*, New York, 1946, pp.390—391.

年)还没有发生。在光绪十九年(1893年),当汉阳铁厂快要建设成功的时候,铁厂的创办人张之洞也夸口说:"地球东半面,凡属亚洲界内,中国之外,自日本以及南洋各国各岛,暨五印度,皆无铁厂。或以铁质不佳,煤不合用;或以天气太热,不能举办。"[1]可是,中国因受到世界性的工业化潮流的影响而开始工业化的时间虽然比较早,工业化的速度却慢,工业化的成绩也不理想。

中国虽然约略和其他国家同时受到英国工业革命的影响,为什么不能像他国那样工业化成功?为着要研究这个问题,作者拟就清季五十年(1862—1911年)的工业化运动进行检讨;因为中国在这半个世纪中工业化的得失,和现代中国工业化的成败有很密切的关系。

说到清季五十年的工业化运动,我们可以拿甲午战争(1894—1895年)作分界线而约略分为两个时期来加以考察。在甲午战争以前,即约自同治元年(1862年)至光绪二十年(1894年),当朝野上下提倡自强运动的时候,中国工业化的重点为国防或军事工业的建设。在甲午战争以后,即约自光绪二十一年(1895年)至宣统三年(1911年),中国工业化的重点为铁路与民用工业的建设。在甲午战争以前,因为国防或军事工业的建设与国家安全有关,政府必须负起建设的责任,故工业以官办为主,资本多来自政府。在甲午战争以后,因为工业化的重点自国防或军事工业转变至民用工业,故工业自官办转为商办,资本多来自私人,连本来由官办的汉阳铁厂也改为官督商办。此外,在甲午战争以前,中国工业化的资本以来自国内为主。可是,中国因为在甲午战争中失败,于光绪二十一年被迫与日本签订《马关条约》,准许日人"在中国通商口岸任便工艺制造,各项机器任便装运进口,只交进口税"[2]。同时,列强乘机在中国夺取建筑铁路的特许权。因此,无论在工业方面,或是在铁路方面,外资在甲午战争以后都跃居重要的地位。

因为篇幅的关系,本文拟先对甲午战争以前的中国工业化运动进行考察。将来如有机会,当再为文探讨甲午以后的情况。

---

[1] 张之洞《张文襄公奏议》卷三三《豫筹铁厂成本折》(光绪十九年二月二十五日)。
[2] 《清朝续文献通考》卷三五八。

二

在清朝末叶,当中国人士开始与西方工业文明接触的时候,他们已经深深感觉到,"洋机器于耕、织、印刷、陶埴诸器,皆能制造,有裨民生日用……妙在借水火之力,以省人物之劳费"①。关于开关以后洋货大量进口的对策,李鸿章等人主张"设机器自为制造,轮船、铁路自为转运",以便"为内地开拓生计"②。由此可见,作为西方工业文明的主要特点的机器,能够以低廉的成本来生产大量的货物与劳务,以改善人民的生活水准,在清季的朝野人士是有深刻的认识的。

可是,西洋机器虽然因为生产力的增大而"有裨民生日用",在清朝末叶,由于国防问题的严重,朝野上下却认为利用机器来制造枪炮和轮船,以保障国家的安全更为重要得多。说到中国的国防,在近代海洋交通特别发展以前,东南沿海的广大地区,以海洋为国家的天然防线,可说是外患最少,全国最安全的地方。可是,到了明代,中国东南沿海各地已经屡受倭寇的侵扰;及百余年来,随着世界海洋交通的发展,东南沿海的防务更有越来越吃紧的趋势。举例来说,道光二十至二十二年(1840—1842年)的鸦片战争,咸丰六至十年(1856—1860年)的第二次鸦片战争,同治十三年(1874年)的日本侵台之役,光绪十至十一年(1884—1885年)的中法战争,光绪二十至二十一年(1894—1895年)的甲午战争,以及光绪二十六年(1900年)的庚子事变,都是在中国东南海岸及其附近地区打起来的。当日"东南海疆万余里"在国际上所发生的这样大的变化,李鸿章认为是"数千年来未有之变局"。而这个"数千年来未有之变局"之所以发生,又由于"数千年来未有之强敌",能够制造和利用"瞬息千里"的轮船,"工力百倍"的军器,"无坚不摧"的炮弹,以及其他精锐的军事配备。③ 因此,为着要击退"数千年来未有之强敌",巩固东南沿海的国防,中国在因与西方工业文明接触而开始工业化的时候,有加紧建设国

---

① 李鸿章《李文忠公奏稿》卷九《置办外国铁厂机器折》(同治四年八月初一日)。
② 同书卷二四《筹议海防折》(同治十三年十一月初二日)。
③ 同上。

防或军事工业的必要。

英国枪炮和军舰的威力,中国人士在鸦片战争中已经领略到,故在鸦片战争结束的道光二十二年(1842年),魏默深即已提出在广东建立国防工业的建议,他说:"宜师夷长技以制夷。夷之长技有三:第一,战舰;第二,火器;第三,养兵练兵之法。……请于广东虎门外之沙角、大角二处,置造船厂一,火器局一。……计每艘中号者不过二万金以内,计百艘不过二百万金。再以十万金造火轮舟十艘,以四十万金造配炮械。所费不过二百五十万,而尽得西人之长技,为中国之长技。"①可是,当日风气未开,朝野根本没有觉悟,仍然不承认敌不过"外夷",而以为鸦片战争之所以失败,是朝廷不能始终信任林则徐的缘故。而且,道光皇帝崇尚节俭,并不愿意动支巨款来从事国防工业的建设。

鸦片战争后魏默深建设国防工业的计划虽然没有实行,但再过二十年左右,当太平天国革命(1850—1864年),占领了半壁河山的时候,政府因为要沿着长江用兵来收复失地,便开始感觉到有利用西洋轮船和枪炮的迫切需要。例如负责和太平天国作战的曾国藩,早在咸丰十一年(1861年),即已经主张采用西洋轮船和枪炮来作战,他说:"本日复据弈䜣等奏请购买外洋船炮一折,据称大江上下游设有水师,中间并无堵截之船,非独无以断贼接济,且恐由苏、常进剿,则北路必受其冲。据赫德称,若用小火轮船十余号,益以精利枪炮,不过数十万两。……臣查发逆盘据金陵……所占傍江各城,为我所必争者有三:曰金陵;曰安庆;曰芜湖。……傍江三城,小火轮尽可施展……制水面之贼……至恭亲王弈䜣等奏请购买外洋船、炮,则为今日救时之第一要务。"②除购买以外,曾国藩于同治元年(1862年)驻军安庆的时候,又在那里设立军械所,仿造小火轮。在东战场方面,李鸿章奉命以上海为根据地来向西收复失地,也在本国军队中成立洋枪队和开花炮队,同时又利用拥有西洋枪炮的外国军队(常胜军)来作战。因为在继续作战的时候,开花炮队对于炮弹有大量的消耗,故李氏又在苏州先后成立三

---

① 魏默深《海国图志》卷一《筹海篇》三。按魏氏此书共一百卷,其中头六十卷完成于道光二十二年。
② 曾国藩《曾文正公奏稿》卷二《覆陈购买外洋船炮折》(咸丰十一年七月十八日)。

个炮局来制造炮弹。①

由于东南沿海国防问题的严重,再加上西洋枪炮和轮船在与太平天国作战时所表现出的威力,同治年间(1862—1874年)朝野上下对于国防与西洋枪炮和轮船的关系自然有新的认识。早在咸丰十一年,即同治元年的前一年,曾国藩即已说过:"轮船之速,洋炮之远,在英、法则夸其所独有,在中华则震于所罕见。若能陆续购买,据为己物,在中华则见惯而不惊,在英、法亦渐失其所恃。"②到了同治元年,曾氏更提出自行制造的主张。他于是年五月的日记中说:"欲制夷人……欲求自强之道……以学作炸炮,学造轮舟等具,为下手工夫。但使彼之所长,我皆有之。顺则报德,有其具;逆则报怨,亦有其具。"③再过一些时候,李鸿章对于采用西洋机器来制造轮船和枪炮的政策,讨论得更为详细。他于同治三年(1864年)写信给人说:"外国利器强兵,百倍中国,内则狎处辇毂之下,外则布满江海之间,实能持我短长,无以扼其气焰。……若不及早自强,变易兵制,讲求军实……可危实甚!……今昔情势不同,岂可狃于祖宗之成法?必须……废弃弓箭,专精火器……仿立外国船厂,购求西人机器,先制夹板火轮,次及巨炮兵船,然后水路可恃。中土士夫不深悉彼己强弱之故,一旦有变,曰吾能御侮而破敌,其谁信之?"④到了同治九年(1870年),李氏上一奏折说:"臣查制器与练兵相为表里。练兵而不得其器,则兵为无用。制器而不得其人,则器必无成。西洋军火日新月异,不惜工费,而精利独绝,故能横行于数万里之外。中国若不认真取法,终无由以自强。"⑤其后,到了同治十一年(1872年),李氏又上一奏折说:"西人专恃其枪、炮、轮船之精利,故能横行于中土。……居今日而曰攘夷,曰驱逐出境,固虚妄之论。即欲保和局,守疆土,亦非无具而能保守之也。彼方日出其技,与我争雄竞胜,挈长较短,以相角而相凌,则我岂可一日无之哉?自强之道,在乎

---

① 拙著《清季的江南制造局》,《"中央研究院"历史语言研究所集刊》第二十三本(1951年12月,台湾台北市)。
② 曾国藩《曾文正公奏稿》卷二《覆陈购买外洋船炮折》(咸丰十一年七月十八日)。
③ 曾国藩《曾文正公日记》"治道"。
④ 李鸿章《李文忠公朋僚函稿》卷五《复陈筱舫侍御》(同治三年九月十一日)。
⑤ 《李文忠公奏稿》卷一七《筹议天津机器局片》(同治九年十月二十六日)。

师其所能,夺其所恃耳。"①

三

由于太平天国战争以后朝野上下的觉悟,清朝在同治、光绪年间遂有"自强运动"的发生。由同治初年至光绪二十年左右,即在甲午战争以前的30年内,朝野上下所提倡的自强运动,以采用西法来建设国防工业为特点,可说是近代中国工业化运动的头一个阶段。

在同治、光绪之交因东南海防的迫切需要而建设起来的国防工业,以制造枪炮和轮船为最重要。现在先说前者。早在同治元年(1862年),当太平天国革命尚未平定的时候,由于开花炮队不断的消耗,李鸿章已经在苏州先后成立3个炮局来制造炮弹。以这些炮局为基础,继续增加机器设备,到了同治四年(1865年)李鸿章便在上海成立江南制造局。江南制造局原名江南制造总局,又称江南机器局、上海制造局,或上海机器局,一方面生产枪炮和弹药,另一方面又制造大小兵船,在甲午战争以前被称为"各省制造最大之厂"②。除此之外,同、光年间还有天津机器制造局、金陵制造局、汉阳枪炮厂,以及广东、湖南、四川、山东等省的机器局或制造局的设立。③ 这些制造局相当于后来的兵工厂,采用西洋机器来制造军火,以满足国防上的需要,可以说在近代中国军需工业上起了一个很大的革命。例如天津机器制造局在光绪初年制成的军火,"以之应付直隶、淮、练诸军,关外征防各营,及调援台湾、奉天之师,均能储备有余,取用不匮"④。这个制造局的规模相当庞大、设备相当完善,故甲午以前朝鲜国王要建设国防的时候,也要派该国工匠前来学习制造。⑤ 其次如金陵制造局,规模虽然较小,但在国防方面也有贡献。例如在光绪十年(1884年)中法战争的时候,"自六月起,该局拨应各省者,以

---

① 《李文忠公奏稿》卷一九《筹议制造轮船未可裁撤折》(同治十一年五月十五日)。
② 拙著《清季的江南制造局》,《集刊》第二十三本。
③ 《清史稿·兵志》一一。
④ 《李文忠公奏稿》卷二八《机器局动用经费折》(光绪二年八月二十一日)。
⑤ 同书卷三八《妥筹朝鲜武备折》(光绪六年九月初四日)。

言炮位,广东有十二磅来福铜炮十尊之案,云南有后膛炮四尊之案……且以上所有炮位,尚须配齐子弹架具,必充必备,以咨取用,而南北洋之所需者不计焉"①。和上述各制造局比较起来,在时间上成立较晚的要算汉阳枪炮厂;可是这个枪炮厂在机器设备方面非常完善,可说是后来居上的一个兵工厂。例如其中设有"造枪机器一副,每年能造新式连珠十响毛瑟枪一万五千枝;造炮机器,每年能成克鲁伯(Krupp)七生的半至十二生的行营炮,及台炮,共一百具"。汉阳枪炮厂因为机器设备比较完善,故"所造各械,皆系南北洋、广东、山东、四川等省制造局所无者。至鄂厂所造克鲁伯各种车炮,尤为边防海防及陆道战守必不可少之利器"②。由此可见这个枪炮厂在近代中国军需工业上所占的地位的重要。

除却枪炮和弹药的制造以外,因为要着眼于东南海防的巩固,中国在同、光年间的自强运动声中又有造船工业的建设。早在同治元年(1862年),当曾国藩驻军安庆,与太平天国作战的时候,他已在那里设立军械所,仿造火轮船;可是造成的小轮船,却行驶迟钝,成绩并不满意。其后,到了同治四年(1865年),江南制造局成立,除制造枪炮和弹药的机器设备以外,又有机器铁厂一座,能够修造大小轮船。后来造船设备更加扩充,添置大船坞一区。这一个造船厂,在同治七年(1868年)造成了第一艘船。以后直至光绪二年(1876年),差不多每年都造成轮船一艘;可是造成的轮船,除却三两艘是较大的兵船以外,其余各船不过是根拨(gunboat)一类的小兵船而已。③ 在江南制造局成立的第二年,即同治五年(1866年),左宗棠又在福建马尾创办马尾船政局,或名福州船厂。这一个造船厂的成立,有赖于法人日意格(Prosper Giquel,1835—1886年)等的帮助。日意格原来在法国海军中服务,曾于1857年参加围攻广州之役。到了1859年,脱离法国海军,改在中国海关中任职。他于1866年与闽、浙总督左宗棠签订设立船厂的合同,合同中规定在五年内制造轮船十六艘至十八艘,并设立学校,以制造及驾驶轮船的方法教授给中国人。船厂的经费每年约为银60万两,头五年的费用约共100万英镑。船

---

① 《光绪朝东华续录》卷七一光绪十一年六月辛未条。
② 《清史稿・兵志》一一。
③ 拙著《清季的江南制造局》,《集刊》第二十三本。

厂中雇用欧洲人 75 名,大部分为法人,约有 2 500 名中国工人在他们指导下工作。到了 1874 年日意格离华返国的时候,福州船厂已经制造及配备好轮船 15 艘,其中有 10 艘的排水量都在 1 000 吨以上。这一舰队的吨位共 16 000 吨,船上配备了大炮 75 门,由 1 500 名训练过的水手来驾驶。①

中国在因与西洋工业文明接触而开始工业化的时候,由于国防方面的迫切需要而特别着重枪炮与轮船的制造,实在是很自然的事。可是,当这些军需工业建设起来以后,人们自然要感觉到,国防问题的完满解决,绝对不能以枪炮与轮船的制造为限,而有开发本国煤、铁等矿产资源来与之配合的必要。在自强运动声中建设起来的制造局或造船厂,当最初成立的时候,其所用的机器设备,固然可以购自外国。但这些机器设备在工厂中安置以后,必须继续消耗多量的煤作燃料,才能转动来从事生产。同时,枪炮或轮船的制造,必须使用大量的钢铁来作原料。等到制造出来以后,枪炮所用的弹药,又要消耗不少的煤来作燃料才能制造;同样,轮船中的锅炉也要烧大量的煤,才能转动机器,行驶于海上。煤、铁等矿产资源的开发,既然与国防工业的生产有这样密切的关系,故"自同治十三年(1874 年)海防议起,(李)鸿章即沥陈煤、铁矿必须开挖"②。同时,李宗羲也上疏说:"自福建创设机器局,上海继之,江宁、天津又继之,皆由枪炮而推及轮船。……煤、铁乃中国自然之利,若一一开采,不独造船造炮取之裕如,且可以致富强。"③其后,到了光绪四年(1878 年),御史曹秉哲上一奏折说:"近来各省开设机器等局,需用煤、铁甚多,请由内地仿照西法用机器开采转运,鼓铸制造,既省买价,并浚财源。"④再往后,张之洞也说:"武备所需,及轮船机器……无一不取资于铁,而煤之为用尤广。实力开办,可大可久,自强之图,实基于此。"⑤又说:"一切船、炮、机器,非铁不成,非煤不济。"⑥可是,利用西洋机器来大规模开采本国煤、铁矿的需要虽

---

① Stanley F. Wright, *Hart and the Chinese Customs*, Belfast, 1950, pp.462, 492—493. 又参考王信忠《福州船厂之沿革》,《清华学报》第八卷第一期(清华大学,民国二十一年十二月)。
② 《李文忠公朋僚函稿》卷一七《复郭筠仙星使》(光绪三年六月初一日)。
③ 《清史稿》列传二一三《李宗羲传》。
④ 《李文忠公奏稿》卷四三《试办织布局折》(光绪八年三月初六日)。
⑤ 《张文襄公奏议》卷二九《勘定炼铁厂基筹办厂暨开采煤铁事宜折》(光绪十六年十一月初六日)。
⑥ 同书卷三五《铁厂拟开两炉请饬广东借拨经费折》(光绪二十年十月初二日)。

然是这样的迫切,实行起来却遭遇到种种的困难。例如在光绪三年李鸿章向朋友诉苦说:"目下鸡笼(即今台湾基隆)煤矿已有成效;武穴(在今湖北广济县)、池州(今安徽贵池县)均甫开局;魏温云亦在(湖南)宝庆、衡州等处试采煤、铁。但官绅禁用洋法机器,终不得放手为之。凡此皆鄙人一手提倡,其功效茫如捕风。"①在当日全国各地尝试开采的矿产中,只有河北的开平煤矿(又名唐山煤矿),经过长期的经营,与巨额的投资,到了光绪十二年(1886年)左右,因"仿西法开采,日出煤八九百吨。北洋兵船、机器局实赖此煤应用,以敌洋产"②。煤矿以外,铁矿的开采和冶炼,在时间上更要晚得多。到了光绪十六年(1890年),当汉阳枪炮厂的机器已经定购的时候,海军衙门还提出这样的问题:"建厂铸械,必须有钢铁供用。刻下矿尚未开,开后尚须煎炼,非咄嗟可办。是否建厂以待,抑俟铁有成效,炼有成数,再行举办建厂?"对于这个问题,李鸿章以为:"所订(枪炮厂)机器已克期来华,若存搁日久,必致潮湿锈蚀,终归无用。似须先建厂设机,以立根基,而免损坏。"③事实上,这时张之洞已经自广州调往武昌就任湖广总督,一方面着手开采大冶铁矿,另一方面筹办汉阳铁厂。经过数年的筹备,到了光绪二十年(1894年),官办的汉阳铁厂终于开炉来炼铁制钢。④ 可是,开炉不久以后,中、日甲午战争便打起来了。

中国在开始工业化的时候,以国防为着重点的机械化的生产,并不以生产各种工矿产品为限,而且要生产劳务。换句话说,在模仿西法来实行工业化的头一个阶段,中国利用机器来从事枪炮、轮船的制造和煤、铁矿的开采,固然着眼于国防方面的需要,就是和现代交通发展最有密切关系的铁路建设,也从国防的观点来加以考虑。早在同治十一年(1872年),李鸿章即已认为铁路的建设,有如煤、铁矿的开采那样,和国防实力的增强有密切的关系。他在这年写信给朋友说:"中土若竟改……土车为铁路,庶足相持。……俄人坚拒伊犁、我军万难远役。非开铁路,则新疆、甘、陇无转运之法,即无战守之方。俄窥西陲,英未必不垂涎滇、蜀。但自开煤、铁矿与火车路,则万国蹴伏,

---

① 《李文忠公朋僚函稿》卷一七《复郭筠仙星使》(光绪三年六月初一日)。
② 李鸿章《李文忠公海军函稿》卷一《拟覆奏底》(光绪十二年十月十六日)。
③ 同书卷四《议安置枪炮厂》(光绪十六年正月初七日)。
④ 拙著《清末汉阳铁厂》,《社会科学论丛》第一辑(台湾大学法学院,1950年4月)。

三军必皆踊跃；否则日蹙之势也。"可是，这时风气未开，"闻此议者，尠不咋舌"①。其后，李氏于同治十三年（1874年）"冬底赴京，叩谒梓宫，谒晤恭邸（恭亲王奕䜣），极陈铁路利益。……邸意亦以为然，谓无人敢主持。复请其乘间为两宫言之。渠谓两宫亦不能定此大计。从此遂绝口不谈矣"②。因此，英国商人在这时前后修筑的吴淞铁路，通车不久，也于光绪三年（1878年）给清政府交涉购回拆毁。③ 可是，再过一些时候，到了光绪六年（1880年），随着中、俄沿边形势的紧张，铁路在国防方面所占的重要地位又复被人注意。最先提出这个问题的人是刘铭传，他于是年以前直隶提督的资格，奉召入京，上一奏折说："自古敌国外患，未有如此之多且强也。彼族遇事风生，欺凌挟制，一国有事，各国圜窥。而俄地横亘东西，北与我壤界交错，扼吭拊背，尤为心腹之忧。……俄自欧洲起造铁路，渐近浩罕；又将由海参崴开铁路，以达珲春。此时之持满不发者，非畏我兵力，以铁路未成故也。不出十年，祸将不测！日本一弹丸国耳，其君臣师西洋之长技，恃有铁路，动逞螳螂之臂，藐视中华，亦遇事与我为难。臣每私忧窃叹，以为失今不图自强，后虽欲图，恐无及矣。自强之道，练兵造器，固宜次第举行，然其机括则在于急造铁路。铁路之利……于用兵一道，尤为急不可缓之图。中国幅员辽阔，北边绵亘万里，毗连俄界；通商各海口，又与各国共之。画疆而守，则防不胜防；驰逐往来，则鞭长莫及。惟铁路一开，则东西南北，呼吸相通，视敌所驱，相继策应。虽万里之遥，数日可至；虽百万之众，一呼而集。无征调仓皇之过；无转输艰阻之虞。且兵合则强，兵分则弱。以中国十八省计之，兵非不多，饷非不足。然各省兵饷主于各省督抚，此疆彼界，各具一心。……盖一国分为十八疆界也。若铁路造成，则声势联络，血脉贯通，裁兵节饷，并成劲旅，十八省合为一气，一兵可抵十数兵之用。……若一下造铁路之诏，显露自强之机，则气势立振，彼族闻之，必先震惊，不独俄约易成，即日本窥伺之心，亦可从此潜消。"④对于刘铭传这种议论，李鸿章首表赞同，他说："窃臣承准军机大臣密

---

① 《李文忠公朋僚函稿》卷一二《复丁雨生中丞》（同治十一年九月十一日）。
② 《李文忠公朋僚函稿》卷一七《复郭筠仙星使》（光绪三年六月初一日）。
③ 拙著《清季铁路建设的资本问题》，《社会科学论丛》第四辑（1953年9月）。
④ 《清朝续文献通考》卷三六二。又《清史稿·交通志》一有相似的记载。

寄……刘铭传奏筹造铁路一折……中国与俄接壤万数千里,向使早得铁路数条,则就现有兵力,尽敷调遣。如无铁路,则虽增兵增饷,实属防不胜防。盖处今日各国皆有铁路之时,而中国独无,譬犹居中古以后而屏弃舟车,其动辄后于人也必矣。……从来兵合则强,兵分则弱。中国边防海防各万余里,若处处设备,非特无此饷力,亦且无此办法。苟有铁路以利师行,则虽滇、黔、甘、陇之远,不过十日可达,十八省防守之旅,皆可为游击之师。将来裁兵节饷,并成劲旅,一呼可集,声势联络,一兵能抵十兵之用。……京师为天下根本……而外人一有要挟,即欲撼我都城。若铁路既开,万里之遥,如在户庭,百万之众,克期征调,四方得拱卫之势,国家有磐石之安,则有警时易于救援矣。……刘铭传见外患日迫,兼愤彼族欺凌,亟思振兴全局,先播风声,俾俄、日两国潜消窥伺之心,诚如圣谕,系为自强起见。"①同时,刘坤一也同意刘铭传的看法,他说:"臣以铁路火车之有裨益,别项虽未深知,至于征调转输两端,可期神速,实为智愚所共晓。中国幅员辽阔,自东徂西,几万余里,均与俄界毗连。加以英在缅甸,法在越南,时虞窥伺。沿海数省,则为各国兵船往来,倘有风鹤之惊,殊虞鞭长不及。如得办成铁路,庶可随时应援。臣前过天津时,曾与李鸿章论及。兹刘铭传所请,适与臣意相符。"②此外,马建忠于光绪七年(1881年)撰《铁道论》,也像刘铭传那样强调铁路与国防的关系,他说:"中国自军兴以来,制造之局几遍直省,一切枪炮兵器渐仿外洋为之,而于外洋致富致强最要之策,如火轮车一事,反漠然无所动于中。……而吾以为火轮车……惟中国当行,而不容稍缓。何也?……中国数万里之疆域,焉能处处防御?所贵一省之军,可供数省之用,一省之饷,可济数省之师,首尾相接,遐迩相援,为边圉泯觊觎,为国家设保障,惟铁道为能。此所以当行而不容稍缓者也。"③以上各人提倡铁路的修筑,其理由虽然并不以巩固国防为限,但国防实力的增强是其中一个最重要的理由。

上述李鸿章、刘铭传等人对铁路与国防的关系有着深刻的认识,都是甲午战争以前中国铁路建设的先驱者。李鸿章被任为直隶总督后,便成立开平

---

① 《李文忠公奏稿》卷三九《妥议铁路事宜折》(光绪六年十二月初一日)。
② 刘坤一《刘忠诚公奏疏》卷一七《议覆筹造铁路利弊片》(光绪七年)。
③ 《清朝续文献通考》卷三六二。

矿务局，仿效西法利用机器来开采河北唐山（或开平）的煤矿。煤是重量体积特别大而价值特别小的物品，必须有便利而低廉的交通运输，才能因运费负担的低廉和运输能力的增大而扩展销路。由于这种需要的迫切，李鸿章不顾吴淞铁路被人拆毁所表现的顽固守旧的势力，而以直隶总督的资格奏准兴修长约七英里的唐胥铁路（自河北唐山至胥各庄），以便把在唐山（或开平）煤矿中挖出的煤运往能与通往北塘（河北省的一个港口）河流连络的运河。为着要缓和保守派人士的反对，这条铁路于开始建筑时，曾经声明只以骡马而不以火车头来拖曳车辆。可是，到了1881年（光绪七年）开平矿务局工程司英人金达（C. W. Kinder）却利用旧锅炉改造成一个火车头，名"中国火箭"（Rocket of China），代替骡马来拖拉，故骡马车路便变成火车行走的铁路。其后海军衙门成立，以铁路事务划归海军衙门办理，而以醇亲王奕譞总理海军事务，李鸿章则为会办。由于醇亲王与李鸿章的支持，唐胥铁路向西南展筑至大沽口，再展筑至天津，称津沽铁路，于1888年（光绪十四年）完成。在唐胥铁路以北，唐山至山海关一段也于1891年（光绪十七年）开始修筑，并于1894年完工。① 这一条短短的唐胥铁路，之所以延筑为自天津至山海关的铁路，即关内铁路，原因固然有种种的不同，但国防方面的理由是其中特别重要的一个。例如唐胥铁路初时之所以要向南修筑至大沽口，再向西修筑至天津，据李鸿章的记载，主要是因为"唐山煤矿出产既旺，销路亦畅，北洋兵商各船及各机器局无不取给于此"②。至于这条铁路之所以要向南北延长修筑，而且又要由海军衙门负责主持，又由于它与当日北洋海防有特别密切关系。关于这点，主持海军衙门的醇亲王等曾上奏折说："直隶海岸七百余里，虽多浅滩沙碛，然小舟可处处登岸。轮船可以泊岸之处，除大沽、北塘两口外，其余山海关至天津、河口一带，占百数十里，无不水深浪阔。大沽口距山海关约五百里，夏秋海滨水阻泥淖，炮车日行不过二三十里，且有旱道不通之处。猝然有警，深虞缓不济急。且南北防营太远，势难随机援应，不得不择要害，各

---

① Stanley F. Wright，前引书，p.654；吴铎《津通铁路的争议》，《中国近代经济史研究集刊》第四卷第一期（"中央研究院"社会科学研究所，民国二十五年五月）；浚鸿勋《中国铁路概论》（"编译馆"，1950年12月）页1—3，239—240；拙著《清季铁路建设的资本问题》，《社会科学论丛》第四辑。
② 《李文忠公海军函稿》卷三《海军照章定议并筹津通铁路》（光绪十四年九月初九日）。

宿重兵,先据必争之地,以张国家阃外之威。然近畿海岸自大沽、北塘迤北五百余里之间,防营太少,究嫌空虚。若铁路相通,遇警则朝发夕至,此一路之兵,足抵数路之用,而养兵之费亦因之节省。今开平矿务局于光绪七年创造铁道二十里,后因兵船运煤不便,复接造铁路六十五里,南抵蓟运河边阎庄为止。此即北塘至山海关中段三(《东华续录》作"之")路运兵必经之地。若将此铁路南接至大沽北岸,北接至山海关,则提督周盛波所部盛字军万人,在此数百里间,驰骋援应,不啻数万人之用。……此等有关海防要工,即或商股一时不能多集,不妨官为筹措,并调兵勇帮同作工,以期速成。且北洋兵船用煤,全恃开平矿产,尤为各师命脉所系。开平铁路若接至大沽北岸,则出矿之煤,半日可上兵船。……"①当唐胥铁路在李鸿章的主持下扩展修筑成津沽铁路,以至于关内铁路的时候,刘铭传在台湾充任台湾巡抚,也在那里修筑台湾铁路。这条铁路于光绪十三年(1887年)春开始建筑,自台北府附近的大稻埕起,于十七年秋筑至基隆,于十九年筑至新竹,共长62英里,约合180华里。② 刘铭传之所以要急于修筑这条铁路,主要由于"台湾四面皆海……防不胜防。……若修铁路既成,调兵极便,何处有警,瞬息长驱,不虑敌兵断我中路"③。按台湾曾于同治十三年(1874年)为日本侵扰,于光绪十年(1884年)中、法战争时为法人攻占基隆炮台,国防问题非常严重,故刘氏要建筑铁路来增强防卫的力量。

我们在上文中已经屡次提到,中国在同治、光绪之交开始工业化的时候,由于客观环境的需要,采用西洋机器所生产的货物与劳务,大部分和国防或军事有密切的关系。这里我们还要补充一下,当日机械化的生产虽然置重点

---

① 王彦威辑《清季外交史料》卷七〇《军机处奏试办天津等处铁路以便商贾而利军用折》(光绪十三年二月二十二日);《东华续录·光绪》卷八一光绪十三年二月庚辰条。又参考《清史稿·交通志》。这一篇讨论关内铁路与北洋海防关系的奏折,虽然由"醇亲王奕譞等"或"总理海军事务衙门"出名,事实上因为李鸿章是海军衙门会办,当然与李氏有关。故李氏说:"光绪五六年间……鸿章盱衡北洋形势,以大沽为京师外户,其北塘至山海关各处口岸皆为大沽旁门,一处有警,全局震动。设防患其难遍,征调患其不灵,非铁路不能收使臂使指之效。"(《李文忠公海军函稿》卷三《详陈创修铁路本末》,光绪十五年四月二十日)又说:"铁路系为征调,朝发夕至,屯一路之兵,能抵数路之用。于直隶七百里海岸,尤为相宜。"(同书卷三《议铁路驳恩相徐尚书原函》,光绪十四年十二月二十二日)。
② 吴铎《台湾铁路》,《中国社会经济史集刊》(原名《中国近代经济史研究集刊》)第六卷第一期("中央研究院"社会科学研究所,民国二十八年六月)。
③ 刘铭传《刘壮肃公奏议》卷五《拟修铁路创办商务折》(光绪十三年三月二十日)。

于国防,可是并不以有关国防的工、矿、交通的建设为限;因为到了国防工业已经建设得差不多的时候,朝野上下自然要注意到民用工业的建设,即仿效西法使用机器来生产各种消费品,以满足人民生活的需要。早在光绪二年(1876年),当左宗棠在兰州任陕甘总督的时候,看见当地羊毛生产相当丰富,已经着手购买德国机器,成立甘肃织呢总局,而于光绪五年(1879年)开始织造毛呢。① 在棉纺织工业方面,郑官应有鉴于"进口之货……以纱布为大宗……银钱外溢,华民失业",故在李鸿章的倡导之下,从事上海织布局的创立。经过多年的筹备,这个织布局共招到商股银554 900两,拥有纺机35 000锭,织机530台,其中一部分机器于光绪十六年(1890年)装好,开工生产。到了光绪十八年(1892年),"每日夜已能出布六百匹,销路颇畅"②。可是,甘肃织呢总局开工不久,因创办人左宗棠调职他往,厂务便告停顿③;新创立的上海织布局,业务正要开展,不料在光绪十九年(1893年)"九月初十日,该局清花厂起火,适值狂风,施救不及,厂货被焚"④。甲午战争以前中国民用工业这种办理不良,发展迟滞的情况,和甲午以后,尤其是欧战以后的突飞猛进情况比较起来,可说是一个相反的对照。因此,甲午以前中国虽然有民用工业的建设,其建设的规模着实远不如国防工业那么大。

四

中国因受世界性的工业化运动的影响,而在同治、光绪之交开始工业化的时候,由于外患之不断威胁,以国防为重点来从事机械化的生产,大致已如前述。可是,当日的经济建设虽然以自强运动为号召,却没有达到自强的目的,故在光绪十至十一年(1884—1885年)的中法战争,光绪二十至二十一年

---

① 《清朝续文献通考》卷三八五;龚骏编《中国新工业发展史大纲》(商务,民国二十二年一月)页二六。
② 严中平《中国棉业之发展》(商务,民国三十二年九月)页七三,七五至七六,九一;《李文忠公奏稿》卷七七《重整上海织布局片》(光绪十九年十月二十六日);Stanley F. Wright,前引书,p.611.
③ 《清朝续文献通考》卷三八五;龚骏编《中国新工业发展史大纲》(商务,民国二十二年一月)页二六。又《东华续录·光绪》卷一四四载光绪二十四年四月乙未,张之洞奏:"故大学士左宗棠前在甘肃开设织呢局,费银百余万两。旋经后人废弃,巨款尽付东流。"
④ 《李文忠公奏稿》卷七七《重整上海织布局片》。

(1894—1895年)的甲午战争和光绪二十六年(1900年)的庚子事变,中国都相继失败了。

中、法战争以后,清政府曾检讨失败的原因说:"自海上有事以来,法国恃其船坚炮利,横行无忌。我之筹划备御,亦尝开设船厂,创立水师;而造船不坚,制器不备,选将不精,筹费不广。"①甲午战争以后,盛宣怀曾把中、日双方所用武器进行比较说:"甲午之战,日本快枪快炮,器利而子准。我军枪队,亦有时可与对抗。而彼之快炮,往往先踞高阜,见我队到,群子如飞。军士以血肉当之,莫不洞穿胸腹,而一遁无不遁矣。"②由此可知,虽然经过同、光之交自强运动的经济建设,在对外作战的时候,中国的武装配备仍然敌不过外国的船坚炮利,故陷于失败的命运。

同、光之间以自强为目标的工业化运动,为什么得不到完满的结果?原来当日侧重于国防方面的经济建设,既然与国家安全有关,在国民所得微薄,一般人民除消费以外并没有多少储蓄③的情况下,政府自然只好负起筹集资金的责任。因此,清季在各地创办的制造局或造船厂,都由政府投资,以"官办"为特点。可是,在当日国民所得微薄的情况下,政府的财政收入到底有限,故所筹措的经费并不能够满足现代工业对于大量的固定资本的需要。政府经费既然有限,各制造局或造船厂的机器设备便只好因陋就简,以致不容易得到大规模生产的利益。这样一来,如果再加上技术人才的缺乏,以及管理与组织的不健全等因素,工业官办的效率自然非常低下了。关于此点,在甲午战争的创痛以后,朝野上下已经看得很清楚。例如顺天府府尹胡燏棻于光绪二十一年(1895年)闰五月上疏说:"中国各省设立制造、船政、枪炮、子药等局,不下十余处,向外洋购买机器物件不下千百万金,而于制造本源并未领略。不闻某厂新创一枪一炮,能突过泰西;不闻某局自制一机器,能创垂民用。一旦有事,件件仍须购自外洋。岂真华人之智不及西人哉?推其病源,厥有三故。各厂之设也,类依洋人成事。而中国所延洋匠,未必通材,往往仅晓粗工,不知精诣,袭迹象而遗神明。其病一。厂系官办,一切工料资本,每

---

① 《东华续录·光绪》卷七〇光绪十一年五月丁未上谕。
② 盛宣怀《愚斋存稿》卷三《遵旨具陈练兵饷商务各事宜折》(光绪二十五年十月)。
③ 拙著《清季铁路建设的资本问题》,《社会科学论丛》第四辑。

岁均有定额；即有自出心裁，思创一器者，而所需成本，苦于无从报销。且外洋一器之成，如别色麻(Bessemer)之钢，克鹿卜(Krupp)之炮，或法经数易，或事更数手，成本费数十万金，然后享无穷之利，垂久大之业。今中国之工匠，既无坚忍之力，国家又别无鼓舞之途，遂事事依样葫芦，一成不变。其病二。外洋各厂之工头匠目，均系学堂出身，学有本源，而其监督总理之人，无不晓畅工艺，深明化、重、光、电、算学之学，故能守法创法，精益求精。今中国各局总办提调人员，或且九九之数未谙，授以矿质而不能辨，叩以机括而不能名。但求不至偷工减料，已属难得。器械利钝，悉听工匠指挥，茫无分晓。其病三。窃谓中国欲借官厂制器，虽百年亦终无起色！"[1]因为官办成绩不良，故有人提议改为商办。例如给事中褚成中曾经奏请招商承买各省船械机器等局，其理由为："中国制造、机器等局，不下八九处，历年耗费不赀。一旦用兵，仍须向外洋采购军火。平日工作不勤，所制不精，已可概见。福建船厂岁需银六十万，铁甲兵舰仍未能自制。湖北枪炮、炼铁各局厂，经营数载，糜帑已多，未见明效。如能仿照西例，改归商办，弊少利多。"[2]由此可见，当日的官办工业，因为缺乏私人创业的精神(private initiative)，效率非常低下，故有人主张改为商办。

在甲午以前由政府创办的各种新式工业中，制造枪炮或弹药的机器局或制造局，因为政府经费困难，不能筹措充足的资本来尽量扩充机器设备，故虽然采用西法来生产，和西洋同类工厂比较起来，可说是小巫见大巫。这种情形，李鸿章早就感觉到，例如他说："津、沪机器局巨费，在各国视若毫芒。近日粤东、山左、湖南踵行之，各沾沾自喜，坐井而不知天大！莫如归并一局，分济各省，或可扩充，以抵西洋之一小局。愈分愈多，则愈不足以成事。"[3]可是，李氏提议把各个小规模的制造局合并成一个大规模的制造局的计划，由于事实上的困难，并没有见诸实行。因此，后来张之洞也深深感觉到各制造局生产规模的狭小，以致影响到效率的低下。他于光绪二十一年上疏说："天津、江南、广东、山东、四川原有制造局，所造军需水陆应用各件颇多，而所成

---

[1] 沈桐生辑《光绪政要》卷二一。
[2] 《东华续录·光绪》卷一二八光绪二十一年六月庚寅上谕。
[3] 《李文忠公朋僚函稿》卷一七《复刘仲良中丞》（光绪三年五月十九日）。

枪炮甚少；或止能造枪炮弹，而不能造枪炮；或能造枪，而汽机局厂尚小。……金陵（制造）局规模颇小，机器未备，所以枪炮无多。"①在各个制造局中，"上海机器局（即江南制造局）为各省制造最大之厂"，可是由于资本的缺乏，机器设备的简陋，它的产品总是不能跟着时代走，而落在时代之后，以致和西洋新制产品比较起来往往相形见绌。②除却资本不足，以致机器设备简陋之外，管理和组织的不完善，也是当日官办制造局的缺点。例如负责设立四川机器局的"四川总督丁宝桢，不谙机器，私亏库款"，以致"所设机器局……制造未能精良"③。又如汉阳枪炮厂的办理情况，连创办人张之洞也不满意，他说："又闻枪炮厂亦因工匠太少，不敷分拨，以致诸事迟延。查各厂委员司事月糜薪水不赀，各厂日用不少，而实在作工，能造枪炮，安机器，出钢铁之工匠，总不肯多雇，实属不解！"④故在甲午战争正在进行的时候，关于武器的供应问题，张氏只好说："湖北枪炮厂（即汉阳枪炮厂）初造，不能多出，难应急需。战事方殷，惟有向外洋订购，可多可速。"⑤

除枪炮及弹药的制造以外，同、光之间官办的造船工业，其情况更是令人失望；因为无论是江南制造局，或是马尾船政局造出的船，都被李鸿章认为性能太差，速度太慢，式样太旧，无法在海洋上和坚利的西洋军舰作战。⑥故早在同治十一年（1872年），李鸿章已经写信给人家说："闽船创自左公，沪船创议曾相，鄙人早知不足御侮，徒添糜费。今已成事，而欲善其后，不亦难乎？"⑦不久，他又上一奏折说："左宗棠创造闽省轮船，曾国藩饬造沪局轮船，皆为国家筹久远之计。岂不知费钜而效迟哉？惟以有开必先，不敢惜目前之费，以贻日后之悔。该局至今已成不可弃置之势，苟或停止，则前功尽弃，后

---

① 《清史稿·兵志》一一。又《光绪政要》卷一光绪元年十月山东巡抚丁宝桢《奏设机器局疏》，也说他"设立制造机器局……因经费难筹"，设备比较简陋。关于四川机器局，《光绪朝东华续录》卷一五〇也载光绪二十四年十月乙已文光奏："臣查川省机器局虽经设立多年，惟以机器无多，不能推广制造。"
② 拙著《清季的江南制造局》，《集刊》第二十三本。
③ 《东华续录·光绪》卷二六光绪五年二月上谕。
④ 张之洞《张文襄公全集》卷一四六（《电牍》二五）《致武昌蔡道台》（光绪二十一年五月二十六日已刻发）。
⑤ 同书卷七七（《电奏》五）《致部署》（光绪二十一年二月初一日）。
⑥ 拙著《清季的江南制造局》，《集刊》第二十三本。
⑦ 《李文忠公朋僚函稿》卷一二《复王补帆中丞》（同治十一年正月二十一日）。

效难图,而所费之项转成虚縻,不独贻笑外人,亦且浸长寇志。"①根据李氏的话,我们可以判断,当日官办造船工业的成绩的确不好,可是如果要停办,那么,过去曾经花费巨额资金来设置的机器和厂房便不能尽量利用,又未免觉得可惜。不过,这两个造船厂自官办后虽然有欲罢不能的趋势,事实上江南制造局的造船业务自光绪二年(1876年)以后便渐渐停顿②,而光由马尾船政局(或福州船厂)来制造轮船。

说到马尾船政局的办理情况,事实上在创办不久而由沈葆桢负责主持的一段时期内,也很讲究效率。例如监察御史陈璧于光绪二十二年上疏说:"沈葆桢在船政先后十年,廉以持己,严以率属。取厂中一草一木者,立按军法,令行禁止。其取材多用士人,成效必获信赏。人无异念,咸有竞心。"③可是,偌大的一个具有现代机器设备的造船厂,并不是纯粹用军法可以办理得好的;如果要想发挥造船的效率,还要倚赖现代化的技术人才来与之配合。福州船厂在最初开办的时候,因为中国人还不知道怎样使用机器来制造,故"闽厂创始,系由日意格、德克碑(d'Aiguebelle)定议立约"。可是,"该二人素非制造轮船机器之匠,初不过约略估计。迨开办后,(经费)逐渐增多,势非得已。其造未及半,而用数已过原估"④。换句话说,因为船厂所聘用的外国人才,本来并不是造船专家,再加上这种新工业在创办后所遇到的出乎意料的困难,故造船成本要远在原来估计之上,而造出的船则远不如理想中那么好。对于这些外国技术人员的工作成绩,当时朝野上下都表示不满意。例如光绪六年(1880年)六月上谕中说:"总理各国事务衙门奏……称:船政局所雇洋人,艺亦平常,所造之船多系旧式。……洋匠恐成船太速,不能久食薪俸,往往派华匠造器,宽其限期。如有先期制成者,必以不中式弃之。华匠相率宕延,遂成锢习。"⑤又不久以后刘锡鸿说:"如福建船厂所造轮船,举不堪用。

---

① 《李文忠公奏稿》卷一九《筹议制造轮船未可裁撤折》(同治十一年五月十五日)。
② 江南制造局自同治七年(1868年)至光绪二年(1876年),差不多每年平均造成轮船一艘;可是自此以后,除在光绪十一年(1885年)有一艘轮船下水外,便再也没有制造新船了。参考拙著《清季的江南制造局》,《集刊》第二十三本。
③ 《光绪政要》卷二二光绪二十二年六月条。
④ 《李文忠公奏稿》卷一九《筹议制造轮船未可裁撤折》(同治十一年五月十五日)。
⑤ 《东华续录·光绪》卷三五光绪六年六月甲辰条。

美国暨日本谈及,有责洋监督日意格之无良,有为日意格原谅其难者。"①当日在船厂工作的外国技术人才既然不完全靠得住,故福州船厂特地派遣学生出洋学习造船方法。②可是,当这些留学生学成归国的时候,却因为船厂经费困难,不能扩充机器设备,以致所学非所用,不能以个人专长来为船厂服务。关于这点,总理各国事务衙门在甲午战争后所上的奏折中说得很清楚:"近十余年来,泰西(轮船)制造日精日新。闽厂出洋回华学生,虽不无颖悟之资,能自出图制样,而财力短绌,既不能添机拓厂,又不能制料储材。……即得有更新之法,亦因无机无厂,不能如法更制。……于是制造日稀,人多闲旷。……闻船政学生学成回华后,皆散处无事,饥寒所迫,甘为人役。上焉者或被外国聘往办事;其次亦多在各国领事署及各洋行充当翻译。"③由船厂培植出来的造船人才,只能替外国领事署或洋行当翻译,而不能学以致用,当日福州船厂办理的腐败情况可想而知。故光绪十六年(1890年)上谕说:"福建船政……近年弊窦丛生,虚縻甚巨。"④又光绪二十一年(1895年)谕旨说:"福建船政兴办已久,近年来制造日稀,难免滥支滥用情弊。"⑤

自然,福州船厂办理的成绩之所以这样不好,我们不应该完全归罪于日意格等外国人,因为除此以外,还有其他因素,也是不容忽视的。例如轮船——尤其是铁甲船——的制造,以钢铁为主要原料,故为着原料取给的便利,船厂附近最好能够开采铁矿,把钢铁工业建立起来。福州船厂之所以选择马尾作厂址,一方面固然因为那里和海边距离很近,他方面又因为附近有铁矿,可以开采来炼铁制铜。关于此点,我们可以拿李鸿章开采福建古田铁矿的计划来作证明,他说:"至议及仿造铁甲船与炮台船,铁甲须先令内地产铁倍旺,方可动手,洵探原之论。拟将(福建)古田铁矿粗胚带出外洋,用别色麻新法(Bessemer Process)试炼;可否再雇匠设炉自炼,足供厂(福州船厂)

---

① 王延熙、王树敏编辑《皇朝道咸同光奏议》卷三三刘锡鸿《缕陈中西情形种种不同火车铁路势不可行疏》(光绪七年正月)。
② 《李文忠公奏稿》卷二八《闽厂学生出洋学习折》(光绪二年十一月二十九日)。
③ 《东华续录·光绪》卷一三四光绪二十二年六月壬午条;《清朝续文献通考》卷二三四。
④ 《大清历朝实录·德宗朝》二八四光绪十六年四月乙丑上谕。
⑤ 《清季外交史料》卷一一九《旨寄边宝泉福建船政制造稀而支用滥着查覆电》(光绪二十一年十一月初七日)。

需,以求节省。"①可是,钢铁工业的建立,铁矿的开采固然是一个重要的因素,但不是唯一的因素;因为钢铁工业在由铁砂炼成生铁,再炼成钢的生产过程中,要消耗大量的焦煤作燃料才成,故煤矿资源的丰富与否更是其中一个重要的因素。② 就福州船厂所在的福建来说,煤——尤其是可以炼焦的煤——矿资源本来非常缺乏,并不足以满足现代钢铁工厂对于燃料之大量的需要,故就是开采铁矿,钢铁工业也不能与造船工业配合起来从事大量的生产。关于这种情形,我们可以引用船政大臣沈葆桢的奏疏来作证明,他说:"福建古田等处,产铁甚旺。洋人用之,皆以为铁质胜于西洋。第地不产煤,以松木镕之,近山松尽,铁矿亦废。且不通水路,运致殊艰。煤价每担仅千余文,而运费加倍。虽稍加价值,亦不能源源而来。"③

除福建以外,同、光之间其他地方的煤、铁矿也由政府派人去试探开采,因为除福州船厂之外,像江南制造局和其他新兴的与国防或军事有关的工业,都要消耗大量的煤、铁才能从事机械化的生产。可是,有如上文所说,当日在各地试采煤矿的结果,经过长时期的努力,只有河北开平煤矿的开采得到一些具体的成绩。至于铁矿,只有大冶铁矿发现得较早,在甲午以前已经被开采来满足汉阳铁厂在原料方面的需要。可是,汉阳铁厂初时制炼出来的钢、铁,品质不好,成本又高,成绩着实不好;而且,汉阳铁厂虽然在光绪十六年(1890年)已经创办,但其中的化铁炉到光绪二十年五月才升火开炼④,而同年六月中、日甲午战争便打起来了。

我们在上文中已经说过,甲午以前侧重于国防的工、矿建设,不足以解决当日特别严重的国防问题。我们又曾经说过,同、光之交朝野上下所致力的机械化的生产,不独生产货物,而且还生产劳务;换句话说,除采用西洋机器来制造枪、炮、轮船,开采煤、铁矿以外,还要建筑铁路,以满足国防——尤其是北洋海防——上的需要。可是,经过多年的努力,到了甲午战争的时候

----

① 《李文忠公朋僚函稿》卷一六《复吴春帆京卿》(光绪二年九月十四日)。
② 拙著《清末汉阳铁厂》,《社会科学论丛》第一辑。
③ 《皇朝道咸同光奏议》卷一六沈葆桢《覆奏洋务事宜疏》。
④ 拙著《清末汉阳铁厂》,《社会科学论丛》第一辑。

(1894—1895年),中国领土上的铁路长度,据估计不过只有200英里[1]至250英里[2]左右;这和孙中山先生要建筑长达10万英里的铁路网计划比较起来,可说相差得非常之远。因此,甲午以前中国的铁路建设,不过是建设的开端,其对于国防实力增强的贡献自然是非常有限的。

五

在本文中,我们曾经把中国在同治、光绪之交因受世界工业化潮流的影响而开始的工业化运动作一考察。这个一开始便以国防为着重点的工业化运动,虽然使工业生产的统计数字增大,对于一般人民的生活并没有多大的补益;因为利用西洋机器生产出来的军事工业品,都是用来在战场上消耗,而不是拿来供应人民日常生活消费之用的。自然,如果因为国防工业的建设而增强了国防方面的力量,使国家不至于因为对外作战失败而向外国纳贡,或为外国所奴役,那么,政府就是因此而开支巨额的经费,也是值得的。可是,当日朝野上下花费这样庞大的代价而建设起来的国防工业,因为以官办为主,缺乏私人创业的精神,效率非常低下,故生产出来的武器仍旧敌不过外国船坚炮利的武力,以致国家仍然不免陷于对外作战失败的命运!

自然,在甲午以前侧重于国防的经济建设,虽然因为不注意消费品工业的生产而无补于人民生活的改善,但这到底是接受西洋工业文明的开端,就长期来说,对于人民生活水准的提高也是有好处的。比方煤、铁等矿产的开采,钢铁工业的建立,最初固然着眼于与国防工业的配合,但在建设成功以后,也是可以用来制造机器或其他生产工具,以增大人民的生产力的。同样,铁路的建筑初时固然着眼于国防方面的考虑,但由于运输能力的增大,全国劳务的产额因此而激增,矿产资源因此而开发,对于人民生活的改善也是要发生良好影响的。可是,有如上文所说,中国煤、铁等矿产资源的开发,钢铁工业的发展,在时间上比制造局或造船厂的设立都要晚得多,而且成绩也不

---

[1] C.F. Remer, *The Foreign Trade of China*, Shanghai, 1928, p.111.
[2] R.H. Tawney, *Land and Labour in China*, London, 1932, p.196.

很满意,故无论在国防方面,或是在民生方面,在当日都没有多大的贡献。至于初时虽然侧重于国防的观点,到后来将有益于民生的铁路,虽然建筑起来了,但直至甲午战争的时候,筑成的铁路只有200~250英里左右,和全国土地面积比较起来,长度未免太短,故对于人民生活或资源开发的贡献,都非常有限。

不独如此,19世纪下半叶的中国因为生产力低下,国民所得非常微薄。在这种情况之下,政府既然以租税或其他方式把巨额的国民所得转变为国家经费,以从事国防工业的建设,社会上自然没有多少余资来发展轻工业,制造消费品,以满足人民生活的需要了。故经过了甲午以前三十年的工业化运动,每人平均的国民所得,或每人平均享受的货物与劳务,并没有显著的增加,反而因为战时军费开支的激增,及战败后巨额赔款的负担,而越来越贫穷。越来越贫穷的结果,甲午以后民族资本不足,外资便乘虚而入,在工业、矿业、铁路及其他方面都跃居一个重要的地位。

1954年2月25日于台北市

清季西法输入中国前的
煤矿水患问题

一

就全世界的煤矿资源来说,中国的储藏量非常丰富,只次于美国、苏俄和加拿大,而居世界第四位。① 可是,美国和加拿大的矿产资源的开发,是在1492年哥伦布发现新大陆以后的事;在此时以前,散居于北美洲的红印度人,由于文化水准低下,生产技术幼稚,既不需要,也不能够把这些丰富的煤矿资源开发来用。苏俄的煤矿储藏量,以西伯利亚为最丰富。但俄人于1579年始跨越乌拉山向东发展,于1638年其先锋队始抵达鄂霍次克(Okhotsk)海滨,而建立鄂霍次克城。② 在此以前,西伯利亚的大好的煤矿资源也因人烟稀少而货弃于地。和上述各地区正好相反,中国老早就是一个文明古国,故对于在地下蕴藏着的丰富的煤矿资源的开发,要远较世界其他国家为早。

在欧洲,亚里士多德的学生提奥夫刺斯塔(Theophrastus)曾于纪元前3世纪左右写一本书,说在意大利北部及在希腊伊利斯省(Elis)发现的一种黑石,铁匠曾经用作燃料来冶铸。可是,这些地方在现今并没有什么重要的煤矿,故这里所说的黑石很可能是一种燃料价值较低的褐煤(lignite)。③ 根据经济史学者的研究,在12世纪末叶以前,并没有确实无疑的记载,足以证明煤在西欧已经被当作燃料来使用。④ 关于英格兰的煤矿的开采,以1243年的

---

① 白家驹编《第七次中国矿业纪要》(地质调查所出版,民国三十四年)页四七至四八。
② 蒋廷黻《最近三百年东北外患史》,《清华学报》第八卷第一期。
③ J.U. Nef, *The Rise of the British Coal Industry*, London, 1932, vol. I, pp.1—2.
④ 同书,vol. I, p.4.

记载为最早。①

和西洋比较起来,中国人用煤的历史可说要早得多。在远古时代,曾经有女娲氏炼石补天的传说;经过后来学者的考证,发现她所炼的石不过是山西平定的煤或石炭。② 班固在《汉书·地理志》中记载江西豫章郡"出石,可燃为薪"。过去各学者也一致同意这里所说的石是煤或石炭③。到了唐太和年间(827—835年),日本留学僧圆仁旅行至山西太原城外的时候,见"遍山有石炭,近远诸州人尽来取烧,修理饭食,极有火势"④。再后,到了北宋时代(960—1126年),当日的首都"汴都(今河南开封)数百万家,尽仰石炭,无一家燃薪者"⑤。当中国人用煤作燃料已经有了很长远的历史的时候,意大利人马可·波罗于13世纪的元代来华游历,还觉得中国人用"大块黑石头"代替柴薪来作燃料,是一件非常稀奇的事。⑥ 由此更见出中国人用煤之远较西洋人为早了。

可是,中国的煤矿资源虽然这样丰富,中国人用煤的历史虽然这样长久,到了清朝末叶,即19世纪末叶及20世纪初,当采用西法的"自强"运动实行的时候,中国却迫切感到煤的供应问题的严重。当日的自强运动,因为着眼于东南沿海国防问题的解决,故政府要在各地设立制造局和造船厂,以便仿效西洋人制造枪炮和轮船。这些新兴的国防工业,在制造过程中,要消费多量的煤来作燃料。此外,自制的或购来的轮船和军舰,也要不断的烧煤才能在水上航行。当煤的需要激增的时候,煤矿资源丰富而采煤历史长久的中

---

① J.U. Nef, *The Rise of the British Coal Industry*, London, 1932, vol. Ⅰ, p.6.
② 明陆深《燕闲录》(《宝颜堂秘笈》本)页四"石炭"条说:"石炭即煤也,东北人谓之楂(上声),南人谓之煤,山西人谓之石炭。平定所产尤胜,坚黑而光,极有火力。史称女娲氏炼五色石以补天,今其遗灶在平定之东浮山。予谓即此后世烧煤之始。所谓天柱折地维阙者,乃荒唐之说,不足深辩。天一气尔,岂有损坏可补。谓之补天,犹曰代明云"。(此条承同事陈槃庵先生见告,特此致谢!)又参考清俞樾《茶香室三钞》卷一"女娲补天"条。
③ 明张萱《疑耀》卷二"石炭"条说:"今西北所烧之煤,即石炭也。……《前汉(书)·地理志》:豫章郡出石,可燃为薪。……则知石炭为煤,而用于世已久矣。"又《天禄识余》卷一四"麸炭石炭"条说:"《汉书·地理志》:豫章郡出石为薪。……今西北所烧之煤是也。"(此条承陈槃庵先生见告,特此致谢!)又《清朝续文献通考》卷三四九云:"《汉书·地理志》:豫章出石,可燃为薪。虽不明言曰煤,而煤之作用良可推测。《正字通》谓石炭即今西北所烧之煤。"
④ 圆仁《入唐求法巡礼行记》卷三。
⑤ 宋庄季裕《鸡肋编》卷中。
⑥ Moule and Pelliot, *Marco Polo, the Description of the World*, London, 1938, vol. Ⅰ, pp.249—250.

国,却感到煤之供应的缺乏,从而有自外国输入煤的必要。例如在同治六年(1867年)中国输入煤 113 430 吨;在光绪二十九年(1903 年),输入 150 万吨左右;在光绪三十一年(1905 年),输入 1 314 032 吨。① 其中光是天津一地,"自同治十年(1871 年)起,至光绪六年(1880 年)止,洋煤进口计八万一千五百余吨"②。其后,在光绪二十年(1894 年),当汉阳铁厂开炉炼铁的时候,也要自英、比、德等国购买"外洋焦炭"来作燃料。③

二

为什么在世界煤矿资源中占有重要地位的中国,到了清季便要感到煤的供应缺乏？是不是因为中国采煤的时间太久,以致在地下蕴藏着的煤矿有逐渐耗竭的趋势？对于这种解释,我们并不满意。因为中国开采煤矿的时间虽然远较其他国家为早,但事实上中国在清季以前长期间内所开采的煤,只在全国煤储藏总额中占到很小的百分比。因此,对于这个问题,我们有另外寻求答案的必要。

清季煤的供应之所以感到缺乏,我们可以从技术方面来加以解答。中国人之所以在很早的时间内便能够开采煤矿,和煤层的露出地面(outcrop)有很密切的关系。因为在中国的煤矿中有不少的煤层露出地面,有如上引圆仁《入唐求法巡礼行记》所描写的山西太原附近"遍山有石炭"那样,故就是在过去生产技术比较幼稚的时候,把煤挖出来用也不至于感到多大的困难。当开采时间较长,露出地面的煤差不多挖掘净尽的时候,跟着被挖掘的煤多半为距离地面较近的煤层。故到了清季,李鸿章仍说:"土法采煤,只……采浮面之煤。"④盛宣怀也说:"土法开采,浅尝辄止。"⑤再往后,当距离地面较近的煤层差不多都开采完毕的时候,如果再往更深的矿坑挖掘,问题可就来了。就

---

① H.B. Morse, *The Trade and Administration of the Chinese Empire*, Shanghai, 1908, p.289; C. F. Remer. *The Foreign Trade of China*, Shanghai, 1928, p.159.
② 李鸿章《李文忠公奏稿》卷四〇《请减出口煤税片》(光绪七年四月二十三日)。
③ 拙著《清末汉阳铁厂》,台湾大学法学院出版《社会科学论丛》第一辑。
④ 李鸿章《李文忠公奏稿》卷四〇《请减出口煤税片》(光绪七年四月二十三日)。
⑤ 盛宣怀《愚斋存稿》卷二《湖北铁厂改归商办并陈造轨采煤情形折》(光绪二十四年三月)。

地质的构造来说,世界上蕴藏最丰富的煤层多半分布在矿坑的深处,可是如果要在矿坑的深处采煤,采矿者便要遭遇到种种困难,其中最严重的一种可说是水的问题。

当煤矿开采至深处的时候,矿坑中往往冒出大水来。煤矿中的水的多少,自然要因矿而异。在19世纪中叶,英国有些煤矿自矿坑中抽出来的水,多至等于自同一矿坑中挖出的煤的十八倍。① 当煤矿中冒出水来的时候,采煤者必须设法把水抽出,然后才能继续开采下去。如果无法把水抽出,让水留在矿坑中,把煤层淹住,那么,不能继续采煤的结果,煤矿只好废弃不用。到了清朝末叶,中国好多煤矿,因蒙受到水的威胁,而无法继续开采。例如张之洞说:"向来煤窿开至深处,甫见好煤,即为水阻,以致此窿即成废弃。"② 又说:"开煤之难,尤在凿石抽水两端。土法但取浅处之煤,俯掘逆挽;至窿深水多,人力既穷,则弃去此窿,另开他处。"③ 又说:"开煤尤非凿井深入不为功。……土法之病,斜穿而不能深入,遇水而不能急抽。或积水淹……足以坏井。……其井已废,数月必弃。"④ 对于张氏所说的话,我们最好把当日各煤矿因蒙受水患不能继续生产的情况,分别加以叙述,以作证明:

(1) 开平煤矿。根据光绪二年(1876年)唐廷枢的调查报告,我们可以知道,在开平各煤矿中"凤山一带……煤井均系民业已弃旧井"⑤。此外,"凤山至古冶,由西而东,连绵约五十里。离山脚里许,有山根一道,与高山同行。……由山根而至山脚,尽是煤井。查该处煤井,乃明代开起,遍地皆有旧址。……据该处开煤土人云,无一井能采煤至底者"⑥。这些地方的煤矿之所以不能"采煤至底",而变为"已弃旧井",主要由于水患严重,不能继续开采。例如唐廷枢说:"查土人所开煤井……见煤即锄。……至有水之处,又须戽水。不知锄愈深,水愈涌,非止路远,而且泥泞。遂至锄煤戽水,均有不堪

---

① T.S. Ashton and J. Sykes, *The Coal Industry of the Eighteenth Century*, Manchester, 1929, p.33.
② 张之洞《张文襄公文续稿》卷二八《晓谕商民开煤矿示》(光绪十六年十月初七日)。
③ 张之洞《张文襄公奏议》卷三九《查覆煤铁枪炮各节并通盘筹画折》(光绪二十一年八月二十八日)。
④ 张之洞《劝学篇》卷下《矿学》。
⑤ 唐廷枢《开平矿务招商章程》(光绪二年)《论凤山铁矿情形》。
⑥ 同书《论山川形势》。

之苦,势必弃之。"①又李鸿章也说:"唐廷枢奉檄设局后,勘得滦州距开平西南十八里之唐山山南旧煤穴甚多。土人开井百余口,只取浮面之煤,因无法取水而止。"②

(2) 门头沟煤矿。早在乾隆三十四年(1769年),已经有"京西门头沟煤窑岁久淤塞"的记载。③ 到了清朝末叶,吴承洛也说门头沟煤矿,"窑遍地皆是,开采均用土法,遇水不能下掘"④。

(3) 临城煤矿。光绪八年(1882年),北洋大臣李鸿章曾经札委湖北试用通判钮秉臣组织"临内矿务总局",以开采河北临城煤矿。关于初时开采的困难,钮氏曾说:"始因集股无多,悉用土法开采,每每遇水停工。"⑤

(4) 彭城煤矿。光绪二十二年(1896年),直隶总督王文韶曾报告给清政府说:"磁州(今河北磁县)之西五十里彭城,右太行山麓,与山西潞安府、河南彰德府毗连,素产煤铁。居民以土法开挖,不能深取,往往时兴时废。……旧有煤井十二座,停止年久,积水甚深。"⑥

(5) 峄县煤矿。在山东南部的峄县煤矿,自元代至清朝末叶,也因冒出大水,把煤层淹住,而不能继续开采。在光绪九年(1883年),李鸿章曾说:"山东峄县……煤苗最旺之旧井二十余处,因土人无法取水,闭歇多年。……臣查峄境自元代以来,有多年废弃煤窑,水深且大,无底无边,土民久不能挖取。"⑦

(6) 萍乡煤矿。江西萍乡的煤矿,在清季以前,也因长期受到水患而不能继续生产。关于此点,我们可拿光绪二十二年(1896年)恽积勋的调查报告来作证明。他说:"访问开煤老户云:萍煤有深至十五层者。每开至二三层,或遇水废弃。"又说:"(萍乡)东南一带有水废窿,统计大小四十八座,产煤最称上品。每因开至二百余丈,至第三层煤,见水停挖,深为可惜。"又说:"萍

---

① 唐廷枢《开平矿务招商章程》(光绪二年)《论土人采煤情形》。
② 《光绪政要》卷一三"光绪十三年二月"条;《李文忠公奏稿》卷四〇《直境开办矿务折》(光绪七年四月二十三日)。
③ 《清史稿》列传一〇八《阎循琦传》。
④ 《清朝续文献通考》卷三九〇附录吴承洛《调查矿冶志略》。
⑤ 徐梗生《中外合办煤铁矿业史话》(上海商务印书馆出版,民国三十六年)页三三。
⑥ 《清朝续文献通考》卷四五"光绪二十二年"条。
⑦ 《李文忠公奏稿》卷四七《峄县开矿片》(光绪九年七月十三日)。

煤向用土法开采,遇水即废。"①

除上述各煤矿以外,其他煤矿到了清季也多因遇水患而不能继续开工生产。例如同治十一年(1872年)李鸿章的奏折说:"南省如湖南、江西、镇江、台湾等处……仅能挖取上层次等之煤。至下层佳煤,为水浸灌,无从汲净,不能施工。"②

三

根据上述,我们可以知道,中国蕴藏丰富的煤矿,到了清朝末叶,由于过去长期开采,露出地面或距离地面较近的煤层差不多开采完毕;至于深藏在地底下的煤层,因为给大水淹住,却不能继续采掘,以至陷于生产停顿的状态。这可说是清同治(1862—1874年)、光绪(1875—1908年)年间,当以"自强"为目标的工业化运动开始进行的时候,煤的供应不足,从而必须自外国输入洋煤来用的原因。

关于煤矿生产所受的水患的威胁,英国在17、18世纪间也深深地感觉到。可是,早在18世纪初叶,由于劳力的不足和科学技术的进步,英国的牛孔门(Thomas Newcomen)即已发明抽水机(Newcomen engine),以便代替劳力来把煤矿中的水抽出,从而使在深坑中采煤成为可能。也就因为在修理这种抽水机的时候,瓦特(James Watt)发现它用煤过于浪费,从而设法加以改良,故有蒸汽机的发明。同时,因为英国的煤矿得到抽水机的帮助而在深坑中开采,故煤的供应量激剧增加,使英国在工业革命时期大量消耗的煤得到充分的供应。③

在中国方面,煤矿的水患虽然也非常严重,可是,由于劳力的过剩和科学技术的落后,却没有抽水机的发明。当煤矿中冒出水来的时候,中国过去应

---

① 《清朝续文献通考》卷四五附录恽积勋《查勘萍乡煤矿条陈》(光绪二十二年)。
② 《李文忠公奏稿》卷一九《筹议制造轮船未可裁撤折》,《江南制造全案》卷一同治十一年五月十五日条。
③ F.C. Dietz, *A Political and Social History of England*, New York, 1945, p.442; John Lord, *Capital and Steam-power*, 1750—1800, London, 1923, p.39.

付的办法,最多只能像门头沟煤矿那样"凿沟隧,疏积水",以便"淤去而煤畅"①。可是,事实上,这种"泄水石沟"很容易便"倾圮淤塞,难以开采"②。因此,由于抽水机的缺乏,直至清朝末叶,许多煤矿被大水淹住,而不能往深处开采。不特如此,由于人口激增,劳力过剩,如果采用节省劳力的机器来抽水,社会上便要发生严重的失业问题;故西洋的抽水机也和其他机器一样,被视为奇技淫巧,而拒绝使用。可是,经过相当时间以后,国人妄自尊大的偏见,究竟敌不过客观形势的需要。尤其是那些因被水淹没而长期废弃不用的大好煤矿,如果要继续开采,那就非仿效西法来使用抽水机不可。因此,当清季各煤矿因煤的需要增加而希望恢复生产或增加生产的时候,抽水机便最先被采购来用。例如开平煤矿于"光绪五年(1879年)购办机器,按西法……抽水"③。临城煤矿由钮秉臣"再添招股本,改购机器汲水,获煤较丰"④。山东峄县的煤矿,"自派员招商购器吸水试用,数年之间,商贾流通,无业穷民皆得佣工糊口。即本地殷实绅耆,亦多集资附股,共沾乐利"⑤。由此可见,采用节省劳力的机器来抽水的结果,不独不会使失业人数增加,反而因为抽水机的使用,令到原来因水淹而废弃不用的煤矿恢复生产,从而给人们以更多的就业的机会。这是采用西法的好处,也就是工业化的好处。

四

我们在本文中曾经讨论到清季煤矿的水患问题及其解决的方法。在当日"西学为用"的空气之下,西洋的抽水机的使用,使中国煤矿的深坑开采成为可能,从而煤的产量增加起来。随着煤产的增加,中国因开始工业化而起的对于煤的增大的需要自然可以得到满足。故在光绪三十一年(1905年),中国已有 11 534 吨煤的出口,虽然这种出口量还不及是年煤入口量

---

① 《清史稿》列传一〇八《阎循琦传》。
② 《清朝续文献通考》卷四三"嘉庆六年"条。
③ 《光绪政要》卷一三光绪十三年二月条;《李文忠公奏稿》卷四〇《直境开办矿务折》(光绪七年四月二十三日)。
④ 《中外合办煤铁矿业史话》页三三至三四。
⑤ 《李文忠公奏稿》卷四七《峄县开矿片》(光绪九年七月十三日)。

(1 314 032 吨)的百分之一。① 再往后,到了民国二年(1913 年),中国煤的出口量多到与入口量相等。②

自然,清季西法对于中国煤矿生产的影响,绝对不限于抽水机一项。例如煤是体积重量特别大而价值特别小的一种物品,其市场的扩展有赖于交通运输的改良,故中国比较早筑成的铁路(唐胥路),是与煤矿(开平煤矿)产品的运输有密切关系的。不过这不在本文讨论范围之内,故我们现在可略而不谈。

1953 年 2 月 20 日于台北市
1953 年 2 月 25 日收到

---

① H.B. Morse,前引书,p.298.
② C.F. Remer,前引书,p.159.

清季的江南制造局

一

近代以机械化的生产为主要特点的工业化运动,在18、19世纪间发源于英国。到了19世纪中叶前后,随着世界水陆交通的突飞猛进,其他国家也多半或先或后的因为受到影响而开始工业化。由于这种具有世界性的工业化运动的影响,在清朝同治(1862—1874年)、光绪(1875—1908年)年间的中国,也发生采用"西法"的"自强"运动。可是,这许多国家因受到世界性的影响而开始工业化运动的时间虽然差不多相同,他们实行工业化的步骤却由于各国国情的特殊而并不一样。在欧美,多数国家从事工业化运动,主要着眼于一般生产力的增大,故国民所得增加,生活水准提高。在中国,同、光年间的自强运动主要起因于国防问题的严重,故中国近代工业化运动的第一个阶段以解决国防问题为目的,对于一般人民生活的改善并没有什么直接的帮助。

江南制造局的创办人李鸿章,对于西洋机器的好处了解得相当透彻。例如他说:"洋机器于耕、织、刷印、陶埴诸器,皆能制造,有裨民生日用,原不专为军火而设。妙在借水火之力,以省人物之劳费。仍不外乎机括之牵引,轮齿之相推相压,一动而全体俱动。其形象固显然可见,其理法亦确然可解。……臣料数十年后,中国富农大贾,必有仿造洋机器制作,以自求利益者。"①可是,西洋机器虽然能够以低廉的成本来大量制造各种不同的物品,由于当日国防问题的严重,李氏却主张应先集中力量来以机器制造枪炮和轮船。说到中国的国防,在近代海洋交通特别发展以前,都以西北边境为最重要,因为在那里中国须防御匈奴、突厥等民族的侵略。及近百余年来,随着世

---

① 李鸿章《李文忠公奏稿》(以下简称《奏稿》)卷九《置办外国铁厂机器折》(同治四年八月初一日)。

界海洋交通的发达,中国东南沿海各地再也不能像以前那么安全,而海防问题便特别严重起来。这一种国防方面的大变化,李氏认为是"数千年来未有之变局"。不特如此,这些由海道前来骚扰中国国防的外国军队,"轮船、电报之速,瞬息千里;军器、机事之精,工力百倍;炮弹所到,无坚不摧;水陆关隘,不足限制;又为数千年来未有之强敌"①。把这些敌人的武装配备和中国原来使用的比较一下,我们可以发现,"中国向用之弓矛小枪土炮,不敌彼后门进子来福(Rifle)枪炮;向用之帆篷舟楫艇船炮划,不敌彼轮机兵船。是以受制于西人"②。中国既然因为没有这些精利的新式兵器而对外作战失败,仿效西洋人那样制造枪炮和轮船,自然是巩固国防的当前的急务;故李氏以为"中国但有开花大炮、轮船两样,西人即可敛手"③。

由此可知,中国在19世纪中叶以后,当和其他国家一样因为接触到具有世界性的工业化的潮流而在本国发动工业化运动的时候,其工业化运动的第一个阶段的特点却与他国不同,即由于国防上的迫切需要而专门注重国防工业的建设。这可说是同、光年间自强运动的背景。因为有了这样特殊的背景,故自强运动的头一种建设是制造枪炮和轮船的江南制造局的成立。

江南制造局原名江南制造总局,或称江南机器局、上海制造局或上海机器局,于同治四年(1865年)在上海成立。在此以前,太平天国(1850—1864年)革命军占领了清朝的半壁河山。在同治初年(1862年),当江浙各地大部分被太平军占领,上海及附近地区陷于孤立的时候,李鸿章奉命前往上海,以上海及附近地区为根据地来收复各地。李氏抵达上海后,一方面利用拥有西洋枪炮的外国军队(常胜军)来作战,他方面改造本国军队使用的武器,"尽弃中国习用之抬鸟枪,而变为洋枪队",并且成立开花炮队四营。④ 这些洋枪和开花大炮固然购自外国,可是在继续作战的时候,炮队所用的炮弹有大量的消耗,因为要满足这种消耗,必须能够得到不断供应才成。由于客观形势的需要,李氏遂先后在苏州成立三个炮局来制造炮弹。这三局中之"一为西洋

---

① 《奏稿》卷二四《筹议海防折》(同治十三年十一月初二日)。
② 《奏稿》卷一九《筹议制造轮船未可裁撤折》(同治十一年五月十五日)。
③ 李鸿章《李文忠公朋僚函稿》(以下简称《朋僚函稿》)卷三上《曾相》(同治二年四月初四日)。
④ 《奏稿》卷九《覆陈奉旨督军河洛折》(同治四年十月初八日)。

机器局,派英国人马格里雇洋匠数名照料铁炉机器,又派直隶州知州刘佐禹选募中国各色工匠帮同工作。一为副将韩殿甲之局。一为苏、松、太道丁日昌之局。皆不雇用洋人,但选中国工匠,仿照外洋做法"①。韩殿甲主持的炮局虽然没有雇用西洋技术人员,但他曾督率中国工匠,从"英、法弁兵通习军器者"学制开花炮弹。丁日昌曾经"在粤先后铸造大小硼炮三十六尊,大小硼炮子二千余颗,均已将螺丝引药配好,足敷应用";因为他有这样丰富的经验,故李氏特地自粤调他来主持炮弹的制造。② 这三个炮局成立于军需紧急的时候,设备自然比较简陋,故"苦机器未能购全,巧匠不可多得,造成炮弹虽与外洋规模相等,其一切变化新奇之法,窃愧未遑"③。

  因为不满意于各炮局的设备的简陋,李鸿章便设法扩充。他于同治四年派人探知"上海虹口地方,有洋人机器铁厂一座,能修造大小轮船及开花炮、洋枪各件,实为洋泾滨外国厂中机器之最大者",便把它收买过来,并把原来由丁日昌及韩殿甲分别主管的两个炮局和它合并,改称江南制造总局。在此时以前,两江总督曾国藩曾派容闳出洋购买机器;及机器运到时,也归并入局内。④ 此后十年,厂屋及机器设备都续有增加。到了光绪元年(1875年),"综前后营造计之,局以内工艺正副各厂,及库房、画图房、方言馆、公务厅共十七座;局以外船、炮、药弹各厂,及洋楼、舆图局共十五座,大船坞一区"。其中制造火药子弹的工厂,是在"局西十里之龙华地方,分厂治具,如法开造,约计每日出药千磅,出林明敦(Remington)弹子五千颗"⑤。再往后,自光绪十七八年左右开始,江南制造局又先后增设了三个厂,即炼钢厂、栗色药厂及无烟药厂。钢厂内有每日能炼出三吨钢的炼钢炉一座,以便制造炮筒和枪管。栗色药厂制造栗色饼药,以供新式巨炮之用。无烟药厂所制的无烟火药,则供快炮快枪之用。⑥

---

① 《奏稿》七《京营弁兵到苏学制外洋火器折》(同治三年七月二十九日)。
② 《奏稿》卷四《催调丁日昌来沪专办制造片》(同治二年八月二十日)。
③ 《奏稿》卷七《京营官弁习制西洋火器渐有成效折》(同治三年十二月二十七日)。
④ 《奏稿》卷九《置办外国铁厂机器折》,魏允恭编《江南制造局全案》卷一,盛宣怀《愚斋存稿》卷七《请建上海李鸿章专祠折》(光绪二十八年七月)。
⑤ 《奏稿》卷二六《上海机器局报销折》(光绪元年十月十九日)。
⑥ 魏允恭编《江南制造局记》卷二,张之洞《张文襄公奏议》卷三七《江南制造局扩充机器请拨专款折》(光绪二十一年四月初六日),《清朝续文献通考》卷二三八"光绪二十二年"条。

这个制造枪炮轮船的工厂是官营的企业，故其中投放的资本，均来自政府。"自同治六年五月动支洋税（关税）之日起，截至十二年十二月底止，共收江海关二成银二百八十八万四千四百九十七两九钱八分九厘四毫，共用购器、制造、建厂、薪工等项银二百二十三万六千二百二十四两六钱八分九厘一毫，实存料物等项银六十四万八千二百七十三两三钱三毫"①。这里记载用款的数字把固定资本和流动资本包括在一起，故我们很难分开。不过我们由此可以推知，在同治年间江南制造局每年的经费大约为银四十万两。其后，到了光绪年间，随着江海关洋税收入的增加，江南制造局的经费也因之增加，因为政府曾经指定每年江海关洋税的二成作为它的经常费用。在光绪二十三年，当它因添制快枪而增加经费的时候，一年经费更是"逾百万（两）以外"②。

江南制造局创办不久，便能够制造出各种物品。如在同治九年，该局才"开设数年，已造成轮船四只、洋枪、大小开花炮、洋火箭等项，接济各军应用者，均不下数千件。出货较多，而用款并不甚费"③。在甲午战争的前夕，李鸿章认为，"上海机器局为各省制造最大之厂"④。李氏为该局的创办人，他所说的话或者不免过于夸大，可是江南制造局对于中国近代军需工业的贡献，却是为当时许多人所承认的。例如在较早的时候，沈葆桢说："江南机器局……现制枪炮子药，凡直隶督臣饬拨之项，及江南通省应用之项，皆取给焉。"⑤在较晚的时候，端方说："江南制造局设立上海，逾四十年，所制枪炮弹药，较之从前，确有进境。……臣自抵任后，迭饬该局总办力图整顿，近来枪炮、子药、炼钢等厂，成效昭然。"⑥在追悼创办人李鸿章的时候，盛宣怀认为"金陵、天津、福州、广州、汉阳诸厂，次第兴起，实师上海（制造局）之成规"⑦。这里说的各厂，除福州是指造船的马尾船政局来说以外，其余都是制造军火

---

① 《奏稿》卷二六《上海机器局报销折》。
② 《张文襄公奏议》卷四七《枪炮局添厂制造请加拨经费折》（光绪二十四年闰三月十一日）。
③ 《奏稿》卷一七《筹议天津机器局片》（同治九年十月二十六日）。
④ 《奏稿》卷七七《上海机器局请奖折》（光绪十九年六月十六日）。
⑤ 沈葆桢《沈文肃公政书》卷七《筹议海防经费并机器局未便停工折》（光绪四年三月十四日）。
⑥ 端方《端忠敏公奏稿》卷一二《保奖制造局人员折》（光绪三十四年七月）。
⑦ 《愚斋存稿》卷七《请建上海李鸿章专祠折》。

的机器局、制造局或枪炮厂。这些兵工厂及造船厂的成立,既然都曾经效法江南制造局的成规,由此我们自然更可以看出后者在中国近代军需工业中之地位的重要了。

可是,如上所述,我们可以看出李鸿章创办江南制造局的主要目的,在制造西洋人所特长的枪炮和轮船,以便应付数千年来未有的强敌,来巩固国防。现在我们要问,江南制造局到底有没有完成这一个任务? 自江南制造局成立以后,中国屡次对外作战,如光绪十年(1884年)中、法甲申之战,二十年中、日甲午之战,以及二十六年的庚子事变,都相继失败了。由此可见,同、光年间的自强运动是失败的。自强运动之所以失败,固然有种种不同的原因,可是作为这个运动的先驱者的江南制造局,既然是在中国第一个仿效西法用机器来制造枪炮和轮船的官营企业,自然要负一部分主要的责任。因为这个制造局的主要业务是制造枪炮和轮船,现在我们可以分别就这两方面来检讨一下。

二

江南制造局在开始生产的十几年内,虽然一方面要制造枪炮及弹药,他方面又要制造轮船,可是自光绪二年(1876年)以后,由于业务过于繁杂,即已不再制造轮船①,而集中精力来制造枪炮和弹药。故枪炮和弹药的制造,可说是江南制造局的最主要的业务。

江南制造局在同治四年(1865年)成立以后,在晚清40余年中虽然仿效西法制造了不少的新式枪炮,在中国近代军需工业上起了一个很大的革命,可是由于资本的缺乏,机器设备的简陋,它的产品总是不能跟着时代走,而落在时代之后,以致和西洋新制产品比较起来,往往相形见绌。比方就洋枪来说,江南制造局的造枪机器以仿制美国林明敦枪为主。中国能够仿造,自然要比在制造局成立以前光是向外洋购买为好。可是,随着时间的迁移,由于西洋制枪技术的改良与发明,林明敦枪变成"外洋陈旧不用之式"②。早在光

---

① 据《江南制造局记》卷三,该局在光绪十一年曾制成一艘轮船名保民,是例外。
② 《张文襄公奏议》卷六○《筹办移设制造局添建枪炮新厂折》(光绪二十九年二月十九日)。

绪七年，李鸿章已说，"各国皆有新式后膛枪，林明登（即林明敦，Remington）已为中下之品，沪局（即江南制造局）能造而各营多不愿领"。在这种情形下，江南制造局也想仿制新式洋枪，可是"每种造枪机器，非二三十万金莫办；加以建厂鸠匠，为费不赀"①。新式造枪机器既然不易购置，而原来制造的林明敦枪又嫌旧式落伍，故江南制造局经过长时间的试验，便把原有的机器设备加以改造，而制造成快利新枪。可是，"快利新枪系就旧机参用人工所造，亦颇便利，究嫌费繁工多，出枪甚少"②。到了光绪二十四年（1898年）左右，张之洞在湖北汉阳创办的枪炮厂，制造出小口径毛瑟（musket）枪，性能较好，故政府命令"各军改用小口径毛瑟枪"，而江南制造局也奉命改制这种洋枪。可是，制造小口径毛瑟枪的新式机器，"需款百万"，因为"一时无此财力"，故只好将就改造原有的机器设备，再加上使用大量的人工来制造。结果，"沪厂枪械不能全备，必须兼以人工刨磨，并非全系机器所成，故费工多而出枪少。近年陆续添机，渐次整顿，每日仍只能出枪七枝，一年只能出枪二千余枝。既不合算，且于武备大局无裨"③。因此，就制造这种新式洋枪的能力来说，老大哥的江南制造局着实远不如后起之秀的汉阳枪炮厂那么大。关于这一点，连制造局的上司刘坤一（两江总督）也承认，他说："至仿造小口径毛瑟枪，仅只湖北、上海两厂。其机器一系新购专门，一系旧式更改，能力所限，造枪之数目多少悬殊。"④

造枪以外，江南制造局制造大炮的成绩也不很好。在制造局成立后的第八年，李鸿章检讨该局的造炮成绩说："沪上机器局……大炮则熟铁来福炮尚未多造，遑论钢炮？前以轮船用自造铜炮太坏，饬令多购布国（Prussia）克虏卜（Krupp）后门钢炮，以应急需，非得已也。"⑤制造局造炮的成绩之所以这样不好，主要由于"机器未备"。可是，当日"外国每造枪炮机器全副购价须数十

---

① 《朋僚函稿》卷二〇《复黎召民廉访》（光绪七年二月初二日）。
② 《清朝续文献通考》卷二三九光绪二十五年条。又《张文襄公奏议》卷六〇《筹办移设制造局添建枪炮新厂折》也说："江南制造局……两年以前所造，系快利枪，乃沪局臆造之式，亦不适用。故枪机新旧凑配，出数无多。"
③ 《清朝续文献通考》卷二三九"光绪二十五年"条，《张文襄公奏议》卷六〇《筹办移设制造局添建枪炮新厂折》。又《张文襄公电牍》卷六七《致江宁魏制台》（光绪二十九年六月二十六日丑刻）也说："查沪局造枪机器皆系旧式改造小口径快枪，日仅数枝，糜工费时，仍不合用。"
④ 《清朝续文献通考》卷二三九"光绪二十五年"条。
⑤ 《朋僚函稿》卷一三《复李雨亭制军》（同治十二年六月初一日）。

万金;再由洋购运钢铁等料,殊太昂贵"①。因此,由于资金的缺乏,江南制造局的造炮机器仍然没有完全添置好。自此以后,"上海机器局曾仿造阿姆斯脱郎(Armstrong)式,造铁箍钢管前膛大炮。……此类炮式,外洋均已停造"②。可见制造局仿效西法制造的大炮,和外洋新制的比较起来,着实是非常落伍。因此,在创办人李鸿章死后不久,张之洞对于江南制造局的造炮成绩曾作激烈的批评,他说:"江南制造局……炮机亦未完备。……其炮厂所造车炮亦不尽适用。"又说:"沪局所造……小口径炮,均不适用,亟应停造,以节糜费。"③

这个在同、光间自强运动声中最先创立起来的用机器制造枪炮的工厂,为什么制造枪炮的成绩是这样的不能令人满意? 关于这个问题的答案,除散见于上文的字里行间外,张之洞在当日曾经提供一些锐敏的见解,他说:"查沪局枪炮非全由机器所成。因历年机器系陆续添置凑配,故必须参用人工,以致不能精密一律,且出枪不能甚多。"④张氏这几句话,如果我们改用现在的语句来加以表达,这就是说:江南制造局制造的枪炮,虽然采用西法,可是并没有完全机械化,所以产品不能标准化,从而不能大量生产。这样一来,制造枪炮的成绩自然不会太好了。

不特如此,制造枪炮要消耗大量的钢来作原料,可是同、光间中国的钢铁工业尚未萌芽,故江南制造局长时期"造炮所需之钢料、钢弹,造枪所需之钢管,必须购自外洋,其价值运费已不合算。且平时购运往来虽尚称便,诚恐一旦海上有事,海程梗阻,则轮船不能抵埠,而内地又无处采买,势必停工待料,贻误军需,关系实非浅鲜"⑤。由于这些考虑,江南制造局遂于光绪十七八年左右设立炼钢厂,购置炼钢炉,"仿照西法炼成纯钢,卷成炮管,枪筒并大小钢条"。可是,在产钢能力方面,"现购炉座,仅有三吨者一具,出钢尚不能多"⑥。在原料供应方面,"现在炼钢所用之生铁、铁石等件,尚向外洋购

---

① 《奏稿》卷二四《筹议海防折》。
② 《清朝议文献通考》卷二三八"光绪十二年"条。
③ 《张文襄公奏议》卷六〇《筹办移设制造局添建枪炮新厂折》,《张文襄公电牍》卷六五《致上海制造局郑道台》(光绪二十九年正月初一日戌刻)。
④ 《张文襄公奏议》卷六二《会筹江南制造局移建新厂办法折》(光绪三十年四月十八日)。
⑤ 《江南制造局记》卷二。
⑥ 《奏稿》卷七七《上海机器局请奖折》。

买"①。过了数年,据荣禄的报告,由于燃料与原料的缺乏与昂贵,炼钢的工作常常停顿。他说:"至上海制造局,购有炼钢机器,因其地不产煤、铁,采买制炼,所费不赀,以致开炉日少。"②再过数年,据张之洞的话,炼出的钢的品质也不很好。他说:"查沪局历年所造大炮,其炮管皆自外洋购来,并非自炼。沪局炼钢厂只能炼西门-马丁(Siemens-Martin)钢,尚非极精之品。"③由此可知,江南制造局在设立炼钢厂以前,固然要老远的花很多钱从外国买钢来制造枪炮,就是在炼钢厂成立以后,虽然能够自己炼钢,可是炼出的钢却又因为品质和产量都有问题而不能满足枪炮制造的需要。

除却制造枪炮以外,枪炮所消耗的弹药,江南制造局也从事制造。上文说过,制造局在上海龙华设立了一个制火药和子弹的工厂,每日约生产火药一千磅,林明敦枪所用的子弹五千颗。这样的生产量,在当日并不能够满足国防上的需要,故李鸿章说,"沪……机器局所制子弹,数非不多,而以之应操则有余,以之备战则尚少"④。其后张之洞也说,"沪局所造杂枪各种子弹……均不适用"⑤。这是专就枪弹说的。至于炮弹,如上述,江南制造局前身的炮局固然已经从事制造,可是随着时间的进展,西洋造炮技术的改良,江南制造局对于新式大炮所用的弹药并不能制造。例如在同治十二年(1873年),当中国自普鲁士(布国)买回克虏卜后门钢炮以后,李鸿章说,"然炮虽购,而其合用之子药(江南制造局)尚不能仿制"⑥。其后,到了甲午战争(1894年)前后,因为新式巨炮要用栗色饼药,快炮要用无烟火药来造炮弹,江南制造局遂添设栗色药厂及无烟药厂。可是,根据后来张之洞的报告,我们可以知道,这两个制造弹药工厂的产品也不能令人满意。张氏说,"至沪局所造无烟药,迭经臣等考察,制炼尚未能纯净得法。……其栗色炮药一种,久经前北洋大臣考验,不适于用,此时亦不宜造。如存药用罄,可随时向外洋购买。"⑦由

---

① 《江南制造局记》卷三。
② 同书卷二。
③ 《张文襄公奏议》卷六〇《筹办移设制造局添建枪炮新厂折》。
④ 《奏稿》卷三二《军火画一办法并报销口令事宜折》(光绪四年七月初二日)。
⑤ 《张文襄公电牍》卷六五《致上海制造局郑道台》(光绪二十九年正月初一日戌刻)。
⑥ 《朋僚函稿》卷一三《复李雨亭制军》。
⑦ 《张文襄公奏议》卷六二《会筹江南制造局移建新厂办法折》。

此可见，无论是枪或是大炮所消耗的弹药，江南制造局制造的成绩都不很好，不独不如外国，而且不如在本国比较后起的汉阳枪炮厂；故张之洞于甲午战后说："今鄂局（汉阳枪炮局）所造枪炮子弹，合计较沪局多逾数倍，机厂多少大小较沪局相去悬绝。"①

这个在近代中国军需工业上第一个用机器来生产的企业，成绩之所以这样不好，其原因除在上文零星提到外，我们在这里还可以举出三点来讨论一下。第一是机器设备的不完善。例如周馥在制造局成立后的第四十年说："查沪厂所造弹丸、火药、练（炼）钢、制炮等事，皆由摹仿而成，非由心得，终未精良。……且沪厂机器不全……"②第二是管理的不完善。例如朱恩绂在制造局成立后的第四十五年说："考察江南制造局……就管理论，除炮弹一厂颇能核实外，其余则糜工费料，内容之复杂，尤以枪、炮、炼钢三厂为甚。及查办事章程，非不立有成法，而弊即生于其中。员司工匠之冗，购料用料之滥，以及出入款目之未能明晰，有非意料所及者。"③除此之外，江南制造局设立的地点也不很适宜。关于此点，李鸿章在制造局最初创立的时候即已经感觉到，他说："上海虹口地方设局，于久远之计，殊不相宜。稍缓当筹款另建房屋，移至金陵沿江偏僻处。"④上海所以不宜于设厂制造枪炮等物，当制造局因须制造炮管、枪筒而自己设厂炼钢的时候，情势尤为明显。炼钢厂需要多量的铁砂提炼成生铁来作原料，又需要大量的煤提炼成焦煤来作燃料，然后才能开工制炼。可是，如上所述，上海"不产煤、铁，采买制炼，所费不赀，以致开炉（炼钢）日少"。换句话说，由于原料和燃料供应的困难，和价格的昂贵，上海并不宜于设厂炼钢来制造枪炮。因此，炼钢厂成立以后，不断有人提议把制造局自上海迁移至湖南接近煤、铁矿的地方；后来张之洞等更具体提议移设至江西萍乡附近的湘东，以便获得廉价的煤之大量供应。可是，事实上，"沪厂地段甚广，工程甚大，一经迁移，机墩烟囱，地基石工，全归无用。……此拆彼安，远道搬运，机器易损，糜费亦多"。由于这许多考虑，江南制造局始

---

① 《张文襄公奏议》卷三九《恳拨湖北枪炮厂经费折》（光绪二十一年八月二十八日）。
② 《清朝续文献通考》卷二三九"光绪三十一年"条。
③ 同书卷二四〇"宣统二年"条。
④ 《奏稿》卷九《置办外国铁厂机器折》。

终没有迁离上海①,从而要长期因为原料和燃料运费的负担而连累到制造成本的加重。

三

除了枪炮及弹药的制造之外,江南制造局的另外一种主要业务是轮船的制造。

在江南制造局成立以前,早在同治元年(1862年),当曾国藩驻军安庆,与太平军作战的时候,即已在那里设立军械所,仿造火轮船。可是,这次的试造,"全用汉人,未雇洋匠,虽造成一小轮船,而行驶迟钝,不甚得法"。次年,曾氏派容闳赴美国采购机器;这些机器后来归并入江南制造局内,想与制造轮船有关。② 及同治四年制造局初成立时,曾购置有机器铁厂一座,能够修造大小轮船。再往后,制造局又添置大船坞一区。这一个造船厂,比左宗棠创办的马尾船政局成立得还要早。

江南制造局的造船厂,"将船壳、锅炉、汽机分为三门,以洋匠三人领工,华人数百且助且学"③。在同治七年(1868年),造成了第一艘船。以后直至光绪二年(1876年),差不多每年平均造成轮船一艘;可是自此以后,只在光绪十一年(1885年)再造成一艘船,便再也没有新船下水了。据《江南制造局记》卷三所载,该局历年所造轮船如下:

表一 江南制造局历年所造轮船

船　名	马力(单位:匹)	受重(单位:吨)	年　份
惠　吉	392	600	同治七年
操　江	425	640	同治八年
测　海	431	600	同治八年

---

① 《江南制造局记》卷二,《张文襄公奏议》卷六〇《筹办移设制造局添建枪炮新厂折》,卷六二《会筹江南制造局移建新厂办法折》。
② 《江南制造全案》卷一,《清朝续文献通考》卷三八六。
③ 《奏稿》卷二六《上海机器局报销折》。

续表

船　名	马力(单位：匹)	受重(单位：吨)	年　份
威　靖	605	1 000	同治九年
海　安	1 800	2 800	同治十二年
驭　远	1 800	2 800	光绪元年
金　瓯	200		光绪二年
保　民	1 900		光绪十一年

这些造成的轮船，除其中三两艘是较大的兵船外，"其余各船皆仅与外国小兵船根拨(gunboat，有时作'根驳')相等"①。这些产品，有如较晚成立的马尾船政局所造的船那样，连创办人李鸿章都非常不满意。例如他说，"上海机器局轮船又成一只，只载炮十余尊，虽似小兵船式，然断不及外洋兵船之坚利"。又说，"闽、沪现成各船，装载不如商轮之多，驶行不如商轮之速。"又说，"如该监督(日意格，Giquel)所云，巡海快船行十四迷(miles)，水雷船行十六七迷，固属难得。……闽、沪各厂现船每点钟能行十一迷者，已仅见矣。"②又说，"如闽、沪各(船)厂所制者，皆西洋旧式，只可作无事时巡防，有事时载兵运粮之用，实不宜于洋面交仗"。又说，"从前闽、沪轮船，多系旧式，以之与西洋兵船角胜，尚难得力。"③综括李氏这些话，我们可知江南制造局造出的船，和马尾船政局的一样，都免不了性能太差、速度太慢、式样太旧，无法在海洋上和坚利的西洋军舰作战。

江南制造局制造的船，性能虽然不好，成本却非常之贵。由于本国技术人才的缺乏，和其他工、矿业的不能配合发展，当日"沪局各船虽系自造，而大宗料物无非购自外洋，制造工作亦系洋匠主持"④。因为"物料、匠工多自外洋购致，是以中国造船之银，倍于外洋购船之价"⑤。换句话说，江南制造局

---

① 《奏稿》卷二四《筹议海防折》。
② 《朋僚函稿》卷九《复曾相》(同治八年四月初十日)，卷一一《复曾相》(同治十年十二月十一日)，卷一六《复吴春帆京卿》(光绪二年八月二十三日)。
③ 《奏稿》卷三五《筹议购船选将折》(光绪五年十月二十八日)，卷三九《议覆梅启照条陈折》(光绪六年十二月十一日)。
④ 《奏稿》卷二六《成船用款折》(光绪元年十月十九日)。
⑤ 《奏稿》卷二四《筹议海防折》。

造船所用的材料须老远从外国买来，造船所需的技术人员也须老远自外国聘用，故因造船而支付的原料价格和薪金都非常之大，从而影响到生产成本的增加。不特如此，"就沪……机器……局情形推之，凡西人制器，往往所制之器甚微，而所需以制器之器甚巨。……且以洋匠工价之贵，轮机件数之繁，倘制造甚多，牵算尚为合计。若制器无几，逐物以求分晰工料之多寡，则造成一器，其价有逾数倍者矣。凡造枪、炮、轮船等项，无事不然"①。这就是说，具有巨额的固定资本的造船工业，如果能够继续不断的大量生产，使大规模的机器设备和高薪水的外国技术人员能够尽量利用，每艘船的生产成本自然可以减低；可是，同、光间的江南制造局，前后不过制造出几艘不像样的小兵船，显然不能大量生产，故生产成本提高，高到"倍于外洋购船之价"。关于这点，我们又可以提出李鸿章给沈葆桢的信来作例证。在一封信中，他说："敝处招商局在英国购制三船，装货多而用煤少，行驶亦速，或值七八万至十万不等。……沪……厂工料过昂，每船减算成本，似须十数万。"在另外一封信中，他又说："洋厂定购新式康邦机器（compound engine）一百五十匹马力轮船，不过十余万金。……沪……厂所造旧式机器百五十匹马力之船，连工本员弁薪水合算，约三十万。"②

江南制造局于制造枪炮之外，之所以还要制造轮船，其目的本来是要巩固中国沿海的国防，以对付数千年来未有的强敌。可是，如上所述，江南制造局以很高的生产成本制造出来的轮船，不过是一些根驳小兵船和极少数的大兵船。就作战的性能上说，"根驳不若大兵船之坚猛，兵船又不若铁甲船之坚猛。以铁甲船御兵船，当之辄糜，况根驳乎？"③因此，在当日西洋各国及日本的海军舰队都以铁甲船为作战主力的时代，"中国即不为穷兵海外之计，但期战守可恃，藩篱可固，亦必有铁甲船数只游弋大洋，始足以遮护南北各口，而建威销萌，为国家立不拔之基"④。可是，事实上，"江南机器局……欲仿造铁

---

① 《奏稿》卷一九《筹议制造轮船未可裁撤折》。
② 《朋僚函稿》卷一三《复沈幼丹船政》（同治十二年闰六月初六日），卷一五《复沈幼丹制军》（光绪元年十一月十九日）。
③ 《奏稿》卷一九《筹议制造轮船未可裁撤折》。
④ 《奏稿》卷三五《筹议构船选将折》（光绪五年十月二十八日）。

甲船,尚恐机器未全,工匠未备"①。而且,在原料方面,"船身铁壳,必须开采试炼;添募碾卷铁板,掉炼熟铁之洋匠,殊为费手"②。总之,关于制造铁甲船所需的机器设备、技术人才及原料,江南制造局都无法解决,故该局在"同治十三年(1874年),试造小铁甲船,不能出海,炮位布置亦不合法"③。制造局既然试造小铁甲船都要失败,较大的铁甲船自然更无法制造了。故该局自光绪二年(1876年)以后,除在光绪十一年再造成一艘船外,便不再制造轮船,以便集中力量来制造枪炮和弹药;至于当日新建设的海军所用的两艘铁甲船,定远及镇远,则花费一大笔外汇来在德国购买。④

对于江南制造局造船成绩的恶劣,李鸿章也感觉到很失望。他在寄给曾国藩的信中慨叹说:"兴造轮船、兵船,实自强之一策。……沪造船已六载,成效不过如此。……师门本创议造船之人,自须力持定见。但有贝之才,无贝之才,不独远逊西洋,抑实不如日本。"⑤这里说的"有贝之才(财)",指的是资本;"无贝之才",指的是技术人才,换句话说,中国新兴的造船工业,无论是在资本或是在技术人才方面,都远不如西洋各国和日本,故结果是这样的不好。

光绪三十一年(1905年),由于南洋大臣周馥的提议,政府"将船坞与制造局划分,特派海军人员管理"⑥。自此以后,造船厂的设备便脱离江南制造局,改归海军人员管理,以便作为修理兵船和招商局轮船之用。⑦

四

由于具有世界性的工业化运动大潮流的影响,中国在同、光年间也出现采用西法的自强运动,江南制造局就是在这种自强运动的气氛中最先采用较

---

① 《奏稿》卷三九《议覆梅启照条陈折》。
② 《朋僚函稿》卷一六《复吴春帆京卿》(光绪二年十月十五日)。在同一信中,李鸿章又说:"惟中国若不开采铁矿,讲求炼铁炼钢之法,则无论何等新式(轮船),俱描绘不出,深为焦急。"
③ 《奏稿》卷三九《议覆梅启照条陈折》。
④ 《奏稿》卷四〇《铁甲筹款分别续造折》(光绪七年四月二十七日),卷五五《验收铁甲快船折》(光绪十一年十月十八日)。
⑤ 《朋僚函稿》卷一《复曾相》(同治十一年正月二十六日)。
⑥ 《清朝续文献通考》卷三八六。
⑦ 同书卷二三四,《江南制造局记》卷二,《愚斋存稿》卷六八《寄周玉帅》(光绪三十一年三月初六日)。

大规模的机器来制造枪炮和轮船的官营企业。这个作为中国近代军需工业的先驱者,而在国防上肩负起重大使命的企业,自创立以后,却困难重重,制造出来的产品在数量、品质及成本方面都不能令人满意,以致不能满足国防上的需要。在清季的对外作战中,中国屡次失败,江南制造局当然要负一部分责任。在另外一方面,因为国防工业的建设构成了中国近代工业化运动的第一个阶段,而江南制造局又是在当日国防工业建设声中最先创立起来的企业,故它的制造成绩的恶劣又表示中国在近代工业化运动中的第一次挫败,其意义不可谓不大。

江南制造局的成绩之所以不好,原因很多,如资金筹措的困难,机器设备的不完善,技术人才的缺乏,以及管理的不良,上文都已经分别提到,这里不必重赘。我们在这里要特别讨论的,是在当日江南制造局等军需工业发展声中,其他工、矿业不能作有计划的配合发展,以致成绩不好。近代世界各国工业化之所以能够成功,有赖于煤、铁等工、矿业的发展。因为近代工业最主要的特点是利用大规模的机器来生产,而机器需要动力才能转动,动力又以煤为最主要的来源;在另外一方面,就机器本身来说,也需要大量的钢铁作主要原料才能制造出来。故煤矿与钢铁等重工业的发展,实是一国工业化成功的主要条件。在各种工业中,制造枪炮和轮船的工业,既然要利用机器来生产,而这些物品本身又需要钢铁来作主要原料,当然更有赖于煤、铁等基本工业的发展。比方德国克虏卜炮厂制造出来的枪炮之所以很好,主要由于本国煤矿工业和钢铁工业的特别发展。李鸿章也知道,"船、炮、机器之用,非铁不成,非煤不济。英国所以雄强于西土者,惟借此二端耳"[①]。可是,中国在近代工业化运动的第一个阶段中,有鉴于国防问题的迫切,政府却只注意到与国防最有直接关系的军需工业和造船工业的建立,而没有注意到煤、铁等基本工业的配合发展。当江南制造局在同治四年(1865年)成立的时候,中国的煤、铁矿并没有进行大规模的开采,新式的钢铁工业更谈不到。可是,枪炮及轮船却都要消耗大量的钢铁作原料以及大量的煤作燃料才能制造出来,故江南制造局要花费一大笔运费和外汇来购买外国的原料和燃料才能从事生

[①] 《奏稿》卷一九《筹议制造轮船未可裁撤折》。

产。这样一来,制造的成本自然要特别加重了。当制造局长期遭遇到这种困难的时候,李鸿章也曾屡次设法开采各地的煤、铁矿。可是,由于技术与资本的缺乏,内地交通的困难,结果并不很好。例如在光绪二年(1876年),他写信给人说:"弟前于(河北)磁州议开煤、铁;奈派人复勘,矿产不旺,去河太远,故暂中止。旋奏请试采鄂省广济煤矿;经营年余,尚无佳煤,深为焦急。"[①]其后,他又派人于安徽池州及湖南宝庆、衡州等地"试采煤、铁,但官绅禁用洋法机器……其功效茫如捕风"[②]。其中只有河北"开平煤矿,用及二百万,经营十余年,今(光绪十三年,1887年)始源源收息"[③]。这一个煤矿开采有成绩的时候,距离江南制造局的成立时间已经22年了。至于铁矿和钢铁工业,如大冶铁矿及汉阳铁厂,开采及建立的时间更晚,当开始生产(但成绩不好)的时候,中日甲午战争(1894年)已经打起来,那时距离江南制造局的成立时间已经将近三十年了。[④] 由此可知,江南制造局制造枪炮及轮船的成绩之所以不好,当日煤、铁等基本工业之不能作有计划的配合发展,着实要负担一部分重要的责任。

1951 年 8 月 31 日于台北市

[①] 《朋僚函稿》卷一六《复丁稚璜宫保》(光绪二年八月二十六日)。
[②] 同书卷一七《复郭筠仙星使》(光绪三年六月初一日)。
[③] 李鸿章《李文忠公海军函稿》卷三《综论饷源并山东热河各矿》(光绪十三年六月二十六日)。
[④] 拙著《清末汉阳铁厂》,台湾大学法学院《社会科学论丛》第一辑。

上海在近代中国工业化中的地位

一

工业化的意义可能有种种的不同,其中最重要的一点可说是自手工生产改为机器生产的经济上的变化。这种变化最先开始于18、19世纪间工业革命的英国,因为英国人在那时发明了不少重要的机器,以便用低廉的成本来生产大量的货物与劳务。到了19世纪中叶左右,由于英国的影响,世界其他国家也或先或后从事工业化。中国自鸦片战争(1840—1842年)后,由闭关改为开关,自然而然也受到这种世界性的工业化潮流的影响,而开始采用机器来生产。虽然中国工业化的成绩远不如其他许多国家,但给鸦片战争打开的五口之一的上海,由于种种的机缘,渐渐成为全国工业化成绩最好的一个城市,在抗战以前其人口不过约占全国的1/150,每年却生产全国1/2左右的工业品。在本文中,作者拟先对上海在近代中国工业化中所占的地位作一估量,然后进而探讨上海达到这种地位的经过和原因。

作者在另一文[①]中曾经说过,在中、日甲午战争(1894—1895年)以前的30年中,当朝野上下提倡自强运动的时候,中国最初工业化的重点为国防或军事工业的建设。最先从事这种工业建设的地方是上海,在那里的江南制造局,于同治四年(1865年)成立,采用西洋机器来制造枪炮、弹药和轮船,李鸿章在当日认为是"各省制造最大之厂"[②]。由此可见,当中国刚刚开始工业化的时候,上海即已占有比较重要的地位。为着要对此后上海在中国工业化中的地位作一估量,我们可先把历年上海和全国(天津除外)雇用三十名工人以上的工厂家数作一比较。

---

① 拙著《甲午战争以前的中国工业化运动》,《"中央研究院"历史语言研究所集刊》第二十五本(1954年6月,台北市)。
② 拙著《清季的江南制造局》,《集刊》第二十三本(1951年12月)。

第一表　抗战前上海在全国工厂总数中的百分比(1911—1933年)

年　代	全国工厂总数(家)	上海工厂总数(家)	上海在全国总数中的百分比(%)
1911	171	48	28.1
1913	245	70	28.6
1920	673	192	28.7
1925	1 099	316	28.8
1926	1 223	381	31.2
1927	1 347	449	32.7
1928	1 542	540	34.8
1929	1 747	648	37.1
1930	1 975	837	42.4
1933	2 435	1 186	48.7

资料来源：R.H. Tawny, *Land and Labour in China*, London, 1932, pp.196, 199；刘大钧《工业化与中国工业建设》，上海商务，民国三十五年，页40。刘氏声明1933年的工厂家数以华商工厂为限，外商工厂不包括在内；但是年的全国工厂总数，包括天津在内。

根据第一表，我们可知在抗战以前的二十余年内，在全国的工厂总数中，上海初时只占三四分之一，其后却占到将近二分之一。其次，在抗战后的情况，我们可把1947年上海及全国(东北除外)的工厂家数、雇用人数和动力加以比较。

第二表　抗战后上海在全国工业中的地位(1947年)

名　　称	全　　国	上　　海	上海在全国总数中的百分比(%)
工厂总数(家)	12 818	7 738	60.4
工人总数(人)	666 989	406 371	60.9
动力(马力)	557 276.4	325 268.2	58.4

资料来源：National Economic Commission, *Industrial Survey of Principal Cities in China, Preliminary Report*, Nanking, 1948. 原书未见，兹据 Yuan-li Wu, *An Economic Survey of Communist China*, New York, 1956, p.34.所引计算而成。

根据第二表,可知战后上海无论是在全国的工厂总数中、雇用工人人数中,或是在工业所用的动力中,都占60%左右。

在近代中国机械化生产的新兴工业中,以棉纺织业最为重要,无论在资金、产值、工人或动力方面,在各种工业中都占有特别重要的地位。中国近代采用机器来制造的棉纺织业,以在上海设立,而于光绪十六年(1890年)开工生产的上海织布局为最早。[①] 自此以后,上海棉纺织业的机器设备在全国总额中都占有很大的百分比。兹就历年上海及全国各纱厂的纱锭设备以及抗战前后上海及全国棉纺织业的设备及生产状况,分别列表比较如下。

第三表　抗战前上海及全国纱厂的纱锭设备(1895—1937年)

年　代	全国纱锭数(枚)	上海纱锭数(枚)	上海在全国总数中的百分比(%)
1895	174 564	144 124	82.6
1897	400 892	309 972	77.3
1913	838 192	491 032	58.6
1918	1 154 498	713 658	61.8
1924	2 986 530	1 581 290	53.0
1925	3 429 922	1 914 294	55.6
1927	3 658 962	1 985 678	54.3
1928	3 795 576	2 071 560	54.6
1930	4 016 036	2 240 634	55.8
1937	5 071 122	2 125 762	41.9

资料来源:严中平《中国棉业之发展》,页117,129;方显廷《中国之棉纺织业》,上海商务,民国二十三年,页15—16;杨大金编《现代中国实业志》,上海商务,民国二十七年,上册,页64—72。关于1897—1913年的纱锭数,严氏后来据《中国棉业之发展》改写成的《中国棉纺织史稿》(1955年),页151,略有修改;如照修改后的数字计算,则1897年上海纱锭占全国总额的75.9%,1913年占58.5%。又关于1937年左右的锭数,杨氏书中(页72)声明:"乃采自上海华商纱厂联合会之报告制成,唯所举各厂,现亦有倒闭者,亦有出售者,亦有新开者。"

[①] 严中平《中国棉业之发展》(《"中央研究院"社会科学研究所丛刊》第十九种),重庆商务,民国三十二年,页75。

第四表　抗战前后上海及全国棉纺织厂的设备与生产状况

年代	名　称	全国总数	上海总数	上海在全国总数中的百分比(%)
1931	纱厂(家)	130	61	46.9
1931	纱锭(枚)	4 183 139	2 268 658	54.2
1931	线锭(枚)	261 264	236 532	90.5
1931	布机(台)	31 952	18 833	58.9
1931	工人	255 256	131 038	51.3
1931	用花(担)	8 839 690	4 925 563	56.3
1931	出纱线(包)	2 380 671	1 260 095	52.9
1931	出布(匹)	16 179 844	11 586 114	71.6
1932	纱厂(家)	128	61	47.7
1932	纱锭(枚)	4 351 706	2 387 582	54.9
1932	线锭(枚)	345 574	289 278	83.7
1932	布机(台)	36 503	20 347	55.7
1932	工人	261 127	128 249	49.1
1932	用花(担)	9 152 892	4 746 025	51.9
1932	出纱线(包)	2 283 898	1 140 991	50.0
1932	出布(匹)	20 233 710	13 303 548	65.7
1933	纱厂(家)	133	61	45.9
1933	纱锭(枚)	4 611 357	2 550 216	55.3
1933	线锭(枚)	408 560	355 648	87.0
1933	布机(台)	30 564	22 482	73.6
1933	工人	257 568	119 074	46.2
1933	用花(担)	8 706 019	3 937 526	45.2
1933	出纱线(包)	2 332 684	1 031 119	44.2
1933	出布(匹)	20 121 900	11 922 625	59.3
1947	纱厂(家)	236	72	30.9

续表

年代	名称	全国总数	上海总数	上海在全国总数中的百分比(%)
1947	纱锭(枚)	4 157 452	2 136 462	51.4
1947	线锭(枚)	478 886	372 280	77.7
1947	布机(台)	56 559	26 543	46.9

资料来源：杨大金前引书，页41—43；朱斯煌编《民国经济史》，上海，民国三十七年一月，页342。

根据第三、四两表，我们可知自19世纪末叶以来，上海各纱厂的纱锭，大部分时间占全国二分之一以上；除纱锭以外，上海棉纺织厂的其他机器设备，雇用工人，消费原料，和生产纱、布的数量，在抗战前后，也约占全国二分之一，或多些。至于各纱厂的资本，以民国十九年(1930年)为例，全国总共有288 328 138元，其中上海占159 349 304元，即约占全国55%。①

除棉纺织业外，其他较大规模的工业，上海在全国中也占重要的地位。例如在1932—1933年全国面粉厂83家中，上海占41家；全国烟厂60家中，上海占46家。② 上海的工业，不独工厂家数众多，而且规模较大，故在全国工业总产值中占很大的百分比。现在我们可把民国二十二年(1933年)上海及全国工厂总产值比较如下。

第五表 上海及全国工厂总产值(1933年)

名称	全国总产值(千元)	上海总产值(千元)	上海在全国总产值中的百分比(%)
纸制品(纸盒、咭片)制造工厂	1 240	1 240	100.0
人造脂工厂	3 864	3 864	100.0
橡胶制品制造业工厂	35 460	31 767	89.6
翻砂工厂	2 048	1 819	88.8
玻璃制造工厂	3 958	3 513	88.7

---

① 方显廷前引书，页258。
② Rhoads Murphey, *Shanghai: Key to Modern China*, Cambridge, 1953, p.166.

续表

名　　称	全国总产值（千元）	上海总产值（千元）	上海在全国总产值中的百分比（%）
杂项物品（牙刷、牙粉、镜子、热水瓶、热水瓶胆、阳伞）制造工厂	5 201	4 503	86.6
烛、皂制造工厂	10 881	9 288	85.4
搪瓷制造工厂	5 643	4 513	80.0
饰物仪器制造厂	5 611	4 320	77.0
丝织工厂	41 826	31 206	74.6
船舶修造厂	9 017	6 668	74.0
服用品制造工厂	37 481	27 310	72.9
制牛胶工厂	252	179	71.0
锯木工厂	7 550	5 292	70.1
杂项饮食品（罐头、饼干、调味品及其他）工厂	12 950	8 980	69.3
制棉（轧花、弹废花）工厂	11 395	7 500	65.8
清凉饮料（汽水、冰）制造工厂	5 386	3 516	65.3
制革厂	8 531	5 468	64.1
碾米工厂	12 126	7 561	62.4
印刷工厂	45 278	27 370	60.4
涂料工厂	7 581	4 473	59.0
陶瓷制造工厂	2 276	1 187	52.2
土石（石粉、石子、石棉绳、煤球）制造工厂	4 410	2 232	50.6
棉织工厂	85 500	42 704	49.9
造纸工厂	12 077	5 667	46.9

续表

名　　称	全国总产值（千元）	上海总产值（千元）	上海在全国总产值中的百分比（%）
毛纺织工厂	25 098	11 149	44.4
面粉厂	186 136	74 172	39.8
机器制造厂	19 341	7 180	37.1

资料来源：巫宝三主编《中国国民所得(1933年)》(《"中央研究院"社会科学研究所丛刊》第二十五种)，上海中华书局，民国三十六年，页156,81,124,35,57,165,77,79,162,104,49,114,123,30,150,88,147,119,126,160,81,59,63,97,151,106至107,128,及37。

第五表比较上海及全国工厂的总产值，并不把所有各种工业都包括在内，不过是根据一时能够找到的资料，很粗疏的作一比较而已。可是，就是根据这种不完备的比较，我们也可大略看出上海在全国工业生产中所占地位的重要。此外，如果就所有各种工业来说，依照刘大钧的估计，在1932—1933年，上海的工业生产总值约占全国51%。[①]

二

开关以前的上海，曾经长期成为棉纺织手工业的中心。例如在清康熙年间(1662—1722年)，青蓝"布匹出在上海县，民间于秋成之后，家家纺织，赖此营生，上完国课，下养老幼"[②]。上海及附近各地纺织出来的布匹，及在那里集中的茶叶等货物，每年都由海道运往华北和东北，而自东北输入大量的豆、麦。在嘉庆九年(1804年)，包世臣说："自康熙廿四年(1685年)开海禁，关东豆、麦每年至上海者千余万石，而布、茶各南货至山东、直隶、关东者，亦由沙船载而北行。"[③]当它的经济基础建立在棉纺织手工业和沿海贸易之上

[①] Liu Ta-chün, *The Growth and Industrialization of Shanghai*, Shanghai, 1936.原书未见，兹引自R. Murphey，前引书，pp.166.

[②] 《文献丛编》(北平故宫博物院文献馆编辑)第三二辑载苏州织造李煦《请预为采办青蓝布匹折》(康熙三十四年九月)。

[③] 包世臣《中衢一勺》卷上(《安吴四种》卷一)《海运南漕议》(嘉庆九年)。关于上海的沿海贸易，林则徐《江苏奏稿》卷五(《林文忠公政书》甲集)《苏省并无洋银出洋折》也说："浙江、闽、粤海船携带洋银来至上海置买苏、松货物者，往往有之。"

的时候,上海并不是全国最繁荣富庶的城市,其人口远在长江中下游的其他城市之下。例如在1843年,上海只有人口27万左右,可是那时汉口的人口却多至100万,南京、苏州及宁波也各有人口50万左右。① 这种情况,自19世纪中叶以来,发生激剧的变化。自此时起,当其他城市的人口停滞或甚至减少的时候,上海的人口却长期间保持着激剧增加的趋势。在1910年,上海的人口已达1 185 859;到了1930年,增加至3 112 250。② 及第二次世界大战结束,在1945年,上海的人口据估计为550万~600万。③ 因此,远在第二次世界大战以前,上海早已发展为全国最大的城市;从前比它大得多的城市,如果和它再比较一下,简直是小巫见大巫。例如在1931年,上海的人口多至3 259 114,可是汉口只有人口777 993,南京只有633 452,苏州只有260 000,宁波只有218 774。④

为什么自19世纪中叶以后,当其他城市陷于停滞或衰落状态的时候,上海却能够自只有20余万人口的城市,成长为数百万人口的大都会?对于这个问题,答案可能有种种的不同,但上海自沿海贸易扩展为对外贸易,自手工生产改变为机器生产,当是其中最重要的因素。

在闭关时代,广州是中国对外贸易的唯一港口,占出口价值最大部分的茶、丝要先集中在那里,然后才能出口。可是,事实上,除附近有蚕丝出产以外,广州和茶、丝重要产区距离很远,陆路交通不便,运费昂贵,故出口贸易大受限制。反之,自开关以后,上海因为距离茶、丝重要产区较近,水道交通较便,运费较廉,故在各地生产出来的茶、丝,自然而然要先在那里集中,然后运输出口。上海是在1843年开放为通商口岸的,在1844年自那里出口的茶为100万磅;此后出口激增,到了1855年出口多至8 000万磅,占是年全国茶出口总额的58%;其后在1864年,其出口量更占全国的64%。⑤ 由于上海茶出

---

① Robert Fortune, *A Journey to the Tea Countries of China*, 1852, vol. I, pp.97—98. 原书未见,兹引自R. Murphey,前引书,p.66,按Robert Fortune为英国植物学家,曾于1844年及1848年旅居上海,又曾于1853年至1856年,及1861年至1862年在长江流域旅行。
② 罗志如《统计表中之上海》(《"中央研究院"社会科学研究所集刊》第四号),南京,民国二十一年,页二一。
③ R. Murphey,前引书,p.21.
④ H.G.W. Woodhead, ed., *The China Year Book 1935*, Shanghai, p.3.
⑤ R. Murphey,前引书,p.109.

口贸易的发展，全国茶的出口总额激剧增加，自 19 世纪 30 年代初期每年出口的 5 000 余万磅，增加为 1856 年的 13 000 万磅。① 上海丝的出口，在 1844 年为 6 433 包，及 1855 年增为 92 000 包，占全国出口总额的 60％以上，以后在 1864 年也占 64％。② 随着茶、丝出口的激增，再加上它是拥有二万万人口的长江流域的天然出口，在东部沿海方面又是南北交通要冲，故上海的出入口贸易越来越发展，在全国对外贸易中拥有特别重要的地位。在 1846 年，上海的出口贸易约占全国的 1/7，到了 1851 年，增加到占全国出口贸易的 1/2 左右。③ 就洋货输入，土货出洋来说，上海 1865—1930 年每年的直接对外贸易货值，及其在全国对外贸易货值总数中所占的百分比，约如第六表所述。

第六表 上海历年直接对外贸易货值表(1865—1930 年)

年　代	上海直接对外贸易货值（海关两）	上海占全国对外贸易货值总数的百分比(％)
1865	61 003 051	55.55
1870	78 108 105	65.64
1875	76 670 680	56.08
1880	92 225 309	58.68
1885	87 070 958	56.83
1890	98 993 486	46.21
1895	168 839 947	53.60
1900	204 129 362	55.16
1905	336 343 009	54.27
1910	373 958 182	44.32
1915	399 652 164	45.76

---

① John King Fairbank, *Trade and Diplomacy on the China Coast: The Opening of the Treaty Ports 1842—1854*, Cambridge, 1953, vol.Ⅰ, pp.288—289.
② R. Murphey,前引书, p.117.
③ C.F. Remer, *The Foreign Trade of China*, Shanghai, 1928, p.30.

续表

年　代	上海直接对外贸易货值 （海关两）	上海占全国对外贸易货值 总数的百分比（%）
1920	577 712 938	44.31
1925	738 073 279	42.81
1930	992 409 356	44.64

资料来源：罗志如前引书，页 90。

上海对外贸易的飞跃发展，一方面直接养活了不少人口，他方面又因为影响到上海的工业化，故人口激增。这可说是商业革工业的命。关于这种变化，我们可以从下述两点来加以讨论：(1)上海出入口商品之开始机械化的生产；(2)因对外贸易而引起的资本积蓄对于工业化的影响。

如上述，上海最初建立的大规模生产的工业，固然是由政府创办而与国防有关的江南制造局；但除此以外，在甲午战争以前，由于对外贸易的发展，在那里的中外人士已经渐渐开始试用西洋新式机器来从事工业生产。上文说过，自开关以后，上海丝的出口有越来越增加的趋势。可是，当日出口的丝，用土法生产，品质不一致，不足以满足国外消费的需要，故须试用机器缫丝来加以改良。杨大金说："据光绪七年（1881年）海关报告，在同治元年（1862年），即有人在上海试百釜之机器缫丝工场，试验失败，于同治五年（1866年）即行倒闭。同年又有人在上海设立十釜缫丝工场，亦于数月后关闭。考当时设立丝厂之动机，完全为外商在吾国试验性质，因吾国辑里丝条分不均，不合彼国之用，故利用吾国工价低廉，成本减轻。几经失败，迄未成功。至光绪四年（1878年），法人卜鲁纳于上海试二百釜之新式缫丝机场，名曰宝昌丝厂，始办有成效，是为吾国新式缫丝工业之先导。迨光绪六年（1880年）间，意商装运缫丝铁机来华，在上海建筑厂屋，招工授以机制厂丝方法，是为上海缫丝厂之始。"①由此可知，上海的缫丝厂，最初由外人投资创办，其技术及机器也自外国输入。其后，到了光绪七年（1881

---

① 杨大金前引书，上册，页 110—111。又参考 H.G.W. Woodhead，前引书，p.575；G.C. Allen and Audrey G. Donnithorne, *Western Enterprise in Far Eastern Economic Development*, London, 1954, pp.64—66.

年),"始有湖(浙江湖州)人黄佐卿者,首建缫丝厂于上海苏州河岸。丝车仅一百部,厂名公和永。同时怡和、公平两洋行,接踵而起,各建一厂,每厂计有丝车一百零四部,均以行号为厂名,各项机件,均购自意、法两国。三厂建筑,均于是岁告厥成功。光绪八年(1882年),同时开工。是时运用缫丝机器,尚无相当人才,三厂乃共延意人麦登斯为工程师,指导厂务。当时缫丝女工,都无充分训练,缫工不良,丝质遂劣。且所出货品,须直接运往欧洲销售,轮运需时,周转为难。故自光绪八年至十三年(1887年),营业失败,三厂资本,耗损殆尽。公平丝厂乃更易股东,改名旗昌。公和永与怡和两厂,则尽力维持,悉仍其旧。十三年后,丝厂事业,渐见发达,公和永丝厂遂大加扩充,丝车自一百部增至九百部"[1]。由此可见,上海的中外人士,在创办缫丝厂的期间内,由于技术工人的缺乏和资金周转的不灵,曾经遭遇到很大的困难。可是,经过相当时期,当基础巩固以后,上海的缫丝厂便要变为有利可图的工业了。例如光绪十三年李鸿章说:"用机器缫丝,精洁易售,较中土缫法尤善。洋人争购,获利可丰。……鸿章曩在上海,亲见旗昌、怡和各洋行,皆设有机器缫丝局,募千百华人妇女于其中,工贱而丝极美。嘉、湖丝贾,无人仿办,利被彼夺。"[2]又光绪二十一年(1895年)张之洞说:"上海向有华、洋丝厂……获利颇丰。丝厂利三分……"[3]

甲午战争以前上海各缫丝厂的设立,是出口商品开始用机器来生产的表示。复次,当日入口的商品,如棉纺织品,也开始在上海利用新式机器来制造。中国自鸦片战争后,对外贸易大部分时间大量入超。造成入超的原因固然有种种的不同,但由新式机器制造出来的洋纱、布,因比土纱、布价廉物美,大量进口,当是其中一个重要的因素。因此,为着要减少洋纱、布的入口,以免利权外溢,中国有仿效西洋采用机器来纺纱织布的必要。最先感觉到有这种迫切需要的地方,是当日中国最大的对外贸易中心的上海,故在那里有我国近代第一家棉纺织厂的设立。这一家棉纺织厂名叫上海织布局,"经营十

---

[1] 上海市社会局编《上海之机制工业》,上海中华,民国二十二年,页160。
[2] 李鸿章《李文忠公海军函稿》卷三《条覆四事》(光绪十三年正月初十日)。
[3] 张之洞《张文襄公全集》卷七八(《电奏》卷六)《致总署》(光绪二十一年七月十八日辰刻发)。

余年,尚未就绪"①,至光绪十六年(1890年)始开工生产②,及光绪十八年(1892年),"每日夜已能出布六百匹,销路颇畅"③。关于上海织布局设立的动机,我们可以从李鸿章、郑观应(一作郑官应)等创办人的言论来加以考察。李鸿章说:"奏为招商在上海试办机器织布局,以扩利源,而敌洋产,恭折仰祈圣鉴事。……溯自各国通商以来,进口洋货日增月盛,核计近年销数价值,已至七千九百余万两之多。出口土货,年减一年,往往不能相敌。推原其故,由于各国制造均用机器,较中国土货成于人工者,省费倍蓰,售价既廉,行销愈广。自非逐渐设法仿造,自为运销,不足以分其利权。盖土货多销一分,即洋货少销一分,庶漏卮可期渐塞。查进口洋货以洋布为大宗,近年各口销数至二千二三百万余两。洋布为日用所必需,其价又较土布为廉,民间争相购用,而中国银钱耗入外洋者实已不少。臣拟遴派绅商在上海购买机器,设局仿造布匹,冀稍分洋商之利。"④又郑观应说:"进口之货,除烟土外,以纱、布为大宗。向时每岁进口值银一二千万,光绪十八年增至五千二百七十三万七千四百余两,内印度、英国棉纱值银二千二百三十余万两,迩来更有增无减。以致银钱外流,华民失业。如棉花一项,产自沿海各区,用以织布纺纱,供本地服用外,运往西北各省者络绎不绝。自洋纱、洋布进口,华人贪其价廉质美,相率购用,而南省纱、布之利,半为所夺。迄今通商大埠,及内地市镇城乡,衣大布者十之二三,衣洋布者十之八九。呜呼! 洋货销流日广,土产运售日艰,有心人能不怃然忧哉? 方今之时,坐视土布失业,固有所不可,欲禁洋布不至,亦有所不能。于无可如何之中,筹一暗收利权之策,则莫如加洋布税,设洋布厂。……尤须自织洋布以与之抗衡。"⑤根据这些言论,我们可知上海织布局的设立,主要目的在效法西洋用机器来纺纱织布,以免外国棉纺织品大量进口,造成银钱外流、华民失业的现象。在这里,我们可以看出当日国外贸易对于上海工业化的影响。可是,不幸得很,这个经过长时期的筹备,而使用大规

---

① 张之洞《张文襄公全集》卷二六《奏议》卷二六《拟设织布局折》(光绪十五年八月初六日)。
② Stanley F. Wright, *Hart and the Chinese Customs*, Belfast, 1950, p.611.
③ 李鸿章《李文忠公奏稿》卷七七《重整上海织布局片》(光绪十九年十月二十六日)。
④ 同书卷四三《试办织布局折》(光绪八年三月初六日)。
⑤ 郑观应《盛世危言》卷四《纺织》。

模的机器设备(纱锭 35 000 枚、布机 530 台)来生产的棉纺织厂,在光绪十九年(1893 年)九月初十日,因为清花厂起火,全部被焚。① 有鉴于棉纺织业在中国的迫切需要,李鸿章命令津海关道盛宣怀前往上海,一面办理善后,"一面招徕新股,仍就织布局旧址,设立机器纺织总厂,名曰华盛"。到了光绪二十年三月,李鸿章说:"上海华盛总厂,及华新、大纯、裕源数厂,现已购机建厂,先行开办。"②因此,到了光绪二十一年(1895 年),上海各纺织厂已经有纱锭 144 124 枚。③

棉布为一般人衣服的主要原料,是日常生活的必需品,在国内有广大的市场,故较早采用机器来生产。除此以外,开关以后自外国输入的机制面粉,因品质优良,为人民所喜欢食用,也有很好的销路。随着销路的增加,上海遂有面粉厂的设立;和缫丝厂一样,在甲午战争以前上海的面粉厂也最先由外人来创办。徐珂说:"上海所用面粉,自通商以后,固悉购之于海外也。德商某,见我国北部农产,以小麦为最富,而麦食亦最多,虽麦质不若美产之色白而味厚,然以国人购用国货,且机粉较磨粉,色泽已较旧为佳,无虑其不发达。于是购机设厂,命名增裕,而上海始有面粉厂矣。厥后营业日上,岁有盈余。"④按德国商人在上海创设增裕面粉厂,事在光绪十二年(1886 年)。⑤

以上是甲午战争以前,由于对外贸易的发展,上海出入口的商品,渐渐开始自手工生产转变为机器制造的情形。复次,开关以后因对外贸易而引起的资本积蓄,对于上海工业化的影响也非常之大。工业化以机械化的生产为主要特点,而大规模的机器设备有赖于巨额的投资,故大量资本的积蓄为工业化的必要条件。在开关以前,上海由于沿海贸易的发展,有些商人因为经营

---

① 《李文忠公奏稿》卷七七《重整上奏织布局片》;严中平《中国棉业之发展》,页 75—76。
② 《李文忠公奏稿》卷七八《推广机器织局折》(光绪二十年三月二十八日)。
③ 见第三表。
④ 徐珂《清稗类钞》,上海商务,第十七册,《制面粉》。又《政治官报》第一九五号(北京,光绪三十四年四月十五日)《湖广总督赵尔巽奏推广农业种棉织布情形折》说:"上海面粉公司,初本一家,赢利甚厚。"
⑤ H.G.W. Woodhead,前引书,p.580;G.C. Allen, etc.,前引书,p.174.

得法，已经相当富有。① 可是，事实上，当日沿海贸易的规模，绝对赶不及开关后的对外贸易那么大，故资本的积蓄到底有限。及开关以后，随着对外贸易的发展，在那里从事出入口贸易的商人，自然可以赚取巨额的利润。同时，上海的外国商人，因为语言或风俗习惯的不同，在和中国人交易时，需要通事或买办居中作媒介，故这些人也乘机大发其财。不特如此，上海自开关后，外人在那里开辟的租界，因为比较安全，自国内各地移居到那里去的有钱人越来越多，故无形中自国内各地吸收到不少资金。而且，随着人口的增加，商业的发展，上海的地价激剧上涨，故地主收入激增的结果，也有助于资本的积蓄。

关于开关以后上海商人因从事对外贸易而获利的情况，我们可举经营丝业的人来作例证。上文说过，上海自开辟为通商口岸后，因为地近江、浙等蚕丝产区，丝的出口贸易发展得非常之快。在这种情形之下，上海经营丝业的人，自然可以赚到不少的钱。例如吴馨等纂《上海县续志》（民国七年）卷二一说："陈煦元，原名熊，字竹坪，乌程人。咸丰（1851—1861年）初来沪，业丝起家。"又说："施善昌，号少钦，浙人。原籍震泽，避乱来沪，营丝业。……光绪（1875—1908年）初直、晋饥，办义振。……先后十六年，助振十三省，募款至二百余万金。传旨嘉奖者七次，赏给心存济物匾额。"施氏之所以能够募捐巨款来办理慈善事业，当然是因经营丝业获利。此外，下述的叶成忠、严信厚及经元善等人，也都在开关以后的上海，经商获利，变成富翁。

在鸦片战争以后抵达上海做买卖的外国商人，一方面由于语言习俗的不同，他方面因为不明白中国商人的购买力或金融状况，故不易和中国商人直接交易，而须通事或买办从中介绍，并负责担保中国商人如期交货（出口货），及不拒纳定购的货物（入口货）。通事或买办既然提供这些劳务，在买卖成交后自然可以抽取佣金来作报酬。随着上海对外贸易的发展，买办阶级的佣金

---

① 例如钱泳《履园丛话》（道光五年）卷四说："今查上海、乍浦各口，有善走关东、山东海船五千余只，每船可载二三千石不等。其船户俱土著之人，身家殷实，有数十万之富者。每年载豆往来，若履平地。"又应宝时等纂《同治上海县志》卷二一说："王文瑞，字辑庭，生一岁而孤。……七岁……习索绚业。……比长，聚所绞索为肆。或告以朽索杂新麻，利可倍。坚不肯，曰，'海舶御风，全赖此。轻人命以获利，不为也。'货者踵至，业稍裕。贩渤海、辽、沈间，多亿中，家累巨万。……道光十三年（1833年），邑人议建总节孝坊祠。文瑞……独力捐学宫西地房改建焉。"

收入自然要激剧增加。例如王韬《瀛壖杂志》(同治十年)卷一说:"沪地百货骈集,中外贸易,惟凭通事一言。半皆粤人为之。顷刻间,千金赤手可致。西人所购者,以丝、茶为大宗,其利最薄。其售于华者,呢布、羽毛等物,消亦不细。"又姚公鹤《上海闲话》(上海商务,民国六年)卷上说:"汇丰(银行)开办,某英人任大班,黄(槐庭)任买办。数年之间,黄遂积资至数十万。而黄槐庭为第一任汇丰之买办,声名乃亦洋溢于沪上矣。"按汇丰银行设立于1866年[①],故买办黄氏的大发其财,当是此后数年间事。

上海自开辟为商埠后,为着要替英国商人找寻一块可以经营商务和建筑房屋的地方,英国第一任领事巴富尔(George Balfour)便与中国官方洽商出一个"永租"的办法,在黄浦江边选择一片为上海人弃置不顾的泥滩,由英国商人租借来建屋居住;其后渐渐扩充,便发展成为租界。[②] 在租界中,英国领事对于居民掌有最高管辖权,故每当国内战乱发生的时候,因为比较安全,许多人民——尤其是有钱人——移居到那里去。例如《上海闲话》卷上说:"及咸丰三年(1853年),刘丽川踞城(上海县城)为乱,时则太平军亦已占有南京,刘与英领阿法暗通。观上海道吴健章之不死于难,此中消息,颇费推详。而太平军之发难,其初外人亦严守中立,故租界因得圈出战线之外。于是远近避难者,遂以沪上为世外桃源。当太平军逼近上海之际,某寓公名租界为四素地。盖界内借外人之势力,以免兵祸,所谓素夷狄、素患难者是;而流寓之中,贫富贵贱相率偕来,则所谓素富贵、素贫贱者是。此为上海市面兴盛之第一步。"又同书卷下说:"适值洪(秀全)、杨(秀清)举事,内地受兵,商人借经商之名,为避兵之实,既连袂而偕来;即内地绅富,亦以租界处中立地位,作为世外桃源。商人集,则商市兴;绅富集,则金融裕,而领袖商业之金融机关,乃次第开设矣。"由此可知,当太平天国革命(1850—1864年)的时候,在国内各地的商人和绅富,因为上海租界比较安全,多到那里去避乱。因此,上海租界的中国居民在1852年本来只有500人,及1854年增加到2万人,其后在

[①] C.F. Remer, *Foreign Investments in China*, New York, 1933, p.318.
[②] 徐公肃、丘瑾璋合著《上海公共租界制度》(《"中央研究院"社会科学研究所专刊》第八号),南京,民国二十二年,页3;彭泽益《中英五口通商沿革考》,《中国社会经济史集刊》("中央研究院"社会科学研究所,1949年1月)第八卷第一期。

1864年更激增至50万人。① 在这些新移入的人口中,既然有不少为内地绅富及商人,上海的资金自然要因为他们的来临而激剧增加了。

由于人口的激增和对外贸易的发达,上海的地价自19世纪中叶开始有长期高涨的趋势。例如刘坤一说:"查上海通商以来,商贾云集,市肆日兴,附近洋场马路地方,地价每亩自数千金至百余金不等。"②又张之洞说:"查沿江沿海各租界……商务一兴,地价骤涨。上海一亩之地,且有值至万余金者。"③上海租界地价的飞涨,约始于咸丰三年(1853年),当刘丽川领导三合会占据上海县城,与在南京的太平天国互相呼应,从而有大量人口自各地移入上海租界避乱的时候。在1852年,上海租界的地价,不过平均50镑一英亩;及1862年,平均1万镑一英亩。④ 其后继续长期上涨,有如第七表所述。

第七表 上海公共租界历年地价表(1869—1899年)

年　代	地皮估价(两)		
	英租界(共值)	虹口租界(共值)	合　　计
1869	4 707 584	561 242	5 268 826
1874	6 138 354	1 355 947	7 494 301
1876	5 443 148	1 493 432	6 936 580
1880	6 118 265	1 945 325	8 063 590
1882	10 340 660	3 527 417	13 868 077
1882—1889	10 310 627	3 680 299	13 990 926
1890	12 397 810	5 110 145	17 507 955
1896	18 532 573	10 379 735	28 912 308
1899	23 324 176	14 320 576	37 644 752

资料来源:罗志如前引书,页16。

---

① R. Murphey,前引书,p.10.
② 刘坤一《刘忠诚公奏疏》卷三二《查覆许宝书清丈参观片》(光绪二十五年十二月)。
③ 《光绪东华续录》卷一七六"光绪二十八年十月癸丑"条。
④ R. Murphey,前引书,p.10.

根据第七表，我们可知，在甲午战争刚结束不久的1896年，上海公共租界的土地价值约为1869年的五倍半，在1899年约为七倍。由于地价长期上涨，上海的地主或地产投机者，自然可以获取暴利，从而累积成巨额的财富。例如《清史稿·孝义传》三《杨斯盛传》说："杨斯盛，字锦春，江苏川沙人，为圬者至上海。上海既通市，商于此者咸受廛焉。斯盛诚信为侪辈所重，三十后稍稍有所蓄，乃以廉值市荒土营室。不数年，地贵利倍蓰。善居积，择人而任，各从所长，设肆以取赢。迭以助赈叙官。光绪二十八年，诏废科举，设学校，出资建广明小学、师范传习所。越三年，又建浦东中小学、青墩小学。凡縻金十八万有奇。"

这些在上海开辟为商埠后发了大财的商人、买办、地主，及自内地移居的有钱人，对于上海资本的积蓄，都有很大的贡献。上海工业化所需的资本，除如江南制造局为官办工业，由政府投资以外，多半来自日益增加的商业利润和地租收入，及自内地移入的资金。说到此点，我们可以先拿上海织布局来作例子。上海织布局最初为纯粹私人资本的企业，其后始加入官股。关于这家棉纺织厂的投资人物，上海《申报》曾记载说："戴子辉（恒）太史为京口望族，其尊甫富而好善。龚君（寿图）系蔼仁（易图）廉访之介弟，亦八闽殷宦。李君（培松）久业淮鹾，蔡君（鸿仪）业宏沪、甬，均当今之巨室。香山郑君陶斋（官应），上虞经君莲珊（元善），久居沪上，熟谙洋务商情。"[①]文中说蔡鸿仪"业宏沪、甬……今之巨室"，可见他是在上海、宁波大发其财的富户。郑官应及经元善都"久居沪上，熟谙洋务商情"，可见他们都是上海的买办。此外，戴恒、龚寿图及李培松原来都是内地绅富或盐商，他们投资于上海织布局，可说是上海吸收内地资金的例证。在这些股东中，经元善不特投资于上海织布局，同时又是电报局的大股东。《上海县续志》卷二一说："经元善，上虞人。……光绪戊寅（1878年），直、豫、秦、晋旱灾，集捐巨万，办急赈。沪地有协赈公所，自此始。嗣后历办各省赈捐，募款达数百万，传旨嘉奖者十有一次。辛巳（1881年），李鸿章创办电报，檄元善任其事，南北线通。次年，改归

---

① 光绪六年（1880年）十月十六日《申报》载《书机器织布招商局章程后》。原文未见，兹引自严中平《中国棉纺织史稿》，页156。

商办,首认巨股。"除经元善等人外,叶成忠及严信厚也因在上海经商发财,积蓄了巨额的资金,故能够分别创办缲丝、火柴、纺织、面粉及榨油等工厂或公司。关于叶成忠的事业,《清史稿·孝义传》三《叶成忠传》说:"叶成忠,字澄衷,浙江镇海人。……为农家佣,苦主妇苛,去之上海。掉扁舟江上,就来舶鬻杂具。西人有遗革囊路侧者,成忠守伺而还之。酬以金不授,乃为之延誉,多购其物。因渐有所蓄。西人制物以机器,凡杂具以铜、铁及他金类造者,设肆以鬻,谓之五金。成忠肆虹口数年,业大盛,乃分肆遍通商诸埠,就上海、汉口设厂缲丝造火柴,资益丰。"又辜鸿铭《张文襄幕府纪闻》卷下《叶君传》说:"叶氏名成忠,字澄衷……至上海时,海禁大开,帆船、轮舶麇集于沪渎。成忠自黎明至暮,掉一扁舟往来江中,就番舶以贸有无。外人见其诚笃敦谨,亦乐与交易,故常获利独厚。同治元年(1862年),始设肆于虹口。……数年间,肆业日益远大,乃推广分肆,殆遍通商各埠。又在沪北、汉镇创设缲丝、火柴厂,以兴工业,且以养无数无业游民。既饶于资财,自奉一若平素,绝无豪富气象。……光绪己亥年(1899年)十月……卒,年六十。"①其次,关于严信厚的事业,《上海县续志》卷二一说:"严信厚,字筱舫,(浙江)慈溪人。由贡生入李鸿章幕,随苏军攻复湖州。……信厚当从军日,已留心商务。至是在沪及其原籍设机器纺织、面粉、榨油等公司,又设各省汇号。"严信厚既然早在襄助李鸿章平定太平天国革命的时候已经留心经营商业,自然可以因获利而积蓄资本,从而在后来设立机制面粉及榨油等公司了。

自然,甲午战争以前上海工业化所需的资本,并不完全来自上述的暴发户,因为除此以外,当日在上海贸易的外国商人非常有钱②,对于上海工业化的资本的积蓄,也有很大的贡献。上文说过,上海的缲丝厂及面粉厂,最初都是由外人投资创办的。根据专家的估计,在甲午战争以前,及在俄国入侵东北,在那里建筑中东铁路以前,上海的外人投资额将近占全国外资的一半。③

根据以上的讨论,我们可知上海初期的工业化和上海在开关后对外贸易

---

① 又参考《清稗类钞》第十七册《叶成忠为沪上商雄》。
② 李鸿章《李文忠公朋僚函稿》卷四《复曾沅帅》(同治二年九月十九日)说:"此间(上海)只洋商最富。其华商稍有资本,则影射洋人名下。"
③ C.F. Remer, *Foreign Investments in China*, p.73.

的飞跃发展有密切的关系。在那里最先采用机器来生产的工业,除制造枪炮、弹药及轮船的江南制造局以外,以缫丝、纺织及面粉等工厂为主。丝是当日出口贸易的重要商品,棉布及面粉在进口贸易中也占重要的地位,故最先仿效西法来制造。不特如此,由于对外贸易的发展,上海的商人及买办赚到不少的钱,地主的收入因地价上涨而增加,同时因为租界的安全和投资前途的有利,国内外的资金多被吸收到那里去;因此资本积蓄增加,可以满足初期工业化的需要。

三

约自18世纪中叶开始的英国工业革命,到了19世纪中叶左右大体上已告成功。那时中英已经签订《南京条约》(1842年),上海已经开放为通商口岸(1843年),故随着对外贸易的激剧发展,上海便渐渐因受到英国工业革命的影响而开始工业化。如上述,上海的工业化,在初时进行得非常缓慢;可是,到了甲午战争前夕,其速度已经渐渐增大。在战后不久,伦敦《东方报》于1896年6月5日报道说:"查上海自五十年前通商以来,实为各国来货及土货出口总汇之区,近今五年又变为制造各厂聚集之所。此固租界地势相宜使然也。又查1890前,所有设在界内及邻近工厂只五处,今计五十三处,或已完工,或将告成,皆纺纱、缫丝、织布各厂也。"[①]根据这个报道,我们对于上海工业化过程的研究,约略可以拿甲午战争作为分期的标准。关于甲午以前上海的工业化,我们在上文已经说过,现在探讨一下甲午以后的情况。

工业化以机械化的生产为主要特点,而机器的运转有赖于动力的消耗,故动力产额的大小成为工业化进展程度的指标。上海工业制造使用的动力,初时以蒸汽力为主,如上海织布局装有500匹马力的汽炉,为美国所造。[②] 除蒸汽力外,电力也渐被使用,其后更构成上海动力的最重要的部分。近代中

[①] 《时务报》第一册(上海,光绪二十二年七月初一日)《沪滨繁庶》。
[②] 严中平《中国棉业之发展》,页七五。

国第一家发电厂位于上海，在 1882 年为一家德国商行所建立。三年后，该厂对上海街道电灯供应电力。1893 年，该厂为上海公共租界工部局所买，以后便由工部局电气处来经营。到了 1929 年，该厂售予美国及外国电力公司（American and Foreign Power Company），而经由上海电力公司来经营。① 这是上海最大的电力公司，在 1925—1934 年每年的售电度数，为整个上海售电总额的 83%，其他三个电力公司的规模都远在上海电力公司之下。② 由于上海电力公司在上海动力供应中所占地位的重要，我们可以根据它历年的发电设备及营业状况，来测量上海工业化进展的程度。

第八表　上海电力公司历年营业及工程状况(1893—1937 年)

年代	电厂容量(千瓦)	最高负荷(千瓦)	发电度数	售电度数
1893	197	—	—	—
1894	234	—	—	—
1895	234	—	—	—
1896	298	—	—	—
1897	298	—	—	—
1898	301	—	—	—
1899	377	—	—	—
1900	576	292	—	—
1901	576	320	—	—
1902	576	444	—	—
1903	1 600	580	—	—
1904	1 600	858	—	1 189 480
1905	1 600	1 090	—	1 721 731
1906	1 600	1 411	—	2 222 445
1907	3 600	1 630	—	2 663 852

① G.C. Allen, etc., 前引书, p.145.
② R. Murphey, 前引书, pp.188—189.

续表

年代	电厂容量(千瓦)	最高负荷(千瓦)	发电度数	售电度数
1908	4 400	2 500	—	4 426 073
1909	4 400	3 100	—	5 697 980
1910	4 300	3 240	—	6 530 643
1911	6 400	4 007	—	7 919 841
1912	6 400	6 000	—	11 680 068
1913	10 400	8 100	—	19 928 446
1914	14 900	11 190	—	32 633 671
1915	19 600	13 909	62 291 443	49 787 397
1916	19 600	18 617	77 560 684	62 160 796
1917	29 600	20 187	96 921 287	78 490 442
1918	31 360	21 222	106 045 021	86 275 659
1919	38 600	27 553	128 884 547	102 338 137
1920	38 600	35 380	179 679 458	144 539 032
1921	84 600	41 047	226 418 958	185 364 746
1922	83 400	51 340	275 069 325	232 457 361
1923	125 400	62 903	327 876 613	272 265 861
1924	121 000	63 459	361 361 250	307 307 401
1925	121 000	72 930	356 058 848	294 343 905
1926	121 000	86 100	484 960 455	408 245 810
1927	121 000	86 025	470 195 058	400 343 385
1928	121 000	95 250	527 779 842	458 360 215
1929	161 000	111 582	620 908 546	535 787 562
1930	161 000	118 860	626 743 000	575 648 000
1937	183 500	—	—	—

资料来源：1893—1930年的数字，据罗志如前引书，页六六；1937年的数字，据G.C. Allen, 前引书，p.145.

根据第八表，我们可知上海电力公司的发电设备，在甲午以后至抗战以前的发展过程中，欧战或第一次世界大战（1914—1918年）是关键。在欧战开始的1914年，上海电力公司的电厂容量约为1894年的63.6倍；可是，在欧战开始以后的长期内，由于发电设备的大量扩充，1929—1930年的电厂容量却为1894年的688倍，到了1937年更扩充为1894年的784倍。随着电厂容量的扩充，上海电力公司的发电度数及售电度数自然也约略作同比例增加。因为发电量的大小是工业化程度高低的指标，故我们根据上海最大电力公司历年发电设备及发电量的变动情况，对于甲午以后抗战以前上海工业化的经过，可以拿欧战作标准分两个时期来讨论，即自甲午以后至欧战为一个时期，自欧战以后至抗战前夕为另一时期。现在先说前者。

甲午战争结束，中、日于光绪二十一年（1895年）签订《马关条约》。条约中规定日本人民得"在中国通商口岸，任便工艺制造；各项机器，任便装运进口，只交进口税"①。根据最惠国条款，其他国家也相继取得在华设厂的权利。本来在甲午以前，在上海的外国商人已经投资于缫丝、面粉等工业，可是因为没有条约的根据，各项机器不能任便进口，故规模并不很大。到了甲午以后，各国既然根据条约取得在华设厂的权利，外人投资自然要激剧增加，而当日全国最大的通商口岸的上海，更自然而然地成为外人在华设厂的最主要地方。例如1897年5月21日伦敦《东方报》载美国领事的报告说："自该约章（《马关条约》）两国（中日）御批后，沪滨及邻近各处之轧花厂、织布厂、缫丝厂，纷纷创设，局面为之一新，其兴旺气象，殆有变为东方洛活尔（Lowell，系美国纺纱织布厂最多之地）之势。上年年初，沪上纺纱厂已有五六家，其已动工之锭子凡十万五千枚，其装工未竣之锭子凡三万余枚。此外西商公司招股设厂者，计英公司三，德公司一，共用锭子十四万五千枚。另有日商纺纱厂二家，议成而中止。"②这里说的三家英公司中，在1897年已有两家完工开车。一家为老公茂纺织局，资本715 800两，纱锭30 548枚；另一家为怡和纺织

---

① 《清朝续文献通考》卷三五八。
② 《时务报》第三二册（光绪二十三年六月十一日）《中国纺织缫丝情形》。

局,资本 1 500 000 两,纱锭 50 000 枚。德公司于是年完成的纱厂为瑞记棉纱厂,资本 100 万两,纱锭 400 000 枚。此外,美商也完成鸿源纺织局,其资本及设备与瑞记同。因此,在 1897 年,外商在上海开设了四个大厂,纱锭达 160 548 枚,约为是年上海纱锭总数的 51.8%。其后更加扩充,到了 1913 年,连日商在内,外商纱厂的纱锭共达 338 960 枚,约占上海纱锭总数的 69%。[1] 除棉纺织业外,外商又在上海建立纸烟工业。英美烟草公司(British-American Tobacco Company)于 1902 年成立,它在上海浦东的工厂,采用英、美机器来制造,于 1906 年每日生产香烟 800 万支。厂中雇用中国员工约 2 500 人,外籍人员约 30 人。[2] 根据专家的研究,上海的外资总额,在 1902 年为 11 000 万美元,及 1914 年更增加至 29 100 万美元。[3]

当外商因《马关条约》的签订而在上海大规模开办工厂的时候,国人在上海经营的工业,却因外厂资本的雄厚,机器设备的精良和管理技术的优异,而遭受到剧烈的竞争,以致危机重重。关于此点,我们可以拿盛宣怀督办的华盛纱厂及其他纱厂的亏折情形来作例证。盛宣怀《愚斋存稿》卷五《上海华厂纺织亏累招商接办折》(光绪二十八年八月)说:"窃光绪十九年(1893 年)上海织布局厂机被焚,北洋大臣李鸿章以洋货进口,纱布实为大宗,应在上海号召华商,另设机器纺织厂,以土产敌洋货,力保中国商民自有之利权。其时臣在津海关道任内,当奉奏派赴沪,将前局结束,分筹资本规复,一面设法扩充。嗣经招徕新股,就织布局旧址设立华盛厂,另在上海激劝华商,招股分设华新、大纯、裕源、裕晋等厂。先收股分一半,次第开办。布置年余,厂屋造竣,机器到齐。未几而日本衅生,马关约定,商股观望,未交之款,招之不来。机锭已开,势无中止。商董竭蹶筹款,力已难支。而洋商得在沪改制土货之条,急起直追,来与我角。怡和、瑞记、公茂、鸿源各洋行,运机造厂,先后开办。花价因争买而益涨,工价因争雇而益昂。在上海华洋商厂皆聚于杨树浦一隅,互相倾轧,无不亏本。而华商魄力太微,与各洋厂驰逐于咫尺之地,不待

---

[1] 严中平《中国棉业之发展》,页 110—111,129。但据严氏的《中国棉纺织史稿》,页 151,1897 年外商纱锭占上海纱锭总数 53.5%,1913 年占 70.5%。
[2] G.C. Allen, etc.,前引书,p.169.
[3] C.F. Remer, *Foreign Investments in China*, p.73.

智者而策其必败矣。裕晋厂见机独早,禀请将全厂售归德商。裕源厂亦禀请另招洋商入股。大纯、华新均岌岌可危,不可终日。华盛机器倍多,亏折愈甚。兹据华盛厂商董禀称:该厂原奏系承接布局,冀以土产抵拒洋货,故购办纺纱机器至六万五千锭之多,织布、轧花机器俱全,所用资本二百八万余两。甫经收集商股八十万两,即遭甲午之变,洋厂纷来,华股裹足。而机厂各价,不能不付,乃由商董筹借息债,支持危局七年之久。截至光绪二十六年(1901年)十二月止,将原股八十万亏完之外,并将应给各债项利息酌量豁除,尚亏垫银十六万余两。所有息借各款,纷纷催逼,补救无方。经各股商会议,不愿再添资本,只得将该厂地基、房屋、机器等项,悉照原价,全盘售与集成公司,计价银二百十万两。该厂机器、房屋已旧,而集成华商允照原价承受,实因前厂息借各款,已无现银可收,不得已添凑股本,受此呆产,吃亏亦巨。……"又同书卷二八《寄李傅相》(光绪二十三年八月初六日)说:"上海杨树浦华盛纱厂,商股只有八十万,颇亏折。现今杨树浦一带,洋厂林立,华厂独受其挤,月须亏折数千金,断难持久。"又卷三四《寄岘帅》(光绪二十五年三月十七日)说:"上海只有华盛、华新、大纯、裕源、裕晋五纱厂,皆系商本商办。(光绪)十九年,李中堂奏明,由宣怀督其成。《马关条约》准开洋厂,乃有怡和、瑞记、公茂、鸿源四洋厂,互相争轧,亏折甚巨。洋商力足,华商难支。裕晋华厂,已改协隆洋厂。现在仅止四厂,势甚危殆。"又刘坤一《刘忠诚公电奏》卷一《复总署》(光绪二十五年五月十七日)说:"商疲力困,洋商益肆挤排。现在……盛宣怀督办之华盛、大纯、华新、裕源、裕晋五商厂,势甚危殆。其余商办丝、纱等厂,或亏折资本闭歇,或售抵洋商改牌"。又《昌言报》第一册(上海,光绪二十四年七月初一日)译1898年7月1日《伦敦报》说:"上海一处,已有纱厂十一所。一千八百九十七年,有纱厂五家,著有成效。……纺纱一事,若归华人办理,终于无利可图。缘经理诸人,素不讲求纱务,而诩诩然自以为是。是以有纱厂数处,亏本甚巨。"纱厂是当日国人在上海经营的资本最大、机械化程度最深的一种工业,可是在《马关条约》签订以后,却由于外厂的激烈竞争而大亏其本,或甚至为外厂所吞并。当日国人在上海举办工业所遭遇的危机,可说是非常严重!

  对于因《马关条约》而引起的工业上的危机,清政府曾经设法加以补救。

例如张之洞说："溯自马关定约以后,臣在署南洋通商大臣任内,钦奉(光绪二十一年)闰五月十三日电旨,饬令招商多设织布、织绸等局,广为制造。臣当即宣布德意,广为劝谕招徕。中国商民知外人得来内地设厂造货,莫不感慨奋发,思有以防内蠹外漏之患。而又深悉朝廷恤商轻税之章,其议集股份,图占先着者,颇不乏人。"①在甲午战争期间,政府因为战费支出激增,而财政收入有限,曾经向商人举债来满足需要。及战争结束,政府归还债款及利息的时候,张之洞乃设法鼓励商人利用这些款项来兴办工业。他规定："凡有移此项官还息借款开厂者,系属遵旨振兴商务,无论制造何项洋货,及仿洋式贩运出洋之土货,如洋式磁器之类,当奏明第一年准将税厘全免,第二年后仿照纱布厂章程,只完一正税通行各省,以示鼓励。"②他又说："各厂除丝厂外,大约仍以设上海为便,愿设他处者,亦听之。黄道(上海道台)已在上海法租界以南觅有工厂地一段,拟修马路,地基合宜。"③自此以后,政府还有种种措施来奖励工业。为鼓舞人心,于光绪二十四年(1898年)五月,经总理衙门遵谕议定振兴工艺给奖章程十二条,以世职、实官、虚衔、专利或匾额颁给创厂各商;为便利工商各业周转金融,于二十四年四月开设中国通商银行于上海;为统辖全国工商各政,职有专司,于二十九年七月设立商部;为使各商有轨可循,于二十九年十二月由商部奏颁商律之公司一门,并订商标试行章程二十八条;至三十二年四月,又颁商律之破产一门;为奖励华商踊跃投资,又于三十三年七月再颁华商办理农工商实业爵赏章程十条,及改订奖励华商公司章程。④ 在政府多方奖励的情况下,上海的华商工业虽然因为《马关条约》而受到不少的挫折,终于能够站立得住,而继续向前发展。不特如此,《马关条约》既然便利了外资的大量输入,上海各种工业制造的机器设备自然激剧增加,从而帮助了上海工业化的进展。

国人在上海举办的工业,因《马关条约》而遭受挫折,从而政府不得不设

---

① 王彦威辑《清季外交史料》卷一二三《鄂督张之洞奏华商用机器制造货物请从缓加税并改存储关栈章程折》(光绪二十二年九月十三日)。
② 《愚斋存稿》卷二四《署江督张香帅来电》(光绪二十一年十一月十九日)。
③ 《张文襄公全集》卷一四七《致苏州赵抚台邓藩台》(光绪二十一年七月十六日戌刻发)。
④ 《光绪东华续录》卷一四五、一四六、一八一、一八五、一九〇、二〇〇、二〇八及二〇九;严中平《中国棉业之发展》,页114。

法补救，已如上述。复次，甲午以前，我国在自强运动声中，侧重于军事或国防工业建设的政策①，到了甲午战争失败以后，自然而然地引起了朝野上下的检讨。大家觉悟到偏重军事工业建设的政策，并不能够解决国防问题，反而给日本打败，向日本赔偿巨款，故须大加修改，从而民用工业或消费品工业便较前得到更大的注意。上海的民用工业，本来已经有了一些基础，故甲午以后，由于客观形势的要求，更加向前发展。在甲午以后的长时间内，对于上海民用工业的建设最有贡献的，我们要推祝大椿。《政治官报》第一〇一号（光绪三十四年正月初九日）载《农工商部奏独力出资兴办实业照章奖励折》说："兹据上海商务总理四等议员分部郎中李厚祐等禀称：职会议董，（无）锡、金（坛）商务分会总理，花翎道衔祝大椿，在沪经商有年，独资合资兴办实业机器各厂公司，计源昌机器碾米厂，资本银四十万元；源昌机器缫丝厂，资本银五十万元；源昌机器五金厂，资本银十万元。此皆独出资本，自行经理，并无他商附股。又华兴机器制造面粉公司，自出资本银二十万元，招集二十万元；公益机器纺织公司，自出资本银六十七万元，招集六十七万元；怡和源机器皮毛打包公司，自出资本银十四万元，招集十四万元。此系合资公司，而该议董祝大椿资本实居其半。统计独立机厂三处，合资公司三处，先后成立，均开设于上海，资本一律缴足，共数二百一万元，男女佣工共数四千余人。并经周历各厂各公司，详加考察，洵皆布置妥洽，工作精良，确著成效。……"奏上后，农工商部于光绪三十三年（1907年）十二月二十三日奉旨，"祝大椿著赏给二品顶戴，钦此！"祝大椿能够一个人在上海独资开设三大工厂，与人合资开设三大公司，投资总额在200万元以上，他对于上海工业化的贡献当然是很大的。

甲午以后欧战以前上海工业发展的速度，由于种类差异而各有不同。就资本最大及机械化程度最深的纱厂来说，上海各纱厂在1895年只有纱锭144 124枚，及1913年共有491 032枚，即增加3倍有多。② 就面粉工业来说，甲午以前上海只有一家由德国商人开设的面粉厂，可是到了光绪三十四

---

① 拙著《甲午战争以前的中国工业化运动》，《集刊》第二十五本。
② 参考第三表。

年(1908年),赵尔巽说:"上海面粉公司,初本一家,赢利甚厚。迨陆续添至七厂,原料以竞买而昂,出货以过多而贱。"①在这新添的6家面粉厂中,有一家为上述祝大椿与人合资开设的华兴机器制造面粉公司,资本40万元;另一家为由直隶候补道孙多森创办的阜丰机器面粉公司,集股100万元。② 因此,1908年上海的面粉厂,就家数来说,约为1895年的七倍。此外,上海较早兴办的缫丝厂,在1895年只有12家,及1913年增加至49家,即增加四倍多点;如果就缫丝机数来说,1913年将近为1897年的两倍。其详细情形,请参考第九表。

第九表　上海历年丝厂数及丝机数(1890—1913年)

年代	缫丝厂数	缫丝机数	年代	缫丝厂数	缫丝机数
1890	5		1902	21	7 306
1891	5		1903	24	8 526
1892	8		1904	22	7 826
1893	9		1905	22	7 610
1894	10		1906	23	8 026
1895	12		1907	28	9 686
1896	17		1908	29	10 006
1897	25	7 500	1909	35	11 058
1898	24	7 700	1910	46	13 298
1899	17	5 800	1911	48	13 737
1900	18	5 900	1912	48	13 292
1901	23	7 830	1913	49	13 392

资料来源:罗志如前引书,页六五。

① 《政治官报》第一九五号《湖广总督赵尔巽奏推广农业种棉织布情形折》。
② 《政治官报》第四四四号(光绪三十四年十二月二十七日)《农工商部奏华商集股创办公司振兴实业照章请奖折》。按阜丰机器面粉公司于1896年设立,华兴机器制造面粉公司于1902年设立,见 H.G.W. Woodhead, ed., 前引书,p.580.

除上述外，上海其他工业，在甲午以后至欧战开始的期间内，也有新厂的设立。例如在造纸工业方面，上海机器造纸公司经过三年的筹备，于光绪三十三年(1907年)五月开工造纸。该公司总理为二品衔候补四品京堂庞元济，他于是年呈报农工商部，报告创办经过说："……于是年(光绪三十年)六月就上海筹集股本，勘定厂地。九月前往东洋，考察纸厂情形。……又以机器造纸，中国尚无熟手，当即妥订日本工程司一人，购定机器。于十一月回沪，筹商纸样，绘图建厂，鸠工庀材，费用浩大。……综计机器厂屋成本，除收官商股银四十四万两外，约计厂务需费殷繁，尚不敷银二十余万两。……力为挪借，竭三年之况瘁，免九仞之功亏，至本年(光绪三十三年)五月间，全厂始获告成，开工造纸。"①其次，在羊毛纺织工业方面，商人樊棻、叶璋等曾创设日辉织呢厂(一作上海日晖毡呢厂)。② 该厂配备有毛纺锭1750枚，织呢机40部，织厚呢机4部，以及其他各种自纺、自织、自染的毛织附属机械。③ 此外，在机械工业方面，《上海县续志》卷八说："光绪三十年，邑人朱开甲，字志尧，于南市机厂街创设求新机器厂。数年以来，成绩灿然。……供各处之利用，定购者日多。"随着工业机器设备的扩充，上海电力的消耗自然增大。在1910年，上海公共租界工务局电气处出售作工业用的电力不过433 908度，1911年增加为761 724度，1912年增加为2 307 482度，1913年更增加至6 934 051度。④

四

根据上述，我们可知，在欧战或第一次世界大战爆发的前夕，上海的工业化已经有了长久的历史。可是，历史虽然长久，工业化的速度事实上并不很快，因为我国自开关时起便丧失关税自主权，从而工业先进国的制造品可以

---

① 《政治官报》第八三号(光绪三十三年十二月十三日)《农工商部奏造纸公司具报开工恳请奖励折》。又参考《光绪东华续录》卷二一三"光绪三十三年十二月"条。
② 《政治官报》第三五三号(光绪三十四年九月二十五日)《两江总督端方奏上海日辉厂所出毡呢完纳正税免缴厘金片》。
③ 上海市社会局前引书，页187—188。
④ 罗志如前引书，页71。

长期大量输入,予我国新兴的工业以严重的打击。这种情势,由于欧战的爆发而发生变化。

自开关以后,到欧战前夕,由于协定关税及其他原因,中国对外贸易在大部分时间内都巨额入超。可是,欧战发生以后,西方各工业先进国家,因为忙于参战,自然不能够像过去那样把大量工业品运至我国来销售。因此,中国对外贸易的入超总值,自1914年的213 014 753海关两,激减为1915年的35 614 553海关两,及1919年更激减至16 188 264海关两。① 外货入口的锐减,予我国工业以发展的大好机会。例如在棉纺织业方面,中国在1914至1925年,一共新设立了87家纱厂,在1925年全国纱锭已将达350万枚。② 这些新纱厂有不少设于上海,故上海的纱锭在1913年只有491 032枚,及1925年激增至1 914 294枚。③ 欧战于1918年结束以后,中国工业虽然要渐渐开始遭遇困难,但因为战时已经奠定好了基础,故仍然能够站立得住而向前继续发展。全国(天津除外)雇用工人30名以上的工厂,在1920年共有673家,及1930年增加至1 975家,即在十年内增加工厂1 302家。在这些新开的工厂中,有645家设于上海。上海于1913年只有工厂70家,及1933年增加至1 186家,约为二十年前的17倍。④

自欧战时期开始上海的工业化之所以能够加速进行,除由于欧战本身以外,我们还可从铁路交通、抵制外货及关税自主三方面来加以讨论。上海初时的工业化,虽然侧重于江南制造局的制造军械,和缫丝厂的缫制出口生丝,其后采用大规模机器设备来制造的工业品,却以棉纱、棉布、面粉及其他各种消费品为主,以满足国内市场的需要。位居长江下游,而在东部沿海方面又是南北交通要冲的上海,由于水道交通的便利,其工业产品只要负担很便宜的运费,便可大量运销于各地。这种天然水道交通的便利,当加上铁路交通的发展以后,对于上海工业品之国内市场的开拓,当然

---

① 杨大金前引书,上册,页23。
② G.C. Allen, etc.,前引书,pp.175—176.但此书说1925年中国的纱锭已经超过350万枚,与本文第三表略有不同。
③ 参考第三表。
④ R.H. Tawney,前引书,p.127.又参考第一表。

更为有利。说到中国的铁路,经过多年或断或续的修筑,到了甲午战争时期,只有200至250英里左右。① 及甲午以后,铁路的建筑较前积极,故到了宣统三年(1911年),中国领土内已有将近6 000英里的铁路。② 在这些新修的铁路中,沪宁路(后称京沪路)长193英里,于1908年通车,沪杭路长118英里,于1909年通车③,对于上海与各地间交通的贡献当然很大。此外其他铁路虽然不直达上海,但因直达沿海港口或长江沿岸的城市而经由水道与上海作密切的联系,故也能够帮助上海工业品在国内各地扩展销路。产品的销路既然随着铁路交通的发展而较前扩大,上海各种工业自然可以乘机发展了。

由于爱国心的驱使,我国人民对于列强的压迫,往往发动大规模的抵制外货运动来加以报复。因为被抵制的外货多半为过去大量输入的工业品,其销路的锐减,正予我国同样工业以发展的机会。上海是我国最大的工业中心,那里的企业家自然要把握住爱国运动的大好时机来兴办国货工业。例如在欧战的第二年,即民国四年(1915年),日本向我国提出"二十一"条,国人愤慨,大规模抵制日货。日货既被抵制,上海的化学工业,如家庭工业社、永和实业公司及香亚公司,都乘机开办,以满足国内市场的需要;至于已经成立的搪瓷厂、制伞厂及钮扣厂,也因此而得到发展的机会。④ 又如民国十四年(1925年),由于五卅事变,国人发起抵制外货运动,国货工业乘机发展。南洋兄弟烟草公司于民国五年在上海设立分厂,于民国八年扩充范围,改为股份有限公司,资本增加至一千五百万元。到了民国十四年,因为五卅事变,英美烟公司的出品被国人抵制,南洋兄弟烟草公司乘机大赚其钱,盈余额在一万二千万元以上,翌年更超过二万万元。⑤ 因为纸烟业在抵制外货的时候有利可图,故五卅事变发生后上海纸烟厂数激剧增加,有如第十表所说。

---

① 拙著《甲午战争以前的中国工业化运动》,《集刊》第二十五本。
② 拙著《清季铁路建设的资本问题》,台湾大学法学院出版社《社会科学论丛》第四辑(台北市,1953年9月)。
③ 凌鸿勋《中国铁路志》,台北市,1954年,页213,216。
④ 上海市社会局前引书,页11。
⑤ 杨大金前引书,页20,790。

第十表　上海历年纸烟厂数(1905—1932年)

年　代	厂　数	年　代	厂　数
1905	2	1919	9
1906	1	1920	9
1907	1	1921	9
1908	1	1922	9
1909	1	1923	10
1910	1	1924	14
1911	1	1925	51
1912	2	1926	105
1913	2	1927	182
1914	2	1928	94
1915	4	1929	79
1916	7	1930	65
1917	8	1931	64
1918	9	1932	60

资料来源：实业部工业司《实业部工业施政概况》，南京，民国二十三年，页48。

五卅事变后不久，国民革命军北伐成功。国民政府成立后即努力于关税自主权的恢复，到了1929年便开始关税自主。自此以后，由于人口税率的提高，我国工业因得到保护而较前发展。例如各类棉布入口税率提高的结果，向来高踞入口货第一位的棉布，如以1930年的入口量指数为100，则1936年为10.5，即在六七年内跌落了近90%。如就绝对数量来说，1936年中国棉布的入口量，要比1930年减少四万万码以上。[①] 关税自主权的恢复，既然给中国纺织业增辟四万万码以上的棉布市场，拥有全国纱锭的一半左右的上海，自然可因国内市场的扩大而较前发展了。这虽然只就棉纺织业来说，其他工业想也有相似的情形。因此，工商部于1930年4月起，以四个月的时间，对上海837家工厂作一调查，发现这些工厂中，以在开始关税自主的1929年成

[①] 严中平《中国棉业之发展》，页195—196。

立的为最多。请看第十一表。

第十一表　工商部调查上海各年成立工厂数(1911—1930年)

年　代	厂　数	年　代	厂　数
1911及以前	48	1922	40
1912	15	1923	41
1913	7	1924	40
1914	18	1925	54
1915	11	1926	65
1916	10	1927	68
1917	14	1928	91
1918	19	1929	108
1919	26	1930	62
1920	24	未详	37
1921	39	总共	837

资料来源：罗志如前引书，页63。

由于上述欧战、铁路交通、抵制外货及关税自主等，上海在两次世界大战间工业化的速度较前增大。上文说过，1913年上海只有70家工厂，及1933年却有1186家工厂，约为20年前的17倍。不特如此，新开设的工厂往往采用较大规模的机器设备，故消耗的动力也特别增大。在1925—1934年售电度数占上海售电总额83%的上海电力公司，其发电厂在1929年以前为上海公共租界工部局电气处所经营。现在把1913—1928年工部局电气处出售工业用电度数，及其在出售电力总度数中所占的百分比，列表如下。

第十二表　上海公共租界工部局电气处历年供给工业用电度数(1913—1928年)

年　代	出售工业用电度数	占售电总度数的百分比
1913	6 934 051	34.8
1914	15 230 639	46.7
1915	30 633 455	61.5

续表

年　　代	出售工业用电度数	占售电总度数的百分比
1916	42 042 853	67.6
1917	57 182 340	72.8
1918	66 024 895	76.5
1919	79 622 548	77.8
1920	116 839 147	80.8
1921	154 898 657	83.5
1922	198 549 569	85.4
1923	234 419 732	89.8
1924	267 043 809	86.9
1925	255 682 586	87.2
1926	364 085 143	89.2
1927	350 526 355	87.6
1928	401 812 884	87.7

资料来源：罗志如前引书，页71。

　　根据第十二表，我们可知1928年上海公共租界工部局电气处出售工业用电度数，约为1913年的58倍。自1929年起，工部局电气处的发电厂，改归上海电力公司经营。上海电力公司有两个发电厂，其中一个为杨树浦电厂，于1930年发电45 000万度，大于英格兰任何一个发电厂的发电量。上海电力公司和其他三个电力公司于1930年在上海发出的电力，大于除伦敦以外英国任何一个城市的发电量。在中国方面，上海于1936年发出的电力，约占全国发电量的58%。[①] 电力是近代机械动力中最重要的一种，故由于两次世界大战间上海发电量的激剧增加，我们可以探知当日上海工业化加速进展的消息。

　　说到上海工业化的情况，我们可以先就上海各主要工业的资本及动力来加以考察。刘大钧曾把1931年及1933年上海12类主要工业的资本及动力

---

① R. Murphey，前引书，p.189.

加以统计,现在根据这些资料分别列表如下:

第十三表　上海 12 类主要工业的资本统计

类　别	工　厂　数		每厂平均资本(元)	
	1931 年	1933 年	1931 年	1933 年
纺　纱	27	29	1 405 638	1 693 706
火　柴	2	4	720 027	830 000
纸　烟	44	45	479 811	422 281
面　粉	14	15	461 706	416 281
化　学	60	78	156 371	194 878
橡胶品	29	41	86 969	98 144
棉　织	61	69	73 329	61 984
缫　丝	66	9	42 100	23 881
针织品	96	52	32 127	65 913
丝　织	251	115	19 101	35 016
机　器	289	162	13 632	47 681
铸　造	35	20	5 006	8 050

资料来源：Liu Ta-chün,前引书。原书未见,兹引自谷春帆《中国工业化通论》,上海商务,民国三十六年,页 177—178。

第十四表　上海 12 类主要工业的动力统计

类　别	工　厂　数		每厂平均动力(马力)	
	1931 年	1933 年	1931 年	1933 年
纺　纱	29	29	2 133.3	1 550.2
面　粉	15	15	815.7	779.4
橡胶品	29	41	168.6	145.5
纸　烟	45	46	63.5	60.5
棉　织	34	70	61.7	61.9
化　学	47	77	61.5	55.3
火　柴	2	4	53.9	71.0

续表

类　别	工　厂　数		每厂平均动力(马力)	
	1931 年	1933 年	1931 年	1933 年
机　器	280	169	26.0	14.9
丝　织	249	122	24.0	11.7
缫　丝	66	49	23.4	20.2
针织品	43	50	16.4	19.2
铸　造	34	21	2.7	4.8

资料来源：Liu Ta-chün,前引书。原书未见,兹引自谷春帆前引书,页181。

根据第十三、十四两表,我们可知上海在两次世界大战间特别发展的工业,以消费品工业为主,至于机器工业,厂数虽然很多,但规模都非常小,不以制造机器为主要业务,只是修理机器零件而已。在各消费品工业中,无论就资本或动力来说,纺纱工业都占有特别重要的地位,其次为面粉、火柴、纸烟及其他工业。

上海工业因为机械化而消耗的各种动力,以电力为最重要。在 1925—1934 年售电占上海售电总额 83% 的上海电力公司,其出售电力中的 78% 售给工业用户。而在这些出售的工业用电中,有 78% 售给棉纺织厂;7% 售给面粉厂;2% 售给橡胶品工厂;2% 售给其他各种纺织厂;11% 售给其他各种工业,但每种工业都占不到 1%。[①]

关于上海各种工业的比重,刘大钧还有一个估计。根据这个估计,在 1932 至 1933 年,上海纺织业一共雇用上海全体工业工人的 50%～60%,生产上海工业总产值的 40%～50%。在纺织业中,棉纺最为重要,其次为缫丝、棉织、毛纺及毛织等。次于纺织业,而在上海工业中居第二位的,为食品工业,共雇用上海工业工人的 10%～15%,生产上海工业总产值的 30%—35%。在食品工业中,面粉业最为重要,其次为纸烟业。次于纺织及食品工业,为服装业,居第三位,其产值为上海工业总产值的 3%～5%。皮革业及橡胶品业并列第四位,其产值各占上海工业总产值的 2%～3%。此外,造纸及

[①] R. Murphey,前引书,p.189.

印刷业居第五位,化学工业居第六位,机器工业居第七位。①

在欧战开始后工业化加速进展的过程中,上海产生了不少的企业家。如上述,棉纺织业既然成为当日在上海发展成绩最好的一种工业,在这方面自然有大企业家的出现。这里我们可以提出荣宗敬创办的申新纺织无限公司,作为例证。荣氏因经营面粉厂获利,于欧战开始后创办申新第一厂,装纱锭12 346枚,布机250台。那时参战的工业先进国家,不能够像过去那样以价廉物美的棉纺织品大量运销于中国,故申新第一厂营业甚佳,自1915—1921年实际盈利达4 030 000元。随着盈利的增大,申新遂积极扩充,到了1931年共有9家纱厂,其中7家在上海。光是就纱锭来说,申新在1916年只有12 960枚,到了1931年增加至526 848枚,到了1936年更增加至567 248枚,即为20年前的43.8倍。②

可是,我们不要过于乐观!在欧战开始后上海加速工业化的过程中,像荣宗敬等民族资本家固然曾经扮演过重要的角色,但在另外一方面,外国资本家的控制也有越来越大的趋势。和上海工业化关系非常密切的上海电力公司,其发电厂原由上海公共租界工部局电气处经营,是在1929年由美国及外国电力公司以8 100万两的代价收买过来的。③ 就上海工业中最重要的棉纺织业来说,外国——尤其是日本——的投资,在欧战后增加得非常之快。在华的日商纱厂,在欧战前的1913年,只有纱锭111 936枚,布机886台;及1931年,却共有纱锭1 715 792枚、布机15 983台。④ 战后新开的日商纱厂,以在上海设立为多,故在第二次世界大战以前的数年内,以日商为主的外商纱厂,在上海棉纺织业中拥有过半数的机器设备,有如第十五表所述。

外人在上海的投资,当然并不以电力及纺织工业为限,此外在其他方面也有巨额的投资。上海的外资总额,在1914年为29 100万美元,到了1931年增加至111 220万美元。⑤

---

① R. Murphey,前引书,p.167.
② 严中平《中国棉纺织史稿》,页186、204、352。
③ C.F. Remer, *Foreign Investments in China*, p. 287.
④ 严中平《中国棉业之发展》,页147。
⑤ C.F. Remer, *Foreign Investments in China*, p. 73.

第十五表　上海中外纱厂的机器设备(1931 年及 1936 年)

年代	厂　籍	纱　锭 枚　数	在上海总数中的百分比(%)	布　机 台　数	在上海总数中的百分比(%)
1931	华　厂	1 005 328	41.9	6 914	34.0
1931	日　厂	1 221 644	51.0	10 742	52.8
1931	英　厂	170 610	7.1	2 691	13.2
1936	华　厂	1 114 408	41.8	8 754	29.1
1936	日　厂	1 331 412	49.9	17 283	57.5
1936	中外各厂	2 667 156	100.0	30 058	100.0

资料来源：严中平《中国棉纺织史稿》，页 237。

五

　　在上文中，我们对于上海在近代中国工业化中所占地位的重要，及其达到这种地位的经过，已经分别加以研究。现在我们还要探讨的，是上海能够达到这种重要地位的原因。

　　上海是在开关以后，因为有机会与西方工业文明接触，才渐渐工业化起来的。可是，中国自开关后相继开放的通商口岸，并不以上海为限，为什么其他口岸工业化的成绩不能够像上海那样好呢？我们在上文中曾经指出，上海因为有租界，由外人管辖，比较安全，投资前途有利，故能够自国内外吸收到不少的资金，以促进工业化的成功。可是，外人在华的租界，不仅在上海设立，在其他商埠也有，为什么其他有租界的商埠不能够像上海那样工业化呢？由于这些考虑，我们对于上海在近代中国工业化中占有重要地位的原因，有作进一步探讨的必要。

　　上海之所以能够在近代中国工业化中占有重要的地位，主要由于它与国内外各地交通的便利。上海位于长江三角洲，而长江是中国最重要的河流，其流域面积约共 75 万平方英里。自长江江口至汉口，长约 600 英里，5 000 吨的轮船可以终年通航，在夏季水涨时 1 万吨的船也可通航。再往西至重庆,距海约1 400英里,2 000吨的船可以航行。自重庆往西至叙府(宜宾),较小的轮船也可通航。综计由上海用船到达内地的水道,包括长江及其支流在内,将近长达30 000英里,沿线约有2亿人口。① 在东部海岸方面,上海又是南北交通要冲,由海道前往南北各海港都很方便。此外,除直达上海的铁路以外,上海又可经由水道而与直达各海港或长江沿岸城市的铁路联系起来。

在对外交通方面,上海和日本长崎的距离不过450海里,比自上海至威海卫(480海里)或厦门(600海里)还要近得多。在中国沿海,没有其他港口像上海那样靠近日本,或像上海那样有利的位于西太平洋重要轮船航线(一赴北美,一赴欧洲)之上。在1931年,进入上海港口的船舶达2 100万吨,与日本大阪相等,居世界第七位。②

由于国内外交通的方便,上海工业只要负担低廉的运费,便可自国内外各地运入大量的原料和燃料来从事制造,从而生产成本比较低廉。同时,由于河流与海道运输的便利,上海制成的工业品,只要负担低廉的运费,便可大量运往长江流域及沿海各地出售,而且因为售价的低廉,又可在各地创造更广大的市场。因此,由于与国内各地交通的便利,上海工业的国内市场非常之大。

说到这里,读者也许要问:上海各工厂既然要自国内外运入大量的原料和燃料才能加工制造,由于运费的负担,它们的生产成本不是要大于原料产区的工厂,从而制成的产品在市场上的竞争能力不是不如后者的产品了吗?对于这个问题,我们可以从上海工业发展的特点来加以解答。如上述,上海工业的产品,大部分为棉纺织品、面粉、纸烟以及其他消费品,以满足国内广大市场的需要为主。这些工业品有一个共同的特点,即在由原料制造成工业品的生产过程中,原料重量的损耗非常之小。这些工业品的重量既然并不比未加工制造时的原料减轻多少,就是不在原料产区制造,而改在上海制造,它们在市场上出售的价格也不至于因负担原料运费而昂贵;因为上海制成这些工业品后,和在原料产区制造的工业品比较起来,由于接近市场,只要负担较

---

① R. Murphey,前引书,p.48.
② G.B. Cressey, *China's Geographic Foundations*, New York, 1934, pp.304—305;罗志如前引书,页51。

低的运费,便可在广大的市场上出售。

在上海因工业化而大量运入的各种原料和燃料中,煤可说是重量最大的一种。和工业动力及燃料最有密切关系的煤,在抗战以前,每年约输入390万吨。这些煤在1931—1936年每年平均有37.5%来自开滦(河北),23.1%来自山东,10.8%来自日本,9.5%来自抚顺(辽宁),9.2%来自安徽,5.3%来自海防(安南),4.6%来自山西。[①] 把这些煤变为动力或用作工业燃料来制成的各种工业品,并不把煤原来的重量加在制成的工业品身上;换句话说,煤在工业生产过程中是要失去重量的。从理论上说,如果工厂设于各煤矿产区,就地用煤来从事工业生产,那么,煤的重量既然不附加在制成的工业品身上,把较轻的工业品运往市场上出卖,自然可以节省运费。可是,事实上,把煤运往上海的海内外各地,和上海的距离虽然很远,但因为大部分经由海道或河流来运输,运费非常低廉,故不至于影响到上海工业生产成本的特别提高。何况在上海制成的工业品,因为比较接近市场,运往国内各地出售所负担的运费,要比在各煤矿产区制成的工业品为低呢?自然,这只是就消费煤较少的工业来说,至于消费煤特别多的工业,例如钢铁工业,在煤矿产区兴办自然要比在上海兴办经济得多。故在上海特别发展的工业,以消费品工业或轻工业为主,像钢铁、机械等重工业是没有什么地位的。

上海因为交通便利,那里的工厂只要负担低廉的运费,便可大量集中各种工业原料与燃料来从事生产,已如上述。复次,上海因工业化而集中大量的人中,每年要消费大量的粮食,而粮食的供应与价格又要影响到工资水准的高下,从而对工业生产成本也发生影响,故我们对于上海粮食的供应状况也要加以探讨。上海位于长江三角洲,而长江三角洲在过去1 000年都是全国的谷仓,在宋代(960—1279年)"苏(州)常(州)熟,天下足"的谚语已经普遍流行。[②] 根据海关及本地税关的记载,上海于1925—1930年每年平均输入米780百万磅。假定每年将近有100百万磅米自附近运入,没有正式登记,则上海每年售米量可估计为860百万磅。这些米80%以上都产于长江三角

---

① R. Murphey,前引书,pp.185,188.
② 宋陆游《渭南文集》卷二〇《常州奔牛闸记》。参考拙著《南宋稻米的生产与运销》,《集刊》第十本,民国三十七年。

洲,由水道运入上海。① 由于米粮供应的充裕,上海虽然集中大量的人口,粮价并不昂贵。而且上海工业制造的消费品,在当地出售的价格比较便宜,故上海生活费用比较低廉。例如在民国二十二年(1933年)长江下游及东南区各城市每人平均的生活费,广州为 76.28 元,杭州为 71.06 元,南京为 66.35 元,武昌为 57.83 元,上海为 52.97 元,福州为 52.36 元。② 上海每人平均的生活费既然比较低廉,工资水准自然不会太高。由于大量而便宜的劳力的供应,上海工业自然可因生产成本的降低而发展起来。

我们在上文中说,上海因为在长江及西部太平洋等交通线上占有最优良的位置,故能控制海内外的工业资源,拥有广大的国内市场,从而工业化的成绩非常之好。这是就上海一般工业来说的。因为棉纺织业是近代上海各种工业中最重要的一种,故我们还要研究上海棉纺织业特别发展的原因。在抗战以前,"中央研究院"社会科学研究所曾对民国二十一至二十二年(1932—1933年)上海及其他地方华商纱厂棉纱的生产成本进行比较研究,结果发现上海要比其他商埠及内地便宜得多。例如十支纱的每包成本,上海为 18.812 元,他埠及内地为 27.721 元;十二支纱的每包成本,上海为 24.240 元,他埠及内地为 33.490 元;十六支纱的每包成本,上海为 30.631 元,他埠及内地为 44.357元;二十支纱的每包成本,上海为 38.288 元,他埠及内地为 52.934 元。这里说的他埠及内地,都以江苏、浙江、安徽、江西、湖北、湖南及山东七省为限。③ 除这些地方以外,我们又可以把上海及天津华商纱厂的效率加以比较。在 1930 年的上海纱厂中,纺十支纱的纱锭,在二十四小时内每枚平均产纱 2.20 磅,天津只产 1.77 磅;上海纺十四支纱的纱锭,每枚平均产 1.50 磅,天津只产 1.13 磅;上海纺十六支纱的纱锭,每枚平均产 1.10 磅,天津只产 0.70磅;上海纺二十支纱的纱锭,每枚平均产 0.96 磅,天津只产 0.90 磅;上海纺四十二支纱的纱锭,每枚平均产 0.38 磅,天津只产 0.26 磅。④ 为什么上海

---

① R. Murphey,前引书,pp.143,146,148.
② 巫宝三前引书,上册,页 163。
③ 王镇中《七省华商棉纺织工厂的成本》,《社会科学杂志》("中央研究院"社会科学研究所,民国二十四年)第六卷第一期。
④ 方显廷前引书,页 107。

纱厂纺纱的生产成本要比其他地方为低，效率要比其他地方为高，从而在近代中国的棉纺织业中长期占有最重要的地位？对于这个问题的解答，除却上述影响一般工业发展的有利因素以外，我们现在还要指出上海潮湿气候与棉纺织业特别发展的关系。

在由棉花纺成棉纱的生产过程中，棉絮的纤维因锭子转动而抽纱时发出静电，需要水分以资中和，才不至于中断，同时纺成的纱也可韧度较大。如果湿度不够大，或气候过于干燥，那么，在纺纱的过程中，有许多纤维便要脱离机器而变成废物；如脱离的太多，更要阻塞着机器，以致后者不能灵活运转。英国兰开夏(Lancashire)的湿度很大，以波尔敦(Bolton)为例，每年平均相对湿度为81.9，故能够长期成为世界棉纺织业中心。[1] 上海的湿度，差不多有波尔敦那么大，故特别宜于棉纺织业的发展。关于上海潮湿气候对于棉纺织业的影响，清乾隆年间(1236—1295年)上海人褚华已经有很锐敏的观察，他在所著的《木棉谱》中说："吾邑(上海)以百里所产(棉布)，常供数省之用，非种植独饶，人力独稠，抑亦地气使然也。盖北方风日高燥，棉维断续不得成缕，纵能作布，亦稀疏不堪用。南人寓都下者，朝夕就露下纺，或遇日中阴雨亦纺，不能徒业矣。肃宁(在河北省中部)人穿地窖数尺，作屋其上，檐高于平地二尺许，穿棂以透阳光。人居其中，借湿气纺之，始能得南中什之一二。"根据1873—1930年上海历年相对湿度(空气湿度与饱和湿度之比)的记录，我们可以算出在这个时期内上海每年平均的相对湿度为80.2。[2] 由此可知，上海的相对湿度差不多有世界棉纺织业中心的兰开夏那么大，这和上海纱厂效率的提高，或棉纺织业的特别发展，当然有密切的关系。

六

近百年来，上海由20余万人口的城市，发展成为数百万人口的大都会，在近代中国经济史中着实是一件大事。上海之所以能够发展成为数百万人

---

[1] A.P. Usher, *An Introduction to the Industrial History of England*, Boston, 1920, pp.263—264, 267.
[2] 罗志如前引书，页八。

口的大都会,原因固然有种种的不同,但它能够自我国广大的经济落后地区中,首先工业化成功,每年生产全国二分之一左右的工业品,当是其中一个非常重要的因素。

上海工业化的速度,大约在开始时比较迟缓,以后越来越快,自欧战开始以后,因为参战的工业先进国家无暇东顾,速度更为增大。促进上海工业化成功的因素,因时而异,但从长时期的观点来看,上海在重要交通线上占有最优良的位置,当是其中一个最重要的因素。由于交通的便利,上海能够控制国内外广大的工业资源,其工业产品能够拥有广大的国内市场,故每年的工业产额约占全国的一半,在近代中国工业化中占有非常重要的地位。

在大部分地区仍旧处于经济落后状态中的中国,上海工业化的成功,对于中国人民生活水准的提高自然有良好的影响。可是,在另外一方面,上海的工业,除由国人投资经营以外,有不少由外人投资。随着外资的增加,中国经济自然免不了要受到外人的控制。不特如此,因为工业生产设备集中于上海,当第二次世界大战爆发,上海及附近地区为敌人占领的时候,我国只能利用经济落后的广大地区作根据地来从事抗战,结果生产锐减,经济逆转,不得不走上恶性通货膨胀的道路。这些流弊,显然是我国在近代工业化的过程中,没有注意到各地的均衡发展,而过分偏重上海的结果。

1957 年 11 月 28 日于南港

清季的货币问题及其对于
工业化的影响

一

　　近代世界各国的货币制度，约自 19 世纪的 70 年代开始，曾经发生一个很大的变化，那就是普遍自金银复本位制或银本位制改为金本位制。早在 1816 年，英国已经规定以金为主要币材，银退居不足重要的地位。但其他各国采用金本位，却在 19 世纪 70 年代特别普遍起来。1870—1871 年普、法战争后，新统一的德国，利用法国因战败而缴交的赔款，于 1871 年实行金本位制。在 1873 年，荷兰也采用金本位。各拉丁国家成立货币联盟，于 1874 年后停铸银币，而以黄金为基础来发行货币。在北欧方面，丹麦、瑞典、挪威等国也于 1873 年成立货币联盟，实行金本位制。美国也因金本位的采用，于 1873 年关闭自由铸造银币的造币厂。甚至印度，也于 1893 年起不再铸造银币。[1] 这一种普遍采用金本位制的大潮流，其发生的原因固然有种种的不同，但 1848 年美国西部加利福尼亚州，及 1849 年澳大利亚洲丰富金矿的发现，从而开始大规模开采，以致全世界黄金的供应量日增，使实行金本位成为可能，当是其中一个最重要的因素。[2]

　　在中国方面，白银用作货币，历史相当长久。在唐、宋时代，银已经开始被当作货币来使用。可是，因为中国境内银矿的产量有限，不能够满足在银币方面的大量需要，故在外国白银于明朝中叶以后大量入口之前，纸币先被

---

[1] Herbert M. Bratter, "Silver," In Edwin R. A. Seligman, ed., *Encyclopaedia of the Social Sciences*, New York, 1934; S.B. Clough and C.W. Cole, *Economic History of Europe*, Boston, 1941, p.627.
[2] S.B. Clough, etc.，前引书，p.625.

普遍用来作货币。及明中叶以后，随着哥伦布发现新大陆(1492年)，西班牙人在中美洲的墨西哥，南美洲的秘鲁、玻利维亚及其他地方都发现丰富的金银矿(尤其是银矿)，结果世界银产量激增，中国便因对外贸易的发展，而自国外输入大量白银，从而普遍以银作货币来用。故自明中叶以后，中国的田赋制度，能够一变唐朝中叶以来以钱币缴纳的两税法，而改为以银缴纳的一条鞭法。① 自此以后，由于比较普遍用作货币，银和中国人民的经济生活便要发生非常密切的关系，简直被视作财富。故清代政府屡次下令严禁白银走私出口。当道光(1821—1850年)中叶，因鸦片走私入口而白银大量外流的时候，朝野人士如鸿胪寺卿黄爵滋要"奏请将鸦片从严惩办，以塞漏卮"②。在当日一般人心目中认为白银就是财富，银外流则国日贫的论调之下，清政府甚至不惜与拥有犀利枪炮和快速轮船的英国作战，而各地民众对于英国人也非常愤恨。在另外一方面，在独立革命后不久便派船来华通商的美国人，因为要自华购买大量的茶叶及其他货物返国，却每年自美洲运到不少白银；光是在1818年(嘉庆二十三年)至1834年(道光十四年)的16年中，便至少有六千万银圆运入中国。③ 美国人既然一开始和中国通商便把中国人一向视为财富的白银大量输入，怪不得老早就获得中国人的好感了。

把银当作货币来用的历史这样长久，而一般人民对于白银又是这样重视的中国，到了清朝末叶，当世界各国纷纷改用金本位制的时候，曾经发生什么反应？其反应的结果又是怎样？这是本文要提出讨论的问题。

二

清光绪年间(1875—1908年)，当世界各国先后采用金本位制的时候，用银历史悠久的中国，也因受到这种世界潮流的影响，而有实行金本位制的拟

---

① 拙著《从货币制度看中国经济的发展》，《中国文化论集》(台北市，1953年)第一集。
② 李圭《鸦片事略》卷上；王之春《国朝柔远记》卷八。又参考汤象龙《道光时期的银贵问题》，《社会科学杂志》("中央研究院"社会科学研究所)第一卷第三期。
③ C.F. Remer, *The Foreign Trade of China*, Shanghai, 1928, p.25.

议。尤其在对外作战失败,朝野上下要求革新的时候,货币改革的建议更是其中一个重要的项目。

光绪二十一年闰五月,顺天府府尹胡燏棻曾上《条陈变法事宜疏》,其中关于货币制度方面,建议"于各省通商口岸,一律设局,自铸金、银、铜三品之钱,额定相准之价,垂为令申。一面于京城设立官家银行……省会分行……印行钞票而存其现银于银行"①。在同年十二月,监察御史王鹏运也上疏说:"比年来中国黄金出口……如不自铸金钱,则国宝全空,终受外人挟制。应请旨饬下户部购买极大机器,鼓铸金、银、铜三品之钱。金钱轻重,略仿英镑大小银钱,用鄂、粤铸成之式。铸成后,颁发各省,谕天下一体通行,各省亦一律鼓铸,以资利用。仍特派大臣,总理其事。"②再往后,到了光绪二十三年(1897年)九月,通政使参议杨宜治的《奏请仿造金镑事宜疏》也说:"镑价愈涨,则中国征收所入,使费所出,无不加倍吃亏。借款一项,吃亏尤巨而久。我中国国家商民交困,其患俱在有形。独此镑价递昂,耗物力于无形之中,日加一日,诚为奇厄。……各国金钱,轻重稍别,而以英金镑为准。……拟请谕旨准予变通,先按(英银钱)先令分两成色样式,铸造银钱,务令京师直省一律通行。……并请一面饬下各直省督抚速采金矿,聘匠开挖,将来再仿英镑之样,铸造金钱。"③综括上述各人的言论,我们可知,为着要防阻黄金外流,为着要避免金贵银贱的影响,中国有铸造金币的必要。此外,在光绪二十二年(1896年)九月,盛宣怀上一《条陈自强大计折》④,也有"酌铸金钱"的建议。

甲午战争以后,因为要偿付对日赔款,屡次向外举债,中国每年应付本息日增。及光绪二十六年(1900年)庚子事变以后,随着赔款负担的苛重,中国每年对外偿付的洋款更要激增。可是,"洋款还金,以随市价为准。……自庚子以后,新旧洋款积至四千余万(两),几居中国财赋之半。镑价稍有低昂,出入即已不少"⑤。因为中国每年须对外以金偿付的债务越

---

① 沈桐生等辑《光绪政要》卷二一。
② 同书卷二一。
③ 同书卷二三;《清朝续文献通考》卷二一。
④ 盛宣怀《愚斋存稿》卷一。
⑤ 《光绪朝东华续录》卷一九八"光绪三十一年十二月"条。

来越多,如仍不改用金本位,在金贵银贱的趋势下,便要大吃其亏。故"出使大臣汪大燮、伍廷芳、胡惟德等,均主金本位之议。美国精琪(Jeremiah W. Jenks)与臣(盛宣怀)等面议,拟以飞猎滨(即菲律宾)改金之法劝中国仿行"①。这里说美国精琪劝中国仿行的"改金之法",和总税务司英人赫德(Robert Hart)向中国建议的大同小异,都可说是金汇兑本位制。光绪二十九年(1903年),赫德应清政府外务部的邀请,研究中国币制改革问题。结果,他建议由"中央"造币厂集中铸造银币,使之全国一律流通,而规定这些银币与外国金币的比价来互相兑换。② 本国人士,如孙宝琦,也"请对内用银,对外必预计用金"。总之,当日"廷臣之论国币者,亦以不臻至用金,币制不为完善,皆请速定用金本位"③。

三

因为受到世界各国采用金本位潮流的影响,19世纪末叶及20世纪初的中国,虽然也有不少人主张改用金本位,但事实上当日金本位制没有实行,直至1934年中国仍然是世界上唯一用银的国家。为什么中国当日的货币改革,不能跟着世界潮流赶上去? 关于这个问题,除由于上述中国人用银习惯根深蒂固以外,我们还可以提出下面三点来加以讨论。

第一,中国在清季之所以不能采用金本位制,主要由于黄金数量不足。谁都知道,一个国家要用黄金来铸造货币,必须得到充分黄金的供应才成;就是要实行对内用银对外用金的金汇兑本位制,也必须有大量黄金作准备才成。如上所述,德国在1871年之所以能够实行金本位制,主要由于普、法战争结果,新统一的德国自法国取得一大批赔款。东方的日本,是在甲午战后,利用中国对日赔款英金38 082 884镑,来创立金本位制的。④ 可是,19世纪中叶以后的中国,不独没有这种幸运来战胜他国,自他国取得赔款;正正相

---

① 《愚斋存稿》卷一四《请推广中央银行先齐币制折》(宣统元年闰二月)。
② Stanley F. Wright, *Hart and the Chinese Customs*, Belfast, 1950, pp.791—793.
③ 《清史稿·食货志》五。
④ Edward Kann 著,蔡受百译《中国货币论》(民国廿二年,商务),页362。

反，中国在对外作战时却屡次失败，以致要向外国缴纳大量的赔款。在这种情形之下，中国境内的黄金数量自然不能满足因实行金本位而起的对于黄金的需要了。

自然，在光绪中叶左右，由于黑龙江漠河金矿的开采，中国境内黄金的产量也有多少增加。关于此点，我们可以引用李鸿章的话来作证明。他说："李金镛经臣遵旨奏派办理黑龙江漠河金矿事务。自光绪十三年五月由墨尔根入山勘道，至十四年十二月在漠河设厂开工，前后出金几及四万两，矿务日有起色。……两年以来，规模粗具。十五年出金一万九千余两。本年（光绪十六年）正月至八月，出金一万八千余两。"①其后，他又说："漠河地居极边……该厂（金厂）三年以来，所出金砂至六万三千余两。"②这几年漠河金矿的产量，大约是比较高的纪录。事实上，"漠河向无人烟，建置之难，则平地赤立。购运之费，则千里孤悬。……取金之峒，夏则盛涨，冬则层冰，缒深凿坚，备形艰险"③。读了这一段文字，我们可以推知，由于气候的恶劣，交通的困难，漠河金矿开采的业务大约不容易开展，故我们也不容易找到关于该矿开采成绩的其他记载。因此，当日虽有漠河金矿的开采，中国境内黄金的数量到底增加有限。何况中国民间一向喜欢把黄金"销耗于金器金饰之用"④，而不易使之用作币材呢？由于这些缘故，当清季真的要想实行金本位的时候，张之洞便感觉到，"若欲行用金币，不但无金可铸……"⑤盛宣怀也感觉到，"中国地广人众，金少银多，殊难骤改，转益为难"⑥。此外，财政处官员也认为，"中国积金未富，官私交易，向系银铜并用，则用金之制，尚难骤议。"⑦当日中国信用机构不健全，现代式的银行制度还没有好好的建立起来⑧，故在交易时绝少使用支票，而以硬币为主。这样一来，黄金的缺乏自然更要影响到金本位

---

① 李鸿章《李文忠公奏稿》卷六九《李金镛请恤折》（光绪十六年十一月十六日）。
② 同书卷七六《覆陈漠河金厂奖案片》（光绪十九年二月十九日）。
③ 李鸿章《李文忠公奏稿》卷六九《李金镛请恤折》（光绪十六年十一月十六日）。
④ 《光绪朝东华续录》卷一八五"光绪三十年正月癸巳"条。
⑤ 《张文襄公奏议》卷六三（《全集》卷六三）《虚定金价改用金币不合情势折》（光绪三十年八月十六日）。
⑥ 《愚斋存稿》卷一四《请推广中央银行先齐币制折》（宣统元年闰二月）。
⑦ 《光绪政要》卷三二"光绪三十二年三月"条。
⑧ 参考拙著《清季铁路建设的资本问题》，《社会科学论丛》（1953年9月，台湾大学法学院）第四辑。

制的不易实行了。

第二,金本位制之所以没有在清季被采用,又由于当日中国经济落后,人民购买力太低,在交易上没有用价值高的黄金铸成货币来交易的必要。例如张之洞说:"至于行用金币之说,浮慕西法者皆持此议,汲汲劝办。臣愚窃以为不然。查外国商务盛,货价贵,民业富,日用费。故百年以前多用银,或金银并用;百年以来,欧洲各国专用金者始渐多;三十年来,各国遂专用金。盖商日多,费日广,货日贵。一物之值,一餐之费,罕有仅值洋银数角者。中人一日之需,断无仅值洋银一元者。故以用金为便。中国则不然,民贫物贱,工役获利微,四民食用俭,故日用率以铜计。其贫民每人一日口食仅止一二十文,中人一日口食仅止六七十文,并不能值洋银一角,何论于金?其沿海沿江通商大埠,尚参用生银银元。而内地土货,无论巨细卖买,皆用铜钱积算;虽大宗贸易,间用生银折算,然总以钱为本位。大率两广、滇、黔及江、浙沿海口岸市镇,则用银者什之七八,用钱者什之二三。其上游长江南北之口岸市镇,则已银钱兼用。若长江南北之内地州县,则银一而钱九。至大河南北各省,则用钱者百分之九十九,用银者百分之一二。合计中国全国,仍是银铜并用,而用铜之地,十倍于用银之地。大率中国国用皆以银计,民用仍多以钱计。是中国虽外人名之为用银之国,实则尚是用铜之国,非若外国物贵财多,利于用金之比也。故论目前中国情形,若欲行金币……即有金可铸,亦非所宜。"①当日中国距离海港或主要河流较远的广大地区,既然因为经济落后,在交易上以使用价值低下的铜钱为主,自然不容易改用价值特别高的金币了。

第三,清季金本位制之所以没有实行,又由于提倡本国工业化和出口贸易的人士的反对。这些人士认为,当中国在由经济落后阶段踏上工业化路途的时候,为着要避免工业先进国家对于本国幼稚工业的摧毁,中国应该仍旧用银,以便利用金贵银钱的机会来压阻五口通商以来外货大量进口的趋势。如下文所述,在19、20世纪之交,当世界各国纷纷采用金本位的

---

① 《张文襄公奏议》卷六三(《全集》卷六三)《虚定金价改用金币不合情势折》(光绪三十年八月十六日)。

时候,由于需要的增大,金价上涨,银则因被剥夺货币资格而需要减小,价格下降。在这种情形之下,如果他国用金,而中国仍然用银,那么,外来的工业品价格便要上涨,从而入口减少,无形中帮助了本国工业的发展,同时出口货价格低廉,出口畅旺,有助于外汇收入的增加。例如张之洞说:"抑臣更有进者,镑价日长,人皆患之。不知中国……若欲为自强之国,讲实业,畅土货,兴内地机器制造,则镑价虽贵害少利多,不足患也。盖金贵银贱,于中国赔款则有损,于中国商务则有益。洋商购中国土货用银,而运至外洋则售金。银贱金贵,则出口货本轻。出口货本轻,则获利厚。获利厚,则土货之出口者日益多。华商购外国洋货用金,而运销内地则售银。金贵银贱,则洋货价长。洋货价长,则获利难。获利难,则洋货之进口者必较少。夫抑制进口外货,畅销出口土货,实为富国保民之第一要义,环球万国之公理,悬诸日月,万古不刊。"① 又盛宣怀也说:"金贵则进口洋货因之价贵,洋商贩运维艰。银贱则出口土货因之价贱,华商售卖较易,实于中国贸易大有益也。"②

由于上述的缘故,清季虽然有不少人建议改用金本位,但金本位终于没有实行,故中国曾经长时期成为世界上唯一用银的国家。

四

当中国在清朝末叶开始工业化的时候,朝野人士虽然因为受到世界各国采用金本位潮流的影响,而对本国货币问题加以讨论,并提出改用金本位的主张,可是事实上却没有成为事实。这对于中国的工业化有什么影响呢?现在我们可以分为短期的及长期的影响来加以讨论。

我们在上文曾经引用张之洞等的文字,说他们认为因各国实行金本位制而引起的金贵银贱,对于中国的影响相当有利。可是,事实并不这样简单。过去讨论中国银价问题的人,如方显廷先生,便曾经有这样的观察:"银价跌,

---

① 《张文襄公奏议》卷六三(《全集》卷六三)《虚定金价改用金币不合情势折》(光绪三十年八月十六日)。
② 《愚斋存稿》卷一四《请推广中央银行先齐币制折》(宣统元年闰二月)。

足以鼓励出口,阻滞入口,其作用与保护关税相等;但此等保护作用,系普遍的,而非有选择性的,大而无当,致将所有需要与不需要之物品,悉皆摈绝。盖当国内经济发展时,新工业所需及机器及机器设备等,多须购自国外,银价既如此降落,则中国偿付输入主要工业品之代价,与年俱增,盖中国须输出较货价更多之现银,以换取同一数量之汽机与织机也。"①这是现代中国经济学者对于在清季开始的金贵银贱所给予中国经济的影响的看法。事实上,当时的人也感觉到,"现在环球各国皆已用金,中国独无金币,金贵银贱,交易诸多受亏"②。例如早在光绪二十三年(1897年),盛宣怀即已经觉得,"镑贵洋煤难买"③,以致不能满足新创办的汉阳铁厂对于焦煤的大量需要。及光绪三十年(1904年),张之洞也说,"中国若……为……购外国机器物料计,则镑价之贵,诚有害矣"④。不特如此,中国在清季每年须以金归还外债本息,及偿付赔款给外国,当金贵银贱,而中国仍旧用银的时候,自然也要大吃其亏。故盛宣怀认为,"如目前金价日昂,国家岁偿金债,亏损固多"⑤。当日中国既然要自国际收入中扣除不少款项来以金偿付赔款及外债本息,它所剩下的国际收入自然非常有限,故除必需消费用品(如棉货)的输入之外,并没有多少款项来自外国输入与工业化有关的机器及其他物资。据海关统计,中国的机器入口价值,在1895年为230万海关两;以后直至1898年,每年约为200万海关两;在1899年,下降为150万海关两;及1913年,则增加到700万海关两。这些机器入口价值,约占每年中国入口贸易总值的1%,或多些,但1899年的机器入口值则占不到1%。⑥ 当日中国输入的机器既然因金贵银贱而为数有限,其工业化的成绩自然要大受影响了。

以上我们所讨论的,可说是中国工业化因清季没有采用金本位而受到的短期的影响。复次,我们还可以从长期的观点来看看中国因不及时采用金本

---

① 方显廷编辑《中国经济研究》(民国二十七年,商务)下册页609。
② 《光绪朝东华续录》卷一八五光绪三十年正月癸巳条。
③ 《愚斋存稿》卷二八《寄香帅》(光绪二十三年七月二十五日)。
④ 《张文襄公奏议》卷六三(《全集》卷六三)《虚定金价改用金币不合情势折》(光绪三十年八月十六日)。
⑤ 《愚斋存稿》卷一四《请推广中央银行先齐币制折》(宣统元年闰二月)。
⑥ C.F. Remer,前引书,pp.95,159,247.

位而在工业化方面所受到的影响。原来世界市场的银价,自19世纪70年代起,因为在世界各国被剥夺货币资格,需要减小①,除第一次世界大战期间略为上涨以外,直至20世纪的30年代,都不断向下跌落。每盎司(ounce)的银价,在1866年为美元一元二角五分,在1903年下降至四角三分,及1932年更下降至二角四分。② 当银价已经开始下跌,但价格尚在较高水准的时候,中国因为仍旧用银,故每年都自世界各国大量输入银。据估计,中国于1871—1884年净输入银8 000万海关两,于1885—1898年净输入10 000万海关两,及1899—1913年则净输入6 100万海关两。③ 另据一个统计,中国于1901—1931年入口白银1 058 801 565海关两,出口190 613 131海关两④。故这一时期中国净输入银868 188 434海关两。在这些输入的白银中,墨西哥银元占一个很重要的地位,据估计在1911年在中国的流通额多至500百万元。⑤ 可是,这些过去在银价水准较高时输入的白银,到了20世纪的30年代,当世界经济不景气来临,美国政府为着要提高用银国家人民的购买力,以略较已经剧跌的市价为高的价格来收买白银的时候,便要大量外流了。关于这种情形,我们可以引用余捷琼先生的话来作证明,他说:"1934年6月美国白银国有案通过,7月1日,中国白银流出即达79 094 000元,8月流出达48 140 000元……10月4日至12日一周,白银流出即达2 500万元。……13日一日,白银输出即达950万元。"⑥据海关估计,在1934年,中国约输出白银259 941 414元。⑦ 由此可见,自19世纪70年代起,当世界各国纷纷采用金本位的时候,中国不紧跟着世界潮流走,仍旧实行银本位制,从而因在货币方面对银的需要较大,而在银价水准较高时大量输入,及20世纪30年代银价剧跌后又被迫大量流出,实在吃了一个很大的亏。假如自19世纪下半叶以

---

① 例如德国因为实行金本位,不再需要银币,把银币出卖,于1873—1879年共卖去141 781 000元。见D.A. Wells, *Recent Economic Changes*, New York, 1893, p.228.
② H. Heaton, *Economic History of Europe*, New York, 1948, p.596.又方显廷编辑《中国经济研究》下册页609也说:"1871前四十年内,银每两约值美元一元一角三分;但在1930前后,却下降为二角八分左右。"
③ C.F. Remer,前引书,p.215.
④ H.G.W. Woodhead, ed., *The China Year Book 1935*, Shanghai, p.453.
⑤ H.G.W. Woodhead, ed., *The China Year Book 1928*, Shanghai, pp.209—210.
⑥ 余捷琼《中国的新货币政策》(商务)页53—54。
⑦ H.G.W. Woodhead, ed., *The China Year Book 1935*, p.463.

来，中国不以银作货币，对银的需要减小，不长期大量输入白银，而改为大规模输入与工业化有密切关系的机器及其他物资，那么，中国技术改良，生产力大增的结果，不早就工业化成功了吗？

五

在近代世界各国中，中国开始工业化的时间并不算太晚。当英国于 1840 年前后强迫中国开关的时候，它已经工业革命成功。故自五口通商以后，中国人便渐渐有机会和西方工业文明接触，而发出工业化的要求。这种情形，到了太平天国革命（1850—1864 年）以后，当朝野上下提倡自强运动的时候，尤为明显。

然而，中国开始工业化的时间虽然较早，工业化的成绩却不理想。近代中国工业化失败的因素固然有种种的不同，但有如本文所述，中国在货币制度方面所铸成的大错，着实也不能辞其咎！

1954 年 12 月 19 日于台北市

山西煤矿资源与近代中国工业化的关系

一

近200年来世界经济的发展,以各国的工业化为其中最主要的特点。在18、19世纪之交发生工业革命的英国,到了19世纪中叶左右,使其他国家或先或后因蒙受英国经济变化的影响而开始工业化,可说是近代世界工业化的策源地。中国自在鸦片战争(1840—1842年)中被英国打败,由闭关政策而改为五口通商以后,因为与西洋工业文明的接触,开始参加这个具有世界性的工业化运动的时间并不比其他国家晚。可是,尽管中国开始工业化的时间是这样的早,直到现在中国仍然是一个经济不发达的国家。中国工业化之所以失败,原因有种种的不同,但中国的煤矿资源虽然非常丰富,在过去却没有大量开发,当是其中一个重要的原因。而在全国丰富的煤矿资源中,山西一省的储藏量约占三分之二,其地位尤为重要。故本文拟对山西煤矿资源与近代中国工业化的关系作一考察。

二

在谈到山西煤矿资源与近代中国工业化的关系以前,我们先要对煤与工业化的关系作一说明。关于此点,作者在1950年曾经参考美国哈佛大学阿瑟(A.P. Usher)教授及其他学者的著作,写成《煤、水力、石油在近代机械动力上的地位》[①]一文,加以讨论。现在摘要介绍如下。

---

① 发表于《财政经济月刊》第一卷第一期,1950年12月,台北市。

关于工业化的意义,尽管有种种不同的说法,但其中最重要的特点可说是机械化的生产,即以机器代替人工来生产较前为多的各种货物和劳务。说到机械化的生产,近代世界自然要以18世纪下半叶英国工业革命时期蒸汽机的发明为最关键,因为它能产生蒸汽力来转动机器。蒸汽机之所以能发出动力来使机器转动,以从事工业制造,又由于煤的大量消费。因此,煤成为蒸汽时代动力的主要来源,各国煤的生产量的大小对于工业化成绩的好坏发生一种决定性的作用。关于这点,我们可以拿工业区位理论(Location Theory)来作一说明。

工业革命以前英国工业的生产情况,我们可拿羊毛纺织工业来做例子。18世纪初,240磅重一袋的羊毛,如果用来纺织成普通的毛呢,可使300个工人工作一星期。羊毛之外,再加上其他原料(例如染料),约共15 600磅,可使300个工人全年工作。但这些工人所消费的食物重量又是怎么样呢? 在饥荒的年头,每人一年也要吃480磅的小麦才够。照此推算,300个羊毛纺织工人一年要吃144 000磅的小麦。因此,就运费的经济而论,把纺织原料运至食物产区来工作,较为上算。故在中古时代,英国羊毛运至低地国家(Low Countries,即后来的荷兰及比利时)去纺织成毛呢;17世纪初年,在西班牙出产的羊毛,有三分之二运往英国和西欧,以满足纺织工业的需要。中国过去是一个男耕女织的社会。男的耕种表示各地都生产粮食,但妇女织布所用的原料不一定都是在当地出产的,这也可看出食物和工业区位的关系。因为在手工业时代,工业品的生产主要依赖工人的劳力;而工人之所以有劳力来工作,则须吃饱了饭,把饭在工人身体内转变为能量(energy)才成。

工业革命后,由于蒸汽机的采用,工业生产发生很大的变化。蒸汽力是烧煤才能产生出来的,工业因利用蒸汽机而大量消费的煤,其重量要远较工人的食物为大。假定一个工人每星期工作40小时,一年便一共工作2 080小时。早期瓦特的蒸汽机,每小时因发出一匹马力的蒸汽力而消费的煤为6.26磅。如果每小时供给一个工人以一匹马力的燃料,每年便需13 000磅以上的煤。事实上英国工人每周的工作时间都多于40小时,而工业革命后的英国纺织工业,每一工人因利用机器生产而平均使用的动力,为一匹至一匹半的马力。故上述每一工人所消费的煤的重量,只有估计得过低,并没有估计得过高。在另一方面，工人所消费的食物，就算生活水准因工业化成功而提高了许多，每人所吃的重量也不会超过 500 磅。拿这个工人消费食物的重量来和煤的重量比较一下，我们可以判断，为着节省重量特别大的燃料的运输费用起见，工业以在煤矿所在地兴办较为经济。这还是就消耗动力较小的纺织工业说的；如果就消耗煤特别大的钢铁工业来说，尤其是这样。

上文我们就工业革命后工业因使用动力而消耗的煤的重量和工人消耗食料的重量作一比较。复次，我们更可把工业所消耗的原料的重量来和煤的重量比较一下。工业革命以前，如羊毛纺织工业，其消耗原料的重量远不如食料的重量那么大，我们已经知道。工业革命以后，因蒸汽机的采用而消耗的煤，其重量既然要比食料的重量为大，自然也要大于原料的重量了。例如英国在工业革命时代特别发展起来的棉纺织工业，因使用动力而消耗的煤的重量约三四倍于所消耗的棉花的重量；故为着节省燃料运输成本起见，棉纺织工业与其在棉花产区兴办，毋宁在煤矿所在地兴办。这可说明为什么英国本土不出产棉花，每年须自美国、西印度群岛、巴西、埃及、印度等地运入大量的棉花作原料，仍然能够发展它的棉纺织工业，自 18 世纪下半叶以后占世界第一位，拥有最广大的国际市场；因为英国虽不产棉，却大量生产其消费重量远较棉花为大的煤。

这还是就燃料消耗较小的轻工业来说的；如果就燃料消耗特别大的重工业来说，煤的重要性自然更大。例如关于钢铁工业，作者在拙著《清末汉阳铁厂》[①]一文中曾说："煤、铁聚在一起的地方既然找不到，不得已而求其次，铁厂应该设在煤矿的所在地，因为自铁砂炼成铁，再转炼成钢，要消耗特别大量的煤。世界上钢铁工业最早发展的英国，在 1925 年要消耗 3.4 吨的煤才能炼成一吨的钢轨。这还是多年技术改良的结果；在此以前，由于制炼钢铁技术比较幼稚，炼一吨钢所消费的煤当然更多。故从运费的节省上着眼，铁厂以在煤产区域设立较为经济。事实上，世界上的重要钢铁工业中心，除建立在煤、铁集中在一起的地方外，在煤矿地带远多于在铁砂产区。例如自 18、19 世纪以来，瑞典和西班牙的铁砂多运往煤产丰富的英国和德国

---

① 台湾大学法学院出版《社会科学论丛》第一辑，1950 年 4 月，台北市。

来制炼；法国因为煤产缺乏，所产铁砂多运往德国；在德国，萨尔(Saar)出产的铁砂多运至鲁尔(Ruhr)流域来炼，因为后者是重要产煤区域；在美国，毕兹堡(Pittsburgh)是世界著名的钢铁工业中心，因为那里四周是重要煤田的所在地，但所用铁砂则须从老远的苏比利亚湖(Lake Superior)畔运往。"

根据上面的分析，我们可知工业革命以后，由于机械动力的大规模的使用，煤在工业生产中一跃而居最重要的地位；因为无论是轻工业或是重工业，其所消耗的煤的重量都远较工人的食粮或工业的原料为大。为着要节省重量特别大的煤的运输成本，一国的煤矿资源对于工业区位的决定，自然有密切的关系；同时，由于煤在动力供应上之地位的重要，一国煤产量的大小，对于工业化的成功与否，自然有决定性的作用。在这里，我们可以明白，为什么在第二次世界大战以前，煤产量占世界产额三分之二以上的美、英、德三国，同时又是世界上工业化程度最深的国家。同样，我们也可以明白，为什么 19 世纪中叶左右的英国，当它的煤产量约十倍于世界任何其他一国的时候，同时又是"世界的工厂"。

说到这里，也许有人要问：在蒸汽时代，当煤是动力的最主要来源的时候，煤与一国的工业化固然有密切的关系。可是，约自 19 世纪下半叶开始，随着发电机和内燃机的发明，除煤以外，水力(发电)和石油也成为动力的来源，煤在机械化的生产上的重要性不是要减小了吗？煤与一国工业化的关系不是没有以前那样密切了吗？对于这个问题，我们可以根据阿瑟教授的著作①来加以说明。根据他搜集的资料，1928 年，世界动力的 75％ 来自煤、17.3％ 来自石油、7.6％ 来自水力。到了 1935 年，煤供给世界动力的 73％、石油 20.94％、水力 6.06％。根据这些数字，我们可以判断，由于水力和石油的利用，煤虽然已经不再是现代世界动力之唯一的重要来源，它仍然保持着在动力供应上的领导地位。水力发电增加的速度，除却一些特殊地方外，并不快于其他动力。而且，水电最宜于化学工业和轻金属工业的使用，消耗动力或燃料特别大的钢铁工业，用煤似乎较为经济。故煤产贫乏，专赖水电作动

---

① A. P. Usher, "The Resource Requirements of an Industrial Economy," in *The Journal of Economic History*, Supplement Ⅶ, 1947; W. Bowden, M. Karpovich and A. P. Usher, *An Economic History of Europe since 1750*, New York, 1937, pp.666, 674.

力的意大利,绝不会成为重工业的重要中心。石油多用于运输上,其使用的增加并不完全把从前煤的用处取而代之。内燃机之大量用于运输及农场(如曳引机)上,只代替了兽力和人力。汽车的增加固然增加汽油的消费,但火车(烧煤)的功用仍然不会被其完全排斥。就工业动力来说,煤的重要性更较石油为大。因为煤的重量体积大而价值小,最不宜于远道运输,故缺煤的国家,如中东的伊朗、阿拉伯各国,及南美洲的一些国家,就是石油产量丰富,工业化的成绩也并不很好。由此可知,煤在现代世界动力供应上仍然要保持着最重要的地位,同时它与一个国家的工业化仍然具有密切的关系。

三

明白了煤矿资源和现代国家工业化的密切关系以后,我们现在可以进一步看看中国方面的情形。就全世界的煤矿资源来说,中国的储藏量非常丰富,只次于美国、苏俄和加拿大,而居世界第四位。兹列表如下:

第一表　世界各国煤储量[1]

国　别	储量(单位:百万公吨)	占世界储量的百分比(%)
美　国	2 735 527	43.80
苏　俄	1 654 361	26.49
加拿大	665 842	10.66
中　国	265 311	4.25
全世界	6 245 093	100.00

表中关于中国煤储量的数字,以1945年地质调查所的估计为根据,其估计未免过于保守。到了1947年,资源委员会根据该会、地质调查所以及日本人最新调查的资料,对中国的煤储量重新估计为444 511百万公吨。[2] 以这

---

[1] 白家驹编《第七次中国矿业纪要》(地质调查所出版,民国三十四年),页47—48。
[2] United Nations Economic Commission for Asia and the Far East, *Coal and Iron Ore Resources of Asia and the Far East*, Bangkok, 1952, pp.47—48;李鸣龢《十年来之煤矿业》,发表于谭熙鸿主编《十年来之中国经济》(中华书局出版,民国三十七年)。

一个数字为根据，中国的煤储量应占世界总额的 6.95% 多点。

可是，中国的煤矿资源虽然这样丰富，却并没有大量开发，在两次世界大战间每年的产量都远在世界其他许多国家之下。① 大体上说，中国全国（包括东北）的煤产量，在第一次大战后的若干年内，每年为 2 500 万吨左右；及九一八事变以后，由于日本人在东北对煤矿资源的开发，在抗战以前的数年内，每年为 3 500 万吨左右。这样小的煤年产量，在当日全世界的煤产额中并没有占多大的地位。例如在 1925 年，中国的煤产量只占全世界的 1.8%②；及 1935 年左右，中国的煤产量还不到全世界的 1.5%。③ 在 1928 及 1929 年，中国每年产煤 2 500 万吨左右，分配于四亿人口，每人平均约消费煤 0.06 吨；这和美国每人每年平均消费煤 5.5 吨，英国每人 6 吨的数字比较起来，约只为英、美每人消费的 1%。④ 煤既然是现代动力的主要来源，和机械化的生产有最密切的关系，中国丰富的煤矿资源之没有大量开发，自然要影响到中国工业化的失败。

事实上，在抗战以前，中国的煤矿并不完全没有开发。例如开滦煤矿和抚顺煤矿，在英、日人分别大量投资之下，其开采的成绩是非常之好的。可是，除此之外，在各省中占全国煤储量最大部分的山西煤矿，在过去数十年却没有大量开发，以致影响到中国煤产量的微小。说到中国的煤储量，及山西煤矿在全国储量中所占的地位，在过去曾经有过各种不同的估计，但其中较早的估计数字，由于那时调查资料的缺乏，可靠的程度并不很大。例如 1913 年国际地质学会在加拿大开会的时候，前北洋大学教授杜来克（Drake）估计中国（除东北及新疆以外）煤储量为 995 587 百万吨，日本地质调查所所长估计为 39 565 百万吨（除蒙古、云、贵、黔、粤、甘、新等省以外），两种估计数字相差这样的大，实在难以令人置信。⑤ 幸而自此以后，农商部（后改为实业部及经济部）地质调查所从事实地调查，中国煤储量估计数字的可靠程度始

---

① Erich W. Zimmermann, *World Resources and Industries*, Revised Edition, New York, 1951, p.472.
② H.G.W. Woodhead, ed., *The China Year Book 1928*, Shanghai, p.72.
③ G.E. Hubbard, *Eastern Industrialization and Its Effect on the West*, London, 1935, p.220.
④ 侯德封编《第三次中国矿业纪要》（地质调查所出版，民国十八年），页 280。
⑤ 谢家荣编《第二次中国矿业纪要》（地质调查所出版，民国十五年），页 13。

渐渐增大。到了抗战结束以后，资源委员会又根据该会、地质调查所及日本人最新搜集到的资料，对中国煤储量重新加以估计，其估计的可靠性又更为增大。现在根据这些估计数字制成第二表，以说明山西煤储量在全国所占的地位。

第二表　中国煤储量① 　　　　　（单位：百万公吨）

估计者	估计时间	中国煤储量	山西煤储量	山西煤储量在全国中所占的百分比(%)
谢家荣	1926 年	217 626	127 115	58.41
侯德封	1932 年	248 287	127 127	51.25
侯德封	1935 年	243 669	127 127	52.17
地质调查所	1939 年	240 847	127 127	52.78
地质调查所	1945 年	265 311	127 127	47.92
资源委员会	1947 年	444 511	295 600	66.50

根据第二表，我们可知山西煤矿储藏量在全国中所占的地位着实非常重要。依照地质调查所在抗战以前的各次估计，山西煤储量为全国煤储量的二分之一多点，所占的百分比已经够大。可是，地质所这些估计数字，还被认为是过于保守的。在抗战时期，随着日军占据华北，日本人曾对山西煤矿从事大规模的调查与投资，从而对山西煤储量的估计有新的发现。到了战后不久，再加上资源委员会与地质所新获的资料，资委会遂对山西煤矿资源重新加以估计，发现山西一省的煤储量要占全国的三分之二左右。

然而，蕴藏量多到等于全国三分之二的山西煤矿，在战前却没有大量开发，以致生产量非常微小，在全国每年的煤产量中只占有一个无足轻重的地位。现在根据地质调查所的统计数字，把战前每年中国及山西的煤产量列表如下：

---

① 谢家荣编《第二次中国矿业纪要》（地质调查所出版，民国十五年），页 14；侯德封编《第四次中国矿业纪要》（地质调查所出版，民国二十一年），页 3—4；侯德封编《第五次中国矿业纪要》（地质调查所出版，民国廿四年），页 3—4；《第七次中国矿业纪要》，页 10；李鸣龢《十年来之煤矿业》；United Nations ECAFE，前引书，p.47.

第三表　战前中国每年煤产量① 　　　　　　（单位：吨）

年　　份	全国（包括东北）煤产量	山 西 煤 产 量
1924	25 780 875	2 012 701
1925	24 255 042	2 203 818
1926	23 040 119	1 967 150
1927	24 172 009	1 777 766
1928	25 091 760	1 799 153
1929	25 437 480	2 038 192
1930	26 036 563	2 204 617
1931	27 244 673	2 266 333
1932	26 376 315	2 431 243
1933	26 378 783	2 466 111
1934	32 724 842	2 700 544
1935	35 803 176	3 361 443
1936	39 342 000	3 307 164

根据第三表，我们可知在战前的十余年中，每年山西的煤产量，都在全国煤产量的10%以下；其中1927年和1928年，山西的煤产量更低到只等于全国产额的7%多点。可是，如上所述，山西煤矿的储藏量却多到等于全国的三分之二左右！蕴藏量占全国三分之二的山西煤矿，在战前每年生产不到全国总产额的十分之一的煤；由此可见，作为最重要的动力资源的中国大好宝藏，着实是货弃于地！当我们明了上述煤与现代国家工业化的密切关系以后，我们在这里不难找到中国工业化失败的症结所在。

四

蕴藏丰富的山西煤矿，其被人开采来使用的时间，比世界任何其他煤矿

---

① 《第三次中国矿业纪要》，页228；《第四次中国矿业纪要》，页31；《第五次中国矿业纪要》，页35—46；《第七次中国矿业纪要》，页49。

的开采都要早得多。在西方,煤矿的开采以英格兰为最早,可是它的记载不过早到1243年而已。我国在远古时代,曾经有女娲氏炼石补天的传说;经过后来学者的考证,发现她所炼的石不过是山西平定的煤或石炭。到了唐太和年间(827—835年),日本留学僧圆仁旅行至山西太原城外的时候,见"遍山有石炭,近远诸州人尽来取烧,修理饭食,极有火势"①。

关于山西煤矿储藏的丰富,到了19世纪末叶,外国人士已经有种种的调查与报告。早在1870年,李希霍芬(F. Richthofen)已经对山西作一地质考察,从而在他写的有关中国的书中报道说:"美国代那教授比较各国煤田与其土地面积的比例,曾说美国本西威尼亚州43 960方英里的土地面积中,拥有2万平方英里的煤田,实在是世界上煤矿蕴藏最丰富的一州。可是,很可能的,中国山西一省,约共55 000平方英里的面积,其煤矿储量的丰富,要比本州胜过许多。不特如此,山西的煤矿又有其他优点,即便宜且比较容易从事大规模开采。那里有几个煤矿,生产最好的无烟煤,每块都有数立方英尺那么大,有如最好的本州无烟煤那样,可是售价却便宜到每吨一先令。"②到了1899年,英国福公司(Pekin Syndicate Limited)派遣格那士(J.H.G. Glass)等前往山西调查矿产,也证实李希霍芬的说法。例如他说:"多方观察所得,显示李希霍芬关于山西煤、铁矿产丰富的报道,与事实相符合。在我们由山西北部前往南部的路途上,简直到处都是煤矿。就是有些山边及山谷没有煤露出地面,那里也一定有不少的煤,因为我们看见许多骡子和驴子驮运着煤前往各处市场出售。在煤矿区域的市镇中,煤被人自由使用着,而在我们住宿的每一旅馆内,它被用于烹饪及其他用途。"③又说:"今查得山西、河南两省矿产之富,实与男爵日其锁峰致上海商务总会信中各节相符。据日君测算,山西东半省产硬煤,面积有一万三千五百英方里;其西半省产烟煤,面积有二万英方里。不列颠全国产煤面积,仅九千英方里,较之山西,不过四分之一耳。"又说:"然(山西)宝藏之丰,虽以土法开采,其工本之廉,尤足令人生羡。

---

① 详见拙著《清季西法输入中国前的煤矿水患问题》,《"中央研究院"院刊》第一辑,1954年,台北市。
② 引自P.H. Kent, *Railway Enterprise in China*, London, 1907, pp.122—123.
③ 同书,p.124.

浅井所出之煤,每吨成本,不足六便士。曾见两井,一深二百二十英尺,每吨只需本银一先令四便士;一深三百三十英尺,每吨需本银二先令六便士。"①此外,张之洞也于1900年打电报给人说:"前数日晤美使,云:晋煤可供地球四百年之用。"②

和它本身的价值比较起来,煤是重量和体积特别大的一种商品,最不能负担过重的运费。在工业革命以前,英国煤矿生产的煤,如果没有便宜而有效的水道运输,而光是由陆路(那时还没有铁路)运往市场上去卖,那么,最远只能运至和煤矿距离10～15英里的地方去卖,再远便因为运费负担过巨,煤的售价要高昂到无法卖出去了。由此可见,如果完全没有便利的交通线,煤矿是要因为销路狭小而不能大规模生产的。幸而从地理的分布上看,英国煤矿大部分位于海岸及河流(天然河道及运河)附近,可利用便宜的水运来扩展煤的销路,故有些英煤被称为"海煤"(Sea Coal),即由海道来运输的煤的意思。由于便宜而有效的水道运输,在铁路网大规模兴建以前,英国的煤矿资源便能因市场的扩大而大量开发,以满足工业及其他用途的需要。③ 英国煤矿在交通方面所获的天然的便利,真是得天独厚,故它在近代世界中能成为第一个工业化成功的国家。

和英国的煤矿正正相反,在中国占储藏量三分之二的山西煤矿,一方面得不到河流交通的便利,他方面和海岸的距离又非常之远,并没有便宜的水运来帮助它扩展销路,以从事大规模的生产。关于山西交通不便的情况,《光绪朝东华续录》卷四二载光绪七年(1881年)闰七月己亥,"卫荣光奏:晋省负山带河,本无舟楫之利。……其恃以骡驴转运,交易有无者,仅东北平定一隅,为商贾通行大道,仍须经历四天门之险,而后出者方能达于直境,入者方能达于晋境。此向来出入物货车运驮载之情形也。查四天门皆踞太行之脊,即古所谓井陉天险,上而蹬道盘曲,下而河滩纡回,行李往来,无不动色相戒。近因年久失修,又多覆车压马之患,商民交困,莫可谁何。……"又其后山西

---

① 《东方杂志》第八卷第九号(宣统三年九月)《英伦敦福公司工程矿师查看山西河南两省路矿工程之报告》。
② 张之洞《张文襄公全集》卷一六七《致西安鹿尚书》(光绪二十六年九月初二日亥刻发)。
③ John U. Nef, *The Rise of the British Coal Industry*, London, 1932, vol. I, pp. 20—21, 25—28, 78—80, 102.

巡抚岑春煊也说,"晋省僻居西北,少水多山,汾、沁诸川,不通舟楫。内地车路所达,惟由太原东至平定,西至永济,北至天镇、归化。其余皆驼脚所历,担夫所涉,运路艰阻,百倍东南。灾歉偶告,全济无术;购米邻疆,一石之费,动至数石。……贩货吴、楚,水陆挽载,脚价之贵,十倍于本。商贾懋迁,畏而裹足。本省煤、铁之良,亦皆等诸弃品。客货不入,土货不出"①。由于交通的不便,丰富的山西煤矿,虽然开采的时间远比世界其他煤矿为早,却因为运费的高昂而市场非常狭小,以致到了19世纪末叶仍然滞留在小规模生产的阶段。关于此点,我们可拿1899年福公司派往山西调查的格那士的报告来作例证,他说:"山西……已开之煤井甚多,然出煤不见多者,非矿产不丰,皆道路崎岖,载运不便之故耳。运路稍便之处,及有来往转运货物两便之处,运煤之费,无论以牲驼,以手车,以骡车,每吨每英里,约需银二便士半。其运路不便之处,每吨每英里则需银五便士。男爵日其锁峰曾经细考该境各处之煤价,据云在井门之售价,每吨不足四便士者,三十英里外则值十二先令,六十英里外则值二十一先令。足见运路不便,运费高昂。"②

对于山西的大好宝藏因交通不便而货弃于地的情形,晚清人士也渐渐开始加以注意,认为必须先兴建铁路,才能大量开发山西的矿产资源。例如李鸿章说:"煤、铁诸矿,去水远者,以火车运送,斯成本轻而销路畅,销路畅而矿务益兴。……山西泽、潞一带,煤、铁矿产甚富,苦无殷富以巨本经理。若铁路既有开办之资,可于此中腾出十分之一,仿用机器洋法开采煤、铁,即以所得专供铁路之用。是矿务因铁路而益旺,铁路因矿务而益修,二者又相济为功矣。"③又说:"山西矿产最富,但不通水路。运机器入山,铁货出山,非铁路不能便捷。"④又山西巡抚胡聘之说:"查晋中大利,以煤、铁各矿为最,迭奉谕旨饬令开办。顾欲兴矿务以扩利源,必先修铁路以通运道。"⑤又山西巡抚

---

① 王彦威辑《清季外交史料》卷一六〇《晋抚岑春煊奏柳太铁路亟宜兴办改订合同尚须详议折》(光绪二十八年七月初三日)。
② 《东方杂志》第八卷第九号前引文。
③ 李鸿章《李文忠公奏议》卷三九《妥议铁路事宜折》(光绪六年十二月初一日)。按李氏此文,为薛福成所代撰,见王延熙、王树敏编《皇朝道咸同光奏议》卷一三薛福成《代李伯相议请试办铁路疏》。
④ 李鸿章《李文忠公海军函稿》卷二《筹借洋款并议覆四事》(光绪十二年十二月初十日)。
⑤ 《光绪朝东华续录》卷一四八"光绪二十四年八月庚子"条。

清末福公司拟筑铁路图

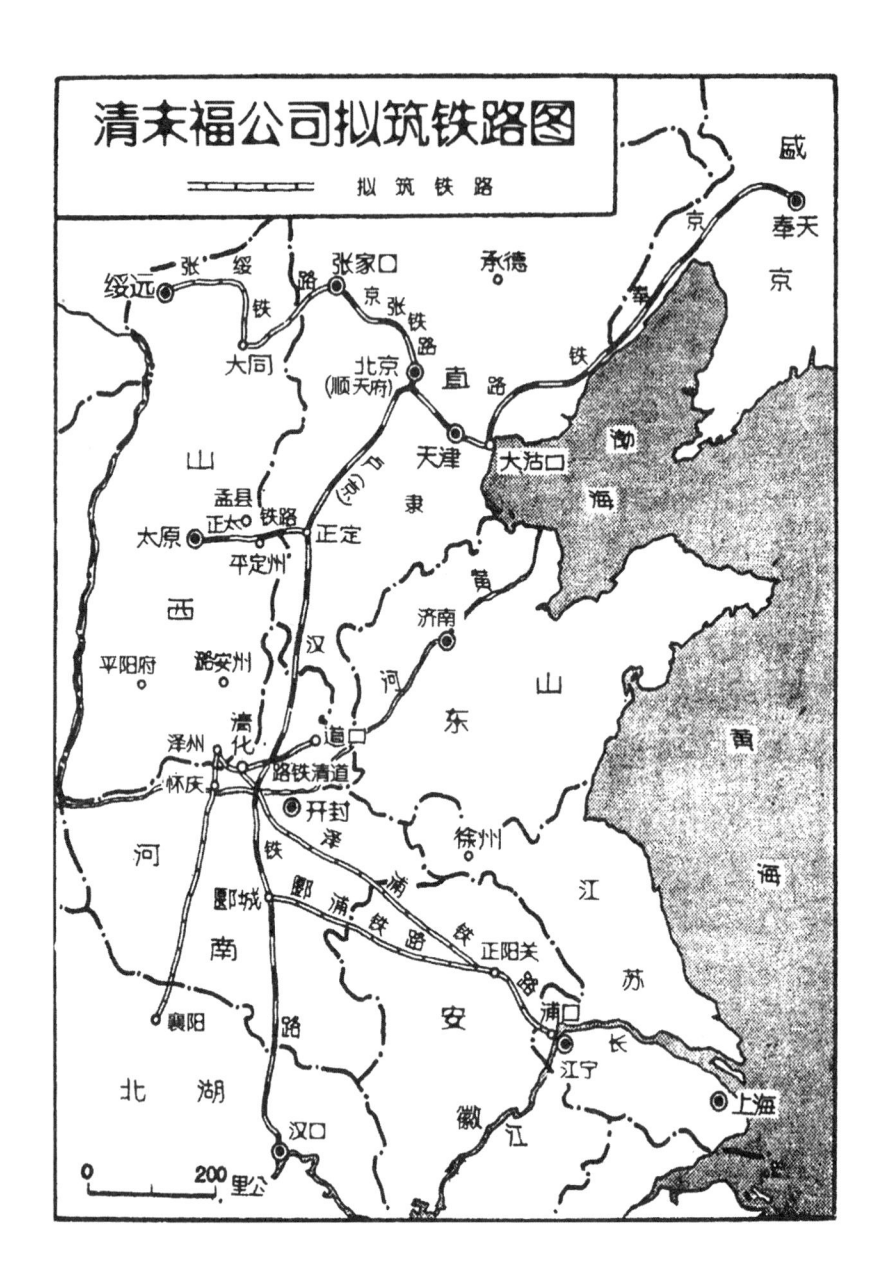

赵尔巽说:"窃维晋省矿脉深厚,甲于环球。西人游历所周,测绘所及,至谓苗线平衍,星罗棋布,多至十三万余英里。而山河四塞,又非铁路无以为转运之方,获懋迁之利。"①晚清人士这种提倡修筑铁路以开发山西矿产资源的主张,可说非常正确,实行起来,却遭遇到不易克服的困难。在清朝末年,由于国民储蓄的微薄,信用机构的不健全,以及对外战败的赔款负担,中国资本的蓄积非常贫乏,不能应付铁路投资的巨额需要。② 因此,尽管山西矿产资源的开发,如何迫切需要铁路之大规模的建设,迟至光绪三十三年(1907年),借赖华俄道胜银行的借款(后借款合同让渡与法国巴黎银公司),正太铁路(自山西太原至河北正定)始修筑成功。可是,这条作为卢(一作芦)汉铁路(后改称京汉或平汉铁路)支线的正太铁路,因为要避免工款开支太大,却不像卢汉铁路那样采用宽轨,而改用一公尺狭轨,以致运输能力大受限制。③由于铁路建设不能配合,再加上资本与技术人才的缺乏④,清末国人对于山西矿产资源的开发,真是心有余而力不足。

五

中、日甲午战争(1894—1895年)以后,我国朝野上下都领略到战败的痛苦教训,深感国家过于贫弱,有加紧开发本国富源的必要。在国内的各种富源中,蕴藏丰富的山西矿产资源当然也是开发的一个对象。当日山西巡抚胡聘之奏设山西商务局,目的就在"招集晋商股本,筹办矿、路并工艺各业,以浚利源"⑤。可是,有如上述,由于种种原因,国人对于山西大好宝藏的开发,却是心有余而力不足。正当这个时候,意大利商人罗沙第(Commendatore Angelo

---

① 沈桐生辑《光绪政要》卷二九光绪二十九年正月条;《光绪朝东华续录》卷一七八。
② 拙著《清季铁路建设的资本问题》,台湾大学法学院出版《社会科学论丛》第四辑,1953年9月,台北市。
③ 凌鸿勋先生《中国铁路志》(1954年7月,台北市),页191—194。
④ 例如盛宣怀《愚斋存稿》卷九九载《香帅(张之洞)致总署电》(光绪二十一年十二月廿四日)云:"中国各矿若无洋人合股代开,既无精矿学之良师,又无数百万之巨本,断不能开出佳矿。"《光绪朝东华续录》卷一四四载光绪二十四年四月壬寅,"总理各国事务衙门奏:……晋省煤、铁矿产之富,久为西人所羡。……现在中国商情,集股不易,仅用土法,实系难成。……"
⑤ 《光绪朝东华续录》卷一七八"光绪二十九年正月丁丑"条。

Luzzatti)于1896年到达北京。次年三月,英、意两国资本家于伦敦合组一公司,在英政府处注册,名曰福公司(Pekin Syndicate Limited)。公司股本二万镑,罗沙第是其中一个重要股东。他代表公司在中国从事获取经济权益的活动,经过一年的努力,终于1898年5月21日,在北京与山西商务局签订一合同,取得在山西开采矿产及其他有关的权益,并由总理各国事务衙门根据上论予以批准。① 这个合同名叫《山西商务局与福公司议定开矿制铁及转运各式矿产章程》,其中主要内容如下:

(一)山西商务局禀奉山西巡抚批准专办盂县、平定州、潞安州、泽州与平阳府属煤、铁以及他处煤油各矿,今将批准各事转请福公司办理。限六十年为期,应先由矿师勘定何乡何山何种矿产,绘图贴说,禀请山西巡抚查明,果与地方情形无碍,一面咨明总理衙门备案,一面发给凭单,准其开采矿地,勿稍耽延。如系民产,向业主议明,或租或买,公平给价。如系官产,应照该处田则,加倍纳赋。

(二)山西商务局禀奉山西巡抚批准,自借洋债,不得过一千万两之数。如所派勘矿师,以此数不敷于用,山西商务局仍专向福公司续借。

……

(九)公司所开之矿,以六十年为限。一经限满,公司所办各矿,无论新旧,不问盈亏如何,即以全矿机器及该矿所有料件,并房屋基地,河桥铁路,凡系在该矿成本项下,置办产业,全行报效中国国家,不求给价。届时由商务局禀请山西巡抚派员验收。

……

(十七)各矿遇有修路造桥,浚濬河港,或须添造分支铁道,接至干路或河口,以为转运该省煤矿与各种矿产出境者,均准福公司禀明山西巡抚,自备款项修理,不请公款。其支路应订章程,届时另议。……②

---

① 《光绪朝东华续录》卷一四四光绪二十四年四月壬寅条;《昌言报》(上海商务印书馆代印,光绪二十四年七月二十六日)第三册《山西矿务》(原载1898年7月20日伦敦《中国报》);P.H. Kent,前引书,pp.122—123.
② 《昌言报》(光绪二十四年八月初六日)第四册《山西商务局与福公司议定开矿制铁及转运各色矿产章程》;交通部铁道部交通史编纂委员会《交通史》《路政编》,第十三册,页4773,《山西商务局与福公司合办矿章程》。

福公司取得山西矿权以后,便于 1898 年 7 月 18 日在伦敦召开董事会议,决定把公司股本增加至 152 万镑,除原来的 2 万镑以外,出售新股票 150 万股,每股 1 镑,名曰山西股票。在开会的时候,公司的董事长曾发表演说,其中有云:"中国政府现准本公司得专山西省内煤、铁等矿之利,并准采办山西通省内所产石油、煤、铁等矿,地皮约有二万一千方英里之谱,合计有一千三百万亩之大。此煤、铁矿地,通地球中应推为首屈一指矣。……山西一省,北界长城,南至黄河,共有五万方里地面,居民有十五兆之众。……据公司矿师报称:查勘地势,山西省西南一带多半产油,矿苗甚旺。所产之煤,每吨售价银十便士。将来如用新式机器开挖,更可售得善价。所产生铁,每吨仅售二十先令。煤、铁不特多而且佳,开采亦易;各地居民甚众,且工价极廉,每人每日工价,三便士至九便士为率,且招之即来,随时可集。"①

上文说过,山西的矿产资源,因为不像英国那样得到便宜而有效的水道运输,故市场狭小,不能大量开发。福公司在取得山西矿权以后,在开始利用机器来大规模开采以前,必须先设法解决交通问题。英国在 19 世纪末叶,因为在长江流域的贸易与航运中占有特别重要的地位,同时在远东方面也要像在世界其他地区那样来对抗俄国势力的扩张,故以长江流域为它的势力范围。② 长江是中国最长的一条可航河流,两岸人口众多,经由海道与国内外交通也很方便。为着要扩展销路来与大规模的生产相配合,福公司于取得山西矿权之后,便计划修筑一条自山西南部通往长江的铁路,以便将来把大量开采的矿产运往国内外各地市场出售。因此,根据上述开矿章程第十七条的规定,福公司向中国政府要求取得泽襄铁路的建筑权。

---

① 《昌言报》第三册《山西矿务》;P.H. Kent,前引书,pp.123—124.
② 拙著《清季英国在华势力范围与铁路建设的关系》,《社会科学论丛》第五辑,1954 年 10 月。又关于 19 世纪末英人在长江流域的商务情形,《昌言报》(光绪二十四年九月初六日)第七册《英议员论力保长江各口岸商务书》(原载 1898 年 8 月 23 日《泰晤士报》)也说:"查英国货物运入中国,照商务大臣禀报,统共值英金二十七兆五十万镑之多。各国轮船在中国通商者,十分中英国居八分有二。中国海关所收各等税则,十分中英国居七分有六。其扬子江(即长江)一带各口,尤为我英商务较盛之处,轮船来往十分中英国居六分又四八;中国所有轮船,不过居二分又三一;各国轮船只居一分有二一。去岁驶入长江之英国轮船,共有一千六百九十艘,统计吨数共有二百二十五万二千九百另七吨;其驶出长江者,数亦与之相埒。汉口商务在中国各口岸亦称畅旺,英国居十分之五,每年进口吨数共有一百七十八万三千零四十二吨,内有一百十万九千三百五十三吨,均系英人之产。……可知我英在中国商务蒸蒸日上,实可凌驾各国。"

泽即泽州，位于山西省的西南端，是福公司获得矿权的特定地区之一。襄即襄阳，位于湖北省的北部，汉水流经那里然后注入长江。当日福公司所以要修这条铁路，由于"煤矿之地距扬子江（支流）之襄阳，仅二百四十英里。扬子江中，可以行驶载重二千余吨之轮船，为英国在中国商务总汇之所。英国既得在地球中最大之矿，扬子江商务较前必更形推广"①。从经济的观点上看，没有水运便利的山西矿产，如果修筑一条长200余英里的泽襄铁路，便可因与长江联系起来而得到便宜而有效的水运，从而可以大大扩展销路，那是最上算不过的。何况当日英国又要以长江为势力范围呢？可是，福公司派人前往襄阳附近探测汉水的结果，发现那里河流的水太浅，在长江行驶的载重较大的轮船不能在那里航行，故只好放弃建筑泽襄铁路的要求，而改向中国政府要求建筑怀浦铁路（自河南、山西交界的怀庆府，至江苏南京对岸的浦口），或名泽浦铁路（自泽州至浦口）。② 关于此事，英国公使致总理各国事务衙门照会云："查光绪二十四年（1898年）合同，福公司专办开采山西数处及豫省河北境内③之煤、铁、火油各矿。该合同第十七条声明，该各矿遇有修造分支铁道接至行船河口者，准福公司承办。旋经总署与窦（纳乐，Sir Claude MacDonald）前大臣商议应接至河口确指何处。当经窦前大臣复以与该公司行船最要之河，即系长江，议明准该公司自各矿至汉江口襄阳地方修造铁路。现据该公司禀明：当时应许此层，盖总署及公司均以为襄阳汉江口系能行船之河。惟嗣后由工程司测勘，在彼水浅，不能载运煤、铁重物以获利。……该公司总工程师详细勘度，据称应筑自山西各矿接至长江之铁道，请将前准襄阳铁道准改由豫北通至浦口建筑。……该公司业经先行测勘，经费亦属不少，自欲将该矿采办之举，立于不败之地。如山西内地开矿，非有合宜运法，费同虚掷。是以该公司不能不预行订准江河接

---

① 《昌言报》第三册《山西矿务》。
② P.H. Kent, 前引书, p.124.
③ 按福公司于取得山西矿权以后，又继续获得河南怀庆府（靠近山西）左右黄河以北各种矿产的开采权。参考同书, p.123；《清史稿·食货志》五；《清季外交史料》卷一三二《总署奏遵议河南矿务办法改订合同折》（光绪二十四年五月初二日）；《光绪朝东华续录》卷一四三"光绪二十四年二月庚午"条。

运之铁道,方能放手开采。……"①

福公司计划修筑的怀浦或泽浦铁路,长约570英里,需款约420万镑。关于这条铁路将来对山西矿产大量开发的贡献,福公司抱有无限的希望。山西的煤矿,如果大规模的开采,而以铁路大量运往浦口,其成本(连运费)不过每吨十二先令。这样便宜的煤,当运抵浦口以后,又可利用便宜的水运沿长江或经海道大量运往国内外市场上出售。因此,福公司的工程师认为:"本公司铁路所至,乃铁路左右水道所通之处,占地甚广,居民不下5 000万人,销煤之数,若按英国居民用煤之数计之,实可销5 000万吨。但中国商务未兴,不能以此为率,今估销200万吨,似亦不甚支离。且本公司尤有可恃者:(1)水陆所至,皆人烟稠密之区;(2)煤为居民及百工必需之物;(3)本公司转运既捷,价值自廉,无论贫富人家皆能购用。有此三恃,则他日实销之煤,焉知不较所拟之数增多。此又内地销煤之大概情形也。"根据1899年太平洋各地如香港、新加坡、檀香山及旧金山的煤价,山西的煤如经泽浦铁路运往浦口,再由海轮运往这些地方出售,其成本要远在各该地煤价之下。因此,福公司估计每年可以自山西输出50万吨的煤至国外市场出售。这一个数字,当加上预定内销的200万吨以后,福公司每年销售山西的煤约共250万吨。假定每吨煤的净利为六先令,福公司每年光是售煤一项便可获利75万镑。另外,福公司又打算利用山西的煤和铁砂炼成生铁和熟铁,估计每年可因铁路的建设而在上海出售75 000吨,在国内其他市场出售15万吨,每年约可获利50万镑。除出售煤、铁之外,铁路每年运费的收入也很可观。自然,福公司因运销山西煤、铁而计划的交通建设,并不以泽浦或怀浦铁路的建筑为限,不过这却是其中最重要的一部分。②

---

① 《交通史》,《路政编》,第十三册,页4774—4775。又《愚斋存稿》卷一一《泽道铁路议订福公司合同折》(光绪三十一年三月)云:"窃查光绪二十四年六月,英窦使向总理衙门坚索英商承造铁路五条,以证和好,其末条浑言山西、河南至长江。经王大臣照覆应俟福公司晋、豫开办矿工,再与妥商。该使覆称,原订矿务合同,本准修筑铁路由矿山运送矿产至河口,此河口即在襄阳,可以通达长江。是为泽襄铁路初议之缘起。二十五年,英窦使又以勘查襄阳至汉口水道不能通畅,商请改道,泽州铁路欲在河南怀庆府与卢汉(铁路)衔接,渡河后折入安徽正阳关,以达江苏江浦县之浦口,改名怀浦铁路。"又参考《清朝续文献通考》卷三六四及三七〇,《清史稿·邦交志》二。

② 《东方杂志》第八卷第九号《英伦敦福公司工程矿师查看山西河南两省路矿工程之报告》。

可是，福公司这个开发山西矿产资源的铁路计划，在 19 世纪末叶向中国政府提出以后，经过双方的多次交涉，却因为中国方面的激烈反对而没有见诸实行。在交涉的过程中，中国方面的代表为铁路总公司督办盛宣怀，福公司方面为代理人哲美森。① 在 20 世纪初期，铁路总公司正在负责建筑卢汉铁路（自北平附近的卢沟桥至汉口），因为路长款巨，须向比利时借款（由法国来支持），及聘用比人为总工程师来建筑。当作为南北干线的卢汉铁路正在建筑，其股票尚未全部售出的时候，福公司要求修筑的铁路，盛宣怀及比方代表认为足以抢去卢汉铁路自河北、河南至长江下游的运输业务，故大加反对。他们以为外国投资者之所以愿意贷款给中国来修筑卢汉铁路，主要是因为铁路在将来竣工通车后，每年有能力赚钱来归还借款的本利。如果卢汉铁路的运输业务因拟议中的泽浦铁路的竞争而激剧减少，那么，它将来不特赚不到钱，可能还要亏本，从而没有偿还债款本息的能力。在这种情况之下，外国的投资者当然不愿意继续贷款，从而要影响到正在兴建中的铁路工程的进行。因此，站在卢汉铁路的立场来说，盛宣怀赞同比利时债权者的观点，而反对英商福公司建筑泽浦铁路的要求。关于此点，盛宣怀《愚斋存稿》中的电报及奏折记载至多，例如卷五七《寄京外务部》（光绪二十八年正月二十二日）云："前奉电询福公司拟造铁路与卢汉有无妨碍。顷据总工程师沙多禀复：该路若由怀庆造至浦口，则河北、河南生意，本由卢汉铁路直达汉口，势必分至浦口。卢汉借款全仗路利分年归还，且目前尚有一半股票未售。如果另添一路，势必售票为难，恐既不能完工，尤关紧要。如福公司必要兴办，亦须俟卢汉完工之后，察看情形，方可允准等语。查该公司所论，关系甚大，务求俯赐查照。"②又《寄香帅》（同年正月二十三日）云："福公司所商路事，敝处坚持未允。一为卢汉生意有碍。……此次福公司来商此路，据说系为运矿起见。论正理，何难与卢汉订一合同，由怀庆代为运至汉口。若专为福公司运矿，而使我国家又负数千万洋债，实无此理。……至中国应造之路尚多，应造者不及造，不

---

① 19、20 世纪之间，英国有两名中国通都姓哲美森：一名 George Jamieson；一名 J.W. Jamieson（N. A. Pelcovits, *Old China Hands and the Foreign Office*, New York, 1949, pp.264, 268, 270）。这里说的哲美森，当指其中之一而言。
② 《清季外交史料》卷一五二《商约大臣盛宣怀致外部福公司拟造铁路与卢汉铁路有碍宜俟工竣再议电》同。

应造者重叠请造,毫无自主之权,筑室道谋,贻害甚大。"又卷五九《寄外务部》(同年十二月十九日)云:"与哲美森面议,诘以两端:(1)卢汉每年须还本利二百万两,如何方能不碍其路利?(2)泽浦合同又拟借四百五十万镑,本利太巨,现在国债已多,如何方能就路筹还?据哲美森复称:……安徽有米可运,加以煤、铁运脚,当能自养。……(盛宣怀)又告以中国若愿借四百五十万镑巨款,造一互相窒碍之路,不如另外觅造单行之路,足资自养,又免分夺。"又卷六〇《寄外务部》(光绪二十九年正月二十二日)云:"泽浦路并未令哲美森转商沙多,但云有碍卢汉借款,比、法既有辞,必须与沙多妥商。沙昨始回沪,已将哲件交阅,令其熟筹变通办法。俟有良策,仍应由宣与哲议,总以能还洋债为第一要义。惟哲甚坚执,非由英国代造晋、豫直达长江下游不可。意似深远,不可不防。"又《寄外务部》(同年二月初二日)云:"沙多又面禀:泽浦路横冲卢汉,中权正定以南,路利半为所夺。……将来如何还债?兹与哲美森道破一切,谓中国若不顾卢汉,比、法无如何,但须允其另筹巨款还债。泽浦路利尤无把握,亦要国家另筹,专为福公司运矿自便,岂能强我受此大亏?……"①又卷一一《泽道铁路议订福公司合同折》(光绪三十一年三月)云:"(光绪)二十八年,拳匪事定,英使在外务部重申(怀浦铁路)前议,福公司代理人哲美森来沪述其驻使之意,坚请商办。臣以卢汉应还本息担任甚重,设穿裂干路,斜行至浦,则长江下游客货,势必揽夺净尽,卢汉无以自养。……"②总之,福公司因欲扩展山西矿产销路而要求修筑的怀浦或泽浦铁路,为盛宣怀所反对,主要是因为它要抢夺

---

① 《清季外交史料》卷一六九《铁路督办盛宣怀致外部泽浦路运煤费重拟函致怡和从速测勘电》略同。
② 《清朝续文献通考》卷三六四略同。又同书卷三七〇也说:"(光绪)二十八年,(英使)又重申怀浦。外部函商盛督办,酌定办法。是时福公司坚意欲遵怀浦,比公司以为损卢汉利,英使谓无碍,取决于盛。福公司代理人哲美森到沪面商。豫抚亦以该公司总工程师柯瑞到沪,请定议。盛以卢汉本息艰巨,怀浦若成,长江下游客货必为所夺,执不允。"又关于此次交涉,《清季外交史料》也有不少记载,例如卷一六六《外部致盛宣怀公司请修怀浦铁路愿归卢汉公司订定合同电》(光绪二十八年十月初一日)云:"现准英使照称:正太铁路归卢汉公司订定合同。福公司请修怀浦铁路,亦愿照此办理。该路经过黄河,与卢汉过河之处相近,该公司愿与商,共摊渡河一切费用,并会办他项节省之端,以期互得利益之语。希电复。"又卷一六七《商约大臣盛宣怀致外部公司请修怀浦铁路常执定互得利益和商电》(同年十月初八日)云:"东电福公司请修怀浦铁路,亦愿照正太办法,归卢汉订立合同,以期互得利益,沙多十月杪由此回沪,当与熟筹。……惟正太系卢汉支路,有益无损。怀浦则错综前后,横直并行,势必有损。在比、法只要借款保息,在中国恐本利无著。"又卷一七二《铁路督办盛宣怀致外部福公司因开矿索造长路实属无理请坚持电》(光绪二十九年五月二十三日)云:"福公司因开矿而索造长路,实属无理闹事。内外坚持,断无决裂。哲美森曾云:如外务部允准,贵大臣有何话说?答以外务部因卢汉关系是我专责,必命我定议。……"

卢汉铁路自河北、河南至长江下游的运输业务。

看见泽浦或怀浦铁路着实要给予卢汉铁路的营业以严重的打击,以致遭受到强烈的反对,福公司乃建议把计划中的铁路路线加以修改,"愿在怀庆衔接后,多走干路(卢汉铁路),从许州郾城县另造一路向南,仍至浦口"①。这一段铁路称为郾浦铁路。对于这一段铁路的建筑,盛宣怀也因为卢汉铁路南段的买卖要大受影响而加以反对。例如他于光绪二十九年(1903年)五月二十二日打电报给外务部说:"顷据沙多面禀:郾城至汉口八百里,郾城至浦口一千二百里,若准福公司另造郾浦路,则郾以北货客悉为所夺;因多走铁路四百里,少走长江千余里,彼必故减车价以相争。是卢(汉铁)路北不能达天津,南又从郾城半途截去。在英国专心损害卢汉,而中国何以偿还比、法本利?各国铁路断无此自害自之办法。……持平公论,郾城终难应允。宣怀职有专司,恐转晌卢汉还债无以应之,非敢稍存固执。"②次日,他又给外务部一电报说:"郾浦在汉口下游,郾由徐、宿至镇江,较郾至汉,仅多三四百里,郾由正阳关至浦口,较郾至汉,仅多一二百里,皆可少走江路两日,安得不为所夺?……查英已承造关内外路、津镇路、沪宁路、苏杭甬路、广九路、浦信路、泽道路,不为不厚。今为他人开矿,另造郾浦,明害卢汉;而卢汉大功将成,重债到期,能否归还,实无把握。凡一国造路,断无不自顾之理。中、英交好有素,何致太不讲理!"③

在19世纪末叶,英国要以在华势力范围的长江流域为中心来争取铁路建筑权,故对于以长江中游的汉口为南端终点的卢汉铁路也希望贷款来修造。可是,国际竞争的结果,卢汉铁路却由比利时贷款来建筑。比利时不过是欧洲一个小国,力量有限,故对于卢汉铁路的投资,要倚赖法国的帮助,同时俄国在背后也暗中予以支持,以期打击以长江为势力范围的英国政策。④在英国驻华公使支持之下,福公司要求建筑泽浦、怀浦或郾浦铁路,一方面固然着眼于山西矿产销路的扩展,他方面也表示英国要利用长江流域作基地,

---

① 《愚斋存稿》卷一一《泽道铁路议订福公司合同折》;《清朝续文献通考》卷三六四。
② 《愚斋存稿》卷六一《寄外务部》(光绪二十九年五月二十二日)。
③ 同书同卷《寄外务部》(光绪二十九年五月二十三日)。
④ 拙著《清季英国在华势力范围与铁路建设的关系》。

北向修筑铁路,以开发山西矿产资源的企图。不特如此,因为在地理上这条铁路要抢夺卢汉铁路的运输业务,从而要损害它的偿债能力,故福公司的铁路要求实又表示英国要给威胁它的势力范围的卢汉铁路以一打击。至于盛宣怀利用总工程师沙多的议论来反对福公司的铁路要求,又可表示出有俄国在背后暗中支持的比利时,对英国政策予以还击的情况。总之,由于这两条铁路的互相冲突,我们也可看出19、20世纪之交英俄之世界性的冲突蔓延到远东来的消息。

因为泽浦铁路计划由于盛宣怀等的反对而不能实行,福公司在该路北段筑成的道清铁路(自河南道口至清化,长九十英里半),便因路线太短,营业收入不足开支,而在光绪三十一年(1905年)由中国借英金六十一万四千六百镑赎回。① 同时,在光绪"三十一年,英商(福公司)据合同请外务部电止晋省土人开窑。晋中山多田少,耕种常不能自给,平日穷民全恃土窑挖煤挖铁以资生计,一闻禁止开窑之信,群情汹汹,几肇大变。该公司复坚执不让,外务部屡接照会,谓耽延一日,索赔偿金二百磅。官绅不得已,始议收回之策"②。双方交涉的结果,以"赎款计行平化宝银二百七十五万两,由山西商务局担任,按期交清",然后"将所有与福公司所定开矿制铁转运正续各章程合同……赎回作废"③。当日福公司之所以肯让山西商务局以二百余万两赎回从前转让给它的开矿及其他有关的权益,显然由于自山西南端建筑铁路至浦口的计划不能见诸实行,山西矿产得不到便宜而有效的水陆运输,从而因市场过于狭小而不能利用机器来大规模开采。

六

综括上述,我们可知,和近代工业化最有密切关系的煤矿资源,中国只次

---

① 《清季外交史料》卷一八九《中国铁路总公司与英国福公司商订河南道清铁路借款合同》(光绪三十一年六月初一日);《清史稿·交通志》;《清朝续文献通考》卷三七〇。
② 王彦威辑《清宣统朝外交史料》卷一六《晋抚宝棻奏遵议晋省矿产现在办理情形折》;《清朝续文献通考》卷三八九。
③ 《清季外交史料》卷二〇九《山西商务局与福公司议定赎回开矿制铁转运合同》及《外部致英使朱迩典山西与福公司议订赎回开矿制铁转运各合同照会》(光绪三十三年十二月十八日);《清史稿·邦交志》二,《食货志》五。

于美国、苏俄和加拿大,而居世界第四位,其储藏量不能说不大。中国在参加近代具有世界性的工业化运动中之所以濒于失败,其丰富的煤矿资源之不能大量开发,是其中一个重要的原因;而中国煤矿资源之所以不能大量开发,占全国储藏量约三分之二的山西煤矿之没有大规模的开采,更要负一大部分的责任。

蕴藏特别丰富的山西煤矿,在过去并不是完全没有受到人们的注意。可是,从地理的观点上看,山西离海既远,在内地又没有可航的河流与之联系,故煤矿资源虽然丰富,由于交通的不便而不能扩展销路,从而不能利用机器来大量开采。在这种情形之下,山西煤矿资源之大量开发,当然有待于铁路之大规模的建筑。可是,在清朝末年,当中国开始工业化以后,国内资本的蓄积却非常微薄,不足以满足大规模铁路建设及矿产开发的巨额需要。因此,在1898年,山西商务局以"专办孟县、平定州、潞安州、泽州与平阳府属煤、铁以及他处煤油各矿"的权益转让与英商福公司。为着要扩展市场以与大规模的矿业生产相配合,福公司计划自山西南端修一条铁路至长江流域的浦口(初时为襄阳),以便将来用机器开采的矿产,能够直接运往长江流域及经海道出口。可是,福公司这条铁路,因为要抢夺卢汉铁路的运输业务,故为盛宣怀等所反对,而没有见诸实行。看见山西矿产不能因它计划中的铁路建设而扩展销路,从而不能以机器来大规模开采,福公司最后只好放弃在山西开矿及其他有关的权益,而让山西商务局以巨款赎回。因此,丰富的山西煤矿资源,在过去数十年都仍旧货弃于地,对近代中国的工业化并没有提供多大的贡献。

山西的煤矿资源,到了七七事变以后,随着日本军队的占领,日人也有大量开发的计划。例如位于山西北部的大同煤矿,于1937年10月由日军接管,那一个月的煤产量为1万吨。其后扩充设备,到了1938年12月,每月产量增加至10万吨。大同煤矿的储藏量,初时估计为120亿吨;后来经过较精密的调查,其储藏量估计增加为400亿吨。而且那里生产的煤,品质甚佳,宜于制炼成油及焦煤。故日人对于大同煤矿的开采曾拟订一个十年计划,预定于1939年产煤100万吨,1942年产1 000万吨,及1947年产3 000万吨。有些人认为这个增产的计划过于庞大,恐怕不易实现,因为大同的煤必须经过六百公里的平绥及北宁铁路才能运往天津,而这两段铁路的运输能力是不易运输这样大量的煤的。① 自然,后来事实证明,这个计划并没有完全实现,因为到了1945年日本便要战败投降了。可是,根据这些事实,我们可以判断,山西丰富的煤矿资源,过去虽然因为交通困难而不能大量开发,以致对中国的工业化没有多大的贡献,但将来中国的铁路网如果建设起来,它一定是能够大量开发来满足工业化的需要的。

1956 年 2 月 15 日于台北市

---

① E.B. Schumpeter, ed., *The Industrialization of Japan and Manchukuo 1930—1940*, New York, 1940, pp.427—428.

近代四川合江县物价与工资的变动趋势

一

这篇短文是根据四川合江县县志中的材料写成的。合江县位于川南，南接贵州。境内除长江水路以外，还有源出贵州的赤、鳛二水贯穿其间，因而成为川、黔互市要地。本地物产除稻谷外，盛产棉、竹，清末造纸业很盛。此外，湖北棉纺织品销黔，黔省鸦片外销长江中下游各省，以及川盐销黔，合江都是重要的转运中心。因此清季合江的商业相当繁盛。当地物价与工资的变动情况，也许多少能代表四川这一地区的一般现象。

《合江县志》（民国十四年刊本）关于物价的记载，除了银价（以钱计）、米价、盐价以外，计分食品、燃烧品、服用品、建筑用品、工资五类。每一类中包含的项目，自九种以至数十种不等。当地所有交易的重要物品与劳务，大致都包括在内。这些物品的价格，或以钱计，或以银计，计从光绪元年（1875年）开始，每隔十年记载一次，至民国十四年（1925年）为止，前后亘半个世纪之久。

我们利用这些资料，编成两种指数：一般物价指数和工资指数。物价指数中包含十种商品，除米、盐之外，分别从食品、燃烧品、服用品、建筑用品中各选二种。其实米、盐两种货物都是食物，燃烧品类中的菜油也大部分当作食用品，所以食物在这一指数中，要占最大的比重。我们之所以要这样做，是鉴于工业化以前的社会，人民所得低微，而食物支出占所得中很大比例的缘故。例如，根据《东方杂志》二十四卷十六号（民国十六年八月）黄主一《川北农民现况之一斑》统计，四川中等人家每人每年消费五十五元，食物支出占二十五元；下等每人每年消费三十五元，食物占二十二元。食物支出既然在人民消费中占着这样大的比例,食物在市场交易中自然要占有很大的比重了。至于工资指数的构成,则将书中所载五类工资全部列入。此外,由于有银钱比价的资料,我们可以分别算出以银计及以钱计的各种物品与劳务的价格,进而分别编为以银计和以钱计的指数,以便分别观察物价与工资的变动状况。

二

现在把合江物价、工资,以及指数列表计算,并绘图表示于后:

表一　近代四川合江商品价格　　单位：银～两　钱～文

商品名称	银价或钱价	光绪元年(1875年)	光绪十一年(1885年)	光绪二十一年(1895年)	光绪三十一年(1905年)	民国四年(1915年)	民国十四年(1925年)
银钱比价(银一两值钱若干文)		1 500	1 400	1 300	1 200	2 200	6 500
米(市升)	银价 钱价	0.031 46	0.034 48	0.054 70	0.058 70	0.109 240	0.277 1 800
盐(斤)	银价 钱价	0.019 28	0.027 38	0.032 42	0.048 58	0.064 140	0.062 400
猪肉(斤)	银价 钱价	0.032 48	0.043 60	0.055 72	0.067 80	0.072 160	0.135 880
黄豆(升)	银价 钱价	0.028 42	0.036 50	0.043 56	0.053 64	0.427 940	0.246 1 600
菜油(斤)	银价 钱价	0.027 40	0.036 50	0.042 54	0.067 80	0.155 340	0.123 800
薪(百斤)	银价 钱价	0.027 40	0.043 60	0.062 80	0.083 100	0.136 300	0.200 1 300
棉布(尺)	银价 钱价	0.014 21	0.016 22	0.018 23	0.020 24	0.028 62	0.042 273

续表

商品名称	银价或钱价	光绪元年(1875年)	光绪十一年(1885年)	光绪二十一年(1895年)	光绪三十一年(1905年)	民国四年(1915年)	民国十四年(1925年)
缎(尺)	银价 钱价	0.42 630	0.49 686	0.51 663	0.53 636	0.55 1 210	1.20 7 800
柱料(株)	银价 钱价	0.6 900	0.9 1 260	1.2 1 560	2.0 2 400	2.6 5 720	3.6 23 400
砖(千块)	银价 钱价	1.35 2 025	1.57 2 198	1.59 2 067	2.98 3 576	2.98 6 556	5.00 32 500

资料来源：王玉璋等纂《合江县志》(民国十四年刊本)卷二《食货篇》。

表二　近代四川合江每日工资　　　　　　单位：银～两　钱～文

类　别	银价或钱价	光绪元年(1875年)	光绪十一年(1885年)	光绪二十一年(1895年)	光绪三十一年(1905年)	民国四年(1915年)	民国十四年(1925年)
银钱比价(银一两值钱若干文)		1 500	1 400	1 300	1 200	2 200	6 500
木、石、泥、篾工	银价 钱价	0.027 40	0.032 45	0.042 55	0.053 64	0.082 180	0.123 800
缝工、织工	银价 钱价	0.040 60	0.043 60	0.069 90	0.083 100	0.091 200	0.154 1 000
农佣	银价 钱价	0.013 20	0.017 24	0.023 30	0.033 40	0.055 120	0.046 300
店佣	银价 钱价	0.060 90	0.080 112	0.173 225	0.192 230	0.191 420	0.277 1 800
力役	银价 钱价	0.033 50	0.043 60	0.062 80	0.083 100	0.182 400	0.308 2 000

资料来源：王玉璋等纂《合江县志》(民国十四年刊本)卷二《食货篇》。

表三 近代四川合江商品价格指数

基期~1915
计算公式~简单算术式

商品名称	银价价比或钱价价比	光绪元年(1875年)	光绪十一年(1885年)	光绪二十一年(1895年)	光绪三十一年(1905年)	民国四年(1915年)	民国十四年(1925年)
米	银价价比	28	31	50	53	100	254
	钱价价比	19	20	29	29	100	750
盐	银价价比	30	42	50	75	100	97
	钱价价比	20	27	30	41	100	286
猪肉	银价价比	44	60	76	93	100	188
	钱价价比	30	38	45	50	100	550
黄豆	银价价比	7	8	10	12	100	58
	钱价价比	4	5	6	7	100	170
菜油	银价价比	17	23	27	43	100	79
	钱价价比	12	15	16	24	100	235
薪	银价价比	20	32	46	61	100	147
	钱价价比	13	20	27	33	100	433
棉布	银价价比	50	57	64	71	100	150
	钱价价比	34	35	37	39	100	440
缎	银价价比	76	89	93	96	100	218
	钱价价比	52	57	55	53	100	645
柱料	银价价比	23	35	46	77	100	138
	钱价价比	16	22	27	42	100	409
砖	银价价比	45	53	53	100	100	168
	钱价价比	31	34	32	55	100	496
银价指数		34	43	52	68	100	150
钱价指数		23	27	30	37	100	441

表四　近代四川合江工资指数　基期～1915　计算公式～简单算术式

类　别	银价价比或钱价价比	光绪元年(1875年)	光绪十一年(1885年)	光绪二十一年(1895年)	光绪三十一年(1905年)	民国四年(1915年)	民国十四年(1925年)
木、石、泥、篾工	银价价比 钱价价比	33 22	39 25	51 31	65 36	100 100	150 444
缝工、织工	银价价比 钱价价比	44 30	47 30	76 45	91 50	100 100	169 500
农佣	银价价比 钱价价比	24 17	31 20	42 25	60 33	100 100	84 250
店佣	银价价比 钱价价比	31 21	42 27	91 54	100 55	100 100	145 429
力役	银价价比 钱价价比	18 13	24 15	34 20	46 25	100 100	169 500
银价指数		30	37	59	72	100	143
钱价指数		21	23	35	40	100	425

由此观察，我们至少可以发现以下三点显著的现象：

第一，物价与工资，无论以银或以钱表示，在这半个世纪期间，都在上升。不过前三十年上升的程度比较温和，在1905年到1915年期间内开始加速上升，以钱表示的指数，尤为剧烈。例如，就物价来说如以1915年作为基期、在1875年到1905年间，以银表示的指数从34上升至68，以钱表示的指数从23上升至37。但是1905年到1915年间，前者从68增至100，后者从37增至100。最后十年间，前者从100增至150，后者更从100增加到441。

第二，以银表示的物价与工资，和以钱表示的物价与工资比较起来，起初前者上升比后者稍快。从1905年到1915年期间开始，后者上升的速率超越前者，而且愈到后来，超越愈大。例如，就工资来说，以1915年为基期，在

1875年到1905年间,以银价表示的指数从30增至72,上升一倍有余,以钱价表示的指数从21增至40,上升还不到一倍。但是1905年到1915年间,前者从72增至100,后者却从40增至100。最后十年间,前者从100增至143,后者却从100增加到425。

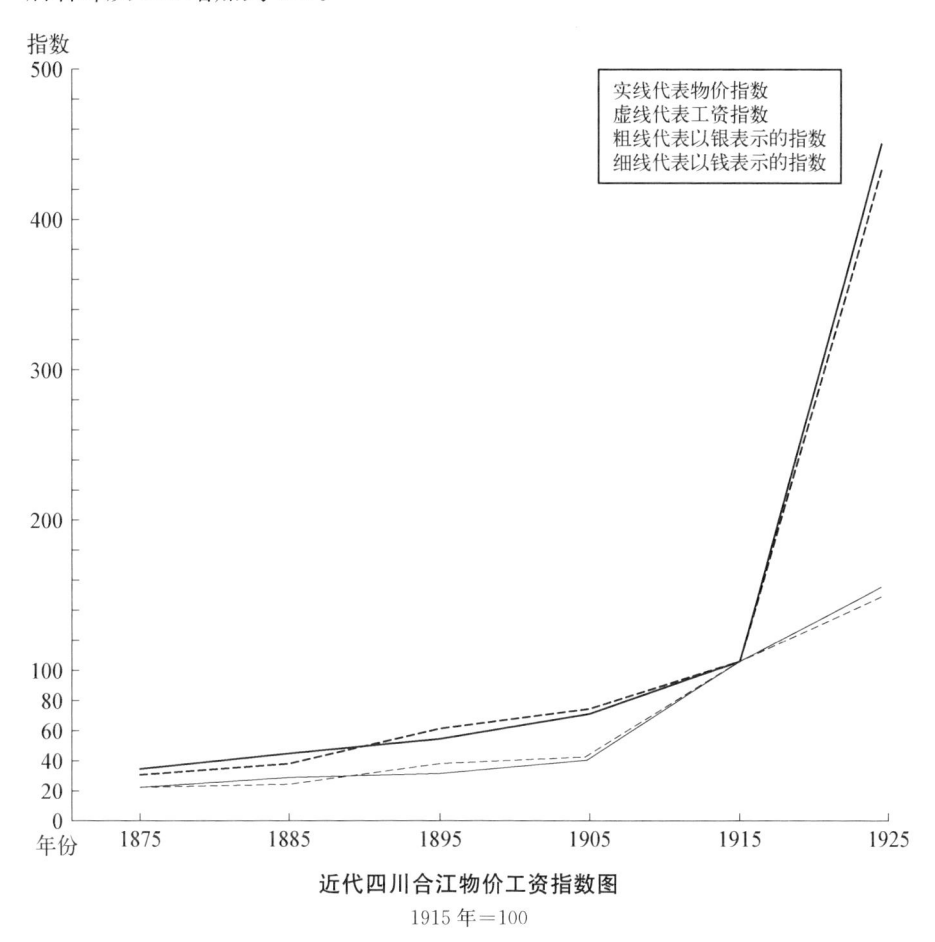

指数

实线代表物价指数
虚线代表工资指数
粗线代表以银表示的指数
细线代表以钱表示的指数

近代四川合江物价工资指数图
1915年=100

第三,物价和工资比较起来,二者变动的方向相同,而且变动的程度,参差很小。例如,同以1915年为基期,在此五十年间,以银表示的物价从34上升至150,工资从30上升至143;以钱表示的物价从23上升至441,工资从21上升至425。所以从图上看起来,无论是以银表示的指数,或是以钱表示的指数,物价和工资两条曲线都很接近。

三

关于合江县在这半个世纪期间物价的上升,以及银、钱两者所表示的物价的差异,笔者以为主要是由于货币、财政和政治情况三大因素交互影响而成的。这些因素,一部分为四川一地区的特殊现象,一部分是全国,甚至全世界的一般现象。

自从明朝中叶,中、西海上交通发达以后,一直到民国二十四年(1935年)法币政策实施以前,我国民间日常交易的媒介,都是银、钱两种。因此,如果其他因素不变,而这两种东西的价值发生变动的话,物价自然要随着变动。现在让我们先看看银价的变动情形。就整个世界来说,从19世纪70年代开始,一直到20世纪30年代初期止,由于各国相继放弃银本位以及银产量的增加等,银价几乎一直在下落。只有在1916年到1920年短短的五年,因受第一次世界大战的影响,银价上涨。兹将当时作为世界金融中心的伦敦银价列表如下:

表五　1871年至1930年伦敦的银价(每盎司值便士若干)

年　份	平　均　银　价	年　份	平　均　银　价
1871	60.500 0	1911	24.552 0
1875	56.875 0	1915	23.675 0
1880	52.250 0	1916	31.315 0
1885	48.625 0	1920	61.590 0
1890	47.687 5	1921	36.886 0
1895	29.875 0	1925	32.088 0
1900	28.250 0	1930	17.666 0

资料来源:见赵兰坪《现代中国货币制度》(1955年,台北),页11—38。

观察上表,伦敦银价从1871年每盎司60.5便士,跌落至1915年的23.675便士,1916年起银价上扬,但到1921年,又从前一年的61.59便士跌落至36.886便士,此后日趋下落,到1930年跌至17.666便士。世界银价的下跌趋势,可见一斑。而中国自从近代海洋交通发展以来,已成为世界经济的一环,因此国内银价,也随着世界银价的变动而变动。试观表一,合江银价曾经从1875年每两值钱1500文,跌至1905年的1200文。民国以后,四川陷于军阀割据的局面,铜币大量贬值,以钱表示的银价,迅速上升,但实际上,除前述受第一次世界大战影响的期间外,银在国内的购买力仍在下降。所以,民国以后,以银表示的物价和工资指数,都仍然继续上升。

政府课税的加重,自然也影响到物价。清政府自从嘉庆朝开始,内忧外患,相踵而来。前者如白莲教之乱、太平天国革命、捻军之乱、回乱,后者如鸦片战争、甲午战争等,一方面使全国经济遭受严重破坏,另一方面使政府财政也陷入困境。"中央"及各省政府因为支应战费、筹办防务、摊还赔款等,无不需要巨额支出。可是当日国库已虚,捐纳不继,结果便只有采用增加赋税的办法。其中最会影响物价的,便是厘金。因为厘金是货物税,商人易于将赋税负担加到物价上转嫁于消费者。咸丰三年(1853年),太平军声势正盛,清廷调集大军防堵,兵多饷绌。当时刑部侍郎雷以诚在扬州帮办军务,从幕宾钱江的建议,在扬州城附近的仙女庙等镇,创办厘金,每米一石,捐(其实是征)钱五十文,行有成效。次年奏请于苏州各地仿行。随后全国各省也相继仿行。于是厘金便成为"中央"与地方政府的一大财政收入。最初对于征课的货物,大约值百抽一,后来厘卡日密,征课日重,至光绪年间,税率已多在百分之五以上,甚至有高达百分之二十左右的。而且由于制度的不健全,法定税率之外,又多额外征求,如浮收折价、挂号钱、查货规费等,不一而足,这种负担,可能比正税还要大。[①] 货物税既然要日益加重,物价自然要随着上升。光绪二十五年(1899年)光禄寺卿袁昶在《筹议整顿厘金疏》中便说:"(此)法行之太久,则百货昂贵,物重银轻。"[②]四川自不能例外。四川于咸丰五年(1855年)末开始创办厘金,到了光绪初叶以后,各种货物的厘金,都有增加。例如光绪十六年(1890年)增收川东货厘,二十年(1894年)加抽糖厘二成,二十一年(1895年)因筹偿款加抽烟酒厘金各三成,二十五年(1899年)加抽烟酒厘金各一倍,二十七年(1901年)又筹偿款,再加烟酒糖厘三成,均

[①] 罗玉东《中国厘金史》("中央研究院"社会科学研究所丛刊第六种,民国二十五年,上海)第一章,第三章,第四章。
[②] 《皇朝掌故汇编》内编卷十五,《厘金》。

按以往章程加入累计。① 在四川厘金不断增加的情形下,合江物价也就难免要逐渐上升。

物价上涨,等于生活费用增加,在一般情形下,工资也要上涨。四川过去号称天府之国,物产丰富。清初因遭流寇张献忠屠戮之后,地旷人稀,劳动边际生产力高,再加上政府的积极鼓励,所以外省许多人民都移民入川。川省人口便从 1761 年的 2 782 976 人增加到 1850 年的 44 164 000 人,同时期人口密度从每方英里 12.74 人增至 202.14 人。② 移民的大量增加,表示当地的真实工资水准较其他地区为高。但是到 19 世纪中叶,四川已有 4 000 多万的人口。太平天国大乱之后,长江下游人口锐减,那里的水利及土地生产力,能提供人民更优的谋生机会,因此移民入川的趋势大致已经停止。③ 这就是说,劳力的供给不致增加太多,另一方面,19 世纪中叶以后,四川也没有庞大的工商事业兴起,社会生产的发展仍局限于传统的形式,因此对于劳力的需要也没有特别增加。劳力的需要与供给既然都没有特别增加,工资水准自然不会有特别的波动。在这种情形下,工资便很可能随着物价作相似甚至相同的变动。合江县在 20 世纪前后各二十五年间工资与物价水准几乎亦步亦趋的状况,可能是这样形成的。

民国以后,四川军阀纷争,和平秩序破坏,物价便开始发生剧烈的变动。《合江县志》卷二《食货篇》说:"建元以来,川祸独烈。十年九战,兵骄匪横,群盗满山,劫掠如洗。加以战事频仍,兵多饷绌,暴征苛敛,有加无已,预征多至数年,厘卡密如棋布。圜法窳坏,银币复杂,二百铜元,充斥阛阓,银贵铜贱,影响百物,物价日踊……"由这一段话,我们可以看出四川由于政治的不安定,对于民生、物价所产生的影响。其中最可注意的是"暴征苛敛"和"圜法窳坏"。

清末课税增加及其影响物价的情形,我们已经在前面说过。民国以后的四川,课税更是增加无已。例如,就合江县肉税来说,光绪二十一年(1895年)创办时,屠猪一只,征钱一百文,以后递次加增,至宣统元年(1909 年),每

---

① 罗玉东,前引书,页 415—416。
② 全汉昇、王业键《清代的人口变动》,《"中央研究院"历史语言研究所集刊》第三十二本,1961 年,台北。
③ Ping-ti Ho, *Studies on the Population of China*, 1368—1953, Harvard University Press, Cambridge, Massachusetts, 1959, pp.141—142.

猪征钱共六百文。民国四年(1915年)以后改征银,每猪由三角而四角、五角,至民国十四年(1925年)时,计屠猪一只需纳银七角一仙及钱九百文(见《合江县志》卷二,《财赋篇》)。由此可见,清末的肉税由每猪征钱一百文增加到六百文,固然所增甚多,但民国成立以后直到十四年为止,却由每猪征钱六百文,增至银七角一仙及钱九百文,所增更多。肉税增加得这样厉害,其他货物税也免不了同样增加。因此,物价自然要比以前上升得快。如果货币更因其他原因而贬值,物价当然更要扶摇直上了。

民国以后,四川钱币大量贬值。当日割据的军阀为满足其财政上的需要,大量铸造面值大的铜元,最初将清末所铸当十、当二十的铜元,改铸为当百、当五十,以后更改铸为当百、当二百,甚至当五百。铜币面值越来越大,实值便越来越小。这样一来,再加上奸商大贾,私铸图利,推波助澜。于是银价日昂,"佣值物价……交互增长"。以铜币表示的物价便急剧上升,一日千里。(《合江县志》卷二,《食货篇》;又见前引黄主一《川北农民现况之一斑》一文)。

四

基于以上的观察和分析,我们可以将20世纪前后各二十五年间的合江——可能四川全境——物价与工资的变动情况简单综述如下:

第一,物价与工资都在不断上升。这主要由于货币(银及钱)的贬值、税课的增加,以及政治的不安定三种因素。这三种因素又交互影响,结果更促使物价上升。

第二,我们可以拿民国的成立为分界点,将这半个世纪的物价与工资的变动情况区分为前后两期。民国以前物价与工资上升的速率慢,民国以后上升的速率快。这是由于民国以后的四川,政治很不稳定、课税增加更多、货币(钱)大量贬值。民国以前,钱价比银价稳定,民国以后,情形相反。因此,民国以前,以银表示的物价和工资指数,上升得比较快;民国以后,以钱表示的指数几乎直线上升,以银表示的指数却望尘莫及。

第三,工资的变动几乎和物价亦步亦趋。这种现象,可能是由于四川在这半个世纪的劳动供求关系相当稳定。

从徐润的房地产经营看
光绪九年的经济恐慌

一

随着《江宁条约》的签订,上海于清道光二十三年(1843年)正式开辟为通商口岸。在开关以前,上海原来只是东部沿海贸易的城市,同时棉纺织手工业也在那里从事生产。自开关以后,由于地理位置的优越,上海逐渐自沿海贸易扩展为对外贸易,自手工业生产改为机械化的工业制造,结果发展成为全国最大的对外贸易港,及最重要的工业制造中心。在另外一方面,因为英国及其他国家在上海相继建立租界,各该国的领事对租界居民掌有最高管辖权,故在清季每当国内社会秩序紊乱或发生战争的时候,上海成为全国最安全的地方,许多人迁移到那里去居住谋生。结果上海人口激增,在开关时它只有27万左右的人口,到了1910年却成为百余万人口的城市。[①]

在清季经济发展的过程中,由于需要的特别增大,上海房租地价都不断上涨。这种上涨的趋势,因为利之所在,自然而然使上海的房地产业吸收到大量的投资,故在清季已经有不少人士在那里从事房地产的经营,而且多半发了大财。在这些人士中,徐润(1838—1911年)更是在上海大规模的经营房地产的一个人物,可是到了光绪九年(1883年)他却因为金融恐慌的袭击而遭遇到失败的命运。

本文打算根据徐润本人的著作,《徐愚斋自叙年谱》(民国十六年,香山徐

[①] 拙著《上海在近代中国工业化中的地位》,《"中央研究院"历史语言研究所集刊》第二十九本(1958年,台北市),页461—497。

氏校印），再加上其他有关资料，来研究他在上海从事房地产投资的经过，并探讨在中法战争时期的经济恐慌中他所受到的影响。

二

徐润，字雨生，道光十八年（1838年）生于广东香山县（今中山县）澳门内乡。咸丰二年（1852年），年15岁，他跟着他的叔父自香港乘船到上海，再转往苏州书院读书。他在那里读了几个月的书，苦无所得，于是回到上海，向他的伯父请教。他的伯父徐钰亭，那时在宝顺洋行（Dent and Company）当买办，叫他不要读书，改学生意，让他在这个洋行里跟洋人当学徒，月得薪俸本洋10元。他在洋行里留意学习，努力工作，洋人很看重他。以后步步升迁，到了咸丰六年（1856年），他19岁，已经升任为该洋行的帮账；到了咸丰十一年（1861年），更升任为买办。该洋行大班韦伯（E. Webb）对他说："以后行中之事，由君一手做去。唯老买办（他的伯父徐钰亭）在行，必须一一禀告。……今君乃总行中华人头目……"他在该洋行任职至1867年该行股东拆股收束为止。[①]

宝顺洋行是上海开关以后在那里设立的一家英国商行。洋行大班韦伯，以上海为贸易基地，曾经先后派人赴烟台、天津、牛庄等港口设立分行，以便开拓北洋的贸易。在上海以南，它拥有两艘轮船，经常往来上海、香港之间。在长江方面，它派遣几艘轮船往来行驶，开往汉口等地去做买卖。此外，在对外贸易方面，宝顺洋行又派船前往日本长崎、横滨、神户、箱馆等埠贸易。关于这一家洋行的买卖，徐润说："至宝顺行生意，进口货如大小洋药，装公司船来者，各有数千箱。又夹板船装来洋货，约有三四十船，每船千余吨。另有南洋暹罗、新加坡各埠运来檀香、苏木、沙藤树皮、胡椒、点铜四五船。至于出口货，如湖丝、棉花、红绿茶各等，约值千万。连东洋、北三口、长江一带、香港、福州进出并计，总在数千万，实一时之盛，洋行中可

[①] 徐润《徐愚斋自叙年谱》（以下简称《年谱》；民国十六年，香山徐氏校印），《序》，及页二至五，八，一四，二七至二八。

首屈一指者也。"①

宝顺洋行每年既然要做数千万两银子的进出口生意,在那里充当买办的徐润,他每年得到的佣金收入一定是非常之大的。在徐氏的著作中,我们虽然没有找到他曾经拿到多少佣金的记载,可是和他差不多同时在上海的黄槐庭,自从汇丰银行于1866年开办后即在那里担任买办职务,过了几年便"积赀至数十万"②。由此我们可以推知,徐润因充任宝顺洋行买办而领取的佣金收入,一定是很可观的。

徐润的收入并不以买办佣金为限。他在洋行里学会了怎么样做茶的买卖以后,又自己开设宝源祥茶栈,以及经营各种工、商、矿和保险业。③ 到了同治十二年(1873年),他又奉北洋大臣李鸿章之命,与总办唐廷枢(字景星)会同办理刚成立不久的轮船招商局,在该局充任会办。他在那里一直工作至光绪十年(1884年)才离职。在他负责的期间内,招商局的轮船在1874年只有4艘(2 435吨),到1876年增加到17艘(11 706吨),到了1877年更增加到33艘(23 967吨)。同时,招商局在各商埠的码头、栈房等设备也大为增加。④ 当他为招商局增加设备,扩展业务的时候,他"承众商见信,凡有往来如取如携,毫无难色。十余年来,统计每年年终结欠庄(钱庄)款及绅商存款,常有百余万两之多"⑤。

徐润初时在宝顺洋行做学徒的时候,虽然最初每月只有10元的收入,可是在此后二十多三十年内,他曾经在该洋行充当买办,而且经营各种工商业,却赚到不少的钱。不特如此,他在工商界中既然站稳了脚,在上海金融业中自然较有信用,故能够得到各钱庄金融上的帮助。因为本身具备了这样优越

---

① 《年谱》,页八至九,咸丰十一年(1861年)项下。又同书页二七至二八《自记行述》(光绪七年辛巳)也说宝顺洋行"进口之货,以大小洋药、杂货、布匹为大宗。每年另有大夹板洋货船数十号。出口之货,以湖丝、棉花、红茶、绿茶等类(此处疑有错漏)。统计该行进出口生意,年有数千万。彼时该行在中国可首屈一指"。
② 姚公鹤《上海闲话》(上海商务,民国六年)卷上。又萧一山《清代通史》(台北市商务,1963年)第四册页1606也说买办"所取于买卖主之佣金,每年恒有数万元之收入。……次等买办每年收入万元……"
③ 《年谱》,《序》,及页二七至二八。
④ 《年谱》,页一八至一九,八六至八九;Kwang-ching Liu,"Steamship Enterprise in Nineteenth-Century China," *Journal of Asian Studies*,Vol. XVIII(1959),pp.435—455.
⑤ 《年谱》,页八六至八九。

的条件,在清季上海房租地价不断上涨的情况下,他便大规模收购土地、建造房屋来赚取巨额的利润。

上海自开辟为通商口岸后,因为在国内外交通线上占有非常便利的形势,对外贸易突飞猛进。曾经在上海长期经营进出口贸易的宝顺洋行大班韦伯,亲眼看见这种飞跃发展的趋势,于同治二年(1863年)任职期满,离沪返国的时候,因为过去很赏识徐润,对他临别赠言,劝他在上海从事大规模的房地产经营。这位卸任的洋行大班,与新大班希厘甸同一宗旨,特别对徐润说:"上海市面,此后必大。汝于地产上颇有大志。再贡数语。如扬子江路至十六铺,地场最妙。此外则南京、河南、福州、四川等路,可以接通新老北门,直北至美租界各段地基,尔尽可有一文置一文。"①那时上海的"黄浦滩不过一平坦泥地而已,绝无美丽房屋,船可随意直驶至门前上岸"②。地价当然是比较便宜的。徐润依照韦伯的话,在上海陆续收购地产,建筑房屋。到了光绪九年(1883年),他在那里"所购之地,未建筑者达二千九百余亩,已建筑者计三百二十余亩。共造洋房五十一所,又二百二十二间,住宅二所,当房三所,楼、平房、街房一千八百九十余间。每年可收租金十二万二千九百八十余两。地亩房产名下,共合成本二百二十三万六千九百四十两。……"③

徐润的资产并不以上海的房地产为限,他在上海及其他地方的各种企业中也拥有不少的股份。到了光绪九年,他"买存各项股票,除沽外,实存四十二万六千九百十二两,八折作三十四万一千五百三十两;又合业典当架本(即当铺股本)三十四万八千五百七十一两三钱,七折作二十四万四千两;股票抵押各欠三十九万七千两"。连上述的房地产价值包括在内,他"共计实有银三百四十万九千四百二十三两三钱;股票八折,典本七折,作

---

① 《年谱》,页一二,二七至二八,一一五。
② 《年谱》,页一一五。又同书页九三也说:"光绪丙子丁丑(1876—1877年)间,美租界地曰虹桥,榛莽未开,廛市萧索。"
③ 《年谱》,页三四。又同书页八二说:"所置之业,造房收租,中外市房五千八百八十八间,月收二万余金。另置地三千余亩。"又页一一五说:"后遂置地三千余亩,有在租界者,有近租界者。建造房屋三千余间。计每日可得租金四百二十两。"按页八二说的房屋间数及租金收入,与页三四及页一一五略有不同,待考。

银三百二十一万九千四百七十两"①。

第一表 光绪九年(1883年)徐润资产统计

项　　目	数　额　(两)
上海房地产	2 236 940
各项股票	341 530(实值)
合业曲当架本	244 000(实值)
股票抵押各欠	397 000
合　共	3 219 470

资料来源：《徐愚斋自叙年谱》，页三四。

在咸丰二年(1852年)开始充当宝顺洋行学徒的时候，每月只有10元收入的徐润，因为充当洋行买办及做其他买卖，再过三十年左右，他的资产居然累积到320余万两银子那么多。这一笔资产究竟有多么大呢？根据《北华捷报》(North China Herald)在1883年8月3日的报道，当日中国大多数农民每人一年平均的收入约只有15元。② 由此推算，徐润一个人所控制的资产总值，大约等于30万个农民一年的收入。这在当时着实是一宗很大的财富。

---

① 《年谱》，页三四。又同书页八二《在建平金矿寄故乡父老信》(光绪二十一年春)说他于光绪九年，"和字号当铺附股者八家；商局(轮船招商局)股四十八万；开平(煤矿)股十五万；仁和(水险公司)十万；济和(水火保险公司)五万；贵池(煤铁矿局)十万；(承平)三山银矿六万；平泉铜矿六万；金州(铜矿)五万；缫丝(烟台缫丝局)二万五千；织布(上海织布局)五万；塘沽耕局三万；造纸局(虹口伦章造纸公司)二万；玻璃公司三万；香港利远糖局三万；牛奶公司三万；宜昌鹤峰州铜矿一万。统计不下百二三十万。另搭钱庄股本，并外国股份不计数"。把这些股本加起来，合共1 275 000两，与文中所说百二三十万两相符合。可是这个数字要比页三四所载为大，这可能由于后者记载徐润买存的各项股票，有些已经转手出卖。
② 1883年8月3日《北华捷报》(North China Herald)，页136—137说："大多数的农民每户耕种的土地不超过三十亩。以每户平均五口人，每亩平均收入三元计算，那么普通农民的总收入，甚至在年成好的年头，每人也只有十八元。但这绝不是净收入，还必须缴纳政府的田赋。不同的省份，田赋大不相同；就是同一省份，按土地的好坏，田赋也有差别。山东省上等田每亩纳田赋二角，而直隶省普通土地的田赋每亩只要五分钱。此外有地方摊派，例如修理庙宇之类，这种费用每亩至少要五分钱，或者更多些。除上项负担外，还要饲养一头牛或一头驴，修理房舍，购买农具、肥料。以上诸项开支，每亩至少需银洋五角。按此估计，种三十亩地的农户，在收成相当好的年头，田场收入大约七十五元。按五口之家计算，每人平均为十五元。一家拥有三十亩土地，已被认为上等农户；占极大数目的农户只有十亩至二十亩土地，靠这一点土地生活，是相当艰苦的，总免不了饥饿的威胁。"(见李文治《中国近代农业史资料》，第一辑，页667)

徐润对于上海房地产的经营，曾经拟有一种投资的计划。他说："地亩房产，初意招股合办，每股本银十两，集四百万两之大公司，先收股本二百万，后缴二百万，以成公益之举。"①这里说要招股合办的大公司，名叫宝源祥房产公司。② 他过去在上海收购好的地产，已经建筑房屋的只有320余亩，还没有利用来建筑的多达2 900余亩。如果要利用这广大面积的土地来建筑房屋，他必须先筹集一大笔建筑费用才成。所以他计划招股合办一个资本多至400万两银子的房地产公司。

可是，徐润虽然要为宝源祥房产公司招股，事实上并没有人跟他合办。因此，严格说来，宝源祥房产公司并不是一个股份有限公司，因为徐润是这个公司唯一的股东，他不仅对于公司要负担出资的义务，而且对于公司的债权人也要负责任。为着要推进公司的业务，他大约依赖他个人在上海金融界中的信用和利用资产做抵押，曾经先后借到不少的债。到了光绪九年，"计公司往来钱庄二十二家，共银一百零五万二千五百两；又股票抵款四十一万九千九百二十两；又洋行房屋找头抵款七十二万一百一十八两；又各存户三十二万九千七百零九两。共计该款二百五十二万二千二百四十七两"③。

第二表　光绪九年(1883年)徐润负债统计

项　　　目	数　额　（两）
欠22家钱庄款	1 052 500
股票抵押借款	419 920
洋行房屋找头抵款	720 118
各存户存款	329 709
合　　　共	2 522 247

资料来源：《年谱》，页三四。

在另外一方面，为着要筹措巨额的建筑费用，徐润又"派和记洋人回英国

---

① 《年谱》，页三四。
② 《年谱》，页八二。
③ 《年谱》，页三四。

办借款"①。关于这个派遣英国人到英国去借债的计划,他说,"旋有英国友名顾林,本运动家,与余商定,拟至英京,将所有房产,按银二百万,四五厘息,二十年期,助余兴筑。启程赴英时,余因赠以程仪万两。其时余所置地产,只值一百五十万,因复添购六十余万"。可是,这个借款计划并没有成功实施,因为"顾林回国后,初闻患脑病,继闻成癫痫,竟致去同黄鹤"②。

由此可见,徐润本人事实上并没有多少资本来经营房地产事业,他经营房地产的资金主要是靠借贷得来的。原来分散于各钱庄、各存户及其他债权人手中的零星款项,他把它们集合起来,利用来购置地产、建筑房屋和购买各种股票;换句话说,把它们的大部分变为巨额的固定资本设备。他这种经营方法,只要房地产价格继续上涨,自然可以获利;可是,如果不幸遇到金融危机,周转不灵,风险却非常之大。何况他自伦敦借债 200 万两作周转金来营运的计划又遭遇到失败呢。果然,到了光绪九年,中、法两国虽然还没有正式宣战,但双方在越南早已发生军事冲突,上海情势非常紧张。"法兵轮驶抵吴淞,查进出口之船,并扬言攻(江南)制造局。以致人声鼎沸,纷纷迁避,一民船赁价至二三百金,举市所存现银不到百万,恐慌不堪言状。巨家如胡雪岩、刘云记、金蕴青,皆相继坏事。其余号商店铺,接踵倾倒,不知凡几,诚属非常之祸"③。上海既然有受到战争威胁的危险,人心自然恐慌,故资金逃避,银根紧缩,造成金融恐慌的局面。这时大家对宝源祥房产公司的投资前途失去信心,各钱庄纷纷向公司索还欠债,各存户亦要向公司提取存款。可是,在当日上海存银锐减的情况下,公司一时不能把大批房地产变卖,换成现款来偿还债务,故周转不灵,信用崩溃,终于被挤倒闭。④

宝源祥房产公司既然被挤倒闭,作为该公司的唯一的老板的徐润,因为对公司的债权人要负责任,不得不把他的资产拿出来清偿债务。关于此事,他记载光绪九年上海发生金融恐慌时,"各钱庄草木皆兵。于是与公司

---

① 《年谱》,页八二。
② 《年谱》,页三四。
③ 《年谱》,页三五。
④ 《年谱》,页八一至八二。

往来之二十二庄,公举在事六人:乾通庄冯泽夫,延生庄张子循,安滋庄周味莲,咸吉庄李墨君,义裕庄洪晋卿。公司亦举六友:黄焕烟、屠云峰、谢绥之、严芝楣,及本公司友周榆斋、穆畲。经公司商榷,议将余所有款三百四十余万,全盘推出,以镇定二百余万之款。……议定以两年为限,售现分摊,不能不以贱价脱手。以三百数十万成本之产业,只摊作二百余万之款,清偿完结,受亏至八九十万,岂不痛哉!"①他被迫推出偿债的房地产,在当日"申地现银极少……房屋十空二三。……居民迁徙过半"②的情况下,价格自然是比较低下的。可是,在此后的二十余年内,上海又继续向前发展,房租地价仍然不断上涨。故到了宣统元年(1909年)徐润撰写《年谱》的时候,他回忆起过去被迫贱价脱手的房地产,其后价格又不断上涨的情况,不禁感觉到大吃一亏。他说:"查当时所推出之房产,共计三十二处。如青云里只作二十七万余两,今值一百二十万两。靖远街作十二万余两,今值三十八万两。元芳路三处作十九万两,今值七十四万余两。以三十二处统计,共推作一百二十二万九千八百两,照今分类估价,实值五百二十九万四千两。此外抵与德和洋商者人和当基,即今之杏花楼等处,推作四万八千两,今值四十二万两。又售与盛杏荪二马路住宅房地三万余两,现开客利西饭馆,闻每年得地租二万余两。期满之后,克利(当即客利)所造之屋,归于业主,利难胜算矣!又所推之地亩,共计二千九百二十一亩四厘五毫。如珊家园地,每亩作四百,今值四五千两。怡和码头里地,每亩作五百,今值九千两。盆汤衖桥北地,每亩作五百,今值一万两。吴淞路地,每亩作五百,今值六千两。以二千九百余亩统计,共推作一百七万七千一百四十两,照今分类估价,实值九百九十一万四千五百九十一两。此数项已共值一千五六百万;加之股票、典本,不下一千七八百万两。岂非成一大富家乎?乃废之半途,毁于一旦,反致大亏,命耶运耶!抚今追昔,能不忾然!所谓有幸有不幸者夫!"③

---

① 《年谱》,页三五。按原文说各钱庄"公举在事六人",但只写出五个人的姓名,疑漏列一人。
② 《年谱》,页八一至八二。
③ 《年谱》,页三五至三六。

第三表　徐润在沪原有房地产之价格的变动(1883—1909年)

项目	数量	1883年 价格(两)	指数	1909年 价格(两)	指数
房产	32处	1 229 800	100	5 294 000	435
地产	2 921.045亩	1 007 140	100	9 914 591	984

资料来源：《年谱》，页三五至三六。

第四表　徐润在沪原有房产之价格的变动(1883—1909年)

所在地	1883年 价格(两)	指数	1909年 价格(两)	指数
青云里	270 000(＋)	100	1 200 000	444
靖远街	120 000(＋)	100	380 000	316
元芳路	190 000	100	740 000(＋)	390
杏花楼等处	48 000	100	420 000	875

资料来源：《年谱》，页三五至三六。

第五表　徐润在沪原有地产之价格的变动(1883—1909年)

所在地	1883年 每亩价(两)	指数	1909年 每亩价(两)	指数
珊家园	400	100	4 000～5 000	1 125
怡和码头里	500	100	9 000	1 800
盆汤衖桥北	500	100	10 000	2 000
吴淞路	500	100	6 000	1 200

资料来源：《年谱》，页三五至三六。

在上海经营房地产失败以后，有一年徐润曾经回乡，与母舅会于港、澳轮船。他的母舅问他："你到底有饭吃否？"他回答说："除还债外，剩地千余亩，可望借此转机。"他的母舅说："那年因你之事，累我三天不能合眼。各人论你脾气太大，非服药，即投河。今得如此，即算罢了。"他的母舅又常常说："雨之

(徐润字)之败,乃系天数。计数十年来,均系买地造房收租,开设钱庄、当铺,以及股份,均是实业,尚称稳固。唯犯于过大过贪,以致失败。此亦后人无福,是以至此。"①

三

对于徐润在上海的房地产经营,他的母舅批评他"犯于过大过贪,以致失败"。他自己也承认"不免过贪"②。可是,徐润光是因为过大过贪,便要陷于失败的命运吗?依照现在所能搜集到的资料来观察,我们认为他过大过贪的投资于上海的房地产,固足以导致失败,但当日因中国和法国军事冲突而引起的金融恐慌,更是他经营失败的一个根本原因。他不过是当日在中国发生的经济恐慌的一个牺牲者而已。谈到金融恐慌,因为钱庄是当日中国一种重要的金融机构,我们现在先要把它在金融业上的活动情况大略叙述一下。

在开关以前,中国的金融机构,以山西票号为最重要。可是,票号的业务以国内汇兑为主,自开关以后,由于对外贸易而繁荣起来的通商口岸的商业,票号不能满足需要,故钱庄乘机发展起来。关于钱庄在开关以后中国金融业中所处的地位,日人饭岛幡司说:"鸦片战争结果,1842 年《江宁条约》,上海、广州、厦门、福建、宁波五口通商,钱庄才兴盛起来。由于对外贸易以致通商口岸的商业忽然繁荣,金融机关乃有设立的必要。原来的山西票号只以国内汇兑业为主,不必能适用。以贸易金融为目的在中国设立外国银行,1857年,英国系的麦加利银行在上海设立分行,但对中国商民不易发生直接的金融关系。最早的新式华商银行,中国通商银行的出现,只是 1897 年的事。在此五十年间,为填补空隙,在中国金融市场担任买办性质的开路工作的就是钱庄。由此,钱庄是从山西票号末期到新式华商银行隆盛期之间,垄断中国商民的金融。"③关于钱庄在通商口岸与内地市场间所担任的连络任务,魏胥

---

① 《年谱》,页四七至四八。
② 《年谱》,页一二,二八。
③ 引自杨端六《清代货币金融史稿》(1959),页 159。

之说:"在昔洋商与公行往来,彼此都有信用,故洋商敢将货物先交公行,日后收款。至五口通商后,华洋商人,随便贸易,情形与从前大异,洋商(大抵为英商)对华商不甚有信用,从前之方法殊不适用。且内地商人,多不谙英语,购买洋货,不得不靠掮客。所谓掮客者,系指专代人买卖货物之人。譬如四川人,托掮客代办洋货,掮客可先将货运往四川,收得货价,然后交还洋商(即洋行),其事固甚为便利。但洋行往往不信任掮客,不敢先交货而后收款,至此交易便不得不停顿。于是钱庄出而任调停之责。调停之法为何?即钱庄出一庄票(native order),交掮客行使。此项庄票期限不一,有自五日至二十日不等,亦有至多不得过七日者。掮客向洋行办货之时,以庄票交付洋行,待票到期,向发票庄取款。四川之款,如可寄到,即以之还付钱庄。如四川之款不到,则由钱庄先行垫付。如是掮客对钱庄负责,而钱庄则对洋行负责。"①在各通商口岸中,"太平天国以后,上海人口渐多,商务日盛,钱庄亦日趋发达。因时势之需,乃进而兼营存放款,并出庄票矣"②。由此可知,钱庄是中国在开关以后 19 世纪末叶新式华商银行成立以前的一种重要金融机构,对于通商口岸与国内各地贸易的资金周转曾经扮演一个重要的角色。而在各通商口岸中,上海既然成为全国最大的对外贸易港,那里钱庄的业务当然更为发达,在全国金融业中占有重要的地位。

上海的钱庄,在开关以后,由于业务上的需要,自然与广大的国内市场发生密切的关系。可是,在国内许多地方,虽然经历过同治(1862—1874 年)中兴的局面,到了光绪(1875—1908 年)初叶,经济景况并不太好。尤其在光绪三年(1877 年),山西、陕西、甘肃苦旱为灾,河南、直隶飞蝗为患,江苏、安徽蝗蝻为患,江苏、浙江闹风灾,湖南、广西水旱为灾,福建、广东也闹水灾。③这一年山西、陕西、河南的旱灾,"历时既久,为地尤宽,死亡遍野,诚为二百年之所无"④。其中山西一省,"到处灾黎,哀鸿遍野。始则卖儿鬻女以延活,继则挖草根剥树皮以度餐。树皮既尽,亢久野草亦不复生,甚至研石成粉,和土

---

① 魏胥之《英国在中国的经济侵略史》(北平,民国三十四年),页 178—179。
② 上海银行周报社编《上海金融市场论》,页 19。原书未见,兹引自杨端六,前引书,页 156。
③ 《光绪朝东华录》(文海出版社印行),页四二九,光绪三年六月丙午谕。
④ 同书,页七三九,光绪五年五月壬寅,阎敬铭奏。

为丸。饥饿至此,何以成活?是以道旁倒毙,无日无之"①。根据当日在天津的一个外国赈灾团体的估计,光绪三年山西全部,直隶、河南及陕西的大部分,因旱灾而农产失收,因此而饿死、病死的人口约共 900 万～1 300 万。② 在这广大地区中发生的灾荒,当然要导致经济恶化,市场购买力下降。这样一来,和国内各地市场有密切关系的上海钱庄,自然要受到严重影响,因此种下了数年后金融恐慌的种子。其后到了光绪九年,黄河泛滥,灾区甚广,更降低内地市场的购买力③,从而削弱了上海钱庄的基础。

因旱灾而严重影响到上海钱庄的业务,可说是光绪九年金融恐慌的远因。是年的黄河水灾,使上海与内地的贸易锐减,影响到钱庄的业务与放款能力,可以说是近因。除此以外,这一年金融恐慌的发生,又由于中、法战争及人们对房地产、蚕丝以及各种企业股票的投机。

上文说过,在光绪九年,中、法两国虽然还没有正式宣战,可是双方在越南已经发生军事冲突,靠近海口的上海随时有受到战争破坏的危险。由于情势紧张,人心恐慌,资金逃避,以致银根紧缩。这样一来,过去因内地市场购买力低落而基础不甚稳固的钱庄,自然要"草木皆兵",以致整个上海市面都"恐慌不堪言状",从而徐润的宝源祥房产公司也因周转不灵而倒闭了。关于此事,徐润于事件过后的光绪二十一年(1895 年)春写信给故乡父老说:"忆自癸未年(光绪九年)败事,负累数至二百余万,家业因此荡尽。……在昔遭事时,旁观咸以为不了之局。……斯时申地现银极少,各庄十停八九,不能周转。房屋十空二三。百两轮(船招商局)股,跌至三十四两。五十两保险(仁和水险公司及济和水火保险公司的股票),跌至二十七八。百两之开平(煤矿

---

① 《光绪朝东华录》,页三九一,光绪三年四月丙午,鲍源深奏。又同书,页四九六,载光绪三年十二月丙戌,阎敬铭、曾国荃奏:"晋省成灾州县已有八十余邑之多,待赈饥民计逾五六百万之众。……臣敬铭奉命周历灾区,往来二三千里,目之所见皆系鹄面鸠形,耳之所闻无非男啼女哭。冬令北风怒号,林谷冰冻,一日再食,尚不能以度寒。彻旦久饥,更复何以度活?甚至枯骸塞途,绕车而过;残喘呼救,望地而僵。统计一省之内,每日饿毙何止千人!……"
② Walter H. Mallory, *China: Land of Famine*, New York, 1928, pp.29—30. 原书未见,兹引自 Ping-ti Ho, *Studies on the Population of China*, 1368—1953, Cambridge, Mass., 1959, p.232.
③ 《光绪朝东华录》,页一五三九,光绪九年六月壬申谕;页一五七五,同年九月丙午谕,丁未谕;页一五八八,同年十一月壬申谕。又参考 C. John Stanley, *Late Ch'ing Finance: Hu Kuang-yung As An Innovator*, Cambridge, Mass., 1961, p.76.

公司的股票），跌至二十九。其余铜矿等各种股票，更不可问。江、浙两省当铺，十停二三；地基更无论矣。举市百货俱跌，无人问鼎。……溯败事之由，实因时势所迫。适值法人构衅，始以争夺越南……延扰及吴淞口，搜查出入各商船。因之（招）商局（轮船）尽归旗昌（洋行），全换美国旗帜。常有一日三警，攻取（江南）制造局之传言。是以市面忽败，居民迁徙过半。内地民船竟有每租英洋三百番，人心虚至如此！上海百货，无不跌价三五成。统市存银照常不过十分一二，只有三十八万。此二十天之难过也。斯时兼有胡姓等大户，以受挤，周转不及，而润遂继之。"① 对于徐润这段文字的记载，我们可以补充数点如下：

第一，文中只说恐慌发生于光绪九年，并没有说明发生于哪一月哪一日；在《年谱》的其他地方，徐润也没有提及。但文中曾说："胡姓等大户，以受挤，周转不及。"这位姓胡的大户指的是胡光墉，字雪岩，在《年谱》页三五也提到他的名字。根据下引李慈铭《越缦堂日记》的记载，我们可知胡光墉开设的阜康钱铺于光绪九年十一月初六日（公元一八八三年十二月五日）被挤倒闭。因为胡氏的钱铺倒闭后，徐润的房产公司也跟着倒闭，故我们可以推知此事发生于11月上旬左右。

第二，文中说上海的钱庄"十停八九"。关于此事，我们可从英国方面的记载得到证明。根据1884年5月8日上海英国领事给英国政府的报告，上海于1883年年初，共有钱庄78家，到了年底只剩下10家继续营业，其余都已经停业或倒闭。②

第三，文中说光绪九年恐慌发生时，上海存银锐减，只有38万两，约等于平时存量的十分之一二。在同一信中，徐润把当日上海存银数量和后来中、日甲午战争时的数量作一比较，更显出当日上海银根紧缩的严重情况。他说："即如今中、日构衅，高丽全失，平壤败后金、复、海、盖四邑已失，延及沈阳，其败势更过于越南，旅顺之战尤过于马江。辽东一带商船不能往来，（招）商局之船又易为德国旗色。而目下申、浦市面较盛于往昔，阖市存银一千三

---

① 《年谱》，页八一至八二。
② British Parliamentary Papers, *China*, No.5 (1884) (Trade Reports), "Report of Shanghae," pp.232—233.原书未见，兹引自 C. John Stanley,前引书, p.77.

百余万。同是构衅,而一衰一盛如此悬殊,岂非数乎?"①

第四,文中曾提及马江之役。按中、法两国海军在福建马江的战争,发生于1884年(光绪十年)8月23日②,时间在上海金融恐慌爆发之后。不过在光绪九年十一月初旬,中、法两国早已在越南发生军事冲突,战事有扩大的趋势,靠近海边的上海,情势自然是要紧张起来的。

第五,关于因中、法军事冲突而引起上海金融恐慌的情况,徐润在《年谱》中其他地方也常常提到。如页八九说:"光绪九年夏秋之间,法、越一役,沪市中变,钱庄纷纷歇业,十有八九。职道运掉不灵,各帐挤轧,忧愤致病。"又页一〇一说:"迨癸未(光绪九年)秋,法、越肇衅,上海为中外总枢,风声鹤唳,一日数惊。商市奇紧,周转不灵,致败坏几不可收拾。艰难创就,尽付东流。"又页一一五说:"只因中、法失和,产业跌价,银根紧缩,不得不将昔置地产及股票弃去,以抵欠项,勉为妥理。然已损失不支矣。"

以上我们讨论中、法战争与光绪九年上海金融恐慌的关系。复次,当日恐慌之所以发生,又由于人们对房地产、蚕丝及各种企业股票的狂热投机。在光绪九年恐慌发生以前的上海,有不少人,包括外国人在内,从事房地产、商品及股票的投机。③ 我们在上文屡次提到,徐润过大过贪的投资于上海的房地产,当然是一种投机行为。同时,他又利用钱庄及其他债权人的款项来"收买各项股票"④。至于蚕丝的投机,我们可拿胡光墉的收购囤积来作例子。

胡光墉,字雪岩,浙江杭州人,大约生于1825年。他"初以无业游民,在某钱铺供杂役。候补道王某,有银十万两,存此铺生息。无事辄至,与主人闲谈,见胡殷勤沈实,数年如一日,阴志之。值贼(太平天国军队)将犯临安,满城逃空,店主还王银。王谓胡可倚托,使代安放,约乱平还。胡念干戈满地,怀此重赀适为杀身之媒,探知衢州一府谷价甚贱,尽数买谷20万石,各存其地。省垣既破,左(宗棠)侯进大军图收复,至衢州乏粮,兵士欲哗。胡闻之,

---

① 《年谱》,页八二。
② H.B. Morse, *The International Relations of the Chinese Empire*, Taipei, 1961, Vol. II, p.359.
③ C. Juhn Stanley,前引书,pp.75—76, 105.
④ 《年谱》,页一一五。

罄所买谷以献。营中欢声如雷，军威大振。左侯叹胡为一时豪杰，重用之，粮台归其总理"①。根据这项记载，我们可以推知，自同治元年(1862年)左右开始，胡光墉已经在左宗棠底下工作。当左宗棠奉命统兵西征的时候，胡光墉留驻上海，从事后方勤务工作。他替左氏收解各省协款，举借洋债，及自外国购买军火和机器(例如为甘肃织呢总局购买德国机器)。左氏西征的成功，固然有种种的原因，但军械配备的优良当是其中一个重要的因素。

一方面因为曾经在杭州的钱铺工作过，另一方面由于与左宗棠的密切关系，胡光墉在太平天国革命平定以后的中国金融业中渐渐扮演重要的角色。在上海、宁波、温州、福州、厦门及汉口，他负责主持海关银号(又称关银号)，为海关征收税款。他自己又投资开设阜康银号(一作阜康钱铺)及胡通裕票号。阜康银号以杭州为中心，在上海及其他重要城市都有分支机构。② 大约因为胡氏在当日社会上、政治上的地位，阜康银号信用很好，能够吸收大量的存款。例如协办大学士文煜，"由道员升至督抚，屡管税务，所得廉俸历年积至三十六万两，陆续交阜康号存放"③。

蚕丝的出口贸易，在开关以后曾作飞跃进展。胡光墉的家乡附近，尤其是浙江杭(州)、嘉(兴)、湖(州)一带，是中国蚕丝的重要产区。胡氏在金融业方面既然能够筹集到大量的资金，便大规模做起丝的投机买卖来。根据1883年10月24日《北华捷报》(North China Herald)的报道，他在1881年已经从事丝的投机买卖。又据1882年10月2日杜鲁(E.B. Drew，在上海海关任统计秘书)的报告，在1881年6月胡氏购存了3 000包的丝，到了1882年5月底他购存的丝增加至8 000包，及同年十月初更增加至14 000包。由于他的大量收购，上海丝价上涨，在1882年9月底每包要卖英金十七先令四便士，可是同一等级的丝每包在伦敦只卖十六先令三便士而已。虽然如此，此后胡氏还是继续搜购，约共囤积了15 000包的丝，价值约共125万镑。可是，到了1883年，意大利丝的产量增加，同时欧洲买丝的商人认为胡氏囤积了这

---

① 欧阳昱《见闻琐录》卷一，页五，《胡雪岩》。原书未见，兹引自李文治《中国近代农业史资料》，第一辑，页536。
② C. John Stanley，前引书，pp.33—43.
③ 《光绪朝东华录》，页一六〇五，光绪九年十一月癸卯谕。又参考同书，页一六〇〇，光绪九年十一月丙申谕；页一六〇四，同年同月壬寅谕。

许多丝,迟早总是要出卖的,故不肯出高价来购买。当上海丝市陷于停顿状态的时候,市场上银根突告紧缩,故丝价激剧下降。胡氏因此而亏损了150万两的银子(35万镑左右)。①

关于胡光墉因做丝的投机买卖而蒙受亏损一事,在中国方面也有记载,不过其中说到投资与亏损的数额略有不同。例如欧阳昱说:"胡(光墉)深知夷商伎俩,欲举一人之力,与之旗鼓相当。某年新丝将出,遣人遍天下收买,无一漏脱者,约本银二千万两。夷人欲买一斤一两而莫得,无可奈何。向胡说愿加利一千万,买转此丝。胡谓非一千二百万不可。夷人不肯,相持数月,复托人伸前说。胡言仍不二。夷人遂谓此次倘为胡所挟,则一人操中外利柄,将来交易,唯其所命,从何获利? 遂共誓今年不贩丝出口。至次年,新丝复出,胡邀人集资同买,谓再收尽,则夷人必降服,必获厚利。使此时富商巨贾,能如夷商一心,助成其事,则可挽转大局,而中国利柄,不至为外洋所握。然无一人应者。于是新丝尽为夷买,不复问旧丝矣。胡急甚,反托人向夷人说,愿依初议卖。夷人笑而不应。再言仅求归本银。仍笑而不应。复婉转言之。夷人曰:'必欲卖,非捐本银八百万不可。'移念丝存二三年,便变坏无用,不得已卖之。……"②

胡光墉收购这许多丝所用的资金,显然大部分或甚至全部来自阜康银号。如今他做的这种投机买卖失败了,阜康银号的信用基础自然要动摇起来。故在当日普遍的经济恐慌袭击之下,阜康银号也支持不住而被迫倒闭。关于此事,李慈铭在光绪九年十一月初七日(公元1883年12月6日)的日记中说:"昨日杭人胡光墉所设阜康钱铺忽闭。光墉者东南大侠,与西洋诸夷交。国家所借夷银曰洋款,其息甚重,皆光墉主之。左湘阴西征军饷,皆倚光墉以办。凡江、浙诸行省有大役、有大赈事,非属光墉,若弗克举者。……阜康之号,杭州、上海、宁波皆有之,其出入皆千万计。都中富者,自王公以下,争寄重资为奇赢。前日之晡,忽天津电报言南中有亏折。都人闻之,竞往取所寄者。一时无以应,夜半遂溃,劫攘一空。闻恭邸(恭亲王)、文协揆(文

---

① C. John Stanley,前引书,pp.73—78.
② 欧阳昱,前引书,页五至十,《胡雪岩》。(李文治,前引书,第一辑,页五五五至五五六。)

煜)等皆折阅百余万。亦有寒士得数百金,托权子母,为生命者,同归于尽。今日闻内城钱铺四大'恒'者,京师货殖之总会也,以阜康故,亦被挤,危甚。此亦都市之变故矣。"①因为胡光墉的阜康银号过去和各地商业发生密切关系,故"胡败,江、浙诸省之商务,因之大减。论者谓不下于咸丰庚申(1860年)之劫"②。

四

综括上文,我们认为,对于光绪九年徐润在上海从事房地产经营的失败,绝不能当作一件孤立的事件来看,因为这是当日经济恐慌发生的一种表示,徐润不过是其中一个牺牲者而已。

这次恐慌,并不限于房地产一业,也不限于上海一地,而在各方面各地区都普遍表现出来。说到发生的原因,远的可以追溯到光绪三年的大灾荒,因为它曾经令国内许多地方经济恶化,购买力降低,从而与内地市场发生密切关系的钱庄,基础渐被削弱。至于发生的近因,主要由于中、法两国在越南的军事冲突,影响到上海情势紧张,人心恐慌,资金逃避,银根紧缩,以致造成金融恐慌的局面。此外,过去人们对于房地产、蚕丝及各种股票的过分投机,自然也足以促使经济恐慌的爆发。

说到这次经济恐慌,下列几种现象都曾经明显表现出来:

第一种现象是金融机构的倒闭。上文曾说当日上海各钱庄"草木皆兵""十停八九,不能周转"。阜康银号的倒闭,更是明显的例子。不过上引《年谱》页三五说:"巨家如胡雪岩、刘云记、金蕴青,皆相继坏事。"直到现在我们还只知道胡光墉(字雪岩)经营阜康银号的事迹,其余两巨家的事迹还要待考。

第二种现象是物价的下跌。上文曾说"上海百货无不跌价三五成",又说"举市百货俱跌,无人问鼎"。上海物价的下跌,波及国内各地,因为跌到比生

---

① 李慈铭《越缦堂日记》(北平,民国十一年),第四一册,页三九至四〇。
② 徐珂《清稗类钞》(上海商务),第二四册,页三五至三六,《胡雪岩之豪》。

产成本还要低,以致生产者蒙受巨大的损失。关于此事,我们可以举出光绪九年十二月十五日《益闻录》的报道来作证明:"(江苏)昭文白岩桥某妇,遣其夫以线纱入市换钱。适纱正无销,强售于人,仅得青蚨二百八十翼,持以归。妻谓:'此纱棉花且值三百文,今乃仅得若干数,非酒家佣赚去,即销于卢雉场中。当此年岁饥荒,尚复不知俭约耶?'夫受此奇冤,愤不能雪,与妻口角。妻负气入房自缢。夫知之,已不及救,亦自经死。其子方入门,见父母皆死,大呼邻人,然后入井。比救,已无效。"①

第三种现象是股票的跌价。上文说过,"百两轮股,跌至三十四两。五十两保险,跌至二十七八。百两之开平,跌至二十九。其余铜矿等各种股票,更不可问"。

第四种现象是企业的倒闭。上文说上海"号商店铺,接踵倾倒,不知凡几。诚属非常之祸"。又说,"江浙两省当铺,十停二三"。而宝源祥房产公司的倒闭,更是明显的例子。

由于经济恐慌的发生,当日国计民生大受影响。在民生方面,许多人的所得要大为减少。从事投资的人,例如徐润,上文说他"负累数至二百余万,家业因此荡尽"。当阜康银号倒闭的时候,"闻恭邸(恭亲王)、文协揆(文煜)等皆折阅百余万。亦有寒士得数百金,托权子母,为生命者,同归于尽"。该银号在倒闭后要清偿债务的时候,"唯官款及诸势要之存款,尚能勒取其居室、市肆、古玩为抵。此外若各善堂、各行号、各官民之存款,则皆无可追索,相率饮恨吞声而已"②。自恐慌发生后,作为当日全国经济中心的上海,便步入经济萧条的阶段,在那里的人对于新兴的工商企业的投资因此锐减。例如光绪十年(1884年)岑毓英说:"窃云南本产铜之区……前经督抚臣会筹整顿,遵旨奏请仿照公司于上海总汇地方招商集股,克期举行,实变通之良法。乃甫经委员设局,粗有端倪,适值上年(光绪九年)秋间沪商倒闭,生意萧条。其已经入股之人,又以云南边隅窎远,法、越兵端未息,群情疑沮,观望不前,久无

---

① 《益闻录》,第三二四号(光绪九年十二月十五日)。原文未见,兹引自李文治,前引书,第一辑,页533。
② 徐珂,前引书,第二四册,页三五至三六,《胡雪岩之豪》。

成效。"①又光绪十二年(1886年),当漠河金矿正要筹集股本来开采的时候,马建忠说:"比年沪市萧条,殷实之商,半遭折阅。且惕于数年前股份之亏。语以招股醵资,百无一应。就令展转劝谕,以利歆之,亦恐徒旷岁时,难以凑成巨款。"②由于国民所得及投资的减少,国家的财政收入也受影响。例如光绪十年七月曾国荃说:"去冬(光绪九年冬)各路钱庄纷纷倒闭,银源枯窘。兼之盐课、关税、厘金,收数无一不绌。闾阎既无可劝之捐,库储均有立涸之势。"③

在中、法战争时期,中国朝野上下很明显分为主战及主和两派,初时旗鼓相当。其后主和派得势,终于签约构和。当日主和派之所以得势,原因固然有种种的不同,但在有形无形中,这一派人的主张是否和经济恐慌的发生有关,似乎是值得我们研究的问题。

1963 年 12 月 25 日于台北市

---

① 岑毓英《抚滇奏疏》卷一,页三,《覆矿务折》。又参考同书同卷,页八,《奏开矿事宜折》。
② 《清朝续文献通考》卷四四周建忠《论漠河开矿事宜禀》(光绪十二年)。
③ 《光绪朝东华录》,页一七六〇,光绪十年七月辛酉曾国荃奏。

评杨联陞:《从经济方面看中国在统一帝国时代的公共工程》*

这是美国哈佛大学教授杨联陞先生于1962年3月在法国巴黎法兰西学院(Collége de France)演讲关于我国自秦、汉至清末的公共工程的演讲集。杨先生的演讲共分4次,其后汇集成书,书名为 Les Aspects économiques des travaux publics dans la Chine impérialc-quatre Conférenccs (Paris: Collége de France, 1964),系以法文写成。到了最近,当杨先生把他近年来有关汉学研究的论文编印为 Excursions in Sinology 的时候,他又把这部演讲集写成英文,刊印在内。在这部演讲集中,第一讲为导论,其余三讲则对中国在统一帝国时代公共工程的劳动力问题、原料与资金问题,及有关公共工程的经济思想,分别加以研究和讨论。

杨先生这部演讲集,在中文方面,大约可以译为《从经济方面看中国在统一帝国时代的公共工程》。在导论中,他首先谈及公共工程的分类问题、研究方法问题,其次检讨政府、绅士、道士、僧人及其他人民在历代公共工程建设中所扮演的角色。他认为唐代各地的公共工程计划,主要由地方政府官员负责执行,可是自宋代开始,因为实行"中央"集权政策,各知府、知县的财政权力大受限制,故公共工程的建设多有赖于地方绅士的协助。此外,道教和佛教也热心提倡修桥筑路,认为信徒们如果努力从事这种善举,将来当可得到好的报应。

谈到劳动力问题,杨先生指出秦、汉以来政府因修建都城、长城、运河及其他公共工程而动员壮丁人数的众多。他又进一步对公共工程建设所需劳动力的各种类型,如罪犯劳工与奴隶劳工、平民劳工与军队劳工、技术劳工与

---

* "Economic Aspects of Public Works in Imperial China," in *Excursions in Sinology*. By Lien-sheng Yang.

非技术劳工,以及妇女劳工,都一一予以讨论。

公共工程所用的材料,自然要因种类的不同而不同。在讨论材料问题的时候,杨先生首先指出在建造公共工程时木材大量消费的情况。他引用唐杜牧《阿房宫赋》"六王毕,四海一,蜀山兀,阿房出"的话,说在秦始皇的时候,要等到大好的四川山林全部砍光以后,阿房宫才建造成功。中国西南各省的山林,过去长期成为政府营建所需木材的主要来源,可是因为山道艰险,人民前往采木,要忍饥耐苦,躬冒蛇、虎的伤害,蒙受毒雾瘴疠的折磨。由于采运木材工人伤亡的惨重,到了16世纪末叶,吕坤在他的奏疏中还提到当日四川民间流行的俗语说,"入山一千,出山五百"。除木材外,石用于阿房宫的建筑虽然不及木材那么重要,但到了1009—1014年,北宋政府在汴京建造玉清昭应宫,除自浙江南部雁荡山采运木材以外,又利用郑州(在今河南)、淄州(山东)的青石,衡州(湖南)的绿石,莱州(山东)的白石,绛州(山西)的斑石,吴(江苏)、越(浙江)的奇石,及洛水(河南)的石卵。此外,大规模的堤、坝、桥梁,也多以石为主要原料来建筑。元代北京的桥梁,最初用木材建造,到了1297—1307年多改建为石桥。明、清的地方志中,有不少关于以石桥代替木桥的记载。

兴办公共工程所需的资金,杨先生认为,既然属于公共的性质,至少有一部分应由国家或社会来供给。约自汉代开始,中国历代国家财政与君主私人财政的收入,多半划分清楚。就大体上说,和国防及治河有关的公共工程,其经费多由国库开支,虽然君主有时也自他的私人财政收入中予以紧急援助。属于地方性质的公共工程,其所需资金有时来自地方政府,但多半由当地官员、绅士及人民共同筹措。

在第四讲或最后一讲中,杨先生把中国历史上与公共工程有关的经济思想提出来讨论。他认为"均"与"和"这两个观念在中国历代经济思想中占有重要的地位。孔子在《论语》中已经说过"不患寡而患不均",及"均无贫,和无寡"的话。在历代经济措施中,我们常常看见"均输""均田""均税""均役""均徭""均贫富",及"和价""和籴""和买""和市""和雇"等名词。因为要实行"均"的原则,所以公共工程的兴建费用,各人或各地应该按照将来可能得到的利益来分别均摊。因为要实行"和"的原则,故重要的公共工程计划,为着要避免妨碍农民的耕作,不应在农忙的夏季来兴办,要等到农产收成以后的秋冬之间才好进行。

上文只是对杨先生著作内容作一粗略的介绍,挂一漏万,在所难免。杨先生从经济方面研讨自秦、汉至清末的公共工程问题,包罗甚广,但我们在读完他的著作以后,深觉意犹未尽,现在拟就其中讨论的问题及引用的资料,加以引申一下:

第一,看了杨先生的著作以后,我们不免留下一个深刻的印象,觉得中华民族很早就能够动员大量的人力、物力来建造像长城、运河这样伟大的公共工程。当日从事兴建的人们固然要忍受"一时之劳",可是这些工程在建设成功以后,却成为"万世之利"(参考原著页 242)。中国过去每年生产所得,往往因为人口众多,消费量大,并没有多少储蓄可以用来投资。可是,规模宏大的公共工程计划,必须使用大量劳力才能完成,而中国劳力充沛,正好适合这个条件,故通过公共工程的营建,庞大的劳力便转变为资本设备,有助于国防或经济方面的建设。例如在隋炀帝时代辛苦筑成的运河,因为把纬度、气候及物产各不相同的黄河流域和长江流域密切联系起来,故唐、宋及以后南北商业发展,工农业生产增加,若干地区人民的生活水准大为提高(参考页 229—230)。

第二,从各公共工程动员人数的多少来观察,我们发现中国自秦(公元前 221—公元前 207 年)、汉(公元前 202—公元 220 年)至隋代(公元 581—公元 618 年)营建的公共工程,规模有越来越大的趋势。就都城的营建来说,秦始皇动员 70 万罪犯劳工来筑阿房宫及骊山坟墓;西汉政府修筑长安城,于公元前 192 年发长安 600 里内男女 14.6 万人,又于公元前 190 年发 14.5 万人。可是,隋炀帝于 605—606 年建洛阳为东都,却每月役丁 200 万人,约为秦筑阿房宫及骊山坟墓的 3 倍,汉筑长安城的十余倍。长城的建筑,秦使蒙恬将 30 万众来进行,但隋于 607 年发丁男百余万,约为秦的四五倍。关于河渠的营建,汉武帝于公元前 109 年发卒数万人,引渭水穿渠至黄河;东汉明帝于公元 69—70 年发卒数十万,在汴河、黄河间修渠筑堤;但隋炀帝发河南诸郡男女百余万开通济渠(由黄河通淮河,以达长江),又发河北诸郡男女百余万开永济渠(由黄河北通涿郡)(页 202—204),约为汉武帝时的数十倍至一百倍,东汉明帝时的十倍。这些壮丁工作的时间虽然有长短的不同,但自秦、汉至隋代的 8 世纪中,由于经验的累积,营建的技术可能越来越进步,每一壮丁工作的效率可能越来越增大。这样一来,再加上动员人数的众多,隋代兴建公共工程的规模,当然远较秦、汉时代为大了。

第三,上引杜牧《阿房宫赋》中"蜀山兀,阿房出"的话,告诉我们公共工程对于木材惊人消耗的消息。英国在 16、17 世纪曾经因为建筑及其他方面对于木材的大量消耗,以致柴薪、木炭等燃料求过于供,价格激涨,不得不改用煤作燃料(John U. Nef, *The Rise of the British Coal Industry*, London, 1932, vol. I, pp.158, 191.)。我国在北宋时代(960—1127 年),"汴都(今河南开封)数百万家,尽仰石炭,无一家燃薪者"(宋庄季裕《鸡肋编》卷中。参考拙著《清季西法输入中国前的煤矿水患问题》,《"中央研究院"院刊》第一辑,台湾台北,1954 年)。中国在宋代这样普遍用煤作燃料,和公共工程对于木材的大量消费有没有关系,这是值得我们研究的问题。

第四,明武宗(1503—1521 年)重修太素殿,《明史·食货志》说"用银至二千余万两"。北京大学已故教授孟森先生信以为真,他说:"明代币贵工贱,一殿用银至二千余万两……岂不可骇!然《明史稿》文亦同,知非字误。夫祖宗宫殿朴俭,后世(原误作界)正当知美德所贻。况太素命名,更何得以雕峻污之。"(孟森《明代史》,台北市,1957 年,页 253。)1957 年由日本东京东洋文库出版的和田清《明史食货志译注》,对于《明史·食货志》这一记载,也没有评论。而《明实录》刊本中的《明武宗实录》也作二千余万两。可是杨先生却非常小心,他根据夏燮《明通鉴》及谈迁《国榷》作"二十余万两"的记载,说夏、谈两人可能见到《明实录》较好的版本,"千"可能是"十"之误(页 194—195)。杨先生这种论断是对的,现在我们可以根据"中央研究院"历史语言研究所于 1964 年 4 月出版的《明武宗实录》(据北平图书馆红格钞本)来给予积极的证明。《明武宗实录》卷一二七,页五,说正德十年(1515 年)七月"己亥,命工部重修太素殿。……凡用银二十余万两"。

由此可见,杨先生的治学,是非常小心谨慎的。可是,有时可能忙中有错,现在让我们提出三点来加以商榷:① 原书页 199,"As a result, it was reported in 1395 that altogether a total of over 50,000 projects had been accomplished, including... 5,048 on canals, dikes, and banks."按《明太祖实录》("中央研究院"历史语言研究所本)卷二四三,页五说:"是岁(洪武二十八年,1395年)开天下郡县……陂、渠、堤、岸五千四十八处。"因为"陂"字没有译出,故此句最后一部分应改作"5,048 on dams(或 artificial ponds), canals, dikes, and banks." ② 页200,"Taoism, even in its very early form, the *Wu-tao-mi tao* 五斗米道(原缺"道"字,兹补上), taught it believers that one could get rid of one's illness by repairing a road for a hundred paces."按《三国志》(百衲本)《魏志》卷八,页二三,《张鲁传》注引《典略》说五斗米道"又教使自隐,有小过者,当治道百步,则罪除"。故"illness"应改为"sin"。③ 页220,"Cheng-chou and Tsu-chou in modern Honan"之下应加"and Shantung",因为淄州在今山东,而非河南。又页223,"Ling-wu in modern Shensi",最后一字应改为"Ninghsia",因为灵武在今宁夏,而非陕西。

自然,小小的瑕疵并无损于杨先生的精审之作。毫无疑问,杨先生从经济方面对我国历代公共工程所作的综合的研究,将要刺激国内外学人继续在这方面作进一步探讨。

评崔维泽(D.C. Twitchett)教授对于唐代财政史的研究[*]

过去西方汉学家有关中国中古历史研究的著作,以四裔的研究为最有成绩,关于中国内部社会经济的研究可说少之又少。英国伦敦大学崔维泽(D.C. Twitchett)教授撰写的《唐代财政》,对于我国在唐代(618—907年)的财政措施及其有关问题都一一加以探讨,显现出自第二次世界大战以来,西方汉学家对于中国中古社会经济史的研究向前迈进了一步。不特如此,当第二次世界大战后在西方研究中国问题的学者,由汉学探讨转变为"中国研究"(Chinese Studies),从而多半只自近百年中国历史的衍变来了解中国的时候,崔维泽教授把近代以前的中国财政制度及和它有连带关系的经济情况加以研究,让读者把视线扩大,当可使西方人士对于中国经济、文化作较深入的了解。

崔维泽教授曾经把《旧唐书·食货志》译成英文。他写《唐代财政》这本书的目的,本来是要把它作为《旧唐书·食货志》英译的导论及注释之用。可是,如果把《食货志》的英译和《唐代财政》都放在一起来印行,困难太多,费用太大,故只好先把《唐代财政》这本著作单独付印。崔维泽教授在本书序文中很谦逊地说,他写这本书的一个目的,是要把最近两代中、日学者有关唐代历史研究的一些成果介绍给西方读者。事实上,除日本学者的各种著作以外,崔维泽教授对于本所研究唐史的同人,如陈寅恪先生、岑仲勉先生、严耕望先生的著述,以及拙作,都一一加以征引参考。因此,崔维泽教授这本学术巨著的出版,我们当然是感到欣慰的。

本书共分六章。第一章论述唐代的土地制度。中国自两汉大一统帝国

---

[*] D.C. Twitchett, *Financial Administration under the T'ang Dynasty*.

崩溃以后,经过长期的战乱,到了唐初建国的时候,国家仍然拥有广大面积的无主的土地,故可实行计口授田的均田制度,由政府把公有土地定期重新分配给农民来耕种。关于唐代田地的分配,崔维泽教授发现当日耕种的农民中,妇女所占的比例非常之大。他根据日本学者仁井田升的研究,说在西北边境,如敦煌一带,领有永业田的农民中,男性占67%,女性占33%。在农业人口中,妇女所占的这种比例,可说非常之大。对于这种有趣的特点,崔维泽教授曾试加解释,说这可能因为妇女可以免税及不用服役,故好些农民由家中妇女出名分配到土地来耕种,以便减轻租税与徭役的负担。在同一章中,崔维泽教授又把北周一夫一妇授田140亩,唐代一丁男授田百亩,和1932年国民政府估计每一农家平均只有耕地21亩,来加以比较,发现唐代每人平均田地仍然相当大。因此他说唐朝政府之所以实行均田制度,主要由于要鼓励人民开垦新地或边际土地来耕种,而不像法国汉学家马伯乐(Henri Maspero)那样认为均田制度的主要目的是要限制每人土地所有数量,以平均地权。

第二章讨论唐代的直接税制。在以农业为主的唐代社会中,土地是最主要的所得来源。当均田制度实行,每一丁男授田百亩,每人每年的所得大体上差不了多少的时候,他们对政府的租、庸、调的负担,数量也大体一样,而以绢、绵、粟、米等实物来缴纳。可是,事实上,随着社会经济的发展,在全国各阶层人口中,每人所得的大小,或土地所有的数量,并不完全一样,所以唐代政府又按照户的等第的高下来征收户税,按照每人实在拥有的土地面积的大小来征收地税。户税须以钱缴纳,和以实物缴纳的租、庸、调不同,是一种货币租税,在天宝年间(742—756年)每年的收入额,约为租、庸、调(就价值来说)的二三十分之一。地税原来是因为政府要在各地设立义仓以备凶年赈贷而征收的,税率为每亩二升,在天宝年间每年的收入额为12 400 000石,约与租(12 600 000石)相等。当江南的租改以布帛缴纳,以便减轻运费负担来运送给"中央"政府的时候,江南因征收地税而得到的谷物便成为漕运米粮的主要来源。其后到了安、史之乱(755—762年)前后,由于社会的急剧变动,各地逃户、客户越来越多,原来赖以征收租、庸、调的丁籍变为有名无实,租、庸、调法便渐渐破坏。因此到了建中元年(780年),宰相杨炎便把租税制度加以改革,开始实行两税法。对于两税法,崔维泽教授认为过去学者未免过于重视货币租税这一个特点,事实上在两税法实行以前唐代政府征收的户税也是以钱缴纳的。不过,我仍然认为,两税法在中国货币经济发展的历史上仍有它的特殊意义;因为事实很明显,当唐代政府只靠户税来征收钱币的时候,在每年政府岁入中钱所占的比例非常之小,其后到了两税法实行以后,国库收入中的钱却大量增加。

第三章叙述唐代的专卖制度与茶税的课征。唐代政府自安史之乱爆发以后,军事费用开支增大,由于财政上的迫切需要,先后实行盐、酒、茶(初时征收茶税)的专卖。关于盐的专卖,由第五琦、刘晏先后充任盐铁使,规定在产盐地区的"亭户"(盐生产者),可以免除徭役,但他们制出的盐,只能按照一定的价格,出卖与政府在产盐区设立的"监院"。监院收购到盐后,再加上"榷价"(为自亭户买到的盐价的十倍),然后卖与盐商,再由盐商把盐运往特定的销盐区域,转卖给消费者。为着要保证盐的专卖有效,政府特别在交通便利的地方设立"巡院",查缉私盐。唐在安史之乱以后,藩镇跋扈,他们自己掌握着军队,在管辖的区域内征收到的租税,往往擅自霸占使用,不缴交"中央"政府。因为盐的生产集中于某些地区,而煮盐的生产设备,规模又相当大,故"中央"政府比较容易管制,把自亭户收购到的盐,加上榷价卖与商人,再由商人转运往政府统治力量比较薄弱的地方,以高价出卖。而盐又是人民日常生活必需品,就是价格昂贵也非消费不可,故盐商可以把政府征收的榷价转嫁给消费者。由于盐的专卖事业的成功,唐自安史之乱后,每年的盐利收入增多到600万贯(或缗),约为当日政府钱币岁入中的二分之一。除盐利外,唐在中叶以后,酒、茶也由国家专卖,不过专卖收入远在盐利之下。榷酒钱的收入,每年约为156万贯。茶在专卖以后的收入不详,但在专卖以前每年的茶税收入,不过40万贯而已。

第四章研究唐代的货币与信用。在唐代流通的货币,以铜钱为主。不过铜钱本身的价值较低,当商业发展,在市场上须支付较高货价的时候,人们往往使用绢或金、银(尤其是银)来做交换的媒介。可是,有如开元二十二年(734年)的诏令所说,"布帛不可以尺寸为交易,菽粟不可以抄勺贸有无",故唐代到了中叶以后,当商业发达,交易频繁的时候,绢帛这一类实物货币的重要性是远不及金属货币那么大的。不独如此,当商人向远地购买货物的时候,相当于现在汇票的"飞钱"已经开始使用。同时,在特别发展的商业中心,代替现款的支票已经开始使用。在那里有"柜坊"的设立,它因为有保险柜这一类的设备,为人存放款项及价值贵重的物品,其后存款者如果要提取存款,不必亲自前往,只要开出一张相当于现在支票的"帖"(初时只用存款人常用的某种物品作记号)便成。说到唐代的货币政策,在唐高宗(650—683年)东征高丽及与突厥作战时,及后来在安史之乱时,政府由于财政收支不平衡,都曾经发行面值远较实值为高的大钱,以致造成货币贬值,私铸盛行,物价狂涨的局面。自从建中元年(780年)两税法实行以后,因为夏、秋两税须以钱缴纳,铜钱的需要激增。可是,在另外一方面,铸造钱币所用的铜,供应却常感不足(例如在806年,全国产铜266 000斤,847—860年间每年产铜655 000斤,可是到了北宋,以1078年为例,产铜却多至14 605 969斤),从而铸钱数额也大受限制。结果钱币价值越来越增高,物价越来越下跌,以致造成通货紧缩的局面。当钱币价值越来越上涨的时候,有钱的人都争着囤积钱币来投机取利,从而物价更为下落,通货紧缩的危机更为严重。为着要缓和这种危机,中唐以后政府曾经屡次命令人民使用绢帛作交换媒介,不要光是用铜钱作货币来交易。可是,随着当日社会经济的发展,大家既然都感觉到"布帛不可以尺寸为交易",政府这种开倒车的行为,当然是没有多大效果的。为着要解救货币紧缩的危机,到了唐武宗会昌五年(845年),政府便实行毁法(佛法),下令把全国佛寺中的铜像、钟、磬都加以没收,改铸成铜钱,以增加钱币的流通量。

第五章论述唐代的运输系统。中国自汉代以后,经过长时期的变动,全国的经济重心,由西北转移到长江流域,尤其是江、淮一带。在另外一方面,因为在北方及西北要防御外患,或向外扩展,大唐帝国的军事、政治重心仍然留在北方。位于西北的关中,农业生产常因旱灾而歉收,可是在那里及其附近却驻屯了重兵,集中了大量的人口(因为位于关中的长安,是全国政治中枢所在的地方)。为着要满足这许多军队及其他人口的需要,政府每年须把自江、淮各地因课征赋税而收集到的米粮以及其他物资,大量北运。对于江、淮物资大量北运贡献最大的交通线,是沟通南北的运河。在本章中,崔维泽教授把拙著《唐宋帝国与运河》(重庆,民国三十三年;上海,民国三十五年)所探讨的问题,如唐高宗把洛阳建为东都之经济的原因,唐玄宗(712—756年)时代裴耀卿、韦坚等对于漕运改良的贡献,安史之乱后运河交通的阻塞与刘晏的改革,代宗(762—779年)、德宗(779—805年)时代跋扈藩镇与强悍军人先后对于运河交通的骚扰,唐宪宗(805—820年)对于运河交通管理的加强,以及唐末运河运输效能锐减的情况,都摘要予以介绍,这当然有助于西方读者对于这些问题的了解。

第六章叙述唐代的财务行政。唐代掌管全国财务行政的机关,称为户部。到了唐玄宗时代,财经事务日趋复杂,由于事实上的需要,政府把许多财务行政,特别集中在一二人身上,称为"使"。例如宇文融曾经被委任为"劝农使""勾当租、庸、地税使",及"诸色安辑户口使"。及安史之乱以后,由于财政上的迫切需要,盐改由国家专卖,以"盐铁使"负责主持;因为盐的专卖对于全国财政的贡献很大,故盐铁使在财务行政中更占有重要的地位。

以上不过把本书内容很粗略地介绍一下。读者如果想知道崔维泽教授对于唐代财政史研究的详细内容,还得要亲自把原书阅读一下才成。事实上,崔维泽教授在本书中并不限于介绍中、日学者的研究成果,他对于某些有关的史实曾加以细心的分析,对于某些有关的问题更从事深入的研究。举例来说,在拙著《唐宋帝国与运河》页35—36,我曾经引用《通典》卷一〇关于陕州、洛阳间陆运改革的记载("天宝九年九月,河南尹裴迥以递重恐伤牛……择近水处为宿场……"),说:"为着要免除耕牛的损伤,他(裴迥)废除八递场的陆运,改在陕、洛间黄河沿岸设立若干宿场,以便在各宿场间用水运来互相传递。"日本学者滨口重国也像我那样,说裴迥在陕、洛间黄河沿岸设立若干宿场。可是,崔维泽教授却很细心地指出:(1)《通典》卷一〇说"递重恐伤牛",既然是用牛来运输,显然是陆运,而不是水运。(2)裴迥于陕、洛间"择近水处为宿场"的水是谷水,而不是黄河,因为沿着谷水来在陕、洛间运输,距离要近得多(原书页308)。我想他这种说法是对的。复次,崔维泽教授对于拙著《唐代物价的变动》(《集刊》第十一本)一文所征引的物价资料,也有他的看法。他说历史上记载的物价资料,主要是特别高或特别低的价格,故利用这些资料,只能看出物价变动的大概趋势而已;如果把这些资料用来制成物价变动曲线,往往有偏高或偏低的危险(原书页286)。崔维泽教授对于唐代物价的记载采取这样审慎的态度,也是很恰当的。

不过,崔维泽教授对于唐代财政史的研究虽然非常小心谨慎,本书仍然免不了有疏忽错误的地方。崔维泽教授在书中把许多有关史料译成英文,大体上忠实而通畅,对西方读者进一步研究大有帮助。可是,当我把中国史料原文与他的英译比对一下的时候,却发现有不少的错误,例如:

页153:第一八行的"8,200,000＋",应改为"8,900,000＋"。

页155:在"Shuo-fang,800,000"之后,应加上"Ho-hsi,800,000",因为《通典》卷六原文为"朔方、河西各八十万"。

页267:"…where the nominal rate was 1,000 cash, only 300 and no more were actually collected."按《新唐书》卷五四《食货志》原文为,"率千钱不满百三十而已",故"300"应改为"130"。

页299:"From this time onwards any estates should be exchanged for horses or as previously employed silk cloth, hemp cloth, fine silk, gauze, silk thread, silk floss, etc."这句话是根据《唐会要》卷八九、《册府元龟》卷五〇一的"自今以后,所有庄宅以马交易,并先用绢、布、绫、罗、丝、绵等"翻译而成的。可是,文中的"以"字,据《全唐文》卷三五《命钱物兼用敕》应作"口"(见拙著《中古自然经济》,《集刊》第十本,页153)。因此,这句话应该改为,"From this time onwards any business transactions on estates, slaves and horses, silk cloth, hemp cloth, fine silk, gauze, silk thread, silk floss, etc. should be first employed as means of exchange"。

页305:把《册府元龟》卷四八七开元九年十月敕的"不合有欠",译为"the amounts do not correspond and there are deficiencies",应改为"there should not be deficiencies"。又把"肆行逼迫"译为"cause trouble in the shops and stores",也应改为"recklessly cause trouble"。

页311:把《全唐文》卷四六代宗《缘汴河置防援诏》的"如闻自东都至淮、泗缘汴河州县……"译为"We have heard that in the prefectures and counties along the Huai and the Ssu rivers from the eastern capital…",应改为"We have heard that in the prefectures and counties along the Pien river from the eastern capital to the Huai and the Ssu rivers..."。又把"漕运商旅,不免艰虞",译为"The merchants using the canals do not escape hardship and mishaps",应改为"The transportation of tribute rice and the merchants do not escape hardship and mishaps"。

页 312：把《新唐书》卷五三《食货志》的"轻货自扬子至汴州",译为"On light commodities taken from Yang-choú to Ho-yin",应改为"On light commodities taken from Yang-tzu county to Pien-chou"。

除上述外,本书还有其他各种错误,兹分别叙述如下：

（1）名词的错误　例如页 16、225 及 245 的"*hsi-huang*"应改作"*chieh-huang*"（借荒）；页 141、246 及 364 的"*pu-chü*",应改作"*pu-ch'ü*"（部曲）；页 157 的"*kuan-chi*",应改作"*chi-kuan*"（籍贯）；页 159 的"*tsai-i*",应改作"*tsai-yao*"（杂徭）；页 229 的"*hsi-yung*"（借用）,应改作"*chieh-yung*"（借佣）；页 247 及 364 的"*shuai-huo*"（率货）,应改作"*shuai-tai*"（率贷）；页 291 及 366 的"*t'ing-huan*",应改作"*yen-huan*"（延环）。

（2）人名的错误　例如页 32 的"T'ai Chou",应改作"Tai Chou"（戴冑）；页 96 的"Wang Hsien-i",应改作"Wang Hsien-chih"（王仙芝）；页 315 的"Liu Hsüan-tsu",应改作"Liu Hsüan-tso"（刘玄佐）；页 362 的"李安石",应改作"李安世"；页 367 的"严矿",应改作"严砺"。

（3）地名的错误　例如页 13 的"Kuan-chang",应改作"Kuan-chung"（关中）；页 314 的"Hua-k'ou"（滑口）,应改作"Wo-k'ou"（涡口）,又"Hsiang chou",应改作"Hsiang-yang"（襄阳）。

（4）书名的错误　例如页 198 的"*Liang Chin Nan-pei-ch'ao shih*","Liang"应改作"Wei"；页 248 的"*T'ang Yüan Tz'u-shan wen-chi*","T'ang"字应取消；页 306 的"*Ch'en-Po-wang Chi*",应改作"*Ch'en Po-yü Chi*"（《陈伯玉集》）；页 313,第 13 至 15 行,翻译陆贽一篇奏折的名称,头两个字"Ch'ing mien"应改作"Ch'ing chien"（请减）,末了应该加上"shih-i chuang"（事宜状）三个字。

（5）中文的错误　例如页 359 的"出正洒户""榷洒钱"及"榷洒（为）钱"的"洒"字,都应改作"酒"；页 363 的"马田",应改作"麻田"。

（6）其他错误　例如页12，第36行，"than"应改作"that"；页204，第19行，"much"应取消。

崔维泽教授经过长期的努力，写成《唐代财政》这本巨著，虽然如上述仍有若干错误，可是并不足以损害它对于中国经济史研究的贡献。我现在把一些错误列举出来，不过是希望将来本书再版时，能够加以改正而已。在我国各朝代的正史的《食货志》中，《汉书》《晋书》《隋书》及《元史》的《食货志》，都已经先后有英译本的印行。如果崔维泽教授翻译的《旧唐书·食货志》，也印出来供大家参考，对于西方学者研究中国经济史，当然大有帮助。因此，我希望崔维泽教授这一大著的印行能够早日实现。

1965 年 5 月 24 日于台北市

评普利白兰克(Edwin G. Pulleyblank)：
《安禄山叛乱之背景》*

在 15 年以前,我曾经撰写《中古自然经济》(《"中央研究院"历史语言研究所集刊》第十本)一论文,认为中国社会在汉末以后,中唐以前,约共 500 多年的中古时期,是一个自然经济占优势的时代。到了安史之乱前后,一方面由于商业的发展,他方面由于钱币数量的增加,自然经济便渐渐衰微,货币经济则代之而发展起来。因此,安史之乱左右,在中国社会内,实在是自然经济和货币经济势力盛衰消长的一大关键。

我对于安史之乱的观察,只着眼于经济史方面的讨论。现在英国剑桥大学 Pulleyblank 教授撰写的《安禄山叛乱之背景》这一本书,却对安史之乱作更广泛和更深入的研究。他认为："在安禄山以前,中国是一个广大的,统一的帝国,其武力远远地伸张至边界之外。可是,在安史之乱以后,中国却成为一个破碎的,创伤的残骸,其武力只局限于边界之内,外受侵略者的压迫,内为寄生的和不法的军队(由宦官操纵的中央政府不容易驾驭他们)所蹂躏。唐朝再也不能自创伤中复元,虽然后来曾作短暂的复兴,但结果导致更大规模的瓦解,故到了五代整个帝国便崩溃下来。"(页 1)

作者在本书中参考中国、日本及西洋学者的著作,搜集各项有关的史料,对安史之乱发生的经济的背景、政治的背景和军事的背景,分别给予详尽的探讨,提出不少新颖的见解。举例来说,在经济的背景一章中,作者认为安史之乱并不像有些人想象的那样是饥饿农民的暴动或阶级的斗争,因为自渔阳南下进攻洛阳以及其他地方的安史集团的士兵,大多是强悍而有训练的边防军队,与因饥饿而受苦的群众完全无关(页 24—26)。反之,他却从唐玄宗

---

* *The Background of the Rebellion of An Lu-Shan*. By Edwin G. Pulleyblank.

评普利白兰克(Edwin G. Pulleyblank)：《安禄山叛乱之背景》

(713—755 年)即位以后加强"中央"权力的财政经济政策，及其实行时在各方面所发生的影响，来观察安史之乱发生的原因(页 26—39)。在政治的背景一章中，他特别提出关中贵族与科举出身的新兴阶级(主要来自东南)之间的利害冲突来加以讨论(页 42)。说到军事的背景，他对于唐中叶以前由府兵制变为募兵制(页 61—67)，边防军由定期更调变为长期驻防的过程(页 67—70)，以及李林甫倡用蛮将守边的政策(页 95)，都一一分别论述。此外，关于唐玄宗时代党派冲突和权力倾轧的史实，初看起来本来觉得非常头绪纷繁，可是作者却能够在书中各有关部分把来龙去脉分析得非常清楚。

关于唐玄宗时宇文融等财政搜括政策对于安史之乱的影响，苏冕在《唐会要》卷七八《诸使杂录》中说："洎奸臣广言利以邀恩，多立使以示宠。克小民以厚敛，张虚数以献忱。上心荡而益奢，人怨结而成祸。使天子有司守其位而无其事，受厚禄而虚其用。宇文融首倡其端；杨(慎矜、王)𫓧继遵其轨；杨国忠终成其乱。"对于苏冕把安史之乱归咎于宇文融等的搜括政策，作者在他的书中表示怀疑，因为这种政策实行时虽或曾引起人们对于政府的反感，但事实上当日并没有因此而发生真正的农民暴动(页 38)。从开元(713—741 年)、天宝(742—755 年)年间中国国民所得的增加来加以考察，我对于作者的看法深表赞同。中国在开元、天宝年间，不特在军事、政治和文学方面进入一个黄金时代，就是在经济方面也达到空前的繁荣与进步。例如元次山《元次山集》卷七《问进士》说："开元、天宝之中，耕者益力。四海之内，高山绝壑，耒耜亦满。人家粮储，皆及数岁。太仓委积，陈腐不可校量。"当日农业生产量的激增，表示国民所得的增加。复次，像裴耀卿、韦坚等人对于漕运的改革，使南北的交通运输大有进步，在劳务生产方面，也表示出国民所得的较前增大。当开元、天宝年间，全国国民所得特别增大的时候，政府就是要增加财政收入，人民因为所得增加，也是负担得起的。人民的生活水准既然不至于因为政府的财政搜括政策而降低，自然不至于发生农民暴动了。故安史之乱与农民暴动无关。

可是，从另外一个角度来看，我们不能否认，玄宗时代的财政搜括和漕运改革政策，曾间接地种下后来安史之乱的祸根。唐都长安，但自高宗时(650—683 年)起，直至玄宗开元二十四年(736 年)，共 80 年左右，政府又以因运河交通而江淮物资容易大量到达的洛阳为东都，以便关中粮食因供需失调而发生恐慌时,上自皇帝,下至各级公务员,都可迁移到那里去就食。唐代政府这种来往于两都之间的情况,自开元二十四年开始,由于裴耀卿及其后韦坚等对于漕运的改革,却发生很大的变化。因为他们在当日加强对于江淮财赋的搜括,再加上对洛阳和长安之间的运输的改善,江淮粮食及其他物资便可直接大量运抵关中,从而政府便可长期留驻长安,而不必像过去那样常常迁往洛阳办公了(拙著《唐宋帝国与运河》,1956年10月在台初版,第二及第三两章)。玄宗在他在位的后半期不再东幸洛阳,而长期在长安居住,固然表示他的财政和漕运政策的成功,可是在军事方面,却因长安和河北距离太远,不容易亲自直接指挥在那里因防御契丹而驻防的重兵,以致安禄山得以乘机坐大。假如当日没有裴耀卿等在财政和漕运方面的改革,假如玄宗在他在位的后半期仍然要常常东幸洛阳。那么,因为洛阳和河北距离较近,他有机会亲自接触或就近指挥在河北一带驻屯的国防军队的结果,安禄山可能是没有机会把国家军队当作他私人的工具来从事叛乱的。这一点,作者在他的书中完全忽略,故我在这里特地提出来加以补充。

本书有一些小错误,兹分述如下:(1)飞龙禁军在页67作"Flying Dragon Palace Army,"在页144注24中作"Fei-lung Palace Army,"在页236引得中则作"Fei-lung Chin-chün"。一个名词似乎有一个意译及一个音译已经够用,是不是不应该又来一个意译兼音译的译名?同时,为便利不懂中文的读者起见,在页67初见这一意译的译名时,应附加页144的意译兼音译的译名。(2)页103"Wu Tao-hsüan,"在引得中无中文原名,应加入。(3) Chi Ch'ao-ting, *Key Economic Areas in Chinese History* 出版于1936年,但页219误作1926,应改正。

没有疑问的,作者这本研究安史之乱的书籍,是一本对于中国历史的研究很有贡献的学术著作。作者原籍为加拿大,曾在英国伦敦大学东方与非洲学院从事研究。抗战胜利之后,中国政府为着要增进国际间的相互了解,曾在美、英各著名大学设立奖学金若干名额,以鼓励有希望的外国青年学者对中国历史与文化的研究。作者就是当日在伦敦大学接受这种奖学金来研究的一位学者。因此,现在作者在中国历史的研究上有了这样好的成绩,我们当然是要感到欣慰的。

评费慰恺(Albert Feuerwerker)：
《中国早期工业化：盛宣怀与官督商办企业》[*]

鸦片战争(1840—1842年)以后的五口通商，适当英国工业革命成功，以及其他西方列强正在进行工业化的时候。这种世界经济变化的大潮流，由于国际往还与贸易的关系，到了19世纪下半叶，渐渐激荡到中国的海岸来。

中国在同治(1862—1874年)、光绪(1875—1908年)之交，或在甲午战争(1894—1895年)以前的30年间，开始工业化的时候，有鉴于沿海国防的迫切需要，着重于与海防有关的工业建设。这一类工业，因为一时不一定能够获利，不容易引起私人投资的兴趣，故从国家安全方面着眼，清政府不得不利用公款来兴办。因此，中国由于受到西方工业文明的影响而开始的工业化，以官办工业的建设为主要特点。例如江南制造局、福州船政局、天津机器制造局、汉阳枪炮厂、汉阳铁厂，以及其他地方的机器制造局，都是在这个时期内先后由政府投资举办的。这些采用西洋机器来从事制造的官办工业之兴起，可说是同、光之间自强运动在经济建设方面的一种表现。

中国在最初工业化的时候虽然偏重国防工业的官办，在另外一方面，当日朝野人士也渐渐注意到仿效西洋利用机器来生产消费品或劳务，以便由于成本的降低和产量的增加而提高人民的生活水准。这一类工业和国防工业不同，其生产出来的产品或劳务可以出售获利，从而可以由私人投资举办，故以商办为主。可是，因为当日风气未开，商人力量有限，这些新事业须由官方给予援助及加以督率，故以"官督商办"为主要特点。

Albert Feuerwerker这本书，以盛宣怀(1844—1916年)主持的几个官督商

---

[*] *China's Early Industrialization: Sheng Hsuan-huai (1844-1916) and Mandarin Enterprise.* By Albert Feuerwerker.

办的企业为中心,来研究中国早期工业化的情况,可说是近年来有关近代中国经济史研究的一本重要著作。书中首先讨论晚清的经济情况,其次叙述盛宣怀一生的事迹,然后进一步分别研究轮船招商局、电报局、华盛纺织总厂及中国通商银行的官督商办情形。中国沿海的航运,过去一向操在外商——尤其是英国人——的手中,每年大部分航运收入给外人赚取了去,中国吃亏不少。因此,在北洋大臣李鸿章倡导之下,1873年有轮船招商局的成立。招商局以航运为主要业务,其生产的劳务可以得到运费和其他收入,有利可图,故可由商人投资兴办。为着要保障商人投资的利益,政府特地给予招商局以自上海运输漕米到北京去的特权。当1877年因收购旗昌洋行轮船而需款的时候,招商局自政府借到一百万两的银子。此外,政府又给予招商局以其他援助和权益。可是,也就因为和政府发生这样密切的关系,招商局便不得不向政府尽各种义务和接受官方的督率。招商局经常要以巨款报效政府,以款项协助政府向英国购置军舰来建立北洋舰队,及予其他官督商办企业(如上海织布局、华盛纺织总厂、汉阳铁厂、中国通商银行等)以经济上的援助。由于和官方发生种种关系,招商局的经济活动便不能够完全合理化,而沾染上官僚习气。例如代表招商局来与政府洽商漕米运费、借款或其他业务的人,往往乘机与官员勾结,上下其手,以取得不正当的利益。这对于招商局发展的前途,当然是大有妨碍的。招商局航运所用的轮船,在1874年只有4艘(共2 435吨),及1877年增加到33艘(共23 967吨),可是自此以后便不再增加,到了1887年初只有28艘(共24 039吨),1914年只有30艘。这和日本邮传会社的命运正好相反,后者于1870年创办时只有轮船3艘,到了1886年增加到51艘(共39 280吨),以后一直继续大量增加,到了1914年共有93艘(共266 293吨)。自1885年至1913年,中国每年对外贸易总值约增六倍,可是在同一时期内招商局的轮船设备却没有什么扩展,可见中国因对外贸易发展而增加的航运业务,都给外商经营的航运公司抢夺去了。这是本书论述的招商局官督商办的大概情形(详见原书第四、五两章)。此外,关于电报局、华盛纺织总厂及中国通商银行的官督商办情况,书中也分别加以探讨。

作者因研究晚清官督商办企业而搜集的资料,无论是中文、日文或英文,可说都非常丰富。他拿制度方面的因素来说明近代中国工业化的成绩所以

评费慰恺(Albert Feuerwerker):《中国早期工业化:盛宣怀与官督商办企业》

不好,颇值得研究落后地区经济开发问题的参考。对于过去有关的著作,他又能够采取审慎的批判的态度而不随便盲从。例如他在本书第 268 页中指出 Marion J. Levy Jr., and Shih Kuo-heng, *The Rise of Modern Chinese Business* Class 一书的种种错误,比方后者说盛宣怀曾经中过举人,就与事实不符。由此可见,作者研究的精神是值得我们称道的。

自然,本书并不是白璧无瑕。现在让我提出几点意见来和作者商榷一下:

第一,作者把晚清官督商办工业的特点和过去盐法方面的"官督商销"或"官运商销"制度作一比较,发现有相同之点,因此他认为官督商办工业,也像过去食盐运销制度那样,是"官商合办的企业"(Joint official-merchant undertakings)(第 11 页)。这种说法颇易引起读者的误会,以为官督商办与官商合办并没有多大的分别。事实上两者的分别是很大的。关于官督商办的意义,我认为张之洞有几句话说得很清楚,他说:"至官督商办之要义,大率不过两端:权限必须分明,而维持必须同心。商无权则无人入股,官无权则隐患无穷。盖既名公司,则事权全在股东,股多者权重,股少者权轻。……官虽不干预其银款,而用款必须报知。官虽不干预其用人,而所用之人有不合礼法者,官亦可令公司撤换。商权官断不侵,官权商亦不抗,乃能相济而成功。"(《张文襄公全集》卷六八《湘路商办窒碍难行应定为官督商办并举总理协理折》,光绪三十二年十一月二十七日)张氏这些话对于官督商办制度如何运用,说得相当清楚,似可补本书所述之不足。

第二,本书字里行间常常提到清季资本的不足,以致影响到当日工业化成绩的恶劣。作者这种论断是很恰当的,可是他却没有进一步地追问当日中国的资本蓄积为什么会这样缺乏。对于这个问题,我从前曾经发表一文(《清季铁路建设的资本问题》,台湾大学法学院出版《社会科学论丛》第四辑,1953 年 9 月),认为清季国民储蓄的微薄,信用机构的不健全,及对外战败的赔款负担,是当日资本供应不足的主要原因。这似乎也可在书中加以补充。

第三,本书第 182 页说到盛宣怀利用招商局资产来帮助汉冶萍煤铁厂矿有限公司的时候,曾经举出一些例子来加以说明。例如盛宣怀在 1898 年以招商局在上海的栈房产业作保,以便萍乡煤矿能够自德商礼和洋行借债四百万马克。又如招商局以短期债款贷给汉冶萍公司,故在 1906 年汉阳铁厂欠招商局银 166 500 两,萍乡煤矿欠招商局银 25 万两。可是,事实上,汉阳铁厂、大冶铁矿及萍乡煤矿到了 1908 年始正式合并,呈请商部注册,组成汉冶萍煤铁厂矿有限公司。故 1908 年以前的汉阳铁厂也好、萍乡煤矿也好,都只能说是汉冶萍公司的前身,而不能直接称呼它为汉冶萍公司。

第四,书末附录了中、日文人名及名词的语汇,把中、日文原名分别注明,以便读者参考,可说非常有用。可是,这个语汇似乎并不十分完备。例如第 108 及 111 页的"*t'ung-cyih*",都没有注明为"同知";第 114 页的"*shou-chieh*",没有注明为"售契";第 115 页的"*tsung-ch'a tung-shih*",没有注明为"总查董事"。复次,第 165 及 236 页的"Shih Tse-ching",都没有注明中文原名;据我猜想,可能就是"施紫卿",也就是第 145 页的"Shih Tzu-ch'ing"。假如我的猜想不错的话,同一个人名而有两种译法,也是应该改正的。除此以外,附录第 28 页的"卖办"应改正为"买办","卖办资本"应改正为"买办资本";附录第 30 页的"四京品堂",也应改作"四品京堂"。

第五,书中有不少排印上的错误。例如第 17 页第 37 行的"divided",应改作"dividend";第 74 页第 22 行的"now",应改作"how";第 139 页第 32 行的"that",应改作"than";第 181 页第 33 行的"seen",应改作"see";第 192 页第 14 行的"buit",应改作"built";第 239 页第 1 行的"214",应改作"216";第 270 页第 26 行的"57",应改作"51"。

盛宣怀一生主持的官督商办的企业,并不以轮船招商局、电报局、华盛纺织总厂及中国通商银行为限。例如自 1896 年起由官办改为官督商办的汉阳铁厂,其后到了 1908 年又因与大冶铁矿及萍乡煤矿合并而组成的汉冶萍煤铁厂矿有限公司,都是和盛宣怀有很密切关系的。本书对汉冶萍公司虽然没有怎样论述,但作者在书中说他对于这个企业的研究,将来另有著作发表。站在近代中国经济史研究的立场,我诚恳地希望他这一工作能够早日大功告成!

1959 年 10 月 29 日于台北市